学数学丛书

学数学

第6卷

顾　问（按姓氏拼音排序）

常庚哲	陈　计	陈传理	冯跃峰
李尚志	林　常	刘裕文	单　墫
史济怀	苏　淳	苏建一	张景中
朱华伟

主　任　费振鹏
副主任　李　红
主　编　李　潜

编　委（按姓氏拼音排序）

安振平	蔡玉书	曹珏赟	程汉波
傅乐新	甘志国	顾　滨	顾冬华
韩京俊	雷　勇	李　伟	李昌勇
刘凯峰	刘利益	卢秀军	吕海柱
彭翕成	石泽晖	王慧兴	王永喜
吴云建	武炳杰	肖向兵	闫伟锋
严文兰	杨　颙	杨全会	杨志明
张　雷	赵　斌

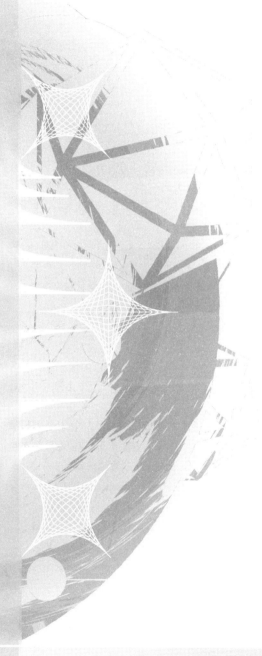

中国科学技术大学出版社

内 容 简 介

《学数学》旨在研究数学竞赛和强基计划校考,专注于数学资优生的教育和培养.书中登载名家的专题讲座;收录命题与解题的研究文章;汇集国内外最新赛题和由著名教练命制的模拟题,对全部试题均提供详尽的解析;提出若干探究问题,广泛征解,与读者互动.

《学数学》适合作为优秀中学生参加数学竞赛和强基计划校考的学习参考书,也适合高中数学教师尤其是数学竞赛教练员参考.

图书在版编目(CIP)数据

学数学.第6卷/李潜主编.—合肥:中国科学技术大学出版社,2021.3
(学数学丛书)
ISBN 978-7-312-05025-1

Ⅰ.学… Ⅱ.李… Ⅲ.中学数学课—教学参考资料 Ⅳ.G634.603

中国版本图书馆 CIP 数据核字(2020)第 137035 号

学数学(第 6 卷)
XUE SHUXUE(DI 6 JUAN)

出版	中国科学技术大学出版社
	安徽省合肥市金寨路 96 号,230026
	http://press.ustc.edu.cn
	https://zgkxjsdxcbs.tmall.com
印刷	安徽国文彩印有限公司
发行	中国科学技术大学出版社
经销	全国新华书店
开本	787 mm×1092 mm 1/16
印张	18
字数	361 千
版次	2021 年 3 月第 1 版
印次	2021 年 3 月第 1 次印刷
印数	1—4500 册
定价	45.00 元

序

自今年开始,《学数学》以《学数学丛书》的形式,改由中国科学技术大学出版社出版发行.改变出版发行形式后,依然是每个季度出版一册,却可以借助出版社的发行平台和途径,拓宽市场,提升发行量,使得更多的读者获益,也可降低图书成本,实是多赢之举.这一步走得好,它将会使《学数学》办得更好、走得更远,前景更明亮!

《学数学》曾是一份深受读者喜爱的刊物,它来自于数学人,为数学人服务,受数学人支持.《学数学》没有专职编辑人员,几位在职中学教师和一位在读博士研究生,自己组稿,自己编辑,自己联系印刷,还要自办发行,十分辛苦,却又无钱可赚.然而它却办得有声有色,颇具品位.这是一种什么样的精神、一种什么样的境界!这里面除了对数学的热爱、对事业的追求和对工作的高度责任感之外,还能有什么别的解释?

《学数学丛书》以普及中等数学知识为目标,服务于广大的中学数学教师,以及关心和热爱中等数学的其他人群.它面向中学数学教学,却不局限于中学数学教学,它不讨论教材教法,却鼓励对延伸出的中等数学问题作深入的讨论.它的版面生动活泼,报道国内外中学数学界的各种活动,及时发表有关资料.它的内容生动有趣,使人感觉时读时新.李克强总理号召全民阅读,他说:"书籍和阅读是文明传承的重要载体."《学数学丛书》为全民阅读提供了一份优秀的读物.

数学之于国民经济的重要性不言而喻.对于我们这样一个经济总量已达全球第二的大国而言,提升经济知识含量,改变经济增长方式,实现经济发展转轨,已经是摆在眼前的任务.拿出更多更好的原创性产品,是中国经济发展的必由之路.任何一项原创性产品的研发和生产都离不开数学!更何况需要持续不断地推出新产品,持续不断地更新换代,没有一代接一代科学人持续不断的努力,何以为继?为了国家,为了民族,我们需要锻造出一批批科学人才,一批批能够坐得住冷板凳、心无旁骛、一心只爱钻研的人,其中包括那些一心痴迷数学的人才.

《学数学丛书》愿为这一目标尽心尽力.

苏　淳

2015 年 2 月

目　录

序 ·· (i)

第一篇　名家讲堂

谈第四届"学数学"数学奥林匹克邀请赛(秋季赛) ·································· 单　墫 (2)

絮话正态分布 ··· 苏　淳 (12)

一元多项式与方程 ··· 陈传理 (19)

利用面积巧证不等式 ··· 朱华伟　程汉波 (34)

第二篇　命题与解题

谈谈第四届"学数学"数学奥林匹克邀请赛(春季赛) ······························ 肖韧吾 (44)

2016 年全国高中数学联赛加试第三题 ·· 小　月 (51)

第 32 届中国数学奥林匹克(2016)试题解答 ··· 肖韧吾 (53)

库默尔定理——从一道 IMO 预选题谈起 ·· 刘培杰 (63)

一般的高次方程不可根式求解 ·· 韩京俊 (80)

沢山定理的进一步探索 ··· 金春来 (86)

应用裂项法和数学归纳法处理一类 n 元不等式 ·································· 王永喜　李奋平 (116)

递推数列中的完全平方数分析 ·· 罗　毅 (124)

平面几何中"退"的思想实践几例 ·· 杨运新 (132)

两道几何题的证明 ··· 唐传发 (136)

(半)切圆构型中一类共线型问题的探究 ···································· 俞淑慧　曾福林　杨标桂 (141)

三角形五心及其向量形式 ··· 王慧兴 (150)

解题小品——局势逆转 ··· 杨春波 (165)

一道与法雷数列有关的数论题的另解 ·· 孙嘉庆 (169)

一道"学数学"邀请赛试题的另解 ··· 周欣怡（171）

第三篇　试题汇编

第 79 届莫斯科数学奥林匹克（2016）··（174）

第 33 届巴尔干地区数学奥林匹克（2016）······································（202）

第 5 届欧洲女子数学奥林匹克（2016）···（207）

2016 年加拿大数学奥林匹克 ···（215）

2015 年波罗的海数学竞赛 ··（222）

第四篇　模拟训练

《学数学》高中数学竞赛训练题 ··· 雷　勇（242）

第五篇　探究问题与解答

《学数学》数学贴吧探究问题 2016 年第二季 ································（256）

回忆常庚哲老师 ·· 李尚志（267）

后记 ··（280）

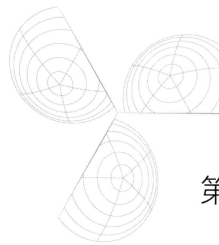

第一篇　名家讲堂

谈第四届"学数学"数学奥林匹克邀请赛（秋季赛）

絮话正态分布

一元多项式与方程

利用面积巧证不等式

谈第四届"学数学"数学奥林匹克邀请赛(秋季赛)

本届秋季赛赛题,我也做了一遍,有些解答与参考答案[①]不尽相同,写在下面,供大家参考.

第 一 试

第2题 在平面直角坐标系中,满足 $|x|+|y|+|x-2| \leqslant 4$ 的点 (x,y) 组成的区域的面积是 _____.

解析 设区域 $M = \{(x,y) \mid |x|+|y|+|x-2| \leqslant 4\}$ 的面积为 S.

M 的边界都是直线(一次函数的图像),所以,M 是一个多边形.显然 y 换为 $-y$ 时,$|x|+|y|+|x-2|$ 不变.所以,M 关于 x 轴对称.

改记 x 为 $x+1$ (即将 y 轴向左平移 1 个单位,如图 1 所示),则 $|x|+|x-2|$ 变为 $|x+1|+|x-1|$,而 $|x+1|+|x-1|$ 在 x 换为 $-x$ 时不变.因此,M 关于新的 y 轴对称.所以,只需考虑 M 在第一象限的部分.

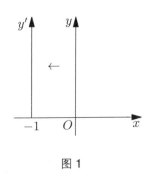

图 1

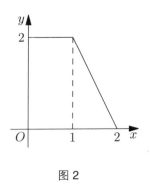

图 2

如图 2 所示,当 $0 \leqslant x \leqslant 1$ 时,$y+|x+1|+|x-1|=2$,M 的这个部分是矩形;当 $x \geqslant 1$

---

① 编者注:参考答案请参阅《全国高中数学联赛模拟试题精选》(中国科学技术大学出版社,2017 年 5 月)第 342 页.

时, $y+|x+1|+|x-1|=y+2x$, 直线 $y+2x=4$ 过点 $(2,0),(1,2)$, 因此, M 的这个部分是三角形.

图 2 中的梯形是 M 的 $\dfrac{1}{4}$, 因此, $S = 4 \times \dfrac{1}{2} \times 2 \times (1+2) = 12$.

第 5 题 在矩形 $ABCD$ 中, $AB=1$, $BC=2$, 点 E 在边 BC 上, 点 F 在边 CD 上. 若 $|\overrightarrow{EF}|=1$, 则 $\overrightarrow{AE} \cdot \overrightarrow{AF}$ 的最小值是 _____.

解析 记 $AE=b, AF=c, \angle EAF=\alpha$, EF 的中点为 M, $AM=d$, 则

$$\overrightarrow{AE} \cdot \overrightarrow{AF} = bc\cos\alpha = \dfrac{1}{2}(b^2-c^2-1^2) = \dfrac{1}{2}\left(2d^2+\dfrac{1}{2}\times 1^2-1\right) = d^2-\dfrac{1}{4}.$$

因为 CM 是 $\text{Rt}\triangle ECF$ 的中线, 所以 $CM=\dfrac{1}{2}EF=1$, M 在以 C 为圆心、$\dfrac{1}{2}$ 为半径的圆 $\left(\text{记作} \odot\left(C,\dfrac{1}{2}\right)\right)$ 上. 于是

$$AM \geqslant AC-CM = \sqrt{1^2+2^2}-\dfrac{1}{2} = \sqrt{5}-\dfrac{1}{2}.$$

等号当且仅当 M 为线段 AC 与 $\odot\left(C,\dfrac{1}{2}\right)$ 的交点时成立, 而过这点作 BD 的平行线, 分别交 BC, CD 于 E, F, 则 M 为线段 EF 的中点. 因此

$$\overrightarrow{AE} \cdot \overrightarrow{AF} \geqslant \left(\sqrt{5}-\dfrac{1}{2}\right)^2 - \dfrac{1}{4} = 5-\sqrt{5}.$$

故 $5-\sqrt{5}$ 为最小值.

第 8 题 阶梯教室安装的连体课桌一排坐 6 个人, 考生只能从课桌两头走出考场, 考生交卷时间先后不一, 如果坐在里面的考生先要交卷就会打扰别人. 把一排考生中打扰别人交卷的人数视为随机变量 X, 则 X 的数学期望等于 _____.

解析 记从左数起的第 i 个人为 r_i $(1 \leqslant i \leqslant 6)$. 令随机变量

$$X_i = \begin{cases} 1, & \text{若 } r_i \text{ 交卷时打扰别人}, \\ 0, & \text{若 } r_i \text{ 交卷时没有打扰别人}, \end{cases} \quad 1 \leqslant i \leqslant 6.$$

显然

$$EX_1 = EX_6 = 0, \quad EX_2 = EX_5, \quad EX_3 = EX_4,$$
$$X = X_1 + X_2 + X_3 + X_4 + X_5 + X_6,$$
$$EX = \sum_{i=1}^{6} EX_i = 2(EX_2 + EX_3).$$

r_2 打扰别人的情况有 4 种.

(i) 他第一个交卷, 打扰别人的概率为 $\frac{1}{6}$.

(ii) 他第二个交卷, 第一个交卷的为 r_3, r_4, r_5, r_6 中的任一个, r_2 打扰别人的概率为 $\frac{1}{6} \times \frac{1}{5} \times 4$.

(iii) 他第三个交卷, 前两个交卷的均在 r_3, r_4, r_5, r_6 中, r_2 打扰别人的概率为 $\frac{1}{6} \times \frac{1}{5} \times \frac{1}{4} \times 4 \times 3$.

(iv) 他第四个交卷, 前三个交卷的均在 r_3, r_4, r_5, r_6 中, r_2 打扰别人的概率为 $\frac{1}{6} \times \frac{1}{5} \times \frac{1}{4} \times \frac{1}{3} \times 4 \times 3 \times 2$.

因此, r_2 打扰别人的概率为
$$\frac{1}{6} + \frac{1}{6} \times \frac{1}{5} \times 4 + \frac{1}{6} \times \frac{1}{5} \times \frac{1}{4} \times 4 \times 3 + \frac{1}{6} \times \frac{1}{5} \times \frac{1}{4} \times \frac{1}{3} \times 4 \times 3 \times 2 = \frac{7}{15},$$
即 $EX_2 = \frac{7}{15}$.

r_3 打扰别人的情况也有 4 种.

(i) 他第一个交卷, 打扰别人的概率为 $\frac{1}{6}$.

(ii) 他第二个交卷, 第一个交卷的为 r_1, r_2, r_4, r_5, r_6 中的任一个, r_3 打扰别人的概率为 $\frac{1}{6} \times \frac{1}{5} \times 5$.

(iii) 他第三个交卷, 前两个交卷的人可能全在 r_4, r_5, r_6 中, 也可能一个在 r_1, r_2 中, 另一个在 r_4, r_5, r_6 中, r_3 打扰别人的概率为 $\frac{1}{6} \times \frac{1}{5} \times \frac{1}{4} \times (3 \times 2 + 2 \times 3 \times 2!)$.

(iv) 他第四个交卷, 前三个交卷的人一个在 r_1, r_2 中, 另两个在 r_4, r_5, r_6 中, r_3 打扰别人的概率为 $\frac{1}{6} \times \frac{1}{5} \times \frac{1}{4} \times \frac{1}{3} \times (2 \times 3) \times 3!$.

因此, r_3 打扰别人的概率为
$$\frac{1}{6} + \frac{1}{6} \times \frac{1}{5} \times 5 + \frac{1}{6} \times \frac{1}{5} \times \frac{1}{4} \times (3 \times 2 + 2 \times 3 \times 2!) + \frac{1}{6} \times \frac{1}{5} \times \frac{1}{4} \times \frac{1}{3} \times (2 \times 3) \times 3! = \frac{7}{12},$$
即 $EX_3 = \frac{7}{12}$.

从而
$$EX = 2(EX_2 + EX_3) = 2\left(\frac{7}{15} + \frac{7}{12}\right) = \frac{21}{10}.$$

第 9 题 如图 3 所示, 过定点 $A(t,0)$ $(t>0)$ 的直线与给定的抛物线 $\Gamma: y^2 = 2px$ $(p>0)$ 交于 B, C 两点, 直线 OB, OC 分别与直线 $l: x = -t$ 交于点 M, N. 证明: 以 MN 为直径的圆与 x 轴交于两个定点.

解析 设以 MN 为直径的圆交 x 轴于 E, F, 因为弦 EF 与直径 MN 垂直, 所以它被 MN 平分. 设 E, F 的横坐标分别为 $-t+a, -t-a$ $(a>0)$, 只需证明 a 为常数.

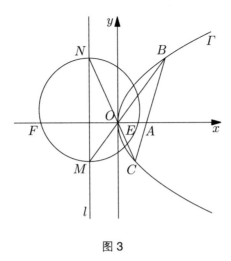

图 3

因为 $\angle MEN = 90°$, 所以 $a^2 = |y_M \cdot y_N|$, 其中, y_M, y_N 分别为 M, N 的纵坐标.

设直线 BC 的方程为 $y = k(x-t)$, 则 B, C 的坐标均适合方程组

$$\begin{cases} y^2 = 2px, \\ x - \dfrac{y}{k} = t. \end{cases}$$

从而适合方程

$$y^2 = 2px \cdot \dfrac{x - \dfrac{y}{k}}{t}. \qquad ①$$

而式 ① 是 x, y 的二次齐次式, 因此表示过原点的两条直线, 即 OB, OC.

方程 ① 的图像与直线 MN (方程为 $x = -t$) 相交, 交点 M, N 的纵坐标满足

$$y^2 = 2p(-t) \cdot \dfrac{1}{t}\left(-t - \dfrac{y}{k}\right),$$

即

$$y^2 - \dfrac{2p}{k} y - 2pt = 0.$$

由韦达定理, 得 $y_M \cdot y_N = -2pt$. 因此, $a = \sqrt{2pt}$ 为常数, E, F 为定点.

第 10 题 在求函数零点的方法中, 有一种方法称为牛顿法. 这种方法的求解过程是: 对函数 $f(x)$, 给定 x_1, 并将过点 $Q_n(x_n, f(x_n))$ 的 $f(x)$ 的切线与 x 轴交点的横坐标记为 x_{n+1} $(n = 1, 2, \cdots)$. 如图 4 所示, 我们可以用 x_n 作为 $f(x)$ 的零点的近似值. 设 $f(x) = x^2 - 2, x_1 = 2$.

(1) 探究数列 $\{x_n\}$ 的递推公式, 并给出证明;

(2) 试求数列 $\{x_n\}$ 的极限, 并阐述该极限的意义.

解析 (1) $x_1 = 2, x_{n+1} = \dfrac{x_n^2 + 2}{2x_n}$.

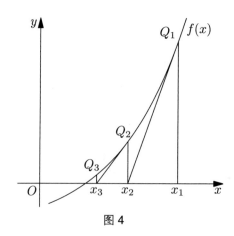

图 4

(2) 我们用数学归纳法证明 $\{x_n\}$ 递减, 且有下界 $\sqrt{2}$.

显然, $x_2 = \dfrac{4+2}{2 \times 2} = \dfrac{3}{2}$, $x_1 > x_2 > \sqrt{2}$.

设 $x_n > \sqrt{2}$, 则

$$x_{n+1} = \frac{1}{2}\left(x_n + \frac{2}{x_n}\right) < \frac{1}{2}\left(x_n + \frac{2x_n}{2}\right) = x_n,$$

并且

$$x_{n+1} \geqslant \frac{1}{2} \cdot 2\sqrt{x_n \cdot \frac{2}{x_n}} = \sqrt{2}.$$

因此, $\{x_n\}$ 递减, 且有下界 $\sqrt{2}$. 从而, $\lim\limits_{n \to +\infty} x_n$ 存在, 设为 $a\ (\geqslant \sqrt{2})$.

在 $x_{n+1} = \dfrac{x_n^2 + 2}{2x_n}$ 的两边令 $n \to +\infty$, 取极限得

$$a = \frac{a^2 + 2}{2a},$$

所以 $a = \sqrt{2}$.

先证明数列有极限, 再用上法求出极限, 是微积分中的常用方法. 参见《数列与极限》(单墫著, 中国科学技术大学出版社, 2016 年 10 月).

第 11 题 已知函数 $f(x)$ 定义在 $[0,1]$ 上, $f(0) = 0$, $f(1) = 1$, 且满足条件:

(a) 对任意 $x \in [0,1]$, 有 $f(x) \geqslant 0$;

(b) 对满足条件 $x_1 \geqslant 0$, $x_2 \geqslant 0$, $x_1 + x_2 \leqslant 1$ 的任意两个实数 x_1, x_2, 有 $f(x_1 + x_2) \geqslant f(x_1) + f(x_2)$.

求最小的正数 c, 使得对任意满足上述条件的函数 $f(x)$ 及任意实数 $x \in [0,1]$, 有 $f(x) \leqslant cx$.

解析 先对 $f(x)$ 的性质作一些考察.

由条件 (a) 与 (b) 得: 当 $0 \leqslant x_1 + x_2 \leqslant 1$ 时,
$$f(x_1+x_2) \geqslant f(x_1)+f(x_2) \geqslant f(x_1),$$
这表明 $f(x)$ 是递增的.

又
$$1 = f(1) = f\left(\frac{1}{2}+\frac{1}{2}\right) \geqslant 2f\left(\frac{1}{2}\right),$$
所以
$$f\left(\frac{1}{2}\right) \leqslant \frac{1}{2}. \qquad ①$$
同样推出
$$f\left(\frac{1}{4}\right) \leqslant \frac{1}{2}\left(\frac{1}{2}\right) \leqslant \frac{1}{4}, \qquad ②$$
$$\cdots ,$$
$$f\left(\frac{1}{2^k}\right) \leqslant \frac{1}{2}\left(\frac{1}{2^{k-1}}\right) \leqslant \frac{1}{2^k} \quad (k=1,2,\cdots). \qquad ③$$

再看看 $f(x)$ 可以是哪些函数 (举几个例子).

显然 $f(x) = x$ 满足条件 (a) 和 (b), $f(x) = x^2, \cdots, x^k \ (k \in \mathbf{N}^*)$ 都满足条件. 这些函数的图像都在线性函数 $y = x$ 的下方 $(x \in [0,1])$. 式 ①,②,③ 似乎也暗示恒有 $f(x) \leqslant x$, 所以有理由猜测 c 的最小值为 1. 但 $f(x) \leqslant x$ 却无法证出, 也就是无法证明 $y = f(x)$ 的图像全在 $y = x$ 的下方.

这时, 我们应当考虑 $f(x) \leqslant x$ 是不是未必成立, 也就是 c 的最小值可以大于 1, $y = f(x)$ 的图像可以有一部分在 $y = x$ 的上方.

能不能举出一个这样的例子?

思想解放了, 例子并不难举. 当然, 这个例子并不具有统一的解析式, 而是一个分段函数:
$$f(x) = \begin{cases} 1, & \frac{1}{2} < x \leqslant 1, \\ 0, & 0 \leqslant x \leqslant \frac{1}{2}. \end{cases}$$
显然, $f(x) \leqslant x$ 不永远成立 (如图 5 所示, $y = f(x)$ 的图像有一半在直线 $y = x$ 上方), $y = f(x)$ 满足条件 (a), 而且递增, 当 $x_1 + x_2 \leqslant 1$ 时, x_1, x_2 中至少有一个不大于 $\frac{1}{2}$, 从而函数值为 0. 不妨设 $f(x_1) = 0$, 则由递增性, 得
$$f(x_1+x_2) \geqslant f(x_2) = f(x_1)+f(x_2),$$

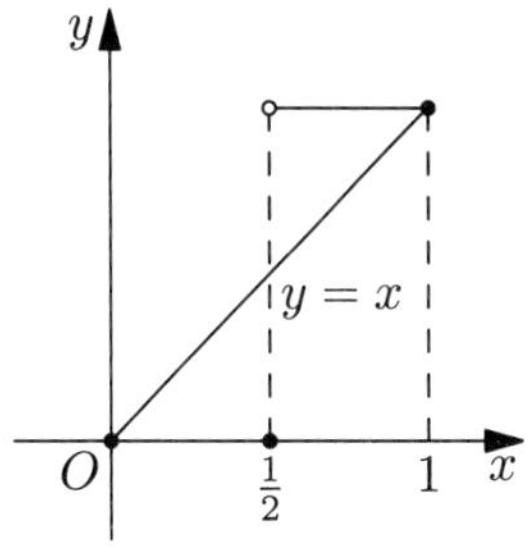

图 5

即这个 $f(x)$ 也满足条件 (b).

反例表明 $f(x) \leqslant x$ 不永远成立. 不仅如此, 对于任一个小于 2 的正数 c, $\dfrac{1}{c} > \dfrac{1}{2}$. 从而, 对于任一 $x \in \left(\dfrac{1}{2}, \dfrac{1}{c}\right)$, 上述 f 给出

$$f(x) = 1 > cx,$$

这就表明 $c \geqslant 2$.

同时, 对任一满足题目要求的 $f(x)$, 由递增性, 得

$$f(x) \leqslant f(1) = 1 \leqslant 2x$$

当 $\dfrac{1}{2} \leqslant x$ 时成立. 而对于 $x < \dfrac{1}{2}$, 总存在正整数 k, 使得 $\dfrac{1}{2^k} \leqslant x \leqslant \dfrac{1}{2^{k-1}}$, 所以

$$f(x) \leqslant f\left(\dfrac{1}{2^{k-1}}\right) \leqslant \dfrac{1}{2^{k-1}} \leqslant 2x.$$

因此, 恒有 $f(x) \leqslant 2x$, c 的最小值为 2.

第 二 试

第二题 如图 6 所示, 点 O, I 分别是 $\triangle ABC$ 的外心、内心, 点 A 关于 I 的中心对称点为 K, 点 K 关于直线 BC 的对称点为 L. 证明: $\triangle AOI \sim \triangle IOL$.

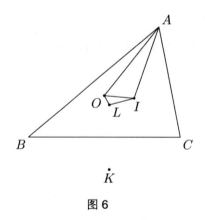

图 6

解析 如图 7 所示, 设 BC 上的高为 AN, 则 $LK /\!/ AN$,

$$\angle LKA = \angle IAN = \angle IAC - (90° - \angle BCA) = \angle BAI - \angle BAO = \angle OAI.$$

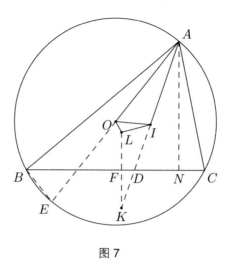

图 7

如果 $\triangle KIL \sim \triangle AOI$,那么

$$\angle OIL = 180° - \angle OIA - \angle KIL = 180° - \angle OIA - \angle AOI = \angle IAO,$$

且

$$\frac{IO}{IL} = \frac{AO}{KI} = \frac{AO}{AI}.$$

从而, $\triangle IOL \sim \triangle AOI$. 因此, 只需证 $\triangle KIL \sim \triangle AOI$, 也就是

$$\frac{KI}{KL} = \frac{AO}{AI}. \qquad ①$$

设 LK 交 BC 于 F, AI 交 BC 于 D, AO 交外接圆于 E. 记 $\triangle ABC$ 的边长为 a, b, c, 半周长为 s, $AN = h$, $OA = R$. 由 $\triangle ABE \sim \triangle ANC$, 得

$$R = \frac{bc}{2h}.$$

由 $\dfrac{KF}{AN} = \dfrac{DK}{AD}$ 及角平分线定理, 得

$$\begin{aligned}
\frac{KI \cdot AI}{KL} &= \frac{AI^2}{2KF} = \frac{AI^2}{2AN} \cdot \frac{AD}{KD} \\
&= \frac{1}{2h}\left(\frac{AD \cdot AC}{AC + CD}\right)^2 \cdot \frac{AI + ID}{AI - ID} \\
&= \frac{1}{2h}\left(AD \cdot \frac{AC}{AC + CD}\right)^2 \times \frac{AC + CD}{AC - CD} \\
&= \frac{AD^2}{2h} \cdot b^2 \cdot \frac{1}{\left(b + \dfrac{ab}{b+c}\right)\left(b - \dfrac{ab}{b+c}\right)}
\end{aligned}$$

$$= \frac{AD^2}{2h} \cdot \frac{(b+c)^2}{4s(s-a)}$$

$$= \frac{bc}{2h} \quad \text{(利用角平分线公式)}$$

$$= R = AO.$$

即式 ① 成立.

第三题 已知复数 z_1, z_2, z_3 满足 $\{|z_1+z_2+z_3|, |-z_1+z_2+z_3|, |z_1-z_2+z_3|, |z_1+z_2-z_3|\} = \{98, 84, 42, 28\}$. 证明：$\max\{|z_1^2(2-z_2^2)-z_3^2|, |z_2^2(2-z_3^2)-z_1^2|, |2z_3^2(z_1^2+1)-z_2^2|\} \geqslant 2016$.

解析 将结论改为更强的

$$\max\{|z_1z_2|^2 - 2|z_1|^2 - |z_3|^2, |z_2z_3|^2 - 2|z_2|^2 - |z_1|^2, |z_3z_1|^2 - 2|z_3|^2 - |z_2|^2\} \geqslant 2016.$$

如果

$$|z_1 + z_2 + z_3| = 98, \qquad ①$$
$$|-z_1 + z_2 + z_3| = 84,$$
$$|z_1 - z_2 + z_3| = 42,$$
$$|z_1 + z_2 - z_3| = 28,$$

那么

$$2|z_1| = |(z_1 - z_2 + z_3) + (z_1 + z_2 - z_3)|$$
$$\leqslant |z_1 - z_2 + z_3| + |z_1 + z_2 - z_3| = 42 + 28,$$

所以 $|z_1| \leqslant 35$. 而

$$|z_2| = \frac{1}{2}|(z_1 + z_2 + z_3) - (z_1 - z_2 + z_3)|$$
$$\geqslant \frac{1}{2}(|z_1 + z_2 + z_3| - |z_1 - z_2 + z_3|)$$
$$= \frac{1}{2}(98 - 42) = 28,$$
$$|z_3| \geqslant \frac{1}{2}(|z_1 + z_2 + z_3| - |z_1 + z_2 - z_3|)$$
$$= \frac{1}{2}(98 - 28) = 35,$$

所以

$$|z_2^2(2-z_3^2) - z_1^2| \geqslant |z_2^2(z_3^2-2)| - |z_1|^2 \geqslant |z_2|^2(|z_3|^2-2) - |z_1|^2$$

$$\geqslant 28^2(35^2-2)-35^2 \geqslant 2016.$$

将 z_1, z_2, z_3 的顺序任意调换, 情况类似.

如果将式 ① 改为 $|-z_1+z_2+z_3|=98$, 那么可将 $-z_1$ 改记为 z_1, 从而化为上面的情况, 其他情况类似.

本题中的 98, 84, 42, 28 都比较大 (相对于 2016), 其中任两个积的平方远大于任两个和的平方 (如 $(42\times 28)^2$ 远大于 $(98+84)^2$). 因此, 本题是很容易证明的.

其他题都很好解答, 不再赘述.

单　墫

絮话正态分布

在各种概率分布中,正态分布是一个另类. 它很常见,应用非常广泛,按理说它的面目应当为大家所熟知,然而恰恰相反,它的密度函数形式复杂,连原函数都不存在,就像一个幽灵,多少有些神秘. 所以,我们花点笔墨,对它作点介绍.

正态分布的来历

正态分布的密度函数曲线像一个漂亮的钟形,非常优美 (图 1). 正态分布的密度函数具有较为复杂的形式:

$$\varphi_{a,\sigma}(x) = \frac{1}{\sqrt{2\pi}\sigma} e^{-\frac{(x-a)^2}{2\sigma^2}} \quad (x \in \mathbf{R}),$$

其中 a 为实数,$\sigma > 0$,它具有数学上的美感,两个重要的无理数 π 和 e 都出现在里面,尤其是标准正态的密度函数

$$\varphi(x) = \frac{1}{\sqrt{2\pi}} e^{-\frac{x^2}{2}} \quad (x \in \mathbf{R}),$$

更是简洁漂亮. 然而,它不存在原函数,无法利用 Newton-Leibniz 公式积分,不能直接求出概率值. 可是,它无处不在,渗透在人类生活中的方方面面,像是一个 "君王",主宰着世界. 为了对付这一情况,人们只能通过数值计算,求出概率的近似值,再编制成表格,供人查阅.

那么这么一种神秘而又奇特的分布究竟是如何被发现的呢?

大家知道,概率论最初产生于赌场,源于赌徒分配赌资的需求. 它最初讨论的课题几乎都与赌博有关.

有一个人,向 De Moivre 提过一个关于赌场获利的问题,这个问题可以用概率语言陈述为:甲、乙两人在赌场里赌博,在每一局中,他们各自获胜的概率分别为 p 和 $1-p$,赌 n 局. 如果甲赢的场数 $X > np$,则甲付给赌场 $X - np$ 元,否则乙付给赌场 $np - X$ 元. 问:赌场挣钱的期望值是多少?

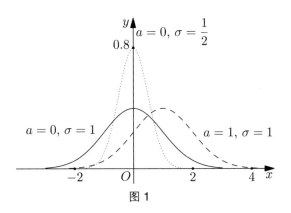

图 1

问题并不复杂, 最后求出来的结果是 $2np(1-p)b(np;n,p)$, 正如大家所知的, 其中,
$$b(i;n,p) = \mathrm{C}_n^i p^i (1-p)^{n-i}.$$

但是赌徒需要的是具体值, 这个结果中含有组合数符号, 很难对具体的 n 求出其具体值. 于是, De Moivre 只能开动脑筋寻找近似计算的办法.

从概率论角度来看, 这个问题可以归结为: 如果随机变量 X 服从二项分布 $B(n,p)$, 那么对 $d>0$, 概率 $P(|X-np|\leqslant d)$ 是多少? De Moivre 对 $p=0.5$ 的情形, 尝试算出来一些结果, 但是并不能令人满意.

幸好 De Moivre 与 Stirling 生活在同一时代, 而且还有着一些联系. Stirling 改进了 De Moivre 在计算 $n!$ 时的近似公式, 把它表示为
$$n! \sim \sqrt{2\pi} n^{n+\frac{1}{2}} \mathrm{e}^{-n} \quad (n\to\infty).$$

其中符号 $a_n \sim b_n\ (n\to\infty)$ 的含义是 $\lim\limits_{n\to\infty} \dfrac{a_n}{b_n} = 1$.

在 n 为偶数, $p=0.5$ 时, 记
$$b(i) = b\left(i;n,\frac{1}{2}\right) = \mathrm{C}_n^i \left(\frac{1}{2}\right)^n,$$

利用 Stirling 的表达式, De Moivre 做了一些简单计算, 得到
$$b\left(\frac{n}{2}\right) \sim \sqrt{\frac{2}{\pi n}} \quad \text{与} \quad \frac{b\left(\frac{n}{2}+d\right)}{b\left(\frac{n}{2}\right)} \sim \mathrm{e}^{-\frac{2d^2}{n}}.$$

由此立得
$$b\left(\frac{n}{2}+d\right) \sim \frac{2}{\sqrt{2\pi n}} \mathrm{e}^{-\frac{2d^2}{n}}.$$

利用这一近似表达式, 并在对二项分布的概率累加的过程中用定积分代替求和, 得到
$$P\left(\left|\frac{X}{n}-\frac{1}{2}\right|\leqslant \frac{c}{\sqrt{n}}\right) = \sum_{-c\sqrt{n}\leqslant i\leqslant c\sqrt{n}} b\left(\frac{n}{2}+i\right)$$

$$\sim \sum_{-c\sqrt{n} \leqslant i \leqslant c\sqrt{n}} \frac{2}{\sqrt{2\pi n}} e^{-\frac{2i}{n}}$$

$$= \sum_{-2c \leqslant \frac{2i}{\sqrt{n}} \leqslant 2c} \frac{1}{2\pi} e^{-\frac{1}{2}\left(\frac{2i}{\sqrt{n}}\right)^2} \frac{2}{\sqrt{n}}$$

$$\sim \frac{1}{\sqrt{2\pi}} \int_{-2c}^{2c} e^{-\frac{x^2}{2}} dx.$$

这使得我们眼前一亮, 正态分布的密度函数竟然就这样作为被积函数出现在我们眼前! 也就是说, 正态密度的形式最早是在 De Moivre 的计算过程中出现的.

这一结论是 Laplace 在 De Moivre 的最初成果公布四十余年之后得到的, 后人怀念 De Moivre 的功劳, 将之称为 De Moivre-Laplace 中心极限定理. 我们在《概率论》教材[1]的第六章中介绍了关于中心极限定理的一系列研究成果, 从中你们可以看出正态分布在概率论中的中心地位. 然而他们的工作本身还不足以奠定正态分布在概率论中的中心地位.

大家知道, 正态分布又叫作 Gauss 分布. 既然正态分布是 De Moivre 最先发现的, 为何不把它叫作 De Moivre 分布呢? 原因在于 De Moivre 只是出于狭窄的目的发现了它的近似形式, 尽管他开始时只是对二项分布中的 $p = 0.5$ 作了讨论, 后来又计算了一些 $p \neq 0.5$ 的情况, 却没有作更深一步的工作. 后来 Laplace 对 $p \neq 0.5$ 的情况作了更多的讨论, 并把它推广到任意 p 的情形. 在此基础上, Laplace 还进一步得到了二项分布收敛于正态分布的结论, 被称为 **De Moivre-Laplace 中心极限定理**, 其内容是: 若随机变量 X_n 服从参数为 n 和 p 的二项分布 $B(n,p)$ $(n = 1, 2, \cdots)$, 则对任意实数 x 都有

$$\lim_{n \to \infty} P\left(\frac{X_n - np}{\sqrt{np(1-p)}} \leqslant x\right) = \frac{1}{\sqrt{2\pi}} \int_{-\infty}^{x} e^{-\frac{t^2}{2}} dt.$$

真正使得正态分布进入人们眼界, 成为一颗耀眼明星的是数学大家 Gauss. Gauss 首先把正态分布应用于对随机误差的刻画. 其中一段寻找谷神星的历程不但使人感觉神奇, 而且使得正态分布进入了科学的殿堂. 为此, 还得从天文观察说起. 大家知道, 天文学有着久远的历史, 却始终被测量误差所困扰. 为了处理测量数据中的误差, 许多天文学家和数学家从 18 世纪开始寻找误差分布的曲线, 其中 Laplace 做了许多有意义的工作. Gauss 介入这一工作是在 19 世纪初, 当时他早已声名远扬, 是数学界的泰斗级人物. 1801 年 1 月, 一位天文学家发现了一颗从未见过的光度 8 等的星在移动, 这颗星就是现在被称为谷神星的小行星①, 它当时在夜空中出现了 6 个星期, 旋转过 8 度角以后就消失在了太阳的光芒之

---

① 编者注: 2006 年, 国际天文学联合会将谷神星重新定义为矮行星, 它是目前发现的太阳系中最小的, 也是唯一位于小行星带的矮行星.

中, 无处寻找. 由于留下的观察数据有限, 不足以计算出它的运行轨道, 甚至都无法确定它究竟是行星还是彗星. 正当天文学家们茫无头绪、束手无策之际, Gauss 闻知了此事, 并且对此事产生了浓厚的兴趣. Gauss 以他高超的数学才能, 创造了一种崭新的计算行星轨道的方法. 在利用这种方法、代入观察数据后不过一小时, 就算出了这颗新星的运行轨道, 预言了它在天空再次出现的时间与位置.

1801 年 12 月 31 日, 一位德国天文爱好者在 Gauss 预言的时间, 用天文望远镜对准了那片天空. 果然不出所料, 那颗新星在他的镜头中出现了!

这件事进一步提升了 Gauss 的声望, 但是他当时却拒绝透露计算轨道的方法. 原因可能是他认为自己的方法的理论基础还不够成熟. 直到 1809 年, 他才公布了他的方法. 他的方法就是以正态分布为基础的最小二乘法. 他的这一成就是 19 世纪统计学中最重要的成就. 正态分布也因他的这一成就而被人们称为 Gauss 分布.

6σ 原则

6σ 原则是一种基于加工工件的误差分布是正态分布这一假定之上的企业质量管理模式. 大家不用感觉神秘, 早在 2017 年高考全国理科 I 卷的第 19 题中, 6σ 原则就已经悄然登台了.

6σ 原则近年来在企业的质量管理中被广泛采用. 这一原则为采用它的企业带来了巨大的经济利益. 20 世纪 70 到 80 年代, 美国的摩托罗拉公司在与日本公司的竞争中遭受一系列挫折, 丢掉了许多市场. 而它的一个在 70 年代被日本并购的电视机生产公司, 却在日本人的管理下起死回生, 在人员、技术和设计都没有变化的情况下, 产品的缺陷率奇迹般地降低到并购前的 $\frac{1}{20}$. 这使摩托罗拉看到了日本企业所推行的全面质量管理和田口方法的有效性. 他们痛定思痛, 狠下决心抓质量管理, 在企业内部开展以零缺陷为目标的质量改进运动. 他们提出: 减小误差方差 σ^2, 并把误差控制在 $\pm 3\sigma$ 的范围内! 我们知道, 对于服从 $\mathcal{N}(a,\sigma^2)$ 的正态随机变量 X, 其值在 $(a-3\sigma, a+3\sigma)$ 中的概率为 0.9974, 这就意味着缺陷率被降低到了 2.6‰. 正是这一措施, 使得摩托罗拉浴火重生, 不仅摆脱了濒临破产的境地, 还一跃而起成为质量与利润都领先的世界著名公司. 他们在此过程中形成了一整套基于概率统计学的系统化管理方法, 这种方法被人们称为 6σ 管理原则. 后来, 这一管理原则被许多企业采用, 并逐步演变为一个强有力的管理系统 (见参考文献 [2] 和 [3]).

在有关现代工业统计与质量管理的书籍中对 6σ 原则有较详细的介绍.

对某件产品上的某个数据的设计要求是 M, 但是由于各种随机因素的影响, 不可能每件产品都达到这个设计要求, 因此, 又根据实际情况规定了该数据的允许上限 T_U 和允许下限 T_L, 凡是落在范围 (T_L, T_U) 中的数据都认为是合格的. 通常, M 就是区间 (T_L, T_U) 的中点, 而 $T = T_U - T_L$ 称为容差. 提高产品的合格率的关键是控制产品加工中的误差方差 σ^2, 而 6σ 原则就是利用 T 来确定 σ 的值. 它们引入了一个量 C_p, 叫作能力指数, 其定义是

$$C_p = \frac{T}{6\sigma} \approx \frac{T}{6s},$$

其中, σ 就是该数据分布作为正态来看的均方差, 而 s 是通过实际数据求出的样本均方差.

如果 $C_p = 1$, 那就意味着 $6\sigma = T$, 从理论上说, 只要能保证加工出来的工件在该数据上的均方差为 $\sigma = \frac{T}{6}$, 那么该项产品在该数据上的合格率就可达到 99.74%. 这当然就是非常好的合格率. 但是由于实际加工出来的产品的该项数据的均值 μ 未必就是 M, 即存在漂移, 必须考虑漂移的值 $|M - \mu|$ 所带来的影响. 因为落在区间 $(\mu - 3s, \mu + 3s)$ 中与落在 $(M - 3\sigma, M + 3\sigma) = (T_L, T_U)$ 中可能会相差很远, 所以为了避免这一点, 有的企业就在进一步缩小加工产品的均方差 σ 上下功夫, 例如, 规定 $C_p = 1.5$, 即 $\sigma = \frac{T}{9}$, 那么就变为

$$9\sigma = T, \quad (T_L, T_U) = (M - 4.5\sigma, M + 4.5\sigma).$$

这时, 即使漂移量达到 $\mu - M = 1.5\sigma$ 或 $\mu - M = -1.5\sigma$, 亦有如下可能:

$$(\mu - 3\sigma, \mu + 3\sigma) \subseteq (M - 4.5\sigma, M + 4.5\sigma) = (T_L, T_U).$$

这就是 C_p 被称为企业的能力指数的原因. 事实上, C_p 越大, 工件加工时所允许的均方差越小, 从而产品尺寸落在可允许区间中的可能性就越大, 以至于可以保证 99.74% 的合格率. 从统计学的观点来看, 工业管理的核心问题就是减小加工工件在数据上的均方差.

顺便指出, 在 2017 年高考全国理科 I 卷的第 19 题中就是用 $(\mu - 3s, \mu + 3s)$ 来代替 $(M - 3\sigma, M + 3\sigma) = (T_L, T_U)$ 的, 因此它只是对统计知识的粗浅应用, 达不到质量管理的真正需求.

高考中的标准分

除了部分特招生外, 大家都参加过 (或将参加) 高考. 尽管很多人已经是过来人了, 但回想起来, 对于那种每年全国都有近千万人参加的选拔性考试, 多少还带有一份好奇心. 令

人感觉好奇的一个问题便是: 高考成绩是如何计算的?

目前, 很多省份是按照原始分累加, 得出高考总分的. 所谓原始分就是卷面成绩, 考多少就是多少. 使用原始分, 看起来很合理. 但是, 它不能解决各科试题难度上的差异所造成的不公平. 比如, 某一年语文卷子出的容易, 大家得分都比较高, 数学出的很难, 150 分的卷子, 考到 130 分以上的寥寥无几. 于是, 数学成绩在总分里所占的比重就比较小, 语文占的比重大, 造成文科成绩好的考生占优势. 这不利于高科技研究型大学的选拔.

标准分正是为了解决这类问题而产生的. 当把某一科的原始分转化为标准分之后, 它反映的是考生在该科成绩中的排名情况, 即相对位置, 因而不会受到试题难易的影响. 其原理如下:

由于高考人数众多, 所以成绩近似于正态分布. 假定某科满分为 150 分. 我们首先算出所有人的平均成绩 a 和样本方差 s^2. 再根据各个考生的成绩 x 算出

$$y = \frac{x-a}{s}, \qquad ①$$

由标准正态分布表格查出 $\Phi(y)$, 那么 $x' = \lceil 150\Phi(y) \rceil$ 就是标准分的一种形式.

这种计算成绩的方式的合理性是: $\Phi(y)$ 的值就是那些成绩不超过你的人所占的比例. 比如说, $\Phi(y) = 0.8$, 那就意味着有 80% 的考生成绩不比你好, 于是就评给你总分的 80%, 即 $x' = \lceil 150 \times 0.8 \rceil = 120$ 分作为你的标准分; 如果你的原始分与平均值 a 相等, 那么就有 $y = 0$, 而 $\Phi(0) = 0.5$, 从而你的标准分就是 $x' = \lceil 150 \times 0.5 \rceil = 75$ 分. 这就是说, 有百分之多少的考生的原始分不比你高, 你的标准分就是总分的百分之多少. 这里, $\lceil c \rceil$ 表示不小于实数 c 的最小整数. 如此看来, 这是一种公平合理的评分办法.

但是按照这种方式计算出的标准分也有其缺陷. 其中一个较大的缺陷就是高分段的区分度不够, 其原因归咎于正态分布的高度集中性. 例如, 当你的 $y = 3$ 时, 由于 $\Phi(3) = 0.9987$, 所以现在你的标准分是 $x' = \lceil 150 \times 0.9987 \rceil = \lceil 149.805 \rceil = 150$; 而如果你的 $y = 2.48$, 由于 $\Phi(2.48) = 0.9934$, 所以现在你的标准分还是 $x' = \lceil 150 \times 0.9934 \rceil = \lceil 149.22 \rceil = 150$. 在多达四五十万个考生中, 由 0.9987 到 0.9934, 这里面所越过的考生人数会超过两千, 结果把第一名和第两千名的成绩评为相同, 那当然是极不合理的. 正由于这样, 人们在计算标准分时引入了一些变换方式, 目的都是为了保证区分度, 保证公平性.

现在比较流行的办法是直接对式 ① 作线性变换, 即令

$$x' = \alpha + \beta y = \alpha + \beta \frac{x-a}{s}.$$

例如, 取 $\alpha = 75, \beta = 15$, 那么当你的原始分等于平均值 a 时, 由于此时 $y = 0$, 所以你的标准分就是 75; 当你的 $\Phi(y) = 0.8$, 即有 80% 的考生成绩不比你好时, 你的 $y = 0.85$, 你的标

准分是 $x' = 75 + 0.85 \times 15 = 87.75$；而当你的 $y = 3$ 时，你的标准分是 $x' = 75 + 3 \times 15 = 120$；当你的 $y = 2.4$ 时，你的标准分是 $x' = 75 + 2.4 \times 15 = 111$. 区分度是有了，但是分数都很低. 这就涉及如何合理地选择参数 α 与 β. 一般来说，α 好选，β 难定，它需要考虑众多因素. 这里把 β 选为 α 的 $\dfrac{1}{5}$，未免有些过于谨慎了，以至于造成分数过低. 但无论如何，这种方法都能体现出分数变换中的公平性，并具有较好的保序性和区分度. 所以，这是一种可被切实采用的计算方法.

目前，高考改革还在进行中. 除了语、数、外三门课程的成绩直接进行计分外，还有三门选考课程先是按照学业水平测试的评分方式采用 A, B, C, D, E 等级计分，再综合原始分数和等级评定出百分制成绩进入高考计分. 其中经历了由分数到等级，再由等级到分数的两次转化. 如何保序，如何保证区分度，如何保证公平性、合理性？其间的道理都离不开正态分布！

参考文献

[1] 苏淳, 冯群强. 概率论 [M]. 3 版. 北京: 科学出版社, 2020.

[2] 马林, 何桢. 六西格玛管理 [M]. 北京: 中国人民大学出版社, 2004.

[3] 韦博成. 漫话信息时代的统计学: 兼话诺贝尔经济学奖与统计学 [M]. 北京: 中国统计出版社, 2011.

苏　淳

中国科学技术大学

一元多项式与方程

数学竞赛中的多项式问题,常涉及多项式的恒等、多项式的运算、整值多项式、多项式的根, 也会遇到拉格朗日插值公式, 它们与函数、不等式、复数、数论等知识相结合可以构成各种难度的综合题.

一元多项式

以 x 为元的一元 n 次多项式 $f(x)$ 可以写成

$$f(x) = a_n x^n + a_{n-1} x^{n-1} + a_{n-2} x^{n-2} + \cdots + a_1 x + a_0.$$

这里 n 是确定的非负整数, $a_n \neq 0$, n 称为 $f(x)$ 的次数, 记作 $\deg f(x)$.

如果多项式

$$f(x) = a_n x^n + a_{n-1} x^{n-1} + \cdots + a_1 x + a_0$$

与

$$g(x) = b_n x^n + b_{n-1} x^{n-1} + \cdots + b_1 x + b_0$$

的同次项系数都相等, 即 $a_i = b_i\ (i = 0, 1, 2, \cdots, n)$, 则称多项式 $f(x)$ 与 $g(x)$ 相等. 显然, 多项式 $f(x)$ 与 $g(x)$ 相等的充分必要条件是它们的次数相同, 而且同次项系数都相等.

例 1 以 $x-1$ 的方幂表示 $x^2 + 3x + 2$.

解析 设 $x^2 + 3x + 2 \equiv A(x-1)^2 + B(x-1) + C$ ($\equiv$ 表示恒等于, 下文同), 于是

$$x^2 + 3x + 2 \equiv Ax^2 + (B - 2A)x + (A - B + C).$$

比较恒等式两端同类项的系数, 得

$$A = 1, \quad B - 2A = 3, \quad A - B + C = 2.$$

解之,得 $A=1, B=5, C=6$. 因此

$$x^2+3x+2 \equiv (x-1)^2+5(x-1)+6.$$

多项式相等是证明多项式定理的根据,也是处理多项式问题的一个基本出发点.

例 2 试将多项式 $f(x)=x^4+x^3+x^2+x+1$ 表示为两个不同次数的实系数多项式的平方差的形式.

解析 可以预见 $f(x)$ 有形式:

$$f(x)=(x^2+ax+b)^2-(cx+d)^2 \quad (c \geqslant 0).$$

于是,可设

$$\begin{aligned} x^4+x^3+x^2+x+1 &= (x^2+ax+b)^2-(cx+d)^2 \\ &= x^4+2ax^3+(a^2+2b-c^2)x^2+(2ab-2cd)x+(b^2-d^2), \end{aligned}$$

其中 a, b, c, d 是待定系数,且 $c \geqslant 0$. 由多项式的恒等定理得方程组

$$\begin{cases} 2a=1, \\ a^2+2b-c^2=1, \\ 2ab-2cd=1, \\ b^2-d^2=1 \end{cases} \Rightarrow \begin{cases} a=\dfrac{1}{2}, \\ b=1, \\ c=\dfrac{\sqrt{5}}{2}, \\ d=0. \end{cases}$$

故 $u(x)=x^2+\dfrac{1}{2}x+1, v(x)=\dfrac{\sqrt{5}}{2}x$ 是一个解.

在处理以上两例的问题时,我们都采用了待定系数法.

例 3 设 n, k 是正整数,且 $k \leqslant n$. 证明:当 $0 \leqslant x \leqslant \dfrac{1}{n}$ 时,k 次多项式 $1-C_n^1 x+C_n^2 x^2-C_n^3 x^3+\cdots+(-1)^k C_n^k x^k$ 的值总是正的.

解析 化简所给的多项式是困难的. 但由题设条件 $0 \leqslant x \leqslant \dfrac{1}{n}$, 两两作差可得

$$1-C_n^1 x \geqslant 1-n \cdot \dfrac{1}{n}=0,$$

$$C_n^2 x^2-C_n^3 x^3 = x^2(C_n^2-C_n^3 x) = C_n^2 x^2 \left(1-\dfrac{n-2}{3}x\right)$$

$$\geqslant C_n^2 x^2 \left(1-\dfrac{n-2}{3} \cdot \dfrac{1}{n}\right) \geqslant 0.$$

更一般地, 对非负整数 $r < k$, 有

$$\begin{aligned}
C_n^r x^r - C_n^{r+1} x^{r+1} &= C_n^r x^r \left(1 - \frac{n-r}{r+1} x\right) \\
&\geq C_n^r x^r \left(1 - \frac{n-r}{r+1} \cdot \frac{1}{n}\right) = C_n^r x^r \cdot \frac{r(n+1)}{n(r+1)} \\
&\geq 0.
\end{aligned}$$

因此, 我们将 k 次多项式自常数项起, 两两结合为

$$(1 - C_n^1 x) + (C_n^2 x^2 - C_n^3 x^3) + \cdots,$$

每个括号内的数均为非负数, 如果 k 为偶数, 那么最后剩下一项 $C_n^k x^k$, 仍为非负数. 不难看出各不等式中等号不能同时成立. 故命题得证.

例 4 设 $f(x) = a_n x^n + a_{n-1} x^{n-1} + \cdots + a_1 x + a_0$ 是实系数多项式, 系数满足条件 $0 \leq a_i \leq a_0$ $(i = 1, 2, \cdots, n)$. 设 $b_0, b_1, \cdots, b_{2n}$ 是多项式

$$(f(x))^2 = b_{2n} x^{2n} + b_{2n-1} x^{2n-1} + \cdots + b_1 x + b_0$$

的系数. 证明: $b_{n+1} \leq \frac{1}{2}(f(1))^2$.

解析 由题设知

$$(a_n x^n + a_{n-1} x^{n-1} + \cdots + a_1 x + a_0)^2 = b_{2n} x^{2n} + b_{2n-1} x^{2n-1} + \cdots + b_1 x + b_0,$$

比较两边 x^{n+1} 项的系数, 应有

$$b_{n+1} = a_1 a_n + a_2 a_{n-1} + \cdots + a_n a_1.$$

又 $f(1) = a_0 + a_1 + \cdots + a_n$, 于是, 问题等价于证明

$$a_1 a_n + a_2 a_{n-1} + \cdots + a_n a_1 \leq \frac{1}{2}(a_0 + a_1 + \cdots + a_n)^2. \qquad ①$$

因为

$$\begin{aligned}
(a_0 + a_1 + \cdots + a_n)^2 &= a_0^2 + 2a_0(a_1 + a_2 + \cdots + a_n) + (a_1 + a_2 + \cdots + a_n)^2 \\
&\geq 2a_0(a_1 + a_2 + \cdots + a_n) \\
&\geq 2(a_1 a_n + a_2 a_{n-1} + \cdots + a_n a_1),
\end{aligned}$$

所以式 ① 成立, 结论得证.

两个多项式相等的条件中即包括对应项系数相等，也包括次数相同．尽管我们常把前者作为开启有关多项式问题大门的钥匙，然而直接从多项式的次数入手解决问题也不乏其例．在有关多项式的问题的分析中，次数乃是不容忽视的因素．

例 5 设 $f(x), g(x), h(x)$ 是实系数多项式，且满足

$$(f(x))^2 = x(g(x))^2 + x(h(x))^2. \qquad ①$$

证明：$f(x) = g(x) = h(x) = 0$．

解析 考察反面情形．若 $g(x), h(x)$ 中至少有一个非零多项式，则由于所给多项式都是实系数多项式，故 $x(g(x))^2 + x(h(x))^2$ 必为非零多项式，且为奇次多项式．然而，$(f(x))^2$ 或为偶次多项式，或为零，这表明式 ① 左右两边次数不等，与多项式相等的条件相悖．从而，$g(x) = h(x) = 0$，进而有 $f(x) = 0$．

例 6 求所有满足 $P(x^2) = (P(x))^2$ 的多项式 $P(x)$．

解析 如果 $P(x)$ 恒等于常数 a，那么

$$a = P(x^2) = (P(x))^2 = a^2,$$

解得 $a = 0$ 或 $a = 1$．

假设 $\deg P(x) = n \geqslant 1$，并设

$$P(x) = a_n x^n + a_{n-1} x^{n-1} + \cdots + a_1 x + a_0 \quad (a_n \neq 0).$$

首先，比较

$$P(x^2) = a_n x^{2n} + \cdots$$

与

$$(P(x))^2 = (a_n x^n + \cdots)^2 = a_n^2 x^{2n} + \cdots$$

中首项的系数，得 $a_n = a_n^2$．所以，$a_n = 1$．

其次，设 $g(x) = a_{n-1} x^{n-1} + \cdots + a_1 x + a_0$．假设 $g(x) \not\equiv 0$，则存在整数 $0 \leqslant k \leqslant n-1$，使得

$$g(x) = a_k x^k + a_{k-1} x^{k-1} + \cdots + a_1 x + a_0 \quad (a_k \neq 0).$$

再考察

$$P(x^2) = x^{2n} + a_k x^{2k} + \cdots$$

与

$$(P(x))^2 = x^{2n} + 2x^n(a_k x^k + \cdots) + (a_k x^k + \cdots)^2 = x^{2n} + 2a_k x^{n+k} + \cdots$$

中 $n+k$ 次项的系数, 根据多项式相等的条件, 知 $a_k=0$. 这与假设矛盾. 故 $g(x)$ 恒等于 0. 从而, $P(x)=x^n$.

综上所述, 满足条件的多项式 $P(x)$ 为 $P(x)=0$, $P(x)=1$, $P(x)=x^n$ ($n\in\mathbf{N}^*$).

拉格朗日插值公式

多项式恒等定理 设多项式 $f(x)$ 与 $g(x)$ 的次数都不超过 n. 如果有 $n+1$ 个不同的 a 值使得 $f(a)=g(a)$, 则 $f(x)$ 与 $g(x)$ 恒等.

由多项式恒等定理可知, 对于一个 n 次多项式, 只要知道它在 $n+1$ 个点处的值, 就能直接确定这个多项式. 设 $a_1,a_2,\cdots,a_{n+1}$ 是两两不等的数, 那么一个次数不超过 n 的多项式 $f(x)$ 的表达式为

$$f(x)=\frac{(x-a_2)(x-a_3)\cdots(x-a_{n+1})}{(a_1-a_2)(a_1-a_3)\cdots(a_1-a_{n+1})}f(a_1)+\frac{(x-a_1)(x-a_3)\cdots(x-a_{n+1})}{(a_2-a_1)(a_2-a_3)\cdots(a_2-a_{n+1})}f(a_2)$$

$$+\cdots+\frac{(x-a_1)(x-a_2)\cdots(x-a_{n-1})(x-a_{n+1})}{(a_n-a_1)(a_n-a_2)\cdots(a_n-a_{n-1})(a_n-a_{n+1})}f(a_n)$$

$$+\frac{(x-a_1)(x-a_2)\cdots(x-a_n)}{(a_{n+1}-a_1)(a_{n+1}-a_2)\cdots(a_{n+1}-a_n)}f(a_{n+1}).$$

上式利用多项式恒等定理可以证明, 称为**拉格朗日插值公式**.

例 7 求一个次数小于 4 的多项式 $f(x)$, 使其满足 $f(0)=1$, $f(1)=1$, $f(2)=5$, $f(3)=11$.

解析 利用拉格朗日插值公式, 有

$$f(x)=\frac{(x-1)(x-2)(x-3)}{(0-1)(0-2)(0-3)}f(0)+\frac{(x-0)(x-2)(x-3)}{(1-0)(1-2)(1-3)}f(1)$$

$$+\frac{(x-0)(x-1)(x-3)}{(2-0)(2-1)(2-3)}f(2)+\frac{(x-0)(x-1)(x-2)}{(3-0)(3-1)(3-2)}f(3)$$

$$=-\frac{1}{3}(x^3-9x^2+8x-3).$$

例 8 设多项式 $h(x)$ 被 $x-1$, $x-2$, $x-3$ 除后, 余式分别为 4, 8, 16, 求 $h(x)$ 被 $(x-1)(x-2)(x-3)$ 除后的余式.

解析 设
$$h(x) = (x-1)(x-2)(x-3)q(x) + r(x),$$
其中, $\deg r(x) < 3$, 且 $r(1) = 4, r(2) = 8, r(3) = 16$. 于是, 由拉格朗日插值公式, 知
$$\begin{aligned}r(x) &= \frac{(x-2)(x-3)}{(1-2)(1-3)} \cdot 4 + \frac{(x-1)(x-3)}{(2-1)(2-3)} \cdot 8 + \frac{(x-1)(x-2)}{(3-1)(3-2)} \cdot 16 \\ &= 2(x^2 - 5x + 6) - 8(x^2 - 4x + 3) + 8(x^2 - 3x + 2) \\ &= 2x^2 - 2x + 4.\end{aligned}$$

例 9 求满足 $P(-1) = 1, P(1) = 3, P(3) = 21, P(21) = 8823$ 的一个多项式 $P(x)$.

解析 本题若用拉格朗日插值公式求解当然可以, 不过计算起来比较麻烦, 读者不妨自己试一下. 我们改用另一种方法.

满足题设条件的多项式有无穷多个, 由于我们只要找出一个, 于是不妨找一个三次多项式. 设
$$P(x) = A(x+1)(x-1)(x-3) + B(x+1)(x-1) + C(x+1) + D. \qquad ①$$

令 $x = -1$, 得
$$D = P(-1) = 1.$$

令 $x = 1$, 得
$$P(1) = C(1+1) + 1 \quad \Rightarrow \quad C = 1.$$

令 $x = 3$, 得
$$P(3) = B(3+1)(3-1) + (3+1) + 1 \quad \Rightarrow \quad B = 2.$$

令 $x = 21$, 得
$$P(21) = A(21+1)(21-1)(21-3) + 2(21+1)(21-1) + (21+1) + 1 \quad \Rightarrow \quad A = 1.$$

因此, 满足题意的一个多项式为
$$P(x) = (x+1)(x-1)(x-3) + 2(x+1)(x-1) + (x+1) + 1 = x^3 - x^2 + 3.$$

注 式 ① 也称为牛顿插值公式, 将它和待定系数法结合起来使用, 往往能出奇制胜.

多项式的根

设多项式 $f(x) = a_n x^n + a_{n-1} x^{n-1} + \cdots + a_1 x + a_0$, 若 $f(b) = 0$, 则称 b 是多项式 $f(x)$ 的根或零点. 关于多项式的根, 有如下重要结论.

代数基本定理 任何一个 n 次复系数多项式在复数集中恰有 n 个根 (重根按重数计算).

虚根成对定理 若复数 z 是实系数多项式 $f(x)$ 的 k 重根, 则 $\bar{z}$ 也是 $f(x)$ 的 k 重根. 虚根成对定理是实系数多项式特有的性质, 对复系数多项式, 该定理不成立.

多项式的根与系数的关系 (韦达定理) 设 $x_1, x_2, \cdots, x_n$ 是多项式
$$f(x) = a_n x^n + a_{n-1} x^{n-1} + \cdots + a_1 x + a_0$$
的根, 则
$$\sum_{j=1}^{n} x_j = -\frac{a_{n-1}}{a_n},$$
$$\sum_{1 \leqslant j_1 < j_2 \leqslant n} x_{j_1} x_{j_2} = \frac{a_{n-2}}{a_n},$$
$$\cdots,$$
$$x_1 x_2 \cdots x_n = (-1)^n \frac{a_0}{a_n}.$$

韦达定理的逆命题也成立.

例 10 已知 x_1, x_2, x_3 是方程 $x^3 - x + 1 = 0$ 的三个根, 求 $x_1^5 + x_2^5 + x_3^5$ 的值.

解析 由 x_1 是原方程的根, 知 $x_1^3 - x_1 + 1 = 0$, 即 $x_1^3 = x_1 - 1$. 同理, $x_2^3 = x_2 - 1$, $x_3^3 = x_3 - 1$. 因此

$$\begin{aligned}
x_1^5 + x_2^5 + x_3^5 &= x_1^3 \cdot x_1^2 + x_2^3 \cdot x_2^2 + x_3^3 \cdot x_3^2 \\
&= (x_1 - 1) x_1^2 + (x_2 - 1) x_2^2 + (x_3 - 1) x_3^2 \\
&= x_1^3 - x_1^2 + x_2^3 - x_2^2 + x_3^3 - x_3^2 \\
&= (x_1 + x_2 + x_3) - 3 - (x_1^2 + x_2^2 + x_3^2) \\
&= (x_1 + x_2 + x_3) - 3 - ((x_1 + x_2 + x_3)^2 - 2(x_1 x_2 + x_2 x_3 + x_3 x_1))
\end{aligned}$$

$$= 0 - 3 - (0^2 - 2 \times (-1)) = -5.$$

例 11 已知实系数方程 $x^3 - x^2 - ax - b = 0$ 有三个正根. 证明: 方程 $x^3 - x^2 + bx + a = 0$ 必有一正根.

解析 设方程 $x^3 - x^2 - ax - b = 0$ 的三个正根为 α, β, γ, 则由韦达定理, 知

$$\alpha\beta + \beta\gamma + \gamma\alpha = -a, \quad \alpha\beta\gamma = b.$$

由此可知, $a < 0, b > 0$. 于是, 方程 $x^3 - x^2 + bx + a = 0$ 的系数正负相间, 显然它的根不能是 0 或负数. 但三次方程必有一个实根, 因此, 该方程的实根只能是正根, 得证.

例 12 已知 a, b 是方程 $x^4 + x^3 - 1 = 0$ 的两个根. 证明: ab 是方程 $x^6 + x^4 + x^3 - x^2 - 1 = 0$ 的一个根.

解析 设方程 $x^4 + x^3 - 1 = 0$ 的另两个根为 c, d, 根据韦达定理, 得

$$a + b + c + d = -1, \qquad ①$$
$$ab + ac + ad + bc + bd + cd = 0, \qquad ②$$
$$abc + abd + acd + bcd = 0, \qquad ③$$
$$abcd = -1. \qquad ④$$

令 $q = ab$, 则由式 ①, ④, 得

$$c + d = -1 - a - b, \quad cd = -\frac{1}{q}.$$

代入式 ②, ③, 得

$$q - (a+b) - (a+b)^2 - \frac{1}{q} = 0, \qquad ⑤$$
$$q + q(a+b) + \frac{a+b}{q} = 0. \qquad ⑥$$

由式 ⑥ 可解得

$$a + b = -\frac{q^2}{q^2 + 1},$$

代入式 ⑤, 得

$$q + \frac{q^2}{q^2 + 1} - \frac{q^4}{(q^2 + 1)^2} - \frac{1}{q} = 0,$$

即

$$q^2(q^2 + 1)^2 + q^3(q^2 + 1) - q^5 - (q^2 + 1)^2 = 0,$$

化简整理得
$$q^6 + q^4 + q^3 - q^2 - 1 = 0.$$
所以，$ab = q$ 是方程 $x^6 + x^4 + x^3 - x^2 - 1 = 0$ 的一个根.

例 13 已知多项式 $f(x) = ax^n - ax^{n-1} + c_2 x^{n-2} + \cdots + c_{n-1} x^2 - n^2 bx + b$ 恰有 n 个正根. 证明：$f(x)$ 的所有根都相等.

解析 因为 $f(x)$ 有 n 个正根，所以它的次数不小于 n，故 $a \neq 0$. 设 $f(x)$ 的 n 个正根为 $x_1, x_2, \cdots, x_n$，则由韦达定理，知

$$x_1 + x_2 + \cdots + x_n = 1, \qquad ①$$

$$\sum_{i=1}^{n} x_1 \cdots x_{i-1} x_{i+1} \cdots x_n = (-1)^n n^2 b, \qquad ②$$

$$x_1 x_2 \cdots x_n = (-1)^n b. \qquad ③$$

由式 ③ 知 $b \neq 0$（因为 $x_1, x_2, \cdots, x_n$ 均为正数）. ② ÷ ③，并结合式 ①，得

$$n^2 = \frac{\sum_{i=1}^{n} x_1 \cdots x_{i-1} x_{i+1} \cdots x_n}{x_1 x_2 \cdots x_n} = \frac{1}{x_1} + \frac{1}{x_2} + \cdots + \frac{1}{x_n}$$

$$= (x_1 + x_2 + \cdots + x_n)\left(\frac{1}{x_1} + \frac{1}{x_2} + \cdots + \frac{1}{x_n}\right)$$

$$\geqslant n^2.$$

上述不等式当且仅当 $x_1 = x_2 = \cdots = x_n = \dfrac{1}{n}$ 时，等号成立.

所以，$f(x)$ 的所有根都相等 $\left(均为 \dfrac{1}{n}\right)$.

一元多项式的带余表示与整除性

定理 1 对于多项式 $f(x), g(x)$ $(g(x) \not\equiv 0)$，必定存在多项式 $q(x), r(x)$，使得

$$f(x) = g(x)q(x) + r(x),$$

其中，$r(x) \equiv 0$ 或者 $\deg r(x) < \deg g(x)$. $q(x), r(x)$ 分别称为 $f(x)$ 除以 $g(x)$ 所得的**商式**与**余式**.

这就是 $f(x)$ 关于 $g(x)$ 的**带余表示**. 若 $r(x) \equiv 0$, 则称 $g(x)$ 整除 $f(x)$, 记为 $g(x) \mid f(x)$. 否则, 称 $g(x)$ 不整除 $f(x)$, 记为 $g(x) \nmid f(x)$.

关于多项式的整除性, 有如下性质.

性质 1 $f(x) \mid g(x)$ 且 $g(x) \mid f(x)$ 的充分必要条件是存在非零常数 c, 使得 $f(x) = cg(x)$.

性质 2 若 $f(x) \mid g(x)$ 且 $g(x) \mid h(x)$, 则 $f(x) \mid h(x)$.

性质 3 若 $f(x) \mid g_i(x)$ $(i = 1, 2, \cdots, n)$, 则 $f(x) \mid \sum_{i=1}^{n} k_i(x) g_i(x)$, 这里, $k_i(x)$ $(i = 1, 2, \cdots, n)$ 是任意多项式.

定理 2 (余数定理) $x - a$ 除多项式 $f(x)$ 所得的余式等于 $f(a)$, 即 $f(x) = (x-a)q(x) + f(a)$.

由余数定理我们容易得到下面的因式定理.

定理 3 (因式定理) 多项式 $f(x)$ 含有因式 $x - a$ 的充分必要条件是 $f(a) = 0$.

定理 4 设 $f(x)$ 是 n 次整系数多项式, 则它被另一个最高次项系数为 1 的 m $(m \leqslant n)$ 次整系数多项式 $g(x)$ 除, 所得的商及余式也是整系数多项式.

若 $q(x) \mid f(x), q(x) \mid g(x)$, 则称 $q(x)$ 为 $f(x)$ 与 $g(x)$ 的公因式. 多项式 $f(x), g(x)$ 的公因式中次数最高的多项式称为 $f(x)$ 与 $g(x)$ 的最大公因式, 并用 $(f(x), g(x))$ 表示 $f(x)$ 与 $g(x)$ 的最大公因式中首项系数为 1 的多项式.

定理 5 (Bézout 定理) 若 $(f(x), g(x)) = d(x)$, 则存在多项式 $u(x)$ 和 $v(x)$, 使得

$$u(x) f(x) + v(x) g(x) = d(x).$$

特别地, $d(x) = 1$ (此时称 $f(x)$ 与 $g(x)$ 互质) 的充要条件是存在多项式 $u(x)$ 和 $v(x)$, 使得

$$u(x) f(x) + v(x) g(x) = 1.$$

定理 6 若 $q(x)$ 是 $f(x)$ 与 $g(x)$ 的公因式, 则 $q(x) \mid (f(x), g(x))$.

定理 7 若 $f(x) \mid h(x), g(x) \mid h(x)$, 并且 $(f(x), g(x)) = 1$, 则 $f(x) g(x) \mid h(x)$.

关于多项式的可约性与零点, 有如下重要结论.

定理 8 如果一个整系数多项式可以分解为两个次数较低的有理系数多项式 (此时称该多项式在 **Q** 上可约), 则它一定可以分解为两个次数较低的整系数多项式.

定理 9 在 **Q** 上, 每一多项式的分解是唯一的 (不论次序).

定理 10 多项式 $f(x)$ 有重根的充要条件是 $(f(x), f'(x))$ 不是常数 (即零次多项式).

定理 11 (复数范围内的因式分解定理) 若多项式 $f(x) = a_n x^n + a_{n-1} x^{n-1} + \cdots +$

$a_1 x + a_0$ 的全部零点为 $x_1, x_2, \cdots, x_n$ (这些零点允许有相同的), 则

$$f(x) \equiv a_n(x-x_1)(x-x_2)\cdots(x-x_n).$$

结合实系数多项式的虚根成对定理, 我们很容易得到下面的实系数多项式因式分解定理.

定理 12 (实系数多项式因式分解定理) 任意一个 n 次实系数多项式 $f(x)$ 都可以表示为

$$f(x) = a_n(x-x_1)\cdots(x-x_m)(x^2+2b_1x+c_1)\cdots(x^2+2b_lx+c_l).$$

这里, a_n 是最高次项系数. 如果不计因式的书写顺序, 这种表示是唯一的, 其中 m, l 是非负整数, $m+2l=n$, $x_1, \cdots, x_m$ 是 $f(x)$ 的全部实根, 而 $b_1, \cdots, b_l, c_1, \cdots, c_l$ 是实数, 并且二次三项式 $x^2+2b_1x+c_1, \cdots, x^2+2b_lx+c_l$ 都没有实根, 即 $b_1^2 < c_1, \cdots, b_l^2 < c_l$.

显然, 还可以知道: 奇数次实系数多项式至少有一个实根.

在涉及整系数多项式的结论时, 经常用到如下的定理.

定理 13 设 $\dfrac{q}{p} \neq 0$ 是整系数多项式 $f(x) = a_n x^n + \cdots + a_1 x + a_0$ 的有理根, 其中, p, q 是整数, $(p,q)=1$, 则 $p \mid a_n, q \mid a_0$.

特别地, 整系数多项式 $f(x) = x^n + a_{n-1} x^{n-1} + \cdots + a_0$ 的有理根都为整数.

定理 14 (艾森斯坦判别法则) 设 $f(x) = a_n x^n + a_{n-1} x^{n-1} + \cdots + a_1 x + a_0$ 是整系数多项式. 若存在素数 p, 使得 $p \mid a_i$ ($i=0,1,\cdots,n-1$), $p \nmid a_n$, 且 $p^2 \nmid a_0$, 则 $f(x)$ 不能表示为两个次数都小于 n 的有理系数多项式的乘积.

例 14 设 m 是正整数. 证明: $x(x+1)(2x+1)$ 整除 $(x+1)^{2m} - x^{2m} - 2x - 1$.

解析 由于 $x, x+1, 2x+1$ 是两两互素的多项式, 所以只需证明 $x, x+1, 2x+1$ 都整除 $(x+1)^{2m} - x^{2m} - 2x - 1$.

将 $x = 0, -1, -\dfrac{1}{2}$ 分别代入多项式 $(x+1)^{2m} - x^{2m} - 2x - 1$, 其值均为零. 由因式定理知, $x, x+1, 2x+1$ 都能整除 $(x+1)^{2m} - x^{2m} - 2x - 1$, 因而, $x(x+1)(2x+1)$ 整除 $(x+1)^{2m} - x^{2m} - 2x - 1$.

注 本例可以不用因式定理来证明, 但证明 $x+1$ 及 $2x+1$ 整除 $(x+1)^{2m} - x^{2m} - 2x - 1$ 比较麻烦, 利用因式定理证明比较简单.

例 15 设多项式 $f(x) = a_n x^n + a_{n-1} x^{n-1} + \cdots + a_1 x + a_0$ 的各项系数都是整数, r_1, r_2, r_3, r_4 是四个互不相同的整数, 并且 $f(r_1) = f(r_2) = f(r_3) = f(r_4) = 4$. 证明: 对任意整数 $x, f(x) \notin \{1,3,6,9\}$.

解析 用反证法. 假设存在整数 x, 使得 $f(x) \in \{1,3,6,9\}$. 由题设及因式定理, 知

$$f(x) - 4 = (x-r_1)(x-r_2)(x-r_3)(x-r_4)q(x),$$

并且 $q(x)$ 仍是整系数多项式. 于是

$$(x-r_1)(x-r_2)(x-r_3)(x-r_4)q(x) \in \{-3,-1,2,5\},$$

即 $-3, -1, 2, 5$ 中至少有一个是至少四个不同整数的乘积, 这是不可能的. 从而, 命题得证.

注 此题证明过程中用了这样一个性质: 不存在不少于四个不同整数, 它们的乘积是一个素数. 这是因为对任一素数 p, 它至多可以写成 $(+1) \cdot (-1) \cdot (-p)$ 的形式.

例 16 证明: 对任意整数 $n \geqslant 2$ 和满足 $\sin\alpha \neq 0$ 的实数 α, 多项式

$$P(x) = x^n \sin\alpha - x \sin n\alpha + \sin(n-1)\alpha$$

被多项式 $Q(x) = x^2 - 2x\cos\alpha + 1$ 整除.

解析 令 $Q(x) = 0$, 即 $x^2 - 2x\cos\alpha + 1 = 0$, 解得 $Q(x)$ 的两根为 $x_1 = \cos\alpha + \mathrm{i}\sin\alpha$, $x_2 = \cos\alpha - \mathrm{i}\sin\alpha$. 所以

$$Q(x) = (x - \cos\alpha - \mathrm{i}\sin\alpha)(x - \cos\alpha + \mathrm{i}\sin\alpha).$$

对 $j = 1, 2$, 我们有

$$\begin{aligned}P(x_j) &= (\cos\alpha \pm \mathrm{i}\sin\alpha)^n \sin\alpha - (\cos\alpha \pm \mathrm{i}\sin\alpha)\sin n\alpha + \sin(n-1)\alpha \\ &= \cos n\alpha \sin\alpha \pm \mathrm{i}\sin n\alpha \sin\alpha - \cos\alpha \sin n\alpha \mp \mathrm{i}\sin\alpha \sin n\alpha + \sin(n-1)\alpha \\ &= \sin(1-n)\alpha + \sin(n-1)\alpha = 0.\end{aligned}$$

因为 $x_1 \neq x_2$ (这是因为 $\sin\alpha \neq 0$), 所以由 $x - x_1, x - x_2$ 整除 $P(x)$, 知 $(x-x_1)(x-x_2)$ 整除 $P(x)$, 即 $Q(x)$ 整除 $P(x)$.

例 17 设 $P(x)$ 为整系数多项式, 满足 $P(m_1) = P(m_2) = P(m_3) = P(m_4) = 7$. 这里, m_1, m_2, m_3, m_4 是给定的互不相同的整数. 证明: 不存在整数 m, 使得 $P(m) = 14$.

解析 由因式定理知, 存在整系数多项式 $Q(x)$, 使得

$$P(x) - 7 = (x-m_1)(x-m_2)(x-m_3)(x-m_4)Q(x).$$

若存在整数 m, 使得 $P(m) = 14$, 则

$$P(m) - 7 = 7 = (m-m_1)(m-m_2)(m-m_3)(m-m_4)Q(m).$$

其中, $m-m_1, m-m_2, m-m_3, m-m_4$ 是互不相同的整数, $Q(m)$ 也是整数, 这与素数 7 至多只能表示成三个不同整数的乘积矛盾. 因此, 结论得证.

例 18 设 $P(x)$ 是非常数的整系数多项式, $n(P)$ 表示满足 $(P(x))^2=1$ 的所有不同整数 x 的个数. 证明: $n(P) - \deg P(x) \leqslant 2$.

解析 首先假定每一多项式 $P(x)-1$ 和 $P(x)+1$ 有不少于三个不同的整根, 且它们都是彼此相异的, 在这六个整数中, 取其最小的一个记为 λ. 不失一般性, 不妨设 λ 是多项式 $P(x)+1$ 的根 (若不然, 可类似推得矛盾). 于是, 由因式定理可得

$$P(x)+1 = (x-\lambda)Q(x),$$

其中, $Q(x)$ 也是一个整系数多项式.

设 a, b, c 为多项式 $P(x)-1$ 的三个不同的整根, 由于已取定了 λ, 故 a, b, c 都大于 λ. 因为 $P(x)-1 = (x-\lambda)Q(x) - 2$, 所以由余数定理知

$$2 = (a-\lambda)Q(a) = (b-\lambda)Q(b) = (c-\lambda)Q(c),$$

其中, $a-\lambda, b-\lambda, c-\lambda$ 为三个不同的正整数, 故在这三个数中总有一个数要大于 2. 显然, 这个大于 2 的整数不可能是 2 的整因子. 这就导致矛盾, 假设不成立. 换言之, 在方程 $P(x)=1$ 和 $P(x)=-1$ 中, 至少有一个方程的整根的个数不大于 2. 又因为这两个方程中, 每一方程的整根个数不能超过 $\deg P(x)$, 所以 $n(P) \leqslant \deg P(x) + 2$, 即 $n(P) - \deg P(x) \leqslant 2$.

例 19 证明: $f(x) = x^p + px + 2p - 1$ (p 是素数) 不能分解为两个次数大于零的有理系数多项式的积.

解析 对素数 p, 分两种情形讨论.

当 $p=3$ 时, $f(x) = x^3 + 3x + 5$. 如果命题不成立, 由于它是三次多项式, 故必有有理根, 但 $f(x)$ 的有理根只能是 ± 1 或 ± 5. 而 $f(\pm 1) \neq 0$, $f(\pm 5) \neq 0$, 矛盾. 从而, 命题成立.

当 $p \neq 3$ 时, 为了能利用艾森斯坦定理, 需要把 $f(x)$ 变形. 令 $x = y+1$, 代入 $f(x)$, 得

$$g(y) = f(y+1) = (y+1)^p + p(y+1) + 2p - 1$$
$$= y^p + C_p^1 y^{p-1} + \cdots + C_p^{p-2} y^2 + (C_p^{p-1} + p)y + 3p.$$

因为 $p \nmid 1$, $p \mid C_p^i$ ($i = 1, 2, \cdots, p-1$), 结合 $p^2 \nmid 3p$ (这是因为 $p \neq 3$), 由艾森斯坦定理知, $g(y)$ 在有理数范围内不可约, 故 $f(x)$ 在有理数范围内不可约.

注 艾森斯坦定理仅是判别一个整系数多项式在有理数范围内不可约的充分条件, 并不是必要条件.

一般来说，判别一个整系数多项式在有理数范围内的可约性，并无统一的、切实可行的方法，只能根据具体问题具体分析.

例 20 设 $p = \overline{a_n a_{n-1} \cdots a_1 a_0} = a_n \times 10^n + a_{n-1} \times 10^{n-1} + \cdots + 10 \times a_1 + a_0$ 是一个用十进制表示的素数，其中，$n > 1$，$a_n > 1$. 证明：多项式

$$f(x) = a_n x^n + a_{n-1} x^{n-1} + \cdots + a_1 x + a_0$$

不可约.

解析 先证如下结论. 设 x_0 是 $f(x)$ 的根，那么，或者 $\operatorname{Re}(x_0) \leqslant 0$，或者 $|x_0| < 4$. 这里，$\operatorname{Re}(x_0)$ 表示 x_0 的实部.

如果 $\operatorname{Re}(x_0) \leqslant 0$ 或 $|x_0| \leqslant 1$，则结论已经成立. 当 $\operatorname{Re}(x_0) > 0$ 且 $|x_0| > 1$ 时，我们有

$$\operatorname{Re}\left(\frac{1}{x_0}\right) = \frac{\operatorname{Re}(x_0)}{|x_0|^2} > 0,$$

于是

$$\begin{aligned} 0 = \left|\frac{f(x_0)}{x_0^n}\right| &\geqslant \left|a_n + \frac{a_{n-1}}{x_0}\right| - \frac{a_{n-2}}{|x_0|^2} - \cdots - \frac{a_0}{|x_0|^n} \\ &\geqslant \operatorname{Re}\left(a_n + \frac{a_{n-1}}{x_0}\right) - \frac{9}{|x_0|^2} - \cdots - \frac{9}{|x_0|^n} \\ &> 1 - \frac{9}{|x_0|^2 - |x_0|}, \end{aligned}$$

即

$$|x_0|^2 - |x_0| - 9 < 0 \quad \Rightarrow \quad |x_0| < \frac{1 + \sqrt{1+36}}{2} < \frac{1 + \sqrt{49}}{2} = 4.$$

结论得证.

假设 $f(x)$ 可约，则存在非常数整系数多项式 $g(x)$ 和 $h(x)$，使得

$$f(x) = g(x) h(x). \qquad ①$$

设 $r_1, r_2, \cdots, r_k$ 为 $g(x)$ 的根 $(k \geqslant 1)$，b_k 为其首项系数，则

$$g(x) = b_k (x - r_1)(x - r_2) \cdots (x - r_k). \qquad ②$$

对于 $g(10)$，一方面，由 $g(x)$ 是整系数多项式，知 $g(10)$ 是整数. 另一方面，由 $r_1, r_2, \cdots, r_k$ 也都是 $f(x)$ 的根，知若某个 r_j 为实数，则 $r_j \leqslant 0$（否则 $f(r_j) > 0$，这是因为 $f(x)$ 的系数均为非负整数）. 从而，$10 - r_j \geqslant 10 > 1$. 而若某个 r_j 为虚数，那么其共轭 $\overline{r_j}$ 也是 $g(x)$ 的根，所以

$$|10 - r_j|^2 = (10 - r_j)(10 - \overline{r_j}) = 100 - 20\operatorname{Re}(r_j) + |r_j|^2$$

$$> 100 - 20 \times 4 > 1.$$

这表明, 对 $1 \leqslant j \leqslant k$, 总有 $|10 - r_j| > 1$. 因此, 由式 ② 可知

$$|g(10)| > |b_k| \geqslant 1.$$

综上可知, $|g(10)|$ 是大于 1 的整数. 同理, $|h(10)|$ 也是大于 1 的整数.

但在式 ① 中取 $p = 10$, 并由 $f(10) = p$, 知

$$p = |g(10)| \cdot |h(10)|,$$

这与 p 是素数相矛盾. 从而, 本题结论得证.

注 通过研究多项式的根的性质来讨论可约性是一种常用的有效方法.

陈传理

华中师范大学

利用面积巧证不等式

证明代数不等式的方法多种多样,如果能够设法将欲证不等式以几何面积作为纽带,构造相应的几何图形,就可以将不等式的证明问题转化为几何图形面积的比较问题. 这种由抽象的式到直观的形的转化,有时可化难为易,起到事半功倍的效果. 下面列举一些国内外典型例题来说明这种证明不等式的思想方法的具体运用,供读者参考.

例 1 设 a, b, c 为三角形的三边长且 $a \geqslant b \geqslant c$. 证明:
$$a^2 + b^2 + c^2 \leqslant (a+b)(b+c).$$

解析 如图 1 所示, 设矩形 $ABCD$ 的长和宽分别为 $a+b$ 和 $b+c$, 在其内部有三个边长分别为 a, b, c 的正方形 $AEFG, BEHI, JHLK$, 且满足 $b+c > a$. 因为
$$S_{正方形AEFG} + S_{正方形BEHI} + S_{正方形JHLK} < S_{矩形ABCD},$$
所以
$$a^2 + b^2 + c^2 \leqslant (a+b)(b+c).$$
当且仅当 $a = b+c$ 且 $b = c$ 时, 等号成立.

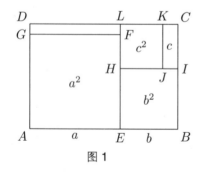

图 1

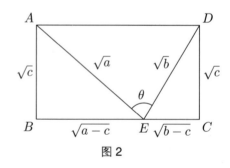

图 2

例 2 已知 $a \geqslant c, b \geqslant c, c > 0$. 证明:
$$\sqrt{c(a-c)} + \sqrt{c(b-c)} \leqslant \sqrt{ab}.$$

解析 当 $a=c$ 或 $b=c$ 时,不等式显然成立.

当 $a\neq c$ 且 $b\neq c$ 时,如图 2 所示,设点 E 为矩形 $ABCD$ 的边 BC 上一点,设 $AE=\sqrt{a}$, $DE=\sqrt{b}$, $AB=CD=\sqrt{c}$, $\angle AED=\theta$,则 $BE=\sqrt{a-c}$, $CE=\sqrt{b-c}$.

因为 $S_{\triangle ADE}=\dfrac{1}{2}\sqrt{ab}\sin\theta=\dfrac{1}{2}S_{矩形ABCD}$, $S_{矩形ABCD}=\sqrt{c}(\sqrt{a-c}+\sqrt{b-c})$,所以
$$\sqrt{ab}\sin\theta=\sqrt{c(a-c)}+\sqrt{c(b-c)}.$$

因为 $0<\sin\theta\leqslant 1$,所以
$$\sqrt{c(a-c)}+\sqrt{c(b-c)}\leqslant\sqrt{ab}.$$

当且仅当 $\theta=\dfrac{\pi}{2}$,即 $\dfrac{\sqrt{c}}{\sqrt{b-c}}=\dfrac{\sqrt{a-c}}{\sqrt{c}}$ 时,等号成立.

例 3 设 $a_1,a_2,\cdots,a_{100}$ 都是正数,满足条件 $a_1+a_2+\cdots+a_{100}=300$,$a_1^2+a_2^2+\cdots+a_{100}^2>10000$. 证明:$a_1,a_2,\cdots,a_{100}$ 中必有三个数的和大于 100.

解析 由对称性,不妨设 $a_1\geqslant a_2\geqslant\cdots\geqslant a_{100}$. 下面我们证明,$a_1+a_2+a_3>100$.

如图 3 所示,将三个边长都为 100 的正方形拼成一个矩形,由于 $a_1+a_2+\cdots+a_{100}=300$,故我们可以将边长为 a_i $(i=1,2,\cdots,100)$ 的小正方形 (从大矩形的左上角开始,从左到右) 依次放入矩形中.

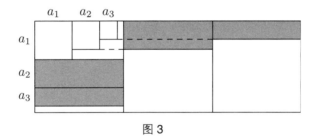

图 3

因为 $a_1\geqslant a_2\geqslant\cdots\geqslant a_{100}$,所以位于中间的大正方形中的所有小正方形都包含在长为 100、宽为 a_2 的小矩形中,而位于最右边的大正方形中的所有小正方形都包含在长为 100、宽为 a_3 的小矩形中. 将这两个小矩形依次移到最左边的大正方形中的边长为 a_1 的小正方形下方,若 $a_1+a_2+a_3\leqslant 100$,则这 100 个小正方形可以互不重叠地放入边长为 100 的正方形之中. 从而,它们的面积之和
$$a_1^2+a_2^2+\cdots+a_{100}^2\leqslant 100^2=10000,$$
这与已知条件矛盾. 因此,$a_1+a_2+a_3>100$.

例 4 已知实数 $a_1,a_2,\cdots,a_n$ 满足 $0<a_i\leqslant a$ $(i=1,2,\cdots,n)$. 证明:

(1) 当 $n=4$ 时,有 $\dfrac{\sum_{i=1}^{4} a_i}{a} - \dfrac{a_1 a_2 + a_2 a_3 + a_3 a_4 + a_4 a_1}{a^2} \leqslant 2$;

(2) 当 $n=6$ 时,有 $\dfrac{\sum_{i=1}^{6} a_i}{a} - \dfrac{a_1 a_2 + a_2 a_3 + a_3 a_4 + a_4 a_5 + a_5 a_6 + a_6 a_1}{a^2} \leqslant 3$.

解析 (1) 将不等式改写成

$$a_1(a-a_2) + a_2(a-a_3) + a_3(a-a_4) + a_4(a-a_1) \leqslant 2a^2. \qquad ①$$

如图 4 所示,E, F, G, H 分别为边长为 a 的正方形 $ABCD$ 的边 AB, BC, CD, DA 上的点,且 $HA=a_1, EB=a_2, FC=a_3, GD=a_4$,则

$$S_{矩形 AEIH} = a_1(a-a_2), \quad S_{矩形 BFJE} = a_2(a-a_3),$$

$$S_{矩形 CGKF} = a_3(a-a_4), \quad S_{矩形 DHLG} = a_4(a-a_1).$$

显然

$$S_{矩形 AEIH} + S_{矩形 BFJE} + S_{矩形 CGKF} + S_{矩形 DHLG} \leqslant 2 S_{正方形 ABCD},$$

此即式 ①. 当且仅当 E, F, G, H 分别与 B, C, D, A 重合时,等号成立.

(2) 类似地,注意到 6 个矩形至多将以 a 为边长的正方形覆盖三次,可以证明,当 $n=6$ 时,有

$$\dfrac{\sum_{i=1}^{6} a_i}{a} - \dfrac{a_1 a_2 + a_2 a_3 + a_3 a_4 + a_4 a_5 + a_5 a_6 + a_6 a_1}{a^2} \leqslant 3.$$

具体证明过程请读者自行完成.

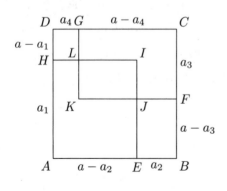

图 4

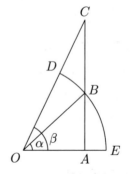

图 5

例 5 设 $0 < \alpha < \beta < \dfrac{\pi}{2}$. 证明: $\dfrac{\tan\beta}{\tan\alpha} > \dfrac{\beta}{\alpha}$.

解析 如图 5 所示, 设 $\angle AOB = \alpha$, $\angle AOC = \beta$, 以 OB 为半径画弧, 与 OA, OC 分别交于点 E, D, 则

$$\frac{\tan\beta}{\tan\alpha} = \frac{AC}{AB} = \frac{S_{\triangle OAC}}{S_{\triangle OAB}} = 1 + \frac{S_{\triangle OBC}}{S_{\triangle OAB}} > 1 + \frac{S_{\text{扇形}OBD}}{S_{\text{扇形}OBE}} = 1 + \frac{\beta - \alpha}{\alpha} = \frac{\beta}{\alpha}.$$

结论得证.

例 6 设 x, y, z 为实数, $0 < x < y < z < \dfrac{\pi}{2}$. 证明:

$$\frac{\pi}{2} + 2\sin x\cos y + 2\sin y\cos z > \sin 2x + \sin 2y + \sin 2z.$$

解析 由二倍角公式, 知只需证明

$$\frac{\pi}{4} + \sin x\cos y + \sin y\cos z > \sin x\cos x + \sin y\cos y + \sin z\cos z,$$

即证

$$\sin x(\cos x - \cos y) + \sin y(\cos y - \cos z) + \sin z\cos z < \frac{\pi}{4}.$$

如图 6 所示, $A(\cos x, \sin x)$, $B(\cos y, \sin y)$, $C(\cos z, \sin z)$ 是单位圆上第一象限内的三个点, 分别通过这三个点作 x 轴、y 轴的垂线得到三个矩形. 事实上, 上式左端即为图中三个矩形的面积之和, 它显然小于 $\dfrac{\pi}{4}$.

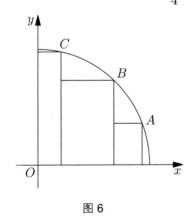

图 6

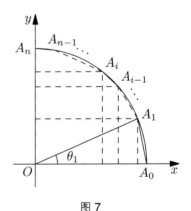

图 7

例 7 设 $n \in \mathbf{N}^*$, $x_0 = 0$, $x_i > 0$ $(i = 1, 2, \cdots, n)$, 且 $\sum\limits_{i=1}^{n} x_i = 1$. 证明:

$$1 \leqslant \sum_{i=1}^{n} \frac{x_i}{\sqrt{1 + x_0 + x_1 + \cdots + x_{i-1}} \cdot \sqrt{x_i + \cdots + x_n}} < \frac{\pi}{2}.$$

(中国数学奥林匹克, 1996)

解析 设 $\sin\theta_i = x_0 + x_1 + \cdots + x_i$ $(i = 0, 1, \cdots, n)$，则

$$\sum_{i=1}^{n} \frac{x_i}{\sqrt{1 + x_0 + x_1 + \cdots + x_{i-1}} \cdot \sqrt{x_i + \cdots + x_n}}$$

$$= \sum_{i=1}^{n} \frac{x_i}{\sqrt{1 + \sin\theta_{i-1}} \cdot \sqrt{1 - \sin\theta_{i-1}}} = \sum_{i=1}^{n} \frac{x_i}{|\cos\theta_{i-1}|}$$

$$\geqslant \sum_{i=1}^{n} x_i = 1.$$

当且仅当 $n = 1$ 时等号成立，不等式左端得证。

由题设知，$0 = \theta_0 < \theta_1 < \cdots < \theta_{n-1} < \theta_n = \dfrac{\pi}{2}$，且点 $A_i(\cos\theta_i, \sin\theta_i)$ 在平面直角坐标系的单位圆弧上，如图 7 所示，设多边形 $A_0A_1\cdots A_nO$ 的面积为 S. 易知 $S < \dfrac{\pi}{4}$，而 S 可表示为一系列小梯形面积之和. 分别从 x 轴与 y 轴两个角度看小梯形面积之和，有

$$S = \sum_{i=1}^{n} \frac{1}{2}(\cos\theta_{i-1} - \cos\theta_i)(\sin\theta_i + \sin\theta_{i-1}),$$

$$S = \sum_{i=1}^{n} \frac{1}{2}(\sin\theta_i - \sin\theta_{i-1})(\cos\theta_i + \cos\theta_{i-1}).$$

于是，将以上两式相加，有

$$2S = \sum_{i=1}^{n}(\sin\theta_i \cos\theta_{i-1} - \cos\theta_i \sin\theta_{i-1}) < \frac{\pi}{2}.$$

由前述证明可知

$$\sum_{i=1}^{n} \frac{x_i}{\sqrt{1 + x_0 + x_1 + \cdots + x_{i-1}} \cdot \sqrt{x_i + \cdots + x_n}}$$

$$= \sum_{i=1}^{n} \frac{x_i}{|\cos\theta_{i-1}|} = \sum_{i=1}^{n} \frac{\sin\theta_i - \sin\theta_{i-1}}{\cos\theta_{i-1}}.$$

从而，我们只要证明

$$\sum_{i=1}^{n} \frac{\sin\theta_i - \sin\theta_{i-1}}{\cos\theta_{i-1}} \leqslant \sum_{i=1}^{n}(\sin\theta_i \cos\theta_{i-1} - \cos\theta_i \sin\theta_{i-1}).$$

这只需证明，对 $i = 1, 2, \cdots, n$，都有

$$\frac{\sin\theta_i - \sin\theta_{i-1}}{\cos\theta_{i-1}} \leqslant \sin\theta_i \cos\theta_{i-1} - \cos\theta_i \sin\theta_{i-1},$$

即

$$\sin\theta_i - \sin\theta_{i-1} \leqslant \sin\theta_i \cos^2\theta_{i-1} - \cos\theta_i \sin\theta_{i-1} \cos\theta_{i-1},$$

亦即
$$\cos(\theta_i - \theta_{i-1}) \leqslant 1,$$
这显然是成立的, 故原不等式获证.

例 8 设 $b > a > 0$. 证明: $\sqrt{ab} < \dfrac{b-a}{\ln b - \ln a} < \dfrac{a+b}{2}$.

解析 如图 8 所示, 设 $A(a,0)$, $B(b,0)$, $C\left(b, \dfrac{1}{b}\right)$, $D\left(a, \dfrac{1}{a}\right)$, $E\left(\dfrac{a+b}{2}, 0\right)$, $F\left(\dfrac{a+b}{2}, \dfrac{2}{a+b}\right)$. 过点 F 作函数 $y = \dfrac{1}{x}$ 的图像的切线, 分别与 BC, AD 交于点 G, H. 于是

$$S_{\text{曲边梯形}ABCD} = \int_a^b \dfrac{1}{x}\mathrm{d}x = \ln b - \ln a,$$
$$S_{\text{梯形}ABGH} = \dfrac{2(b-a)}{a+b}.$$

因为 $S_{\text{曲边梯形}ABCD} > S_{\text{梯形}ABGH}$, 所以

$$\ln b - \ln a > \dfrac{2(b-a)}{a+b} \quad \Rightarrow \quad \dfrac{b-a}{\ln b - \ln a} < \dfrac{a+b}{2}.$$

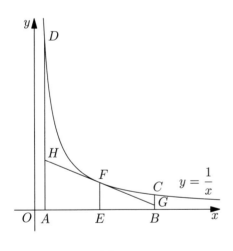

图 8

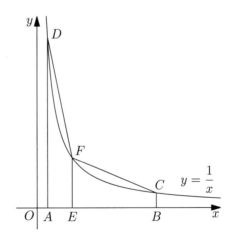

图 9

如图 9 所示, 设 $A(a,0)$, $B(b,0)$, $C\left(b, \dfrac{1}{b}\right)$, $D\left(a, \dfrac{1}{a}\right)$, $E(\sqrt{ab}, 0)$, $F\left(\sqrt{ab}, \dfrac{1}{\sqrt{ab}}\right)$. 于是

$$S_{\text{梯形}AEFD} = \dfrac{1}{2}\left(\dfrac{1}{\sqrt{ab}} + \dfrac{1}{a}\right)(\sqrt{ab} - a) = \dfrac{b-a}{2\sqrt{ab}},$$
$$S_{\text{梯形}EBCF} = \dfrac{1}{2}\left(\dfrac{1}{b} + \dfrac{1}{\sqrt{ab}}\right)(b - \sqrt{ab}) = \dfrac{b-a}{2\sqrt{ab}}.$$

因为 $S_{\text{梯形}AEFD} + S_{\text{梯形}EBCF} > S_{\text{曲边梯形}ABCD}$, 所以

$$\frac{b-a}{\sqrt{ab}} > \ln b - \ln a \quad \Rightarrow \quad \sqrt{ab} < \frac{b-a}{\ln b - \ln a}.$$

注 该不等式常被称为"几何-对数-算术平均不等式".

例 9 在数列 $\{a_n\}$ 中, $a_1 \in (1,2)$, $a_{n+1} = a_n^3 - 3a_n^2 + 3a_n$ $(n \in \mathbf{N}^*)$. 证明: 对任意 $n \in \mathbf{N}^*$, 有

$$\sum_{k=1}^{n}(a_k - a_{k+1})(a_{k+2} - 1) < \frac{1}{4}.$$

(全国高中数学联赛江苏赛区复赛, 2010)

解析 由 $a_{n+1} = a_n^3 - 3a_n^2 + 3a_n$, 得 $a_{n+1} - 1 = (a_n - 1)^3$.

令 $b_n = a_n - 1$ $(n \in \mathbf{N}^*)$, 则 $0 < b_1 < 1$, $b_{n+1} = b_n^3$ $(n \in \mathbf{N}^*)$. 故对任意 $n \in \mathbf{N}^*$, 有 $0 < b_n < 1$. 所以

$$(a_1 - a_2)(a_3 - 1) + (a_2 - a_3)(a_4 - 1) + \cdots + (a_n - a_{n+1})(a_{n+2} - 1)$$
$$= (b_1 - b_2)b_3 + (b_2 - b_3)b_4 + \cdots + (b_n - b_{n+1})b_{n+2}$$
$$= (b_1 - b_2)b_2^3 + (b_2 - b_3)b_3^3 + \cdots + (b_n - b_{n+1})b_{n+1}^3.$$

如图 10 所示, 该式表示一系列小矩形面积之和, 它小于 $y = x^3$ 在 $(0,1)$ 上与 x 轴围成的面积, 即 $\int_0^1 x^3 \mathrm{d}x = \frac{1}{4}$. 所以

$$\sum_{k=1}^{n}(a_k - a_{k+1})(a_{k+2} - 1) < \frac{1}{4}.$$

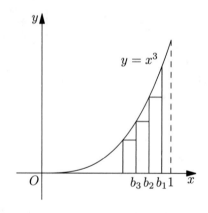

图 10

注 类似地, 读者可解答下面的 2011 年匈牙利数学奥林匹克试题:

已知 $0 < x_1 < x_2 < \cdots < x_n < 1$, 证明: $x_1(1-x_1) + (x_2-x_1)(1-x_2) + \cdots + (x_n - x_{n-1})(1-x_n) < \dfrac{1}{2}$.

例 10 证明: 对任意正整数 n, 有
$$-1 < \sum_{k=1}^{k} \dfrac{k}{k^2+1} - \ln n \leqslant \dfrac{1}{2}.$$

(全国高中数学联赛, 2009)

解析 首先证明, 对整数 $n > 1$, 有
$$\sum_{k=1}^{n-1} \dfrac{1}{k+1} < \ln n < \sum_{k=1}^{n-1} \dfrac{1}{k}.$$

因为函数 $y = \dfrac{1}{x}$ 在 $(0, +\infty)$ 上是下凸的, 所以 $y = \dfrac{1}{x}$ 的图像与 $y = 0$, $x = 1$, $x = n$ 所围成的曲边梯形的面积 S 满足:

(i) 小于以 $1, \dfrac{1}{2}, \cdots, \dfrac{1}{n-1}$ 为高, 以 1 为长的矩形面积之和 (图 11);

(ii) 大于以 $\dfrac{1}{2}, \dfrac{1}{3}, \cdots, \dfrac{1}{n}$ 为高, 以 1 为长的矩形面积之和 (图 12).

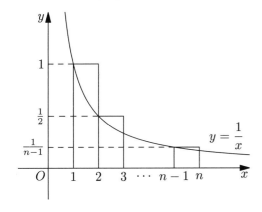 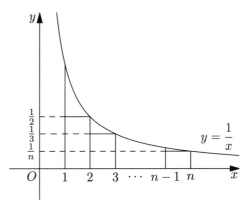

图 11 　　　　　　　　　图 12

从而, 对整数 $n > 1$, 有
$$\dfrac{1}{2} + \dfrac{1}{3} + \cdots + \dfrac{1}{n} < \int_1^n \dfrac{1}{x} dx < 1 + \dfrac{1}{2} + \cdots + \dfrac{1}{n-1},$$

即
$$\sum_{k=1}^{n-1} \dfrac{1}{k+1} < \ln n < \sum_{k=1}^{n-1} \dfrac{1}{k}.$$

故
$$\ln n - 1 < \ln(n+2) - 1 < \sum_{k=1}^{n} \dfrac{1}{k+1} < \sum_{k=1}^{n} \dfrac{k}{k^2+1} < \dfrac{1}{2} + \sum_{k=2}^{n} \dfrac{1}{k} < \dfrac{1}{2} + \ln n \quad (n > 2).$$

而当 $n=1,2$ 时, 不等式显然成立. 故结论得证.

  "数"与"形"是数学中两个最基本的研究对象, 它们在一定条件下可以相互转化. 数形结合就是把抽象的数学语言、数量关系与直观的几何图形、位置关系结合起来, 通过"以形助数"或"以数解形", 即抽象思维与形象思维的结合, 使我们豁然开朗, 视野格外开阔. 可以使复杂问题简单化, 抽象问题具体化, 从而起到优化解题途径的目的. 著名数学家华罗庚先生总结道:

数与形, 本是相倚依, 焉能分作两边飞?
数无形时少直觉, 形少数时难入微.
数形结合百般好, 隔离分家万事休.
切莫忘, 几何代数统一体, 永远联系, 切莫分离.

朱华伟
广东省深圳中学
程汉波
广州市第二中学

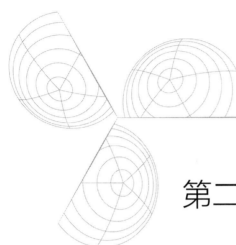

第二篇　命题与解题

谈谈第四届"学数学"数学奥林匹克邀请赛（春季赛）

2016年全国高中数学联赛加试第三题

第32届中国数学奥林匹克（2016）试题解答

库默尔定理——从一道IMO预选题谈起

一般的高次方程不可根式求解

沢山定理的进一步探索

应用裂项法和数学归纳法处理一类n元不等式

递推数列中的完全平方数分析

平面几何中"退"的思想实践几例

两道几何题的证明

(半)切圆构型中一类共线型问题的探究

三角形五心及其向量形式

解题小品——局势逆转

一道与法雷数列有关的数论题的另解

一道"学数学"邀请赛试题的另解

谈谈第四届"学数学"数学奥林匹克邀请赛(春季赛)

这次邀请赛的题目很好,解答也清晰. 这样的比赛一定会吸引越来越多的人参加.

题目解完后,可以进行一些讨论和总结. 我们看了题目及参考答案[①],有一些想法,写在下面,抛砖引玉.

第 1 题 一个笼子里关着 10 只猫,其中有 7 只白猫,3 只黑猫. 把笼门打开一个小口,使得每次只能钻出 1 只猫. 猫争先恐后地往外钻. 如果 10 只猫都钻出了笼子,以 X 表示 7 只白猫被 3 只黑猫所隔成的段数. 例如,在出笼顺序 "□■□□□■□□■" 中,有 $X=3$,因为 7 只白猫被隔成了 3 段. 试求 X 的分布律.

这道题很有趣,数学问题应当这样"编"才能更吸引人.

解答已有,不必赘述. 下面作一个简单的推广.

如果是 m 只猫,n 只鼠,X 表示猫被鼠隔成的段数,那么 X 的值集是 $\{1,2,\cdots,n+1\}$.

当 $X=k\ (1\leqslant k\leqslant n+1)$ 时,在 m 只猫形成的 $m-1$ 个间隔中,$k-1$ 个间隔一定有鼠,其余间隔无鼠,选这 $k-1$ 个间隔的方法有 C_{m-1}^{k-1} 种.

先在这选定的 $k-1$ 个间隔中各放一只鼠,余下 $n-(k-1)$ 只鼠应放在这 $k-1$ 个间隔或者两端,即在 $k+1$ 个位置中放 $n-k+1$ 只鼠,由允许重复组合的公式,放法为 $C_{n-k+1+(k+1)-1}^{k+1-1}=C_{n+1}^{k}$ 种. 因此概率 ($m+n$ 个位置中,有 n 个是鼠,总可能共 C_{m+n}^{n} 种)

$$P(X=k)=\frac{C_{m-1}^{k-1}C_{n+1}^{k}}{C_{m+n}^{n}}\quad (k=1,2,\cdots,n+1).$$

熟知 (例如单墫著《数学竞赛研究教程》下册习题 27.6)

$$\sum_{k=0}^{m}C_{p}^{k}C_{q}^{m-k}=C_{p+q}^{m},$$

所以

$$\sum_{k=1}^{n+1}C_{m-1}^{k-1}C_{n+1}^{k}=\sum_{k=0}^{n}C_{m-1}^{k}C_{n+1}^{k+1}=\sum_{k=0}^{n}C_{m-1}^{k}C_{n+1}^{n-k}$$

[①] 编者注: 参考答案请参阅《全国高中数学联赛模拟试题精选》(中国科学技术大学出版社,2017 年 5 月) 第 351 页.

$$= C^n_{(m-1)+(n+1)} = C^n_{m+n},$$

即

$$\sum_{k=1}^{n+1} P(X=k) = 1.$$

第 2 题 试求所有的正整数 n, 使得对任意满足 $a+b+c \mid a^2+b^2+c^2$ 的正整数 a, b, c, 都有 $a+b+c \mid a^n+b^n+c^n$.

如原解答所说, 利用牛顿恒等式得

$$S_{n+3} = (a+b+c)S_{n+2} - (ab+bc+ca)S_{n+1} + abcS_n. \qquad ①$$

牛顿恒等式的来源是利用恒等式

$$x^3 - (a+b+c)x^2 + (ab+bc+ca)x - abc = (x-a)(x-b)(x-c),$$

可知 a, b, c 都是方程

$$x^3 - (a+b+c)x^2 + (ab+bc+ca)x - abc = 0$$

的根, 从而 a, b, c 都满足

$$x^{n+3} = (a+b+c)x^{n+2} - (ab+bc+ca)x^{n+1} + abcx^n.$$

将 a, b, c 代入再相加即得式 ① (其中, $n = 0, 1, \cdots, S_0 = 3$).

如原解答所说, $a+b+c \mid 2(ab+bc+ca)$, 而 S_{n+2} 与 $a+b+c$ 同奇偶, 所以

$$(ab+bc+ca)S_{n+2} \equiv 0 \pmod{a+b+c}. \qquad ②$$

由式 ①, ②, 得

$$S_{n+3} \equiv abcS_n \pmod{a+b+c}.$$

从而

$$S_{3k+1} \equiv S_{3k-2} \equiv \cdots \equiv S_1 \equiv 0 \pmod{a+b+c},$$
$$S_{3k+2} \equiv S_{3k-1} \equiv \cdots \equiv S_2 \equiv 0 \pmod{a+b+c}.$$

但当 $a = 1, b = 2, c = 4$ 时, $a^2+b^2+c^2 = 1+4+16 = 21$ 被 $a+b+c = 7$ 整除, $a^3+b^3+c^3 = 1+8+64 = 73$ 不被 $a+b+c$ 整除, 所以这时

$$S_{3k} \equiv S_{3k-3} \equiv \cdots \equiv S_3 \equiv S_0 \equiv 3 \not\equiv 0 \pmod{a+b+c}.$$

解法就是原解答，写法略有不同，看起来更简单一些.

第3题 如图1所示，在 $\triangle ABC$ 中，M 是边 BC 的中点，点 E,F 分别是 M 关于直线 AC,AB 的对称点，直线 FB 与 EC 交于点 P，点 Q 满足 $QA = QM$，$\angle QAP = 90°$，O 是 $\triangle PEF$ 的外心. 证明：$\angle AOQ = 90°$.

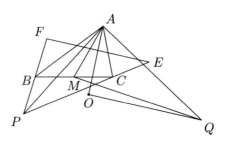

图1

本题的参考答案已公布两种解法，我们的解法与之接近，为清晰起见，分成多步，陆续证明几个引理.

引理1 在原题中，A,E,P,F 四点共圆.

证明见原解答，不再赘述.

显然 $AE = AF$，所以 A 是 $\overset{\frown}{EF}$ 的中点. 如图2所示，延长 AO 再交 $\odot O$ 于 D，则 $\overset{\frown}{FD} = \overset{\frown}{DE}$.

引理2 已知在 $\odot O$ 上，四个点 F,P,D,E 依逆时针排列，$DF = DE$. 如果 B,C 分别在线段 PF,PE 上，并且 $BF = CE$，那么 B,P,D,C 四点共圆，并且 $DB = DC$.

证明见原解答（主要步骤为 $\triangle DFB \cong \triangle DEC$），不再赘述.

于是，在原题中，$DM \perp BC$.

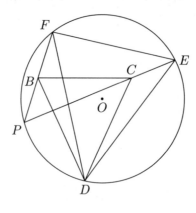

图2

引理3 在原题中，$\angle AMC + \angle PAD = 90°$（如图3所示）.

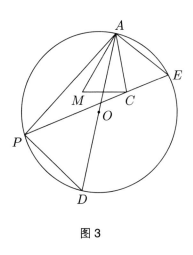

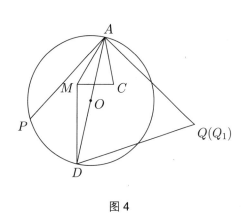

图 3

图 4

引理 3 的证明　因为 M 与 E 关于 AC 对称, 所以

$$\angle AMC = \angle AEC = \angle AEP = \angle ADP = 90° - \angle PAD.$$

最后, 过 A, M, D 三点作圆 (如图 4 所示), 设圆心为 Q_1, 则圆心角

$$\angle AQ_1D = 2(180° - \angle AMD) = 2(90° - \angle AMC),$$

$$\angle Q_1AO = \frac{1}{2}(180° - \angle AQ_1D) = \angle AMC.$$

由引理 3, 知

$$\angle PAQ_1 = \angle PAD + \angle DAQ_1 = \angle PAD + \angle AMC = 90°.$$

因此, Q_1 既在线段 MA 的垂直平分线上, 又在 PA 的过 A 点的垂线上, 从而 Q_1 即 Q (我们来用同一法, 绕过困难).

Q 是 $\triangle AMD$ 的外接圆圆心, O 是弦 AD 的中点, 当然有 $\angle AOQ = 90°$.

一道复杂的几何题拆成几个小题, 或许看起来更加清楚一些.

第 4 题　已知实数 $x, y, z \in [0, 1]$, 证明:

$$xyz + (1-x)(1-y)(1-z) \geqslant \min\{x(1-y), y(1-z), z(1-x)\}.$$

本题解答甚多, 参考答案很简明. 我们的解法大同小异, 也需要分情况讨论 (即枚举法).

首先 $x, y, z, 1-x, 1-y, 1-z$ 这 6 个数必有一个最小, 如果在 $1-x, 1-y, 1-z$ 中, 不妨设 $1-x$ 最小, 改令 $1-x$ 为 z, $1-z$ 为 x, $1-y$ 为 y, 则原不等式不变, 而最小的变为 z. 因此, 我们总可设 6 个数中最小的为 z.

如果 $x \geqslant \dfrac{1}{2}$, 那么

$$z(1-x) \leqslant z \cdot x, \qquad ①$$

$$z(1-x) \leqslant (1-z)(1-x), \qquad ②$$

由 $y \cdot ① + (1-y) \cdot ②$ 即得原不等式.

如果 $x < \dfrac{1}{2}$ 而 $y \geqslant \dfrac{1}{2}$, 那么

$$x(1-y) \leqslant xy, \qquad ③$$

$$x(1-y) \leqslant (1-x)(1-y), \qquad ④$$

由 $z \cdot ③ + (1-z) \cdot ④$ 即得原不等式.

于是, 只剩下 $x < \dfrac{1}{2}, y < \dfrac{1}{2}, z < \dfrac{1}{2}$ (且最小) 的情况, 这时

$$x \leqslant 1-x, \quad yz \leqslant (1-y)(1-z).$$

所以由排序不等式, 得

$$xyz + (1-x)(1-y)(1-z) \geqslant (1-x)yz + x(1-y)(1-z). \qquad ⑤$$

因为 $z \leqslant x$, 所以 $1-x \leqslant 1-z$, 则

$$z(1-x) \leqslant x(1-z), \qquad ⑥$$

又

$$z(1-x) = z(1-x), \qquad ⑦$$

由 $(1-y) \cdot ⑥ + y \cdot ⑦$, 得

$$z(1-x) \leqslant x(1-y)(1-z) + (1-x)yz. \qquad ⑧$$

由式 ⑤, ⑧ 可导出原不等式.

本题有多种推广, 如陈计先生的推广:

当 $0 \leqslant x, y, z \leqslant 1$ 时, 有

$$(xyz + (1-x)(1-y)(1-z))(y(1-x) + z(1-y) + x(1-z))$$
$$\geqslant xy(1-x)(1-y) + yz(1-y)(1-z) + zx(1-z)(1-x).$$

当 $0 \leqslant a,b,c,d \leqslant 1$ 时,有

$$abcd+(1-a)(1-b)(1-c)(1-d)$$
$$\geqslant 2\min\{ab(1-c)(1-d),bc(1-d)(1-a),cd(1-a)(1-b),da(1-b)(1-c)\}.$$

与原解答稍有不同,我们利用了排序不等式.

第 5 题 将凸 n 边形 S 的 n 个顶点依次编号为 $1,2,\cdots,n$, S 外的任一点对 S 的张角小于 $180°$,在这个张角内按顺时针方向依次读出每个顶点的编号,得到一个 n 项序列. 例如,对如图 5 所示的凸五边形,从点 X 读出的序列为 $(4,5,3,2,1)$,从点 Y 读出的序列为 $(5,4,1,2,3)$. 为了保证读出次序唯一,观察点应不与凸 n 边形的任意两个顶点共线. 对凸 n 边形 S,设一共可以读出 $f(S)$ 个不同的 n 项序列.

对所有的凸 n 边形 S,试求 $f(S)$ 的最大可能值.

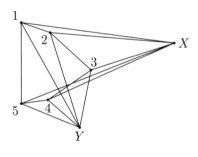

图 5

原解答已指出 $f(S)$ 的值即为 n 边形 S 的边与对角线 (一共 C_n^2 条) 在 S 外部所形成的区域数.

h 条直线最多可将平面分成

$$1+1+2+\cdots+h=1+C_{h+1}^2$$

个区域,在每三条线不共点时达到该最大值.

现在 $h=C_n^2$.

在 S 的每个顶点处, $n-1$ 条直线交于同一点,只形成 $2(n-1)$ 个区域,比 $1+C_n^2$ 少 $1+C_n^2-2(n-1)$ 个区域.

因此,现在平面至多有

$$1+C_{h+1}^2-n(1+C_n^2-2(n-1))$$
$$=1+\frac{n}{8}(n-1)(n^2-n+2)-\frac{n}{2}(n(n-1)-4(n-1))-n$$

$$= \frac{n-1}{8}(n(n^2-n+2)) - 8 - 4n(n-4))$$
$$= \frac{1}{8}(n-1)(n^3 - 5n^2 + 18n - 8)$$

个区域.

在多边形 S 内部有 (包括退化为一点的)

$$C_n^4 + C_{n-1}^2 = \frac{1}{24}(n-1)(n-2)(n^2 - 3n + 12)$$

个区域 (参见单墫著《算两次》习题 22),因此 $f(S)$ 至多为

$$\frac{1}{8}(n-1)(n^3 - 5n^2 + 18n - 8) - \frac{1}{24}(n-1)(n-2)(n^2 - 3n + 12)$$
$$= \frac{n-1}{24}(2n^3 - 10n^2 + 36n)$$
$$= \frac{n(n-1)}{12}(n^2 - 5n + 18)$$
$$= 2(C_n^4 + C_n^2).$$

可用归纳构造的方法,造出 n 边形 S,使得上述 C_n^2 条线在 S 外每三线不共点. 从而上述最大值可以取到. 这些原解答已说得很清楚.

本题原解答直接计算 S 外的区域个数,我们则利用已知的结果. 顺便说一下,S 外的区域个数的最大值 $2(C_n^4 + C_n^2)$ 比内部区域的最大值 $C_n^4 + C_{n-1}^2$ 的两倍还多 $n-1$ 个. 这也可作为一道习题.

第 6 题 一个旋转的圆盘上均匀地悬挂着 n ($n \in \mathbf{N}^*$) 个气球,有 n 个人手持气枪均匀地围着圆盘站立,当某人正对着气球 (人、气球、转盘中心共线) 时可以开枪射击,但任何两人不能同时开枪.

(1) 若每把枪都只有一颗子弹,且当圆盘旋转一周时,n 个气球全部被击中 (假设所有人都是神枪手),求 n 的所有可能取值;

(2) 对 (1) 中满足条件的正整数 n,证明: 满足要求的设计顺序至少有 $n!!$ 种.

注 当 n 为奇数时,$n!! = n \cdot (n-2) \cdot (n-4) \cdots 3 \cdot 1$; 当 n 为偶数时,$n!! = n \cdot (n-2) \cdot (n-4) \cdots 4 \cdot 2$.

没有什么话可说,所以也就不说了.

本文到此结束.

肖韧吾

2016年全国高中数学联赛加试第三题

2016年全国高中数学联赛加试第三题是一道图论问题,可改述为如下的等价形式①:

10个点(无三点共线)之间至多连多少条线,没有以已知点为顶点的三角形,也没有四边形?

这种问题都与Turan定理有关. 我们给出一个与参考答案不同的解法.

先证明一个更简单的引理.

引理 5个点之间至多连5条线,没有三角形,也没有四边形.

引理的证明 假设连了6条线,则5个点中有一点引出的线不少于$\left\lceil \dfrac{6 \times 2}{5} \right\rceil = 3$条 (这里,$\lceil x \rceil$是天花板函数,表示不小于$x$的最小整数). 设点$A$引出3条线$AB, AC, AD$, 则$B, C, D$互不相连(否则产生三角形). 第五点$E$与$A, B, C, D$中至多一点相连(否则产生三角形或四边形). 因而,在没有三角形与四边形时,图中至多有$3+1=4$条线, 矛盾.

图1表明可以连5条线,没有三角形与四边形.

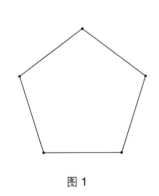

图1

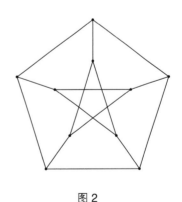

图2

现在回到原来的问题,证明与引理类似.

10个点之间如果连了16条线,那么有一点引出的线不少于$\left\lceil \dfrac{16 \times 2}{10} \right\rceil = 4$条. 设点$A$引出$AB, AC, AD, AE$, 则$B, C, D, E$互不相连(否则产生三角形). 其他5点, 每点至

---

① 编者注: 本题原来的叙述形式为: 给定空间中10个点,其中任意四点不在一个平面上. 将某些点之间用线段相连,若得到的图形中没有三角形也没有空间四边形, 试确定所连线段数目的最大值.

多与 A, B, C, D, E 中一点相连, 否则产生三角形 (如果与 A 及 B, C, D, E 中一点相连) 或四边形 (如果与 B, C, D, E 中两点相连). 而且这 5 个点之间, 由引理知至多连 5 条线 (否则有三角形或四边形). 总线数不多于 $4+5+5 = 14$, 矛盾.

图 2[①]表明可以连 15 条线, 没有三角形与四边形.

因此, 10 个点之间最多可连 15 条线, 没有三角形与四边形.

小　月

[①] 编者注: 该图就是著名的 Peterson 图.

第32届中国数学奥林匹克(2016)试题解答

1. 已知数列 $\{u_n\}, \{v_n\}$ 满足

$$u_0 = u_1 = 1, \quad u_n = 2u_{n-1} - 3u_{n-2} \quad (n \geq 2);$$

$$v_0 = a, \quad v_1 = b, \quad v_2 = c, \quad v_n = v_{n-1} - 3v_{n-2} + 27v_{n-3} \quad (n \geq 3).$$

假设存在正整数 N,使得当 $n \geq N$ 时,v_n 均是整数并且可被 u_n 整除. 证明: $3a = 2b + c$.

解析 由初始条件及递推关系可知 u_n 都是整数,$\{u_n\}$ 的特征方程是 $\lambda^2 - 2\lambda + 3 = 0$, 所以

$$u_n = A\varepsilon^n + B\bar{\varepsilon}^n, \quad \varepsilon = 1 + \sqrt{2}\mathrm{i}.$$

由初始条件得 $A = B = \dfrac{1}{2}$,所以 $u_n = \dfrac{1}{2}(\varepsilon^n + \bar{\varepsilon}^n)$.

当 $n \geq N$ 时,v_n 均是整数,所以

$$v_{N-1} = \frac{1}{27}(v_{N+2} - v_{N+1} + 3v_N)$$

是有理数. 依此类推,v_0, v_1, v_2 即 a, b, c 都是有理数 (分母是 3 的幂,其实认为 a, b, c 是整数也无不可,只需将 v_n 的每一项都乘以 M,M 为 a, b, c 分母的最小公倍数).

$\{v_n\}$ 的特征方程是 $\lambda^3 - \lambda^2 + 3\lambda - 27 = 0$,即 $(\lambda - 3)(\lambda^2 + 2\lambda + 9) = 0$,所以 $\lambda = 3, \varepsilon^2, \bar{\varepsilon}^2$,

$$v_n = p \cdot 3^n + q \cdot \varepsilon^{2n} + r \cdot \bar{\varepsilon}^{2n}. \qquad ①$$

其中 p, q, r 可由初始条件定出,表示为 a, b, c 的代数式. 但现在不必具体求出,重要的是 v_n 与 u_n 的关系.

$$\varepsilon^{2n} = \frac{1}{2}((\varepsilon^{2n} + \bar{\varepsilon}^{2n}) + (\varepsilon^{2n} - \bar{\varepsilon}^{2n})),$$

$$\bar{\varepsilon}^{2n} = \frac{1}{2}((\varepsilon^{2n} + \bar{\varepsilon}^{2n}) - (\varepsilon^{2n} - \bar{\varepsilon}^{2n})).$$

代入式 ①, 得

$$v_n = p \cdot 3^n + q_1(\varepsilon^{2n} + \bar{\varepsilon}^{2n}) + r_1(\varepsilon^{2n} - \bar{\varepsilon}^{2n}). \qquad ②$$

而
$$\varepsilon^{2n}+\bar{\varepsilon}^{2n}=(\varepsilon^n+\bar{\varepsilon}^n)^2-2\times 3^n=4u_n^2-2\times 3^n, \qquad ③$$
$$\varepsilon^{2n}-\bar{\varepsilon}^{2n}=2u_n(\varepsilon^n-\bar{\varepsilon}^n).$$

令 $w_n=\dfrac{\varepsilon^n-\bar{\varepsilon}^n}{\varepsilon-\bar{\varepsilon}}$，则 $w_0=0, w_1=1$，而且 w_n 适合与 u_n 相同的递推关系，即

$$w_n=2w_{n-1}-3w_{n-2} \quad (n\geqslant 3),$$

所以 w_n 也都是整数，
$$\varepsilon^{2n}-\bar{\varepsilon}^{2n}=2(\varepsilon-\bar{\varepsilon})u_n w_n. \qquad ④$$

将式 ③, ④ 代入式 ②, 得
$$v_n=d\times 3^n+g\times u_n^2+h\times u_n w_n,$$

其中 d, g, h 不必具体求出.

由初始条件及 $u_2=-1, w_2=2$, 得
$$\begin{cases} a=d+g, \\ b=3d+g+h, \\ c=9d+g-2h, \end{cases}$$

解得
$$d=\frac{-3a+2b+c}{12}.$$

g, h 也是 a, b, c 的一次式, 系数均为有理数, 因而 d, g, h 均为有理数.

设 m 为有理数 d, g, h 的分母的最小公倍数, 则当 $n>N$ 时,
$$md\times 3^n=mv_n-mgu_n^2-mhu_n w_n \qquad ⑤$$

是 u_n 的倍数.

因为 $u_n\equiv 2u_{n-1}\equiv -u_{n-1}\equiv \cdots \equiv (-1)^{n-1} \pmod 3$, 所以 $(u_n,3)=1$. 由式 ⑤ 得, 当 $n>N$ 时, md 是 u_n 的倍数. 由于
$$u_n-\varepsilon u_{n-1}=\bar{\varepsilon}(u_{n-1}-\varepsilon u_{n-2})=\cdots=\bar{\varepsilon}^{n-1}(u_1-\varepsilon u_0)=\bar{\varepsilon}^{n-1}(1-\varepsilon),$$

故 $|u_n-\varepsilon u_{n-1}|\to +\infty$. 从而当 n 充分大时, $|u_n|, |u_{n-1}|$ 中必有一个大于 dm. 这表明 $d=0$, 即
$$3a=2b+c.$$

2. 如图 1 所示, 在锐角 $\triangle ABC$ 中, $AB > AC$, $\odot O$ 和 $\odot I$ 分别是 $\triangle ABC$ 的外接圆和内切圆, $\odot I$ 与边 BC 相切于点 D, 直线 AO 与边 BC 相交于点 X, AY 是边 BC 上的高, $\odot O$ 在点 B, C 处的切线相交于点 L, PQ 是过点 I 的 $\odot O$ 的直径. 证明: A, D, L 三点共线当且仅当 P, X, Y, Q 四点共圆.

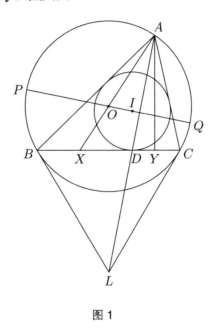

图 1

解析 如图 2 所示, 作 $\odot O$ 的切线 AZ 交 BC 于 Z. 因为 $\angle AYX = 90°$, $\odot(AXY)$ 的圆心在 AX 上, 所以 AZ 也是 $\odot(AXY)$ 的切线. 故

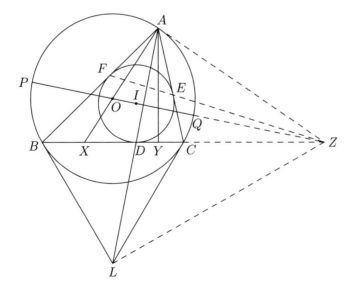

图 2

$$ZA^2 = ZX \cdot ZY. \qquad ①$$

L 关于 $\odot O$ 的极线 BC 过 Z, A 关于 $\odot O$ 的极线 (即切线 AZ) 也过 Z, 所以, Z 关于 $\odot O$ 的极线为 AL, $OZ \perp AL$, 且 LB, LA, LC, LZ 四线调和.

如果 P, X, Y, Q 四点共圆, 那么 PQ 是这个圆与 $\odot O$ 的公共弦, 即根轴, 而式 ① 表明 Z 到两圆的幂相等, 所以 PQ 过 Z.

设 E, F 为内切圆 $\odot I$ 与 AC, AB 的切点, EF 与 OZ 相交于 Z', Z' 在 A 关于 $\odot I$ 的极线 EF 上, 所以, A 在 Z' 关于 $\odot I$ 的极线上. 而 $AL \perp IZ'$, 所以, AL 即 Z' 关于 $\odot I$ 的极线, AB, AL, AC, AZ' 调和. 但 AB, AL, AC, AZ 调和, 所以, AZ' 与 AZ 重合, Z' 即 Z. 从而, Z 关于 $\odot I$ 的极线 AL 过切线 ZD 的切点, 即点 D.

如果 AL 过点 D, 那么由 B, D, C, Z 四点调和, 有
$$\frac{AE}{EC} \cdot \frac{ZC}{ZB} \cdot \frac{FB}{FA} = \frac{FB}{EC} \cdot \frac{DC}{DB} = 1,$$

则 Z 在 EF 上, 即 A 关于 $\odot I$ 的极线过 Z. 而 D 关于 $\odot I$ 的极线 BC 也过 Z, 所以, AD 是 Z 关于 $\odot I$ 的极线, $AD \perp IZ$. 前面已证 $OZ \perp AL$, 从而, I 在 OZ 上, PQ 过 Z,
$$ZP \cdot ZQ = ZA^2 = ZX \cdot ZY.$$

所以, P, X, Y, Q 共圆.

3. 矩形 R 被分割成 2016 个小矩形, 每个小矩形的边均平行于矩形 R 的边, 小矩形的顶点称为结点. 一条在小矩形边上的线段, 若其两个端点均为结点, 且其内部不含其他结点, 则称这条线段为基本线段. 考虑所有分割方式, 求基本线段条数的最大值和最小值.

如图 3 所示, 矩形 R 被分割为 5 个小矩形, 共有 16 条基本线段. 线段 AB, BC 为基本线段, 线段 AC 不为基本线段.

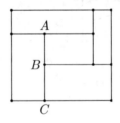

图 3

解析 不妨设矩形 R 的两条邻边分别为正 x 轴与正 y 轴, R 在第一象限.

设这个图中有 v 个结点、e 条边 (基本线段), 则由欧拉定理, 得
$$v - e + f = 1, \qquad ①$$

其中, $f=2016$.

v 个结点中, R 的 4 个顶点各引出两条边, 其余的结点中有的次数为 3 (引出 3 条边), 有的次数为 4 (引出 4 条边). 设前者有 a 个, 后者有 b 个, 则

$$v = 4 + a + b, \qquad ②$$

$$2e = 4 \times 2 + a \times 3 + b \times 4. \qquad ③$$

由式 ①, ②, 得

$$e = v + f - 1 = 3 + a + b + f. \qquad ④$$

由 $3 \times ④ - ③$, 得

$$e = 3f - b + 1.$$

从而

$$e \leqslant 3f + 1 = 3 \times 2016 + 1 = 6049. \qquad ⑤$$

图 4 (1×2016 的矩形被分为 2016 个单位正方形) 表明式 ⑤ 中的等号可以成立, 所以基本线段条数的最大值是 6049.

图 4

另一方面, a 个次数为 3 的结点可分为两类, 第一类引出两条水平的基本线段, 第二类引出两条竖直的基本线段.

设 R 中结点在 x 轴上的射影有 $m+1$ 个, A 是其中之一而且不是 R 的顶点, 则在 x 轴的垂线 AB 上, 距 x 轴最远的结点必是第一类的点 (因为它只能向下引一条竖直的基本线段, 不能向上引), 距 x 轴最近的结点也是第一类的点. 所以, 直线 AB 上至少有两个第一类的点.

同样, 设 R 中的结点在 y 轴上的射影有 $n+1$ 个, 则每条过射影且与 y 轴垂直的直线上至少有两个第二类的点 (只要该射影不是 R 的顶点).

因此, 我们有

$$a \geqslant 2(m-1) + 2(n-1) = 2(m+n-2). \qquad ⑥$$

由 $4 \times ④ - ③$, 得

$$2e = 4 + a + 4f. \qquad ⑦$$

由式 ⑥, ⑦, 得

$$e \geqslant 2 + 2f + (m+n-2) = 2f + (m+n) = 2 \times 2016 + m + n.$$

显然, $mn \geqslant f$, 而当 $m+n < 90$ 时, $mn \leqslant 45 \times 44 < 2016 = f$, 所以, $m+n \geqslant 90$,

$$e \geqslant 2 \times 2016 + 90 = 4122.$$

等号成立的例子不难举出. 将矩形 $\{(x,y)|0 \leqslant x \leqslant 48, 0 \leqslant y \leqslant 42\}$ 分为 $2016 = 48 \times 42$ 个单位正方形, 其中, $m = 48$, $n = 42$,

$$e = (n+1)m + (m+1)n = 2mn + m + n = 4122.$$

所以, 基本线段条数的最小值为 4122.

4. 设整数 $n \geqslant 2$. 对于 $1, 2, \cdots, n$ 的任意两个排列 $\alpha = (a_1, a_2, \cdots, a_n)$ 和 $\beta = (b_1, b_2, \cdots, b_n)$, 若存在正整数 $k \leqslant n$ 使得

$$b_i = \begin{cases} a_{k+1-i}, & 1 \leqslant i \leqslant k, \\ a_i, & k < i \leqslant n, \end{cases}$$

则称 α 和 β 互为翻转. 证明: 可以把 $1, 2, \cdots, n$ 的所有排列适当记为 $P_1, P_2, \cdots, P_m$, 使得对于每个 $i = 1, 2, \cdots, m$, P_i 与 P_{i+1} 互为翻转. 这里 $m = n!$ 且规定 $P_{m+1} = P_1$.

解析 先从简单的做起. 当 $n = 2$ 时, $(1,2)$ 与 $(2,1)$ 显然互为翻转.

当 $n = 3$ 时, 用 $\rightarrow$ 表示翻转, 我们有

$$(3,2,1) \rightarrow (1,2,3) \rightarrow (2,1,3) \rightarrow (3,1,2) \rightarrow (1,3,2) \rightarrow (2,3,1) \rightarrow (3,2,1).$$

一般情况用归纳法.

设结论对 $n-1 \geqslant 3$ 成立, 考虑 n 的情况.

从 $(n, n-1, \cdots, 2, 1)$ 开始, 保持 1 不动, 经过 $(n-1)!$ 次翻转, 得到 $(2, 3, \cdots, n, 1)$, 进而得到 $(1, n, \cdots, 3, 2)$. 即将 1 移至最前面, 其他数顺序不变.

同理,

$$(1, n, \cdots, 3, 2) \rightarrow \cdots \rightarrow (2, 1, n, \cdots, 3) \rightarrow \cdots \rightarrow (3, 2, 1, n, \cdots, 4)$$
$$\rightarrow \cdots \rightarrow (n-1, n-2, \cdots, 2, 1, n) \rightarrow \cdots \rightarrow (n, n-1, \cdots, 2, 1).$$

上述过程中, 穷尽了 i 在首位的所有排列, $i = n, 1, 2, \cdots, n-1$. 因而穷尽了所有的 n 元排列.

5. 用 D_n 表示正整数 n 的所有正约数构成的集合. 求所有正整数 n, 使得 D_n 可以写成两个不相交的子集 A 和 G 的并, 且满足: A 和 G 均含有至少三个元素, A 中元素可以排列成一个等差数列, G 中元素可以排列成一个等比数列.

解析 显然, D_n 的元素不小于 $3+3=6$.

n 不可能在 A 中. 如果 $n \in A$, 那么, 设 A 中最大的三项为 $b < c < n$, 则
$$n+b = 2c. \quad \text{①}$$
但 c 是 n 的真约数, 所以, $n \geqslant 2c \Rightarrow n+b > 2c$. 与式 ① 矛盾.

首先, 设 $n = p^\alpha$, p 为素数, 整数 $\alpha \geqslant 6$. 那么, D_n 的元素全是 p^i 型 (i 为非负整数), 但
$$p^i + p^j = 2p^k \quad (i > k > j)$$
不可能成立, 因为 $p^k \mid p^i$ 而 $p^k \nmid p^j$. 所以, D_n 中不可能有成等比数列的 3 个数, 这样的 n 不合要求.

其次, 设 $n = p_1^{\alpha_1} p_2^{\alpha_2}$, $p_1 < p_2$ 为素数, α_1, α_2 为正整数, 且 $(\alpha_1+1)(\alpha_2+1) \geqslant 6$.

(i) 若 $\dfrac{n}{p_1} \in A$, 则 $\dfrac{n}{p_1}$ 是 A 中最大的项, A 中次大的项大于 $\dfrac{n}{2p_1} \geqslant \dfrac{n}{p_1^2}$, 因而必为 $\dfrac{n}{p_2}$. 设 a 为 A 中仅次于 $\dfrac{n}{p_1}, \dfrac{n}{p_2}$ 的项, 则
$$\frac{n}{p_1} + a = \frac{2n}{p_2},$$
$\dfrac{n}{p_1}$ 只被 $p_1^{\alpha_1-1}$ 整除, $\dfrac{n}{p_2}$ 被 $p_1^{\alpha_1}$ 整除, 所以, a 只被 $p_1^{\alpha_1-1}$ 整除. 同样, a 只被 $p_2^{\alpha_2-1}$ 整除. 所以, $a \mid \dfrac{n}{p_1 p_2}$,
$$2a \leqslant \frac{2n}{p_1 p_2} \leqslant \frac{n}{p_2} < \frac{n}{p_2} + 1.$$
因此, A 中只能有三项, n 的其他因数均在 G 中.

但 α_1, α_2 中至少有一个大于 1. 若 $\alpha_1 \geqslant 2$, 则 $\dfrac{n}{p_1^2} \in G$, G 中含有等比数列 $n, \dfrac{n}{p_1^2}, \dfrac{n}{p_1^4}$. 而 $\dfrac{n}{p_1^3} \notin G$, $\dfrac{n}{p_1^3} \in A$, 矛盾. 若 $\alpha_2 \geqslant 2$, 同样矛盾.

(ii) 若 $\dfrac{n}{p_1} \in G$, 则 G 是公比为 p_1 的等比数列, $\dfrac{n}{p_2}, \dfrac{n}{p_1 p_2}, \dfrac{n}{p_1^2 p_2}$ 为 A 中的三项, 但
$$\frac{2n}{p_1 p_2} \leqslant \frac{n}{p_2} < \frac{n}{p_2} + 1.$$
所以, $\dfrac{n}{p_2}, \dfrac{n}{p_1 p_2}$ 不是等差数列的连续两项. 如果 $\dfrac{n}{p_2} > \dfrac{n}{p_1^i} > \dfrac{n}{p_1^j}$ ($3 \leqslant i < j$) 是连续三项, 那么
$$\frac{n}{p_2} + \frac{n}{p_1^j} = \frac{2n}{p_1^i},$$

但 $\dfrac{n}{p_2}$ 与 $\dfrac{2n}{p_1^i}$ 被 $p_1^{\alpha_1-i}$ 整除, 而 $\dfrac{n}{p_1^j}$ 只被 $p_1^{\alpha_1-j}$ 整除, 矛盾. 如果 $\dfrac{n}{p_2} > \dfrac{n}{p_1^i} > \dfrac{n}{p_1 p_2}$ ($3 \leqslant i$) 是连续三项, 同样, $\dfrac{n}{p_2}$, $\dfrac{n}{p_1 p_2}$ 被 $p_1^{\alpha_1-1}$ 整除, 而 $\dfrac{2n}{p_1^i}$ 至多被 $p_1^{\alpha_1-i+1}$ 整除, 矛盾.

最后, 设 $n = p_1^{\alpha_1} p_2^{\alpha_2} \cdots p_k^{\alpha_k}$, $p_1 < p_2 < \cdots < p_k$ 为不同的素数, $k \geqslant 3$, $\alpha_1, \alpha_2, \cdots, \alpha_k$ 为正整数.

(i) 若 $\dfrac{n}{p_1} \in A$, 则 $\dfrac{n}{p_1}$ 是 A 中最大的项. 同前, A 中次大的项必为 $\dfrac{n}{p_i}$ ($2 \leqslant i \leqslant k$) 中的一个.

当 $\dfrac{n}{p_2} \in A$ 时, 同前, A 中仅次于 $\dfrac{n}{p_1}$, $\dfrac{n}{p_2}$ 的项 $a \mid \dfrac{n}{p_1 p_2}$, 并且 A 中无第四项. 于是, $\dfrac{n}{p_3} \in G$, G 成公比为 p_3 的等比数列, 但 $\dfrac{n}{p_1 p_3}$ 不在 G 中, 也不在 A 中, 矛盾.

当 $\dfrac{n}{p_2} \in G$ 时, G 成公比为 p_2 的等比数列, $\dfrac{n}{p_3} \in A$, 成为 A 中次大的项, A 中仅次于 $\dfrac{n}{p_1}$, $\dfrac{n}{p_3}$ 的项 $a \mid \dfrac{n}{p_1 p_3}$, 但 $\dfrac{n}{p_1 p_2}$ 不在 G 中, 也不在 A 中, 矛盾.

(ii) 若 $\dfrac{n}{p_1} \in G$, 则 G 成公比为 p_1 的等比数列. 同前, A 中的 $\dfrac{n}{p_2}$, $\dfrac{n}{p_1 p_2}$ 不为 A 中连续两项, 并且在它们之间的项不是 $\dfrac{n}{p_1^i}$ 型. 从而, $\dfrac{n}{p_3}$ 在它们之间. 但这时, $\dfrac{n}{p_2}$, $\dfrac{n}{p_3}$ 为连续两项, 再后一项 $a \mid \dfrac{n}{p_2 p_3}$, 与 $\dfrac{n}{p_1 p_2} > \dfrac{n}{p_2 p_3}$, 并且 $\dfrac{n}{p_1 p_2} \in A$ 矛盾.

综上所述, 不存在满足要求的正整数 n.

本题的困难在于证明需严谨, 不可疏漏, 同时力求简洁.

6. 给定整数 $n \geqslant 2$, 以及正数 $a < b$. 设实数 $x_1, x_2, \cdots, x_n \in [a, b]$, 求

$$\dfrac{\dfrac{x_1^2}{x_2} + \dfrac{x_2^2}{x_3} + \cdots + \dfrac{x_{n-1}^2}{x_n} + \dfrac{x_n^2}{x_1}}{x_1 + x_2 + \cdots + x_{n-1} + x_n}$$

的最大值.

解析 从简单的做起. 先看看 $n = 2$ 的情况,

$$\dfrac{\dfrac{x_1^2}{x_2} + \dfrac{x_2^2}{x_1}}{x_1 + x_2} = \dfrac{x_1^3 + x_2^3}{x_1 x_2 (x_1 + x_2)} = \dfrac{x_1^2 - x_1 x_2 + x_2^2}{x_1 x_2}$$

$$= \dfrac{x_1}{x_2} - 1 + \dfrac{x_2}{x_1} = \left(\sqrt{\dfrac{x_1}{x_2}} - \sqrt{\dfrac{x_2}{x_1}}\right)^2 + 1$$

$$\leqslant \left(\sqrt{\dfrac{b}{a}} - \sqrt{\dfrac{a}{b}}\right)^2 + 1 = \dfrac{a^2 - ab + b^2}{ab}.$$

在 $\{x_1, x_2\} = \{a, b\}$ 时, 取得最大值 $\dfrac{a^2 - ab + b^2}{ab}$.

当 $n=3$ 时, 存在最大值在 x_1, x_2, x_3 中, 两个为 a, 一个为 b, 或者两个为 b, 一个为 a 时达到.

不难证明, 前者更大, 所以, 最大值应当是 $\dfrac{a^3+b^3+a^2b}{ab(2a+b)}$. 即要证明

$$\frac{1}{x_1+x_2+x_3}\left(\frac{x_1^2}{x_2}+\frac{x_2^2}{x_3}+\frac{x_3^2}{x_1}\right)\leqslant \frac{a^3+b^3+a^2b}{ab(2a+b)}.$$

设 x_1, x_2, x_3 依大小顺序排列为 $y_1\geqslant y_2\geqslant y_3$, 则由排序不等式, 得

$$\frac{x_1^2}{x_2}+\frac{x_2^2}{x_3}+\frac{x_3^2}{x_1}\leqslant \frac{y_1^2}{y_3}+\frac{y_2^2}{y_2}+\frac{y_3^2}{y_1}.$$

不妨仍用原来的记号, 下面证明, 当 $x_1\geqslant x_2\geqslant x_3$ 时,

$$\frac{1}{x_1+x_2+x_3}\left(\frac{x_1^2}{x_3}+\frac{x_2^2}{x_2}+\frac{x_3^2}{x_1}\right)\leqslant \frac{a^3+b^3+a^2b}{ab(2a+b)}.$$

事实上,

$$\frac{1}{x_1+x_2+x_3}\left(\frac{x_1^2}{x_3}+\frac{x_2^2}{x_2}+\frac{x_3^2}{x_1}\right)-1$$

$$=\frac{1}{x_1+x_2+x_3}\left(\frac{x_1^2}{x_3}-2x_1+x_3+\frac{x_3^2}{x_1}-2x_3+x_1\right)$$

$$=\frac{1}{x_1+x_2+x_3}\left(\left(\frac{x_1}{\sqrt{x_3}}-\sqrt{x_3}\right)^2+\left(\sqrt{x_1}-\frac{x_3}{\sqrt{x_1}}\right)^2\right)$$

$$\leqslant \frac{1}{x_1+x_2+x_3}\left(\left(\frac{x_1}{\sqrt{a}}-\sqrt{a}\right)^2+\left(\sqrt{x_1}-\frac{a}{\sqrt{x_1}}\right)^2\right)$$

$$=\frac{1}{x_1+x_2+x_3}\left(\frac{x_1^2}{a}+\frac{a^2}{x_1}-x_1-a\right)$$

$$\leqslant \frac{1}{x_1+2a}\left(\frac{x_1^2}{a}+\frac{a^2}{x_1}-x_1-a\right)$$

$$=\frac{1}{x_1+2a}\left(\frac{x_1^2}{a}+\frac{a^2}{x_1}+a\right)-1.$$

因此, 只需证

$$\frac{1}{x_1+2a}\left(\frac{x_1^2}{a}+\frac{a^2}{x_1}+a\right)\leqslant \frac{1}{b+2a}\left(\frac{b^2}{a}+\frac{a^2}{b}+a\right). \qquad ①$$

式 ① 不难直接验证, 或利用对 x_1 求导, 即由

$$\left(\frac{2x_1}{a}-\frac{a^2}{x_1^2}\right)(x_1+2a)-\left(\frac{x_1^2}{a}+\frac{a^2}{x_1}+a\right)\geqslant \frac{x_1}{a}(x_1+2a)-\left(\frac{x_1^2}{a}+\frac{a}{x_1}+a\right)\geqslant 0,$$

得出式 ① 左边是 x_1 的增函数, 最大值为式 ① 的右边.

$n = 3$ 的情况已证完, 现在考虑 n 的一般情况. 希望在 $x_1, x_2, \cdots, x_n$ 均为 a 或 b, 并且 a 与 b 个数相等 (n 为偶数) 或 a 比 b 多一个 (n 为奇数) 时, 取得最大值, 即

$$\frac{1}{x_1 + x_2 + \cdots + x_{2k}} \left(\frac{x_1^2}{x_2} + \frac{x_2^2}{x_3} + \cdots + \frac{x_{2k}^2}{x_1} \right) \leqslant \frac{a^2 - ab + b^2}{ab}, \qquad ②$$

$$\frac{1}{x_1 + x_2 + \cdots + x_{2k+1}} \left(\frac{x_1^2}{x_2} + \frac{x_2^2}{x_3} + \cdots + \frac{x_{2k+1}^2}{x_1} \right) \leqslant \frac{1}{k(a+b)+a} \left(\frac{k(a^3+b^3)}{ab} + a \right). \qquad ③$$

由排序不等式, 对于偶数 $n = 2k$, 只要证当 $x_1 \geqslant x_2 \geqslant \cdots \geqslant x_{2k}$ 时,

$$\frac{1}{x_1 + x_2 + \cdots + x_{2k}} \left(\frac{x_1^2}{x_{2k}} + \frac{x_2^2}{x_{2k-1}} + \cdots + \frac{x_{2k-1}^2}{x_2} + \frac{x_{2k}^2}{x_1} \right) \leqslant \frac{a^2 - ab + b^2}{ab}. \qquad ④$$

因为

$$\frac{x_i^2}{x_{2k-i+1}} + \frac{x_{2k-i+1}^2}{x_i} \leqslant \frac{a^2 - ab + b^2}{ab} (x_{2k-i+1} + x_i) \quad (i = 1, 2, \cdots, k),$$

相加即得式 ④.

同样只需证当 $x_1 \geqslant x_2 \geqslant \cdots \geqslant x_{2k+1}$ 时,

$$\frac{1}{x_1 + x_2 + \cdots + x_{2k+1}} \left(\frac{x_1^2}{x_{2k+1}} + \frac{x_2^2}{x_{2k}} + \cdots + \frac{x_{2k+1}^2}{x_1} \right) \leqslant \frac{1}{k(a+b)+a} \left(\frac{k(a^3+b^3)}{ab} + a \right). \qquad ⑤$$

用当 $n = 3$ 时的方法, 只需证 (与式 ① 类似)

$$\frac{1}{x_1 + x_2 + \cdots + x_k + (k+1)a} \left(\frac{x_1^2}{a} + \frac{x_2^2}{a} + \cdots + \frac{x_k^2}{a} + \frac{a^2}{x_k} + \cdots + \frac{a^2}{x_1} + a \right)$$
$$\leqslant \frac{1}{k(a+b)+a} \left(\frac{k(a^3+b^3)}{ab} + a \right).$$

利用 $n = 2k$ 的结果, 只需证

$$\frac{1}{P+a} \left(\frac{a^2-ab+b^2}{ab} \cdot P + a \right) \leqslant \frac{1}{k(a+b)+b} \left(\frac{k(a^3+b^3)}{ab} + a \right), \qquad ⑥$$

其中, $P = x_1 + x_2 + \cdots + x_k + ka \leqslant k(a+b)$.

式 ⑥ 的左边等于

$$\frac{a^2-ab+b^2}{ab} - \frac{1}{P+1} \cdot \frac{(a-b)^2}{b},$$

是 P 的增函数. 所以, 当 $P = k(a+b)$ 时, 取最大值, 也就是式 ⑥ 的右边. 因此, 式 ⑥ 成立.

韧 吾

库默尔定理——从一道IMO预选题谈起

引 言

对于数学竞赛教练员来说,理想的状态是对于一个题目不仅要会解答,还要知道它的背景,这样才算得上一个合格的教练员. 下面我们先给出几个竞赛试题及解答,然后再分析其产生的背景.

例 1 给定五个实数 u_0, u_1, u_2, u_3, u_4. 证明: 总能找到五个实数 v_0, v_1, v_2, v_3, v_4, 使之满足下述条件:

(a) $u_i - v_i \in \mathbf{N}^*$, $i = 0, 1, 2, 3, 4$;

(b) $\sum_{0 \leqslant i < j \leqslant 4} (v_i - v_j)^2 < 4.$ （第 28 届 IMO 预选题, 1987）

证明 (法一) 首先, 我们指出, 条件 (a) 可被条件 (a′) , 即 $u_i - v_i \in \mathbf{Z}$ 代替. 事实上, 假如我们找到了一组 $\{v_i'\}$ 满足条件 (a′) 和 (b) , 但不满足 (a), 那么只要令

$$v_i = v_i' - \sum_{j=0}^{4} |u_j - v_j'| \quad (i = 0, 1, 2, 3, 4),$$

便可得到满足条件 (a) 和 (b) 的 $\{v_i\}$.

下面我们证明存在 $\{v_i\}$ 满足条件 (a′), 且它们位于长为 $\frac{4}{5}$ 的区间上. 事实上, 我们取它们都满足 $0 \leqslant v_i < 1$. 若区间长度大于 $\frac{4}{5}$, 那么存在两个相邻位置的 v_i, 它们之差大于 $\frac{1}{5}$, 把其中较大的那个以及更大的 v_i 都减小 1, 此时条件 (a′) 仍满足, 而每个 v_i 便位于长为 $\frac{4}{5}$ 的区间上. 从而

$$\sum_{0 \leqslant i < j \leqslant 4} (v_i - v_j)^2 \leqslant 6 \times \left(\frac{4}{5}\right)^2 = \frac{96}{25} < 4.$$

(法二) 由上面证法可见, 存在五个数 v_0, v_1, v_2, v_3, v_4, 使得 $u_i - v_i \in \mathbf{Z}$, $-1 < v_i < 1$, 并且它们都位于长为 $\frac{4}{5}$ 的区间上. 于是, 根据抽屉原理, 知存在 $0 \leqslant k < l \leqslant 4$, 使得

$|v_k - v_l| \leqslant \dfrac{1}{5}$. 设 $v = \dfrac{v_k + v_l}{2}$, 我们有

$$|v_k - v| \leqslant \frac{1}{10}, \quad |v_l - v| \leqslant \frac{1}{10}.$$

假如其他的 v_i 都满足 $|v_i - v| \leqslant \dfrac{1}{2}$, 那么我们就取这组 $\{v_i\}$. 若存在某个 v_i, 使得 $v_i - v > \dfrac{1}{2}$, 则用 $v_i + 1$ 代替 v_i; 若存在某个 v_i, 使得 $v_i - v < -\dfrac{1}{2}$, 则用 $v_i - 1$ 代替 v_i. 这样所得的一切 v_i 仍为整数, 且满足 $|v - v_i| \leqslant \dfrac{1}{2}$. 因此

$$\sum_{0 \leqslant i < j \leqslant 4} (v_i - v_j)^2 = \sum_{0 \leqslant i < j \leqslant 4} ((v_i - v) + (v - v_j))^2$$

$$= 5\sum_{i=0}^{4}(v_i - v)^2 - \left(\sum_{i=0}^{4}(v_i - v)\right)^2$$

$$\leqslant 5\sum_{i=0}^{4}(v_i - v)^2$$

$$\leqslant 5\left(2 \times \left(\frac{1}{10}\right)^2 + 3 \times \left(\frac{1}{2}\right)^2\right)$$

$$= \frac{1}{10} + \frac{15}{4} < 4.$$

例 2 已知实数 v_0, v_1, v_2, v_3, v_4 位于长度为 l 的区间上. 证明:

$$\sum_{0 \leqslant i < j \leqslant 4}(v_i - v_j)^2 \leqslant 6l^2. \qquad ①$$

证明 记式 ① 左边为 $P(v_0, v_1, v_2, v_3, v_4)$, 不妨设 $v_0 \leqslant v_1 \leqslant v_2 \leqslant v_3 \leqslant v_4$. 固定 v_0, v_1, v_2, v_4, 让 v_3 在 $[v_2, v_4]$ 上变化, 二次函数 P 的最大值在 $v_3 = v_2$ 或 $v_3 = v_4$ 处取到. 因此, 只需考虑函数 $P(v_0, v_1, v_2, v_2, v_4)$ 和 $P(v_0, v_1, v_2, v_4, v_4)$. 固定 v_0, v_1 和 v_4, 让 v_2 在 $[v_1, v_4]$ 上变化. 这两个二次函数的最大值在 $v_2 = v_1$ 或 $v_2 = v_4$ 处取到, 依此类推. 不难推知, $P(v_0, v_1, v_2, v_3, v_4)$ 的最大值等于下列四个数中的最大者:

$$P(v_0, v_4, v_4, v_4, v_4), \quad P(v_0, v_0, v_4, v_4, v_4),$$
$$P(v_0, v_0, v_0, v_4, v_4), \quad P(v_0, v_0, v_0, v_0, v_4).$$

比较这四个数, 可知

$$P_{\max} = P(v_0, v_0, v_4, v_4, v_4) = P(v_0, v_0, v_0, v_4, v_4) = 6l^2.$$

例 3 试求满足下述条件的最小实数 a: 对任意 4 个实数 x_1, x_2, x_3, x_4, 存在整数 k_1, k_2, k_3, k_4, 使得
$$\sum_{1\leqslant i<j\leqslant 4}((x_j-k_i)-(x_i-k_j))^2 \leqslant a.$$

(IMO 中国国家集训队选拔考试, 1990)

解 (法一) 首先, 对 $i=1,2,3,4$, 取 $k_i=[x_i]$. 令 $\alpha_i=x_i-k_i$, 则 $\alpha_i \in [0,1)$ ($i=1,2,3,4$). 设 $(\alpha_1', \alpha_2', \alpha_3', \alpha_4')$ 是 $\alpha_1, \alpha_2, \alpha_3, \alpha_4$ 按从小到大顺序的排列, 并记
$$\beta_1 = \alpha_2' - \alpha_1', \quad \beta_2 = \alpha_3' - \alpha_2', \quad \beta_3 = \alpha_4' - \alpha_3', \quad \beta_4 = 1 - \alpha_4' + \alpha_1',$$
则
$$S = \sum_{1\leqslant i<j\leqslant 4}(\alpha_i-\alpha_j)^2$$
$$= \beta_1^2 + \beta_2^2 + \beta_3^2 + (\beta_1+\beta_2)^2 + (\beta_2+\beta_3)^2 + (\beta_1+\beta_2+\beta_3)^2. \qquad ①$$

若取与 α_4' 相应的 k_i 的值增加 1, 而保持其他的 k_i 值不动, 则又有
$$S = \beta_4^2 + \beta_1^2 + \beta_2^2 + (\beta_4+\beta_1)^2 + (\beta_1+\beta_2)^2 + (\beta_4+\beta_1+\beta_2)^2.$$

类似地, 总可以把 S 化为由 $\{\beta_1, \beta_2, \beta_3, \beta_4\}$ 中任取 3 个所组成的形如式 ① 的和式, 且可以适当选取 k_1, k_2, k_3, k_4, 使 S 的形如式 ① 的表达式中恰好缺少一个最大的 β_i. 不妨设 β_4 最大, 且 S 的表达式如式 ① 所示.

在式 ① 中, $\beta_1 + \beta_2 + \beta_3 = 1 - \beta_4$, 且显然 $\beta_4 \geqslant \dfrac{1}{4}$.

在估计 S 的值时, 不妨设 $\beta_2 = \max\{\beta_1, \beta_2, \beta_3\}$, 因此由式 ① 的形式可以看出, 在其他情形时 S 的值减小.

若 $\beta_4 \leqslant \dfrac{1}{2}$, 则 $S \leqslant 4(1-\beta_4)^2 \leqslant 1$.

以下考虑 $\dfrac{1}{4} \leqslant \beta_4 \leqslant \dfrac{1}{2}$ 的情形. 此时
$$S = 3\beta_2^2 + 2(\beta_1^2+\beta_3^2) + 2\beta_2(\beta_1+\beta_3) + (1-\beta_4)^2$$
$$= 3\beta_2^2 + (\beta_1-\beta_3)^2 + (\beta_1+\beta_3)^2 + 2\beta_2(\beta_1+\beta_3) + (1-\beta_4)^2$$
$$= 2\beta_2^2 + (\beta_1-\beta_3)^2 + 2(1-\beta_4)^2$$
$$\leqslant 2(\beta_4^2 + (1-\beta_4)^2) + (\beta_1-\beta_3)^2$$
$$\leqslant 2(\beta_4^2 + (1-\beta_4)^2) + (1-2\beta_4)^2.$$

当 $\frac{1}{3} \leqslant \beta_4 \leqslant \frac{1}{2}$ 时,有
$$S \leqslant \max\left\{\frac{11}{9}, 1\right\} = \frac{11}{9}.$$

当 $\frac{1}{4} \leqslant \beta_4 \leqslant \frac{1}{3}$ 时,有
$$S \leqslant \max\left\{\frac{11}{9}, \frac{10}{8}\right\} = \frac{10}{8} = \frac{5}{4}.$$

综上所述,$S \leqslant \frac{5}{4}$.

又易验证,当 $x_1 = 0, x_2 = \frac{1}{4}, x_3 = \frac{1}{2}, x_4 = \frac{3}{4}$ 时,$S = \frac{5}{4}$,故所求的最小值为 $\frac{5}{4}$.

(法二) 不妨设 $0 = x_1 \leqslant x_2 \leqslant x_3 \leqslant x_4 < 1$,并且非负数 $u = x_2, v = x_3 - x_2, w = x_4 - x_3$ 均小于等于 1. 令 $1 - x_4 = t = 1 - u - v - w$,则问题转化为求
$$f = u^2 + v^2 + w^2 + (u+v)^2 + (v+w)^2 + (u+v+w)^2$$

的最大值.

f 是 u 的二次函数,各系数均大于等于零,所以 f 随 u 递增,在 $u = t = \frac{1-v-w}{2}$ 时最大,即
$$f \leqslant f_1 = \left(\frac{1-v-w}{2}\right)^2 + v^2 + w^2 + \left(\frac{1-v-w}{2}\right)^2 + (v+w)^2 + \left(\frac{1+v+w}{2}\right)^2.$$

同样,f_1 在 $v = t = \frac{1-w}{3}$ 时最大. 这时,$u = v = t = \frac{1-w}{3}$. 又
$$f \leqslant f_2 = 6t^2 + (1-3t)^2 + (1-2t)^2 + (1-t)^2.$$

显然,$t \leqslant \frac{1}{3}$,并且 $1 - t = u + v + w \leqslant 3t$,所以,$t \geqslant \frac{1}{4}$.

当 $t = \frac{1}{4}$ 时,
$$f_2 = 6 \times \frac{1}{16} + \frac{1}{16} + \frac{4}{16} + \frac{9}{16} = \frac{5}{4}.$$

当 $t = \frac{1}{3}$ 时,
$$f_2 = 6 \times \frac{1}{9} + \frac{1}{9} + \frac{4}{9} = \frac{11}{9} < \frac{5}{4}.$$

所以,$f \leqslant \frac{5}{4}$,等号在 $u = v = w = t = \frac{1}{4}$ 时取得.

从互反律到理想数: 库默尔的一个不知名手稿

1845 年, 库默尔提出了 "理想复数" 这一观点, 并凭借此观点对下面问题的研究迈出了决定性的一步. 该问题为: 在分圆整数环上, 因数分解的唯一性一般不成立. 这个被韦伊 (André Weil) 称为 "巨大一步" 的事件, 标志着数字理论的发展. 库默尔对因数分解的唯一性深信不疑, 至少直到 1844 年 4 月. 但不久, 这个错误就被公认了. 同年, 布雷斯劳 (Breslau) 大学为纪念哥尼斯堡 (Königsberg) 大学建立三百周年发行了一本纪念册, 库默尔的贡献在于他编译了该书. 在书中, 对于 "propositio fundamentalis" 不能继续成立表示了遗憾, 这也是他所提交给柏林研究院的那份手稿中主要结果是错误的原因. 文稿中阐明: 所有形如 $p = m\lambda + 1$ 形式的素数, p 都是一个整数的范数, 且该整数取自于由 λ 次单位根生成的域 (其中, λ 是奇素数, m 是正整数). 或者换句话说,

$$p = N(f(\alpha)) = f(\alpha)f(\alpha^2)\cdots f(\alpha^{\lambda-1}). \qquad ①$$

这里, α 表示 1 的 λ 次原根, $f(\alpha)$ 是 α 乘方的一个完备的线性组合 (其中, α 的幂指数可能被假设为小于等于 $\lambda-2$), 即 α 是域 $Q(\alpha)$ 上整数环 $Z[\alpha]$ 中的元素, 并且域 $Q(\alpha)$ 是由 λ 次单位根所生成的. N 表示从 $Q(\alpha)$ 到 $\mathbf{Q}$ 的范数. 但在 1844 年 6 月 17 日到 7 月 10 日之间, 库默尔撤回了该文章.

在这次失败后, 库默尔提出的理论中有哪些被保留下来了呢? 在库默尔的那篇文章中提到了一些结论, 这些结论较原来的观点更适度了一些. 对于素数 λ ($5 \leqslant \lambda \leqslant 23$), 库默尔对 $p = m\lambda + 1 \leqslant 1000$ 的所有 p 都进行了检验, 看是否是上文所说的范数, 即在 $Z[\alpha]$ 上分解成一个由 $\lambda - 1$ 个元素组成的乘积. 结果表明, 除了 $\lambda = 23$ 外, 都是成立的. 在满足 $p = 23m + 1 < 1000$ 的 8 个素数中恰好有 5 个不是前文所说的范数, 其中最小的一个素数是 $p = 47$. 库默尔并没有超出已记录的数值证据. 无关较小的素数 $\lambda < 23$, 库默尔大体上证明了素数 $p \equiv 1 \pmod{\lambda}$ 可分解成 $\lambda - 1$ 个因子.

在这里, 这个目前为止还不算出名的库默尔手稿开始发挥作用. 1992 年, 本文作者在瑞典于什霍尔姆的 Mittag-Leffler 协会研究维尔斯特拉斯 (Weierstrass) 和柯瓦列夫斯卡娅 (Kovalevskaia) 的旧文件时偶然发现了该手稿. 手稿表明: 库默尔在哥尼斯堡三百周年纪念集之后, 就立即设法找出这样的证明.

1844 年 10 月 2 日, 库默尔写信给克罗内克:

此外，通过这些天的思索，我找到了对此事件的真正意义上的严格证明，即对每一个素数 $p = 5m + 1$ 都可被投射成如下形式：

$$p = f(\alpha)f(\alpha^2)f(\alpha^3)f(\alpha^4).$$

他提到了该证明的一些细节. 根据元素的系数的相对大小, 它包含了该问题中 6 种情况的区别. 然后, 库默尔接着说:

我所找到的这个证明并不是简洁的, 但仍然是一个严密的证明. 如果我照此法一直继续下去, 相信对于情况 $\lambda = 7$ 的证明早已追溯到对 $\lambda = 5$ 情况的改善. 不久的将来, 忽略偶然情况, 都将得到一个满足该性质的证明.

这恰好是下面所说的. 仅仅过了两周的时间, 也就是 1844 年 10 月 16 日, 库默尔写信给克罗内克:

这段日子我一直在努力工作, 直至假期结束, 得知您也正在研究复数域, 所以想和您分享一下我近日努力工作的一些成果, 它被记录在我方案的附录中. 当您看完后, 我可能会让您把它交给雅可比, 从中您可以看出: 素数 $5m + 1$ 被分解成 4 个复因子的证明确实得到了很好的简化, 并且对于 $\lambda = 7$ 的情况, 也可用相同的原理来处理. 虽然这种证明方式不能被进一步推广, 但我相信, 对于 $\lambda = 11, 13, 17, 19$ 也能找到类似的、更简单的证明方法.

结果表明, 在前文信中所提及的附录, 正是在于什霍尔姆所找到的那个手稿——就此种意义上来说, 它可是一个 "著名的手稿", 从信中所说, 我们不难看出它应写于 1844 年 10 月 2 日到 16 日之间 (原稿未注明日期).

库默尔附录的目的在于对在 $\lambda = 5$ 和 $\lambda = 7$ 两种情况下的定理进行证明, 该定理是库默尔于 1844 年 4 月 20 日对所有奇素数错误地提出的. 为了证明该定理, 库默尔提出, 对于每一个 $\xi \in Q(\alpha)$, 存在 $\rho \in Z[\alpha]$, 使得 $N(\xi - \rho) < 1$. 换句话说, 在所考虑的两种情况中, $Z[\alpha]$ 是一个欧几里得环. 这就是库默尔在手稿中所做的.

对于被库默尔拟想的另外 4 个素数的类似证明, 我们并未给出过多的信息, 因此在这里加以补充. 通过应用库默尔提出的 "理想复数", 不久库默尔便经由类数 (参看下文), 以一种完全不同的方式获得了式 ① 分解的证明. 至少在这一点上, 该问题都可能被舍弃, 即相应的环是否是欧几里得环.

库默尔的证明是建立在算术 – 几何平均不等式的应用基础之上的, 即

$$N(f(\alpha)) \leqslant \left(\frac{2}{\lambda - 1} \sum_{i=1}^{\frac{\lambda-1}{2}} f(\alpha^i) f(\alpha^{\lambda-i}) \right)^{\frac{\lambda-1}{2}}.$$

对于右边的约束, 库默尔利用

$$2\sum_{i=1}^{\frac{\lambda-1}{2}} f(\alpha^i)f(\alpha^{\lambda-i}) = \sum_{0\leqslant i<j\leqslant \lambda-1}(k_i-k_j)^2,$$

其中, $f(\alpha)=\sum_{i=0}^{\lambda-1}k_i\alpha^i$. 而为了证明 $N(f(\alpha))<1$, 则需满足

$$\sum_{0\leqslant i<j\leqslant \lambda-1}(k_i-k_j)^2 < \lambda-1. \qquad ②$$

为此, 库默尔定义: 对每个

$$\sum_{i=0}^{\lambda-1}u_i\alpha^i \quad (u_i\in\mathbf{Q}, k_i\in\mathbf{Q}, 0\leqslant i\leqslant \lambda-1),$$

使得:

(K1) 对所有的 i, $u_i-k_i\in\mathbf{Z}$;

(K2) 对每对 (k_a,k_b) $(k_a<k_b)$, 存在 $\delta=1-\max\limits_{i,j}(k_i-k_j)$, 使得 $|k_a-k_b|\leqslant\delta$.

有了上面的定义, 便可证明式 ②. 当 $\lambda=5$ 时, 由库默尔的判断就可得到式 ② 中平方求和的边界为 3, 17, 它既保证了式 ②, 又完成了该情况的证明. 对于 $\lambda=7$, 式 ② 中的总和被看作 δ 的一个函数, 并定义成区间 $\left[\dfrac{1}{r+1},\dfrac{1}{r}\right]$ $(r=1,2,\cdots,6)$ 上的最大值. 由此可见

$$\sum_{0\leqslant i<j\leqslant 6}(k_i-k_j)^2 \leqslant 2\times\dfrac{63}{25}=5.04.$$

因此, 不等式 ② 得证.

伦斯特拉做了一个有趣的尝试, 他重构了库默尔对于 $\lambda=5$ 的情况的证明. 他主要是利用库默尔写给克罗内克的两封信中所提到的一些东西, 尤其是第一封信中所详细记述的 $\lambda=5$ 的情况的证明, 从而建立了自己的证明步骤. 正如库默尔的证明思路一样, 重点在于对式 ② 中总和的制约. 在伦斯特拉的重构过程中, 他用了不同的方式. 对每个

$$\sum_{i=0}^{\lambda-1}u_i\alpha^i \quad (u_i\in\mathbf{Q}),$$

伦斯特拉定义: 对数 $k_i\in\mathbf{Q}$, $0\leqslant i\leqslant \lambda-1$, 有:

(L1) 对所有的 i, $u_i-k_i\in\mathbf{Z}$;

(L2) 存在两个不同的指标 a,b, 使得 $|k_a-k_b|\leqslant\dfrac{1}{\lambda}$;

(L3) 对所有不同的 i, 总存在一个 m, 使得 $|k_i-m|\leqslant\dfrac{1}{2}$, 其中, m 是 k_a 和 k_b 的算术几何平均数.

与库默尔给出的定义比较,可以看出:条件 (K2) 需要 $8 \geqslant \dfrac{1}{\lambda}$,因此,所有的 k_i 都在长度小于等于 $\dfrac{\lambda-1}{\lambda}$ 的区间内. 这就表明对于不同的 k_i,都可满足条件 (L2) 和 (L3),并且之后可用 1 或 -1 来替换. 然而,这么做可能会破坏库默尔的条件 (K2). 因此,库默尔对于 k_i 之间的距离限制得更加严格,在这一点上,库默尔的步骤与伦斯特拉是有很大不同的. 结果表明,库默尔用此方式生成了加强界.

对任意 $x \in \mathbf{R}$,都有

$$\sum_{0 \leqslant i < j \leqslant \lambda-1} (k_i - k_j)^2 = \lambda \sum_{i=0}^{\lambda-1} (k_i - x)^2 - \left(\sum_{i=0}^{\lambda-1} (k_i - x) \right)^2.$$

令 $x = m$,则有

$$\sum_{0 \leqslant i < j \leqslant \lambda-1} (k_i - k_j)^2 \leqslant \lambda \left(\dfrac{1}{(2\lambda)^2} + \dfrac{1}{(2\lambda)^2} + (\lambda-2) \cdot \dfrac{1}{4} \right).$$

如果 $\lambda = 5$,则上式右边就可得出 3.85,它仍可证明式 ② 成立. 但它较库默尔给出的限制要弱. 对于 $\lambda = 7$ 时,伦斯特拉只得到 $8 + \dfrac{23}{28}$,它不能满足式 ② 的证明. 但是伦斯特拉写道:

尽管如此,库默尔所证明的"不等式 ②"仍是可信的.

正如我们现在所知,它的确是事实.

下面来解释库默尔如何利用"分圆整数的某些环是欧几里得环"这一事实,获得素数 $p \equiv 1 \pmod{\lambda}$ 的分解. 首先,从它的优点来看,我们知道:欧几里得环是唯一分解环,它们的不可约性和素元是一致的,并且这些 $Z[\alpha]$ 环都是主理想整环. 此外,我们还知道如何将素数 $p \in \mathbf{Z}, p \neq \lambda$ 在 $Z[\alpha]$ 上分裂:如果 $f \equiv p \pmod{\lambda}$,那么 p 可分裂成 $\dfrac{\lambda-1}{f}$ 个相互共轭且次数为 f 的不同的素理想. 因此,库默尔所考虑的 $p \equiv 1 \pmod{\lambda}$ 就可写成 $\lambda - 1$ 个素理想的乘积. 这些理想都是主理想,且互相共轭,p 是一个分圆整数的范数.

但这并未指出库默尔是如何在 1844 年获得素数 $p \equiv 1 \pmod{\lambda}$ 的分解的,在他的手稿中,库默尔把这一问题留在了他的那篇文章中. 在这里,让我们重现他的证明.

库默尔应用了下面的命题.

断言 1 设 p 如上文所说,$\xi \in \mathbf{Z}$,则 $\xi - \alpha$ 和 p 在 $Z[\alpha]$ 中的每一个非单位元的公因子都有范数 p.

因此,一旦这样的一个公因子被找到,库默尔就可实现他的目标:p 将是 $\lambda - 1$ 个共轭分圆整数的乘积. 库默尔在 1844 年 4 月写的那个有缺点的手稿中已经对断言 1 给出了说明. 但在我们看来,断言 1 默认了 $Z[\alpha]$ 上因数分解的唯一性,而一般来说,这是不正确的. 然而,在库默尔的那篇文章中,他给出了如下理由:

设 $f(\alpha)$ 为满足要求的数 p 和 $\xi - \alpha$ 的公因子,那么 $f(\alpha^2)$ 就是数 p 和 $\xi - \alpha^2$ 的一个

公因子, 如此类推. 因此, 所有的共轭复数 $f(\alpha), f(\alpha^2), \cdots, f(\alpha^{\lambda-1})$ 都是数 p 的因子, 并且它们还是不同的, 因为 $\xi-\alpha, \xi-\alpha^2, \cdots, \xi-\alpha^{\lambda-1}$ 没有公因子, 除范数 1 或 λ 外即 $\alpha-\alpha^2$, $\alpha-\alpha^3$ 等. 因此, 对于任何的素数 $p=m\lambda+1$ 都可写成 $\lambda-1$ 个共轭复因子的乘积.

若库默尔利用 $f(\alpha)$ 是一个素元, 则此推论是真实的. 但它既不是对该事实的引述, 也不是对该事实的证明. 库默尔在上段中所说的意思是: $Z[\alpha]$ 中具有素数范数的元必须是不可约的. 但事实上, 在库默尔的处理过程中, 需要指明它们也是素元. 这就是库默尔提出的理由.

断言 2 符号意义如上文所说, 则 p 和 $\xi-\alpha$ 的每个非单位元的公因子都是 $Z[\alpha]$ 的一个素元.

证明 在库默尔的那篇文章中已给出了一个证明. 假设 $f(\alpha)$ 可整除两个分圆整数的一个乘积 $\varphi(\alpha)\psi(\alpha)$, 那么由 $\alpha \equiv \xi \pmod{f(\alpha)}$, 得 $0 \equiv \varphi(\alpha)\psi(\alpha) \equiv \varphi(\xi)\psi(\xi) \pmod{f(\alpha)}$. 因此, $f(\alpha)$ 可整除有理整数 p 和 $\varphi(\xi)\psi(\xi)$ 的最大公因子. 由于 $f(\alpha)$ 不是单位元, p 必须整除 $\varphi(\xi)\psi(\xi)$, 因此譬如说 $\varphi(\xi)$. 由此可见, $\varphi(\alpha) \equiv \varphi(\xi) \equiv 0 \pmod{f(\alpha)}$, 即 $f(\alpha)$ 整除 $\varphi(\alpha)$.

注意, 以现在的观点, 这些假定告诉我们, 模 $f(\alpha)$ 的剩余环有 p 个元素, 因此是一个域.

无论怎样, 甚至是没有信息表明 $f(\alpha)$ 是素数, 断言 1 仍可在库默尔的那篇文章中的框架被推得. 如下所述.

证明 因为 $f(\alpha)$ 是 p 的一个非单位元的因子, 则存在 N, 使得 $N(f(\alpha))=p^n$, 其中 $n \geqslant 1$. 不妨假设 $n>1$. 选取恰当的 $F(\alpha) \in Z[\alpha]$, 记 $p=f(\alpha)F(\alpha)$, 则有

$$f(\alpha^2)\cdots f(\alpha^{\lambda-1}) = (f(\alpha))^{n-1}(F(\alpha))^n.$$

因此

$$f(\xi)\cdots f(\xi^{\lambda-1}) \equiv (f(\xi))^{n-1}(F(\xi))^n \pmod{p}.$$

因为 $f(\xi) \equiv 0 \pmod{f(\alpha)}$, 所以有理整数 $f(\xi)$ 事实上是被 p 整除的. 从而, 因子 $f(\xi^r)$ ($2 \leqslant r \leqslant \lambda-1$) 中至少有一个可被 p 整除. 由 $f(\xi^r) \equiv f(\alpha^r) \pmod{f(\alpha)}$, 得 $f(\alpha^r) \equiv 0 \pmod{f(\alpha)}$. 在库默尔的那篇文章中, 他确实获得了这样一个同余式, 并且是由 $f(\alpha^r) = f(\alpha)$ 直接推出的, 这便与前段产生了一个矛盾. 这样一个矛盾可从上文库默尔的引用中被容易地推得. 否则, $f(\alpha)$ 就是 $\xi-\alpha$ 和 $\xi-\alpha^r$ 的一个公因数, 因此也是 $\alpha-\alpha^r$ 的公因数, 但由于 $N(\alpha-\alpha^r)=\lambda$, 故这是不合理的.

注意, 以现今的观点来看, 断言 1 可由下述事实得到: 模 $f(\alpha)$ 的剩余环等于 $f(\alpha)$ 的范数 (或范数的绝对值).

接下来，我们看看为什么 p 和 $\xi-\alpha$ 的公因数与库默尔想要得到的有关. 为此, 库默尔在他的那篇文章中使用了正规算法. 如果它成立, 即如果对任意 $\xi \in Q(\alpha)$, 存在 $p \in Z[\alpha]$, 使得 $N(\xi-p)<1$, 那么就能生成这样的一个公因数. 用库默尔的话说就是:

如果这个范数确实比 1 小, 那么就有 $N\left(\dfrac{\varphi(\alpha)}{f(\alpha)}-\psi(\alpha)\right)<1$, 因此, $N(\varphi(\alpha)-f(\alpha)\psi(\alpha))<N(f(\alpha))$. 记 $\varphi(\alpha)-f(\alpha)\psi(\alpha)=R(\alpha)$, 显然可见: $\varphi(\alpha)$ 和 $f(\alpha)$ 的最大公因数与 $f(\alpha)$ 和 $R(\alpha)$ 的最大公因数是一样的. 今后寻找 $\varphi(\alpha)$ 和 $f(\alpha)$ 的公因数可变为寻找另外两个数的公因数, 且它们的范数较小. 因此, 通过重复此方法, 若上文所提的不利事件不发生, 则我们最终可以得到两个数, 并且这两个数满足: 其中一个整除另一个. 因此, 这个因数就是我们后面所说的公因子. 如果范数为 1, 则开始的那些数都是素数.

因此, 库默尔在他所研究的情况中效仿了这个著名的欧几里得算法, 他使用了 "最大公因数" 这一词, 但却未做注释. 若在现今的学说中, 这是合理的. 要把该算法应用到上文所考虑的数 p 和 $\xi-\alpha$ 上, 就得先排除一种可能性, 即最大公约数是单位元. 为此, 库默尔写道:

此外, 如果通过已简述的方法而找到较小范数的复数, 那么它们的范数都可被 p 整除, 因为我们没有方法可以得到范数 1. 因此, 总可以找到一个非单位元的公因子.

从这一方式来看: 如果将一个有理整数 ξ 看成 1 模 p 的 λ 次根, 即若

$$1+\xi+\xi^2+\cdots+\xi^{\lambda-1}\equiv 0 \pmod{p},$$

则对于以 α 为根的整系数多项式 $h(x)$, 有 $h(\xi)\equiv 0 \pmod{p}$. 注意: 这样的 ξ 存在是因为 λ 整除 $p-1$. 因此, 对于库默尔算法中的各步骤, 我们有

$$R_{i-1}(\xi)\equiv R_i(\xi)\psi_i(\xi)+R_{i+1}(\xi) \pmod{p}.$$

现在, 如果前面说的两个数 $\varphi(\alpha)$ 和 $f(\alpha)$, 满足 $\varphi(\xi)\equiv f(\xi)\equiv 0 \pmod{p}$ (诸如 p 和 $\xi-\alpha$ 的情况), 那么所有的 $R_i(\xi)$ 都被 p 整除, 尤其是最后一个. 它的范数也将被 p 整除, 且最大公约数不是一个单位元.

以上就是库默尔利用正规算法把素数 $p\equiv 1 \pmod{\lambda}$ 分解成 $\lambda-1$ 个因子的方法.

现在讨论一下, 为什么库默尔从一开始就对那些分解有兴趣. 从代数数论的观点来看, 可由下述推论得知: 如果每一个素数 $p\equiv 1 \pmod{\lambda}$ 可在 $Z[\alpha]$ 上分解成 $\lambda-1$ 个因子, 那么 $Z[\alpha]$ 中次数为 1 的每个素理想都是主理想. 因为每个理想类都包含一个次数为 1 的素理想, 所以类数为 1, 且环 $Z[\alpha]$ 是唯一分解环. 可想而知, 库默尔在认识到他写于 1844 年 4 月的手稿中的错误后, 便开始寻找这种唯一分解环 $Z[\alpha]$, 以使他的结论至少在这些环上是正确的. 然而, 没有迹象表明当库默尔在 1844 年 10 月写这份手稿时发现了其中的关系.

然而,还有另一个原因促进了库默尔的研究. 从 1827 年雅可比写给高斯的信中,我们可知: 雅可比已经在分圆上演绎了他的结果的算术应用,即每个素数 $p \equiv 1 \pmod{\lambda}$ 都可在 $Z[\alpha]$ 上写成 $\lambda - 2$ 种不同形式的两因子乘积,如下所示:

$$p = \psi_k(\alpha)\psi_k(\alpha^{-1}) \quad (k=1,\cdots,\lambda-2).$$

这就解释了下面这一事实: $Z[\alpha]$ 中的这些因子必须是它们自身的"真复素数"的乘积,从而通过那些基本因子的重新组合产生了不同的分解. 对于"复素数"这一术语,并未给出定义. 雅可比也许认为 $\psi_k(\alpha)$ 和 $\psi_k(\alpha^{-1})$ 在 $Z[\alpha]$ 上仍可以某种方式分解,并在 $Z[\alpha]$ 中使用了"真正不可分解数"这一词语.

库默尔也在其 1844 年 4 月写的手稿中提到了"真正不可分解数". 库默尔并不是唯一一个研究此分解的人. 高斯本人就在《算术探索》的第 7 节中更深入地探究了他的理论,并找到这样的分解,但在高斯去世后,才由戴德金公布了这些分解. 在 1829 年,柯西也独立地发表了这样的分解,并指出雅可比已经得到了"同种类的结果". 后来,柯西对于该问题又发表了大量的著作.

至于雅可比,他开始寻找这些假设的素数,并在 1839 年宣称: 对于 $\lambda = 5$ 的情况,他已经成功地把他的两个因子各分解两次,所以对每个具有形式 $5m+1$ 的素数来说,都可分解成 4 个因子. 但雅可比并没有解释他是如何证明这些事实的.

库默尔在其撤回的那份 1844 年 4 月写的手稿中,明确地指出了雅可比的结论,并写道:

这是我深入研究的基础,通过它,我才找到了这些真复素数.

因此,库默尔把雅可比的探求当作了真复素数. 但这样探求本身就不是目标: 单位元的第三和第四根的计算已经给出了互反律对于相应幂剩余的简单证明. 因此,通常会假设库默尔从一开始就打算应用分圆上的算术运算去寻找并证明更高次互反律. 倘若现今的读者惊讶于手稿中包括的那两种特殊情况: 已被雅可比解决了的 1 的 5 次根和 1 的 7 次根,那么我们应该记住: 在 1840 年初,每个 $\lambda > 3$ 的值都位于一个新的、至今未知的或未被证明的互反律之上.

在先前两次关于"理想复数"的通信之后不久,库默尔就在其文章中举出了一些数值,时间记录为 1846 年 9 月. 对于每个小于 50 的素数 λ,库默尔都列举出了一个正整数 n,使得 $Z[\alpha]$ 的每个"理想复数"的 n 次幂都是一个"实际的复数",即每个理想的 n 次幂是主理想. 那么理想类数的指数必须整除 n. 对于 $\lambda \leqslant 19$,库默尔找到了 $n=1$. 因此,相应的环 $Z[\alpha]$ 是主理想环且是唯一分解环. 通过此方式,库默尔演绎了环 $Z[\alpha]$ 上素数 $p \equiv 1 \pmod{\lambda}$ 分解成 $\lambda - 1$ 个因子的过程. 手稿中所提的方法很难推广到其他情况,只能通过更进一步的发展,才能被公布.

因为库默尔的手稿一直未出版,所以我们并不惊讶于手稿中结论的证明被其他作者所发表,对此我们简要地来叙述一下. 在 1847 年,柯西证明了一些 $Z[\alpha]$ 环是欧几里得范数,其中特殊情况是 $\lambda = 5$ 和 $\lambda = 7$. 但柯西文中的介绍非常短,并且在一定程度上很难理解,还有部分是错误的,因此很难鉴定其证明的正确与否. 人们可能会认为他的证明是错误的,但至少对于 $\lambda = 5$ 的情况来说,我们可从其文章中摘取一个正确的证明. 柯西对分圆整数研究的直接动机是要把他的努力成果与费马大定理的证明联系起来. 对此,环 $Z[\alpha]$ 上的可因子分解性对于柯西来说也是必不可少的一点;没有证据表明,在柯西知悉库默尔对于 $\lambda = 23$ 的结论之前,已经觉察了这些非唯一分解环. 但我们仍得说,柯西对于分圆的研究要较早一些,并且试图归纳了高次幂剩余的二次互反律.

在费马大定理中特别提到了上文中所说的高斯去世后出版的那篇文章. 之后,Uspenskij 在 1906 年公布了一个证明:当 $\lambda = 5$ 时,$Z[\alpha]$ 是欧几里得环,或许他并不知道柯西的著作. Ernst Schering 也已经在高斯注释的基础上,简述了如何应用 $\lambda = 3$ 的情况的处理办法来解决此情况. 一种是把 Uspenskij 的证明看作 Schering 简述的成果. 不管怎样,Schering 无疑是得到了一个证明.

埃尔米特 (Charles Hermite) 通过完全不同于库默尔的一种方法,分别对 $\lambda = 5$ 和 $\lambda = 7$ 证明了:素数 $p \equiv 1 \pmod{\lambda}$ 可分别写成 4 个和 6 个分圆共轭因子的乘积. 这是从 1847 年夏天埃尔米特给雅可比的信中得知的,并且该信中还对 $\lambda = 11$ 的证明给出了一个建议. 雅可比在 1835 年写了一篇有关两个复变量的四阶周期函数的文章,该文章促进了埃尔米特的研究. 雅可比指出:在 $\mathbf{R}$ 上生成 $\mathbf{C}$ 的复函数的周期在 $\mathbf{C}$ 上是稠密的,其中此周期至少允许是 $3Z$-线性无关的周期——他所找的这个结论是不合理的. 然而,埃尔米特把出现在此情况中的复数近似值问题与具有实系数的变量的二次形式约分联系起来. 从而,埃尔米特在这种形式的最小值 (变量的整数值) 上演绎了上文提到的结论.

一个多世纪以后,库默尔关于素数 $\lambda \leq 19$ 的结论被 Uchida 在 1971 年证明了,指出对任何 λ 值,类数 1 都不存在. 在这之前,可知 $Z[\alpha]$ 的类数无限趋近于 λ. 在 1976 年,Masley 和蒙哥马利对于类数 1 的 m 次根的所有环给出了一个绝对边界,并因此挑出 Uchida 结论的毛病.

关于库默尔 1844 年的手稿,在 $\lambda \geq 11$ 时出现了一个问题:环 $Z[\alpha]$ 是欧几里得范数. 1975 年,伦斯特拉发表了一篇文章,证明了对所有素数 $\lambda \leq 11$ 都有这一事实,并在这些"新形式"中计算出了库默尔讨论的 $\lambda = 7$ 的情况 (当时谁能想到库默尔尚未给出最后定论呢). 不久,McKenzie 在计算机的帮助下,检验了对于 $\lambda = 13$,环 $Z[\alpha]$ 也是欧几里得范数. 而对于情况 $\lambda = 17$ 或 19 似乎并没有记载日期.

不久前出现了一个未注明日期的手稿的可靠抄本. 它是库默尔在 1844 年 10 月 2 日到 16 日之间所写的, 并被保存在瑞典于什霍尔姆的 Mittag-Leffler 协会.

费马最后定理

大约在 1637 年, 皮埃尔·德·费马 (Pierre de Fermat) 在研究巴舍 (Bachet) 译为拉丁文的丢番图 (Diophantus) 的《算术》时, 需要讨论毕达哥拉斯 (Pythagoras) 定理. 这激发了费马在文章边缘空白处写出如今著名的下列几行:

不可能把一个立方分成两个立方, 或一个四次方分成两个四次方, 或更一般地, 除平方以外的任意幂分成两个具同样指数的幂. 我已发现了此点之一个真正奇妙的证明, 只是这里的空白太窄小, 容纳不下它.

费马因为给出这样一些通常既缺少根据又没有证明的命题而出了名. 在 19 世纪期间, 所有的费马命题都已解决, 唯独上面这一个除外, 这是他的 "最后定理".

费马最后定理 对任意整数 $N \geqslant 3$, 方程

$$x^N + y^N = z^N$$

没有满足 $xyz \neq 0$ 的整数解.

我们强调指出, 费马本人确曾提供以上结果在 $N = 4$ 的情况的完全证明. 他的证明包含一个巧妙的构思, 如今以费马递降法而知名. "递降法" 的要领是, 假设现有问题存在一些正整数解, 利用那些解来构造另一些正整数解的集, 而这些解在某种意义上较假设之解更小. 无限地重复这个程序将导致矛盾, 因为仅有有限多个比假设之解更小的正整数解.

Gabriel Lamé 在已对 $N = 7$ 的情况下证明此结果之后, 于 1847 年 3 月 1 日对巴黎科学院宣称, 他已获得了费马最后定理的完全证明. 然而, 约瑟夫·刘维尔 (Joseph Liouville) 很快指出其论证中的一个严重错误. 下面是费马最后定理之一个 "证明" 的概述, 它包含某些与 Lamé 所犯之错误相同的错误. 你能找到这些错误吗?

在着手费马最后定理的 "证明" 之前, 我们定义某些记号, 它们在以下的论证中起较大的作用. 令 p 是奇素数, 并考虑多项式 $f_p(x) = x^p - 1$. 如果我们写 $\zeta_p = \mathrm{e}^{\frac{2\pi \mathrm{i}}{p}}$, 则由于 ζ_p 的幂是 f 的零点, 故我们容易断定

$$f_p(x) = (x - \zeta_p^0)(x - \zeta_p^1)(x - \zeta_p^2) \cdots (x - \zeta_p^{p-1}).$$

以下论证的关键是扩充整数概念的思想和使用广义整数的算术. 我们定义 p 分圆整数环 $Z[\zeta_p]$ 为

$$Z[\zeta_p] = \left\{ \sum_{n=0}^{p-1} a_n \zeta_p^n \,\bigg|\, a_n \in \mathbf{Z} \right\}.$$

对 $\alpha, \beta \in Z[\zeta_p]$, 我们说 α 整除 β, 并表示为 $\alpha \mid \beta$. 如果存在一个元 $\gamma \in Z[\zeta_p]$, 使得 $\beta = \alpha\gamma$, 这时, 我们说 α 是 β 的一个因子. 元 $\omega \in Z[\zeta_p]$ 称为单位, 如果 $\omega \mid 1$. 例如, 对任意的 $t \in \mathbf{Z}$, ζ_p^t 是单位. 非零元 $\pi \in Z[\zeta_p]$ 为素数, 如果 π 不是单位, 并且只要 $\pi = \omega_1 \omega_2$, $\omega_1, \omega_2 \in Z[\zeta_p]$, 则 ω_1 或者 ω_2 有一个是单位.

费马最后定理的 "证明": 将指数 N 分解为素因子, 不难看出, 对 $N = 4$ 以及对 N 为任意奇素数来证明费马最后定理就足够了. 如在前面讲过的, 费马本人曾证明了 $N = 4$ 的情况, 因此, 我们仅需要考虑 $N = p$, 而 p 是奇素数的情况. 在 1770 年, 欧拉 (Euler) 对 $p = 3$ 证明了此结论, 因此, 可以假设 p 是大于 3 的素数.

我们用反证法来证明此定理, 这就是说, 假设方程

$$x^p + y^p = z^p \qquad ①$$

有一满足 $xyz \neq 0$ 的整数解, 通过约去所有公因子, 我们可以假设 x, y, z 是两两互素的. 现在考虑两种可能的情况.

情形 1　素数 p 不整除 xyz.

情形 2　素数 p 整除 xyz.

为了分析这些情况, 我们进行下面的基本观察:

$$z^p = x^p + y^p = (-y)^p \left(-\left(\frac{x}{y}\right)^p - 1 \right) = (-y)^p f_p\left(-\frac{x}{y}\right) = (-y)^p \prod_{n=0}^{p-1}\left(-\frac{x}{y} - \zeta_p^n\right).$$

因此

$$\prod_{n=0}^{p-1}(x + \zeta_p^n y) = z^p. \qquad ②$$

也许并不奇怪, 分圆整数 $Z[\zeta_p]$ 的算术类似于普通整数 Z 的算术. 例如, 两个元 $\alpha, \beta \in Z[\zeta_p]$ 称为互素是指它们没有异于单位的公因子. 基于此, 对于情形 1, 在式 ② 中出现的因子都是两两互素的. 可是对于情形 2, 在式 ② 中出现的所有元都以素数 $\zeta_p - 1$ 为公因子, 并且只要从每个元中约去这个因子, 余下的分圆整数都是两两互素的.

假设方程 ① 的上述解属于情形 1. 在此情况下, 由于式 ② 中乘积的因子是两两互素的, 该乘积中的每个元必定是一个分圆整数的完满 p 次幂乘以某一单位. 特别地, 必定存在一个非零分圆整数 ω 和一个单位 ε, 使得

$$x + \zeta_p y = \varepsilon \omega^p,$$

经过某些推理和计算，可以证得 $x \equiv y \pmod{p}$.

因此，由我们的初始方程 $x^p + y^p + (-z)^p = 0$，已经看出 $x \equiv y \pmod{p}$. 由于对称性，重复我们的论证，可导出 $x \equiv -z \pmod{p}$，以及 $y \equiv -z \pmod{p}$. 利用这些同余式连同费马小定理 (即对于任意整数 n, $n^p \equiv n \pmod{p}$)，推出

$$0 = x^p + y^p + (-z)^p \equiv x + y + (-z) \equiv 3x \pmod{p}.$$

所以，p 整除 $3x$. 由于 p 是大于 3 的素数，p 必须整除 x，但这与情形 1 的假定相矛盾，因此情形 1 是不可能的.

方程 ① 的假设之解必须满足情形 2. 在此情形下，我们知道式 ② 中的每个元都有素公因子 $\zeta_p - 1$，而且分圆整数 $(x+y)(\zeta_p-1)^{-1}, (x+\zeta_p y)(\zeta_p-1)^{-1}, (x+\zeta_p^2 y)(\zeta_p-1)^{-1}, \cdots, (x+\zeta_p^{p-1}y)(\zeta_p-1)^{-1}$ 都是两两互素的. 通过类似于对情形 1 的分析，我们必须有

$$(x + \zeta_p^n y)(\zeta_p - 1)^{-1} = \varepsilon_n \omega_n^p, \qquad ③$$

这里，ε_n 是单位，而 ω_n 是分圆整数 ($n = 0, 1, 2, \cdots, p-1$)，而 $\omega_0, \omega_1, \omega_2, \cdots, \omega_{p-1}$ 两两互素. 利用 $Z[\zeta_p]$ 中的基本代数和算术，我们可推出以下元与变数 x, y 无关的等式

$$\omega_1^p + (\tau_1 \omega_{p-1})^p = \tau_2 (\zeta_p - 1)^{tp} \gamma^p, \qquad ④$$

这里，τ_1 与 τ_2 都是 $Z[\zeta_p]$ 的单位，$\gamma \in Z[\zeta_p]$，并且 $\omega_1, \omega_{p-1}, \gamma, \zeta_p - 1$ 皆两两互素，而 $t \in \mathbf{Z}$, $t > 1$. 因此，我们找到了两两互素的分圆整数 X, Y, Z，并且它们都与 $\zeta_p - 1$ 互素，使得

$$X^p + Y^p = \nu(\zeta_p - 1)^{tp} Z^p, \qquad ⑤$$

这里 ν 是单位，$t \in \mathbf{Z}$, $t \geqslant 1$.

现在使用费马递降法. 首先注意到可以像前面那样将式 ⑤ 左边分解因子，并导出

$$\prod_{n=0}^{p-1}(X + \zeta_p^n Y) = \nu(\zeta_p - 1)^{tp} Z^p,$$

此时，每个因子 $X + \zeta_p^n Y$ 又可被 $\zeta_p - 1$ 整除. 和以前一样，现在我们证明，存在两两互素的分圆整数 X_1, Y_1, Z_1，它们都与 $\zeta_p - 1$ 互素，并且存在单位 ν_1，使得

$$X_1^p + Y_1^p = \nu_1 (\zeta_p - 1)^{t_1 p} Z_1^p,$$

这里，t_1 是整数，满足 $1 \leqslant t_1 \leqslant t$. 因此，对于一个很类似于 ⑤ 的方程，我们有一个解. 关键的差别在于，现在 $\zeta_p - 1$ 的指数中有整数 t_1，而不是整数 t，这里 $1 \leqslant t_1 < t$. 我们可以重复

这个程序,来生成两两互素的分圆整数 X_2, Y_2, Z_2,它们都与 $\zeta_p - 1$ 互素,并生成单位 ν_2 及整数 $t_2, 1 \leqslant t_2 < t_1$,使得

$$X_2^p + Y_2^p = \nu_2(\zeta_p - 1)^{t_2 p} Z_2^p.$$

重复这个过程,可生成递降整数的无穷序列,它们都在 1 与 t 之间:$1 \leqslant t_n < \cdots < t_2 < t_1 < t$. 这个谬论表明情形 2 是不可能的. 因此, 对于 $x^p + y^p = z^p$ 必定不存在非零整数解, 这就完成了费马最后定理的 "证明". 我们在哪里出了错?

原来,我们的句子 "也许并不奇怪,分圆整数 $Z[\zeta_p]$ 的算术类似于普通整数 Z 的算术" 在一个很重要的方面是不准确的:分圆整数一般没有唯一的素因子分解. 如果你考虑到, 对允许我们断定乘积中的每个元都是一个完满 p 次幂来说, 这是关键的一步. 回忆我们的叙述, "由于式 ② 中乘积的因子是两两互素的,该乘积中的每个元必定是一个分圆整数的完满 p 次幂乘以某一单位". 事实上, Lamé 自己写道:

现在, 如果想作乘积 $k^p m m' m'' \cdots m^{(p-1)}$ 等于复数 C 的 p 次幂, 则诸数 $m, m', m'', \cdots,$ $m^{(p-1)}$ (它们没有公因子, 甚至它们中的任意两个也没有公因子) 必须各自等于 p 次幂.

因此, 刘维尔写道:

尽管如此, 某些初始的调查使我相信, 对这些新的复数, 应该先试着建立某种与对通常整数的基本命题类似的定理, 亦即只存在一种分解为素因子之积的方式.

$Z[\zeta_p]$ 不满足因子分解唯一性的最小素数是 $p = 23$. 特别地, 直接的计算可以证实

$$(1 + \zeta_{23}^2 + \zeta_{23}^4 + \zeta_{23}^5 + \zeta_{23}^6 + \zeta_{23}^{10} + \zeta_{23}^{11})(1 + \zeta_{23} + \zeta_{23}^5 + \zeta_{23}^6 + \zeta_{23}^7 + \zeta_{23}^9 + \zeta_{23}^{11})$$
$$= 2\zeta_{23}^5(1 + \zeta_{23} + \zeta_{23}^2 + \zeta_{23}^4 + \zeta_{23}^5 + 3\zeta_{23}^6 + \zeta_{23}^7 + \zeta_{23}^8 + \zeta_{23}^{10} + \zeta_{23}^{11} + \zeta_{23}^{12}).$$

结果,2 是 $Z[\zeta_p]$ 中的素数, 它不能整除以上恒等式左端的两个因子中的任何一个.

在等式 ④ 的推导中, 还有另一个稍许技术性一些的问题: 我们需要知道, 给定任意单位 τ_0, 存在一个单位 τ_1, 使得 $\tau_0 = \tau_1^p$. 这不仅不是显然的, 而且有时是不可能的.

库默尔曾发现, 在某些情况下, 前面的问题不会出现. 特别地, 如果素数 p 不整除 $Z[\zeta_p]$ 的类数 (用 h 表示), 则称 p 为正则素数. 类数 h 是正整数, 它灵敏地度量该环距离有唯一因子分解性质有多远 ($h = 1$ 当且仅当有唯一的素因子分解). 因此, 我们概述的 "证明" 实际上是费马最后定理对于正则素数的一个正确的证明: 这个结果属于库默尔. 注意, 如果 $Z[\zeta_p]$ 满足唯一因子分解性质, 则 $h = 1$, 并且很清楚, p 不整除 h. 因此, 对于素指数 p, 如果 $Z[\zeta_p]$ 有唯一因子分解性质, 则费马最后定理成立.

库默尔对于费马最后定理方面的贡献是惊人地多种多样. 在 1847 年 5 月, 库默尔写信给刘维尔, 他说:

你很正确地指出,这个证明中缺乏关于此等复数的这一命题,即一个复合的复数可以唯一地分解成素因子——这是一个在其他方面也有缺陷的证明——我能对你担保,它对形如

$$a_0 + a_1\zeta_p + \cdots + a_{p-1}\zeta_p^{p-1}$$

的复数一般不成立. 但是, 通过引进一种我称之为理想复数的新复数,有可能补救它.

库默尔的研究导致了今天称之为理想的概念的诞生.

克罗内克继续库默尔对代数数的研究,他运用一种漂亮的方法克服了唯一因子分解的困难. 早在 1859 年,库默尔便提到克罗内克关于代数数的结果,说克罗内克将要发表这一得到"完善发展的极其简明的关于最一般代数数的理论". 但 20 年过去了,克罗内克并未发表他的这一著作,因为他自己希望得到更一般的结果. 克罗内克的理论出现在 1881 年为庆祝库默尔取得博士学位 50 周年的纪念文章中,题为"代数量的一种算术理论概要"(Grundzüge einer arithmetischen theorie der algebraischen Grössen). 克罗内克的理论的要点是"除子"概念,其核心思想非常简单明了. 实质上, 他是将所讨论的域的整数环嵌入一个更大的多项式环,这些多项式的系数在整数环中. 这一方法与人们熟知的戴德金的方法有着本质上的不同.

首先,戴德金认为以如下方式定义"理想"是其理论的主要任务,即对代数数不成立的唯一因子分解定理对于理想来说应该是成立的. 而克罗内克注意到"素数"的概念是相对于所考虑的数域的. 如果域扩张了,那么原来的素数就不复如初了. 为此,素数的唯一因子分解定理应属于理论的后一部分,即应在以一种独立于所考虑的域的方式定义基本概念之后方可考虑. 当然, 在戴德金的理论中,从一个域到另一个域时必须计算理想; 而克罗内克的理论与此无关, 在这里,当域扩张或收缩对它是不改变的.

其次, 克罗内克实际上是通过告知如何去计算它们而定义除子的. 用戴德金的话说,这等于给出了一种算法以便确定 (已知一组理想的生成元) 域的一已知元是否在理想中——这是戴德金理论中所没有的. 克罗内克的方法体现了他的哲学思想.

刘培杰

哈尔滨工业大学出版社刘培杰数学工作室

一般的高次方程不可根式求解

本文的目标是用较为初等的方法给出一般的 n $(n \geqslant 5)$ 次方程不可根式求解的不完全证明. 这一结论被称为 Abel-Ruffini 定理, Paolo Ruffini 于 1799 年给出了一个不完整的证明, Niels Henrik Abel 于 1823 年解决了这一问题. Évariste Galois 在创立了群论和 Galois 理论后, 于 1846 年独立地给出了证明, Galois 的工作是划时代的. 我们的方法有别于通常教科书中基于 Galois 理论的证明, 属于较为初等的范畴, 但从证明中可以看到一些 Abel 与 Galois 工作的影子.

这里有几点需要注意. 首先, 这里说的是不可根式求解, 并不代表五次方程是不可求解的, 事实上五次方程可利用超椭圆函数求解. 其次, 这里说的是一般的五次方程, 对于特殊的五次方程是有许多可解的例子的.

为此, 我们需要对 "一般" 作一个说明, 何为一般的 n 次方程? 对于一个 n 次方程, 设其 n 个复根为 $x_1, x_2, \cdots, x_n$, 则

$$x^n - \sigma_1 x^{n-1} + \sigma_2 x^{n-2} - \cdots + (-1)^n \sigma_n = \prod_{i=1}^{n}(x-x_i) = 0.$$

所谓的一般 n 次方程的求根公式是指仅用方程的系数 σ_j 通过加减乘除四则混合运算与开根号将方程的根表示出来.

例如, 对于一般的二次方程 $ax^2 + bx + c = 0$ $(a \neq 0)$, 所谓的求根公式为

$$x_{1,2} = \frac{-b \pm \sqrt{b^2 - 4ac}}{2a}.$$

对于一般的三次方程 $ax^3 + bx^2 + cx + d = 0$ $(a \neq 0)$, 所谓的求根公式为

$$x_1 = -\frac{b}{3a} + \alpha + \beta,$$
$$x_2 = -\frac{b}{3a} + \zeta_3 \alpha + \overline{\zeta_3} \beta,$$
$$x_3 = -\frac{b}{3a} + \overline{\zeta_3} \alpha + \zeta_3 \beta.$$

其中
$$\zeta_3 = \frac{-1+\sqrt{3}\mathrm{i}}{2},$$
$$\alpha = \sqrt[3]{\frac{bc}{6a^2} - \frac{b^3}{27a^3} - \frac{d}{2a} + \sqrt{\left(\frac{bc}{6a^2} - \frac{b^3}{27a^3} - \frac{d}{2a}\right)^2 + \left(\frac{c}{3a} - \frac{b^2}{9a^2}\right)^3}},$$
$$\beta = \sqrt[3]{\frac{bc}{6a^2} - \frac{b^3}{27a^3} - \frac{d}{2a} - \sqrt{\left(\frac{bc}{6a^2} - \frac{b^3}{27a^3} - \frac{d}{2a}\right)^2 + \left(\frac{c}{3a} - \frac{b^2}{9a^2}\right)^3}}.$$

可以看到三次方程的求根公式已经很复杂了, 涉及双重根式, 四次方程的求根公式更为复杂, 牵涉到三重根式, 我们这里就不介绍了, 感兴趣的读者可参考相关书籍.

对于一个一般的 n 次方程, 假设方程存在求根公式, 不妨设 $x_1 = f$, 其中 f 的表达式中只涉及方程的系数以及加减乘除四则混合运算与根式. 我们考虑根的连续变换. 对于方程的根 $(x_1, x_2, \cdots, x_n)$ 以及 $(x_{\chi(1)}, x_{\chi(2)}, \cdots, x_{\chi(n)})$, 其中 $(\chi(1), \chi(2), \cdots, \chi(n))$ 是 $(1, 2, \cdots, n)$ 的一个排列, 我们可以连续变换 x_i 的值, 使得变换结束后 x_i 变为了 $x_{\chi(i)}$, 即存在定义在 $[0, l]$ 上且每个分量都连续的函数 θ, 使得

$$\theta^0 = (x_1, \cdots, x_n), \quad \theta^l = (x_{\chi(1)}, x_{\chi(2)}, \cdots, x_{\chi(n)}).$$

例如, 我们若想将 $(x_1, x_2, x_3, \cdots, x_n)$ 连续地变换后变为 $(x_2, x_1, x_3, \cdots, x_n)$, 也即改变 x_1, x_2 的顺序, 而保持 $x_3, \cdots, x_n$ 不变, 这只需取

$$\theta^t = ((1-t)x_1 + tx_2, tx_1 + (1-t)x_2, x_3, \cdots, x_n)$$

即可, 显然 $\theta^0 = (x_1, \cdots, x_n)$, $\theta^1 = (x_2, x_1, x_3, \cdots, x_n)$.

我们称这样的 θ 为连续置换, 记为

$$(x_1, x_2, \cdots, x_n) \xrightarrow{\theta} (x_{\chi(1)}, x_{\chi(2)}, \cdots, x_{\chi(n)}),$$

或简记为

$$(1, 2, \cdots, n) \xrightarrow{\theta} (\chi(1), \chi(2), \cdots, \chi(n)).$$

称 $(1, 2, \cdots, n)$ 为 θ 的初始状态, $(\chi(1), \chi(2), \cdots, \chi(n))$ 为 θ 的最终状态. 值得指出的是将 $(x_1, x_2, \cdots, x_n)$ 连续变换而置换为 $(x_{\chi(1)}, x_{\chi(2)}, \cdots, x_{\chi(n)})$ 的 θ 是不唯一的, 事实上有无穷多个这样的 θ 满足要求. 有时我们仅对连续置换 θ 的初始状态与最终状态感兴趣, 此时简称 θ 为一个置换, 并定义 $\theta(i) = \chi(i)$.

注意到当 x_i 连续变化时, σ_j 的值也在连续变化, 我们希望 f 的值也在连续地改变. 例如, 假设在连续置换 θ 下, x_1 变化到 x_2, 我们希望 f 也在这个过程中始终与 x_1 取相同的

值. 这从求根公式 $x_1 = f$ 来看是合理的, 然而, 当这样的连续变换结束时, σ_j 的值与原来一样. 因此, f 的值并不会变化, 这与我们希望其由 x_1 连续地变化到 x_2 相违背. 例如, 对于二次方程 $x^2 - 1 = 0$, 方程的两个根为 $x_1 = 1, x_2 = -1$. 考虑方程根的连续置换,

$$\theta^t = (\cos t + \mathrm{i}\sin t, \cos(\pi+t) + \mathrm{i}\sin(\pi+t)) = (\cos t + \mathrm{i}\sin t, -\cos t - \mathrm{i}\sin t),$$

其中, $t \in [0, \pi]$. 此时对应的二次方程为

$$x^2 - (\cos t + \mathrm{i}\sin t)^2 = 0.$$

由求根公式, 得

$$x_1(t) = \frac{\sqrt{4(\cos t + \mathrm{i}\sin t)^2}}{2} = \sqrt{(\cos t + \mathrm{i}\sin t)^2} = \sqrt{\cos 2t + \mathrm{i}\sin 2t}.$$

当 $t \in [0, \pi)$ 时, $x_1(t) = \cos t + \mathrm{i}\sin t$; 当 $t = \pi$ 时, $x_1(\pi) = \cos 0 + \mathrm{i}\sin 0 = 1$. 我们看到造成 $x_1(t)$ 不连续的原因是在通常的根式定义下 $\cos 2\pi + \mathrm{i}\sin 2\pi$ 的辐角主值是 0 而不是 2π, 使得 $\sqrt{\cos 2\pi + \mathrm{i}\sin 2\pi} = 1$. 设 $g(t) = \cos 2t + \mathrm{i}\sin 2t$, 而如果我们约定 $h(t) = \sqrt{g(t)} = \cos t + \mathrm{i}\sin t$, 特别地, $h(t)|_{t=\pi} = \sqrt{g(t)}|_{t=\pi} = -1$, 则可以消除这一问题. 这里, 我们将 $\sqrt{g(t)}$ 视作方程 $(h(t))^2 = g(t)$ 的根 $h(t)$. 在这个例子中, 当 $t = 0$ 时, $h(0)$ 的取值与通常的根式 $\sqrt{g(0)}$ 定义一样为 1, 而当 $t > 0$ 时, $h(t)$ 是方程 $(h(t))^2 = g(t)$ 唯一使得 $h(t)$ 连续的根. 当 $g(t)$ 在 $[0, \pi]$ 上变化时, 其绕原点逆时针转了一圈, 辐角增加了 2π (我们在这里将辐角也看作连续变化的), 而 $h(t)$ 的辐角增加了 $\frac{2\pi}{2} = \pi$.

一般地, 对于关于 t 的连续函数 $g(t)$, 只要 $g(t)$ 在定义域 I 上恒不为 0, 则方程 $(h(t))^m = g(t)$ 对每个 t 都有 m 个不同的复根, 当 $g(t)$ 连续变化时, 这 m 个复根也连续变化, 且不会重合. 若规定 $h(0)$ 的取值与通常的根式 $\sqrt[m]{g(0)}$ 定义一样, 我们也可以约定 $h(t) = \sqrt[m]{g(t)}$ 是使得 $h(t)$ 连续的唯一的那个复根. 由于 $h(0)$ 的取值与通常的根式取值一样, 故我们可以将 $h(t)$ 看作通常根式定义的扩充. 当 $g(t)$ 在 $[0, t_0]$ 上变化时, 绕原点逆时针转了 k 圈后变回 $g(0)$, 则 $g(t_0)$ 的辐角相较 $g(0)$ 增加了 $2k\pi$, 此时 $h(t_0)$ 的辐角增加了 $\frac{2k\pi}{m}$, 因此 $h(t_0) = \mathrm{e}^{\frac{2k\pi \mathrm{i}}{m}} h(0)$, 特别地, 若 $k = 0$, 则 $h(t_0) = h(0)$.

在新的根式定义下, 考察 $(x_1, x_2, \cdots, x_n)$ 的两组连续置换 τ, φ. 注意到在任意置换作用后关于 x_i 的初等对称多项式 $\sigma_j(t)$ 的值不变, 而合成的连续置换仍为连续置换, 故任意关于 $\sigma_j(t)$ 的多项式 $g(t)$ 在合成的连续置换后不变. 我们再考虑 $g(t)$ 在合成的连续置换 $\tau^{-1}\varphi^{-1}\tau\varphi$ 作用后辐角的变化情况. 设在连续置换 φ 作用后 $g(t)$ 的辐角增加了 μ, 在 τ 作用后 $g(t)$ 的辐角增加了 ν. 那么 $g(t)$ 在 φ^{-1} 和 τ^{-1} 作用后, 辐角分别减少了 μ 和 ν. 因此, $g(t)$ 在 $\tau^{-1}\varphi^{-1}\tau\varphi$ 作用后辐角保持不变. 这样, $h(t) = \sqrt[m]{g(t)}$ 在 $\tau^{-1}\varphi^{-1}\tau\varphi$ 作用后, 值保持不变. 我们称 $\tau^{-1}\varphi^{-1}\tau\varphi$ 为 τ, φ 的一个交换子 (commutator), 简记为 $[\tau, \varphi]$.

类似地，对于根式 $\sqrt[m_1]{s+\sqrt[m_2]{g}}$，其中 g, s 都是关于 σ_j 的多项式，对于任意的连续置换 $\tau_1, \tau_2, \tau_3, \tau_4$，$s+\sqrt[m_2]{g}$ 在连续置换 $C_1=[\tau_1,\tau_2]$ 与 $C_2=[\tau_3,\tau_4]$ 作用后均不变. 注意此时 C_1, C_2 也为连续置换，再利用刚才的讨论，$s+\sqrt[m_2]{g}$ 在 $[C_1,C_2]$ 作用后辐角不变，因此，$\sqrt[m_1]{s+\sqrt[m_2]{g}}$ 在 $[C_1,C_2]$ 作用后不变. 也就是说对于涉及两重根式的表达式，其在交换子作用后不变. 类似地，若一个关于 σ_j 的只涉及四则混合运算与根式运算的表达式中仅涉及 m 重根式，则对于任意的 2^m 个连续置换 τ_i (τ_i 可以相同)，这个表达式在这 2^m 个连续置换的 m 重交换子作用后必然保持不变. 注意到我们新的根式的定义在初始状态与通常的根式定义一样，因此，若方程存在求根公式，我们新的根式定义并不影响求根公式的正确性（正确性只涉及初始状态的取值）. 从而，若 n 次方程有根式解，且根式解仅涉及 m 重根式，则对于任意的 2^m 个连续置换 τ_i (τ_i 可以相同)，根式解在这 2^m 个置换的 m 重交换子作用下必然保持不变. 而另一方面对于方程的根 $(x_1, x_2, \cdots, x_n)$ 而言，我们将看到其在 m 重交换子作用后的最终状态未必仍然是 $(x_1, x_2, \cdots, x_n)$，这就是我们找到矛盾的突破口. 由于我们之后考虑的只和连续置换的初始状态与最终状态有关，因此下面只讨论置换，对于方程的 n 个根，其所有可能的置换个数是有限的.

我们考虑一般的 n 次方程的求根公式. 当 $n=2$ 时，方程的根 x_1, x_2 所有可能的置换为 τ_1: $(1,2) \to (1,2)$，τ_2: $(1,2) \to (2,1)$. 此时，交换子 $[\tau_1,\tau_2]=\tau_1$ 是恒同置换，这与一般二次方程的求根公式恰有一个根式相符.

当 $n=3$ 时，则对于根的置换 τ_1: $(1,2,3) \to (3,2,1)$，τ_2: $(1,2,3) \to (1,3,2)$，交换子 $[\tau_1,\tau_2]$: $(1,2,3) \to (2,3,1)$ 不是恒同置换，因此，一般三次方程的求根公式至少会出现两个根式. 而对于任意四个置换 $\tau_1, \tau_2, \tau_3, \tau_4$，他们的两重交换子是恒同置换，这与一般三次方程的求根公式含有两重根式相符.

当 $n=4$ 时，通过计算可知根的任意八个置换的 3 重交换子是恒同置换，而存在四个置换它们的两重交换子不是恒同置换，这也与一般四次方程的求根公式有三个根式相符.

当 $n=5$ 时，由排列组合的知识我们知道所有可能的置换有 120 种（记这 120 种置换的集合为 S_5，事实上它们构成一个群），利用计算机编程可以计算得到所有可能的一重交换子有 60 种（即为所有的偶置换 A_5，它们构成一个群），而这 60 种置换的所有可能一重交换子仍然为这 60 种置换（稍后我们将给出这一结论的非计算机证明）. 依此类推，这 120 种置换的所有可能的 m 重置换的集合仍为上述 60 种置换. 因此，对于任意的 m，均存在 2^m 个置换，使得它们的 m 重交换子不是恒同置换. 另一方面，若存在求根公式，设其至多含有 m 重根式，那么，求根公式在 m 重交换子置换作用下应当不变，这就得出了矛盾. 因此，一般的五次方程不存在求根公式. 当 $n \geqslant 5$ 时，所有置换的所有可能的有限重交换子的集合也至少含有这 60 种置换,因而一般的 n $(n \geqslant 5)$ 次方程同样是不能根式求解的.

我们现在来证明 S_5 的所有可能一重交换子包含所有的偶置换 A_5,而 A_5 的所有可能一重交换子为自身. 显然,只需证明后者即可. 为此我们需要给出偶置换的一个明确定义. 先引入一些概念,称一个 n 元置换 σ 将 $(1,2,\cdots,n)$ 中某 m 个数 $\alpha_1,\alpha_2,\cdots,\alpha_m$ 轮换,即 $\sigma(\alpha_1)=\alpha_2, \sigma(\alpha_2)=\alpha_3, \cdots, \sigma(\alpha_m)=\alpha_1$,而保持其余数不变,那么 σ 称为一个轮换. 我们简单地用 $\sigma=(\alpha_1,\cdots,\alpha_m)$ 来表示这个轮换. 当 $m=2$ 时,我们称这样的轮换为对换. 容易验证,每个置换都能表示成一些轮换的复合,而每个轮换都可以表示成一些对换的乘积:

$$(i_1 i_2 \cdots i_r) = (i_1 i_r) \cdots (i_1 i_2).$$

我们称能写成偶数个对换复合的置换为偶置换,而能写成奇数个对换复合的置换为奇置换 (下面的注中我们将证明偶置换不可能为奇置换,因此,要验证一个置换是否为偶置换只需将其写成一种对换的复合,再验证此时对换是否为偶数个即可). 欲证明 A_5 的所有偶置换的可能一重交换子为自身,由对称性,我们只需验证部分偶置换是一重交换子即可. 显然恒等置换 id: $(12345) \to (12345)$ 为偶置换,而 $[\mathrm{id},\mathrm{id}]=\mathrm{id}$. 对于偶置换 σ,若 σ 不是恒等置换,由对称性,不妨设 $\sigma(1)=2$,若 $\sigma(2)=1$,则 σ 还必至少含有一个对换,不妨设 $\sigma(3)=4$,而 $(12)(345)$ 是奇置换,故必有 $\sigma(4)=3$;否则不妨设 $\sigma(2)=3$,此时 σ 有两种可能,为 (123) 或 (12345). 下面我们分别对这三种置换构造出相应的偶置换 τ,φ,使得 $[\tau,\varphi]=\sigma$. 当 $\sigma=(12)(34)$ 时,取 $\tau=(123)$,$\varphi=(12345)$ 即可;当 $\sigma=(123)$ 时,取 $\tau=(13)(45)$,$\varphi=(15234)$ 即可;当 $\sigma=(12345)$ 时,取 $\tau=(145)$,$\varphi=(24)(35)$ 即可.

注 一个置换表达成对换乘积的方式不是唯一的,但可以证明每种表达方式中对换的个数的奇偶性不变. 现在对 $(1,2,\cdots,n)$ 的一个置换 σ,我们定义

$$\mathrm{sgn}(\sigma) = \frac{\prod\limits_{\sigma(i)<\sigma(j)}(x_{\sigma(i)}-x_{\sigma(j)})}{\prod\limits_{i<j}(x_i-x_j)}.$$

显然 $\mathrm{sgn}(\sigma)$ 取值为 ± 1. 而如果 σ 与 τ 是两个置换,则我们有

$$\mathrm{sgn}(\sigma\tau) = \frac{\prod\limits_{\sigma\tau(i)<\sigma\tau(j)}(x_{\sigma\tau(i)}-x_{\sigma\tau(j)})}{\prod\limits_{i<j}(x_i-x_j)}$$

$$= \frac{\prod\limits_{\sigma\tau(i)<\sigma\tau(j)}(x_{\sigma\tau(i)}-x_{\sigma\tau(j)})}{\prod\limits_{\sigma(i)<\sigma(j)}(x_{\sigma(i)}-x_{\sigma(j)})} \cdot \frac{\prod\limits_{\sigma(i)<\sigma(j)}(x_{\sigma(i)}-x_{\sigma(j)})}{\prod\limits_{i<j}(x_i-x_j)}$$

$$= \text{sgn}(\tau) \cdot \text{sgn}(\sigma).$$

对任意的对换 σ, 由定义知 $\text{sgn}(\sigma) = -1$. 故对任意奇置换 σ, $\text{sgn}(\sigma) = -1$; 对任意偶置换 σ, $\text{sgn}(\sigma) = 1$. 因此, 偶置换不可能为奇置换, 奇置换也不可能为偶置换, 奇置换与偶置换的定义是良定的.

在结束本文前, 我们对证明中有关的一些数学概念加以说明.

我们在证明过程中用到的根式的推广, 实际上是根式的正确定义方式, 读者可参考复变函数的相关教材.

对于所有 n 个变量的置换的子集 S, 若 $\text{id}: (1,2,\cdots,n) \to (1,2,\cdots,n) \in S$; 对任何一个置换 $\tau \in S$, 存在置换 $\varphi \in S$, 使得 $\tau\varphi = \text{id} = \varphi\tau$; 对任何两个置换 $\tau, \varphi \in S$, 有 $\tau\varphi \in S$. 称 S 为一个置换群. 我们称集合 $\{[\tau,\varphi]|\tau,\varphi \in S\}$ 为 S 的一个导群, 记作 $S^{(1)}$, 依此类推, 可以定义 $S^{(2)} = (S^{(1)})^{(1)}, \cdots, S^{(n)} = (S^{(n-1)})^{(1)}$. 我们称 S 是一个可解群, 若存在 m 使得 $S^{(m)} = \{\text{id}\}$. 我们之前证明了 S_5 不是可解群, 并导出了一般的五次方程不可解, 这也是可解群名字的由来. 对于一个特定的方程, 由 Galois 理论, 我们可以通过判断方程根所对应的置换群是否为可解群来导出方程是否根式可解, 并且根式可解与置换群可解是等价的.

致 谢

感谢北京大学数学科学学院的吴昊同学提出的一些修改意见.

韩京俊

北京大学数学科学学院

沢山定理的进一步探索

沢山定理[1] 通常表述为:如图 1 所示,凸四边形 $ABCD$ 内接于圆 Γ,圆 Ω 分别切对角线 AC, BD 于 U, V,且与 Γ 内切于 S,$\triangle ABC$ 和 $\triangle ABD$ 的内心分别为点 I 和 J,则直线 UV 经过 I, J.

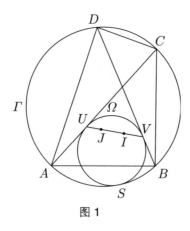

图 1

本文不是搜集有关沢山定理的题目所作的汇总,而是展示作者围绕该定理进行的一些独立思考. 首先作者要将它推广为更一般、内容更丰富的定理 1;然后作者提出沢山圆、沢山轴、沢山点这三个概念,初步探讨它们的性质,得出重要的三圆共生定理;最后再列举作者发现的一些应用. 文中有许多有趣的结论、例题或练习,其中大部分命题可能是作者首先发现的或首先推广的. 在此抛砖引玉,供读者进一步探索.

沢山定理的推广和补充

多人已对沢山定理作过一些零散的类比. 例如,将定理中的两圆由内切改为外切. 除此之外,还有一个有趣之处则较少引人注意:$\triangle ACD$, $\triangle BCD$, $\triangle ABC$, $\triangle ABD$ 这 4 个三角形的地位应是对等的,但沢山定理的结论仅涉及其中两个三角形, 这是不完整的. 基于这些考虑, 作者在反复探索后得出如下定理.

定理 1 设 A, B, C, D 是圆 ω 上任意排列的四点, 直线 AB 与 CD 交于 E. 圆 s 与 ω 相切于 S, 与直线 AB 相切于 U, 与直线 CD 相切于 V. $\triangle SAU, \triangle SBU, \triangle SCV, \triangle SDV$ 的外接圆分别为 c_1, c_2, c_3, c_4, 这四个圆分别交直线 UV 于 I_1, I_2, I_3, I_4 (均异于 U, V). c_1 与 c_3, c_1 与 c_4, c_2 与 c_3, c_2 与 c_4 分别交于 $J_{13}, J_{14}, J_{23}, J_{24}$ (均异于 S). 则有:

(1) I_1, I_2, I_3, I_4 分别为 $\triangle ACD, \triangle BCD, \triangle ABC, \triangle ABD$ 的内心或旁心;

(2) 射线 $SJ_{13}, SJ_{14}, SJ_{23}, SJ_{24}$ 或它们的反向延长线 (以后直接简称为直线) 分别平分 $\angle ASC, \angle ASD, \angle BSC, \angle BSD$ 或相应邻补角;

(3) $J_{13}, J_{14}, J_{23}, J_{24}$ 分别为 $\triangle ACE, \triangle ADE, \triangle BCE, \triangle BDE$ 的内心或旁心, 且这四点均在线段 UV 的垂直平分线上.

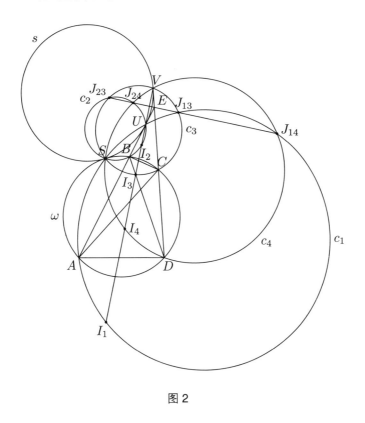

图 2

该命题与四点 A, B, C, D 在 ω 上的排列顺序无关, 也与圆 s 与 ω 是内切还是外切无关. 图 2 和图 3 给出了两个不同的图形供读者参考. 为了对所有的情况都作出统一的严格证明, 下面采用 "多值有向角"[2] 这一工具来证.

证明 由 A, S, J_{13}, U 四点共圆, 得 $\angle AJ_{13}S = \angle AUS$. 因直线 AU 与 s 相切于 U, 故

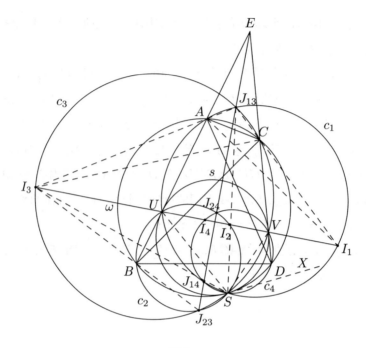

图 3

$\angle AUS = \angle UVS$. 因 I_3 在直线 UV 上, 故 $\angle UVS = \angle I_3VS$. 由 I_3, S, J_{13}, V 四点共圆, 得 $\angle I_3VS = \angle I_3J_{13}S$. 从而, $\angle AJ_{13}S = \angle I_3J_{13}S$, 所以, A, I_3, J_{13} 三点共线. 同理可得, A, I_4, J_{14} 三点共线, C, I_1, J_{13} 三点共线, 等等, 不一一指出.

作 ω 与 s 的公切线 SX, 则 $\angle CAS = \angle CSX$, 且 $\angle SUV = \angle XSV$, 因此

$$\angle CAS + \angle SUV = \angle CSX + \angle XSV = \angle CSV.$$

由 A, U, S, I_1 四点共圆, 得 $\angle SUV = \angle SUI_1 = \angle SAI_1$. 由 C, V, S, I_3 四点共圆, 得 $\angle CSV = \angle CI_3V = \angle CI_3I_1$. 故 $\angle CAS + \angle SAI_1 = \angle CI_3I_1$, 此即 $\angle CAI_1 = \angle CI_3I_1$. 于是, A, C, I_1, I_3 四点共圆, 故 $\angle I_3AC = \angle I_3I_1C$, 即 $\angle J_{13}AC = \angle I_3I_1C$. 又 A, U, I_1, J_{13} 四点共圆, 故 $\angle UI_1J_{13} = \angle UAJ_{13}$, 即 $\angle I_3I_1C = \angle BAJ_{13}$. 故 $\angle J_{13}AC = \angle BAJ_{13}$, 这表明直线 AJ_{13} 平分 $\angle BAC$ 或其邻补角. 同理, BJ_{23} 平分 $\angle ABC$ 或其邻补角, CJ_{13} 平分 $\angle ACD$ 或其邻补角, 等等.

因此, AJ_{13} 与 BJ_{23} 的交点 I_3 是 $\triangle ABC$ 的内心或旁心, AJ_{13} 与 CJ_{13} 的交点 J_{13} 是 $\triangle ACE$ 的内心或旁心. 同理可证 (1) 的全部内容和 (3) 的前半部分.

由 A, J_{13}, I_1, S 四点共圆, 得 $\angle ASJ_{13} = \angle AI_1J_{13} = \angle AI_1C$. 由 A, C, I_1, I_3 四点共圆, 得 $\angle AI_1C = \angle AI_3C = \angle J_{13}I_3C$. 由 C, J_{13}, I_3, S 四点共圆, 得 $\angle J_{13}I_3C = \angle J_{13}SC$. 从而, $\angle ASJ_{13} = \angle J_{13}SC$. 同理, $\angle ASJ_{14} = \angle J_{14}SD$, 等等. 即 (2) 获证.

因为 J_{13} 是 $\triangle ACE$ 的内心或旁心,所以 EJ_{13} 平分 $\angle AEC$ 或其邻补角,即平分 $\angle UEV$ 或其邻补角. 又 $EU=EV$, 故 $EJ_{13} \perp UV$ 或 $EJ_{13} // UV$.

假设 $EJ_{13} // UV$, 则 $\angle EJ_{13}A = \angle(UV, J_{13}A) = \angle VI_3J_{13}$. 又 C, V, I_3, J_{13} 共圆, 故 $\angle VI_3J_{13} = \angle VCJ_{13} = \angle ECJ_{13}$, 则 $\angle EJ_{13}A = \angle ECJ_{13}$. 但对 $\triangle ACE$ 的内心和每个旁心逐一验证知 $\angle EJ_{13}A = \angle ECJ_{13}$ 均不成立, 即假设不成立. 因此, $EJ_{13} \perp UV$. 又 $EU = EV$, 故 J_{13} 在线段 UV 的垂直平分线上. 同理可证 (3) 的其余部分.

注 从上述证明过程来看, 定理 1 的三部分结论放在一起是合理的: (1) 是沢山定理的推广和补充; 熟悉曼海姆定理的读者不难看出, (3) 可看作曼海姆定理的推广, 但圆 c_1, c_2, c_3, c_4 与诸多内心或旁心的联系, 或许比这些推广还重要. (2) 是一个后面常引用的结论, 注意这里 (2) 的证法适用于 $AB // CD$ 的情况.

例 1 如图 4 所示, 凸四边形 $ABCD$ 内接于圆 ω, $\odot P$ 分别与 ω、线段 AB、线段 CD 相切于 S, U, V. 射线 BA 与射线 CD 相交于 E, $\triangle ADE$, $\triangle BCE$ 的内心分别为 I, J, $\odot K$ 是 $\triangle BDE$ 的内切圆, 且分别与 BE, DE 相切于 X, Y. 证明: $PB // IX, PD // JY$.

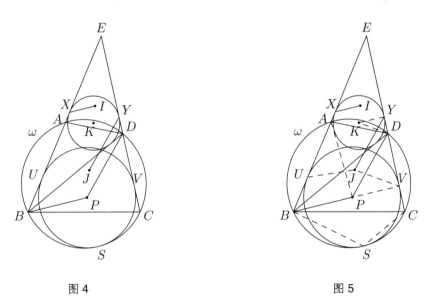

图 4   图 5

证明 如图 5 所示, 由定理 1 (3) 可知, $\triangle SBU$ 和 $\triangle SCV$ 的外接圆的交点是 $\triangle BCE$ 的内心 J, 即 S, C, V, J 四点共圆, 故 $\angle EVJ = \angle CSJ$. 由定理 1 (2), 得 $\angle BSJ = \angle CSJ$, 故 $\angle EVJ = \frac{1}{2}\angle BSC = \frac{1}{2}\angle BDE$. 又 K 是 $\triangle BDE$ 的内心, 故 $\angle BDE = 2\angle EDK$. 于是, $\angle EVJ = \angle EDK$. 故 $JV // KD$. 从而

$$\frac{EV}{ED} = \frac{EJ}{EK}. \qquad ①$$

又 $KY \perp EC$, $PV \perp EC$, 故 $KY // PV$. 于是

$$\frac{EY}{EV} = \frac{EK}{EP}. \qquad ②$$

式 ①, ② 相乘得

$$\frac{EY}{ED} = \frac{EJ}{EP}.$$

所以, $PD // JY$. 同理, $PB // IX$[①].

下面用定理 1 给出费尔巴哈 (Feuerbach) 定理的一个新证明.

例 2 费尔巴哈定理 三角形的九点圆与它的内切圆和旁切圆均相切.

证明 如图 6 所示, 设 $\triangle ABC$ 的三边 BC, CA, AB 的中点分别为 M_1, M_2, M_3, 三边上的高线的垂足分别为 H_1, H_2, H_3, 三边的长度分别为 a, b, c, 不妨设 $a > b > c$. 于是, M_2, M_3, H_2, H_3 四点共圆, 此圆即为 $\triangle ABC$ 的九点圆, 记为 ω.

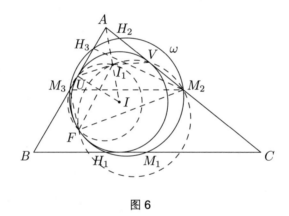

图 6

由 $a > b > c$ 知, 点 A, H_2, H_3 均在直线 $M_2 M_3$ 的同侧. 故存在 (该存在性可用运动观点加以严格证明) $\odot I$, 使得 $\odot I$ 与 ω 内切, 且与直线 $M_3 H_3$, $M_2 H_2$ 都相切 (记切点分别为 F, U, V), 且 F 与 A 在直线 $M_2 M_3$ 的两侧.

以下只需证明 $\odot I$ 为 $\triangle ABC$ 的内切圆.

设 $\triangle FM_3 U$ 和 $\triangle FM_2 V$ 的两外接圆交于 I_1 (异于 F), 则 I_1 在 $\triangle AM_2 M_3$ 内, 由定理 1 (3), 知 I_3 是 $\triangle AM_2 M_3$ 的内心, 由此易得 A, I_1, I 三点共线.

由定理 1 (2), 得 $\angle AUI_1 = \angle M_3 FI_1 = \frac{1}{2} \angle M_2 FM_3 = \frac{1}{2} \angle AH_3 M_2$. 注意到 M_2 是 $\text{Rt}\triangle ACH$ 的斜边中点, 故 $\angle AH_3 M_2 = \angle BAC$. 从而, $\angle AUI_1 = \frac{1}{2} \angle BAC = \angle UAI_1$. 结合 $AU \perp IU$, 易得 I_1 是 AI 的中点. 又 I_1 是 $\triangle AM_2 M_3$ 的内心, 且 $\triangle AM_2 M_3$ 与 $\triangle ABC$ 关

[①] 或者由 $\triangle ADE \sim \triangle ACB$, 得 $\frac{EI}{EJ} = \frac{ED}{EB}$, 再结合已证得的 $\frac{EY}{ED} = \frac{EJ}{EP}$ 及 $EX = EY$, 即得 $\frac{EX}{EB} = \frac{EI}{EP}$, 这表明 $PB // IX$.

于点 A 成 1:2 的位似, 所以 I 是 $\triangle ABC$ 的内心. 这就证明了九点圆与内切圆相切 (若 $\angle A$ 为钝角, 则以上某些等式应适当调整).

用类似的办法可以证明旁切圆的情形.

例 3 如图 7 所示, 圆 ω 的两条弦 AB 与 CD 相交于点 E, $\odot O_1$ 与 $\angle AEC$ 的两边相切 (即与射线 EA, EC 相切, 且切点在这两条射线上. 下同), 且与圆 ω 内切; $\odot O_2$ 与 $\angle BED$ 的两边相切, 且与圆 ω 内切. 直线 l 是 $\odot O_1$ 与 $\odot O_2$ 的一条外公切线, 且 E 与 B 在 l 的两侧. 证明: $l \parallel BC$.

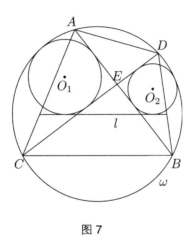

图 7

证明 如图 8 所示, 设 $\odot O_1$ 与 ω 切于 S, 与 AE 切于 U, 与 CE 切于 V, $\odot O_2$ 与 BE 切于 W, 与 DE 切于 X. 设 $\odot J_1$ 和 $\odot J_2$ 分别是 $\triangle BCE$ 的含于 $\angle CBE$ 和 $\angle BCE$ 的旁切圆, I 是 $\triangle ACE$ 的内心, 则 E, O_1, O_2, I, J_1, J_2 均在 $\angle AEC$ 的平分线所在的直线上.

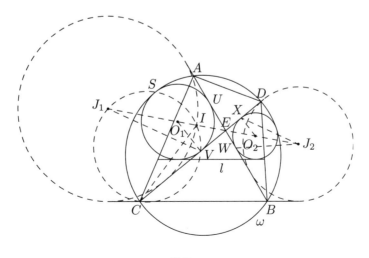

图 8

由定理 1 (3) 可知，$\triangle SCV$ 的外接圆与 $\triangle SAU$，$\triangle SBU$ 的外接圆 (图中未画出) 的异于 S 的交点分别为 I，J_1. 故 C，V，I，J_1 四点共圆.

从而，$\angle EJ_1V = \angle ICV = \dfrac{1}{2}\angle ACE$. 同理，$\angle EJ_2W = \dfrac{1}{2}\angle DBE$. 又 $\angle ACE = \angle DBE$ 且 $\angle EJ_2W = \angle EJ_2X$，故 $\angle EJV = \angle EJ_2X$. 于是，$J_1V \mathbin{/\mkern-6mu/} J_2X$. 故 $\dfrac{J_1E}{J_2E} = \dfrac{VE}{XE}$.

又 $O_1V \perp CD$ 且 $O_2X \perp CD$，故 $O_1V \mathbin{/\mkern-6mu/} O_2X$. 所以，$\dfrac{VE}{XE} = \dfrac{O_1E}{O_2E}$.

因此，$\dfrac{J_1E}{J_2E} = \dfrac{O_1E}{O_2E}$，即 $\dfrac{O_1E}{J_1E} = \dfrac{O_2E}{J_2E}$. 故在以 E 为位似中心、$\dfrac{O_1E}{J_1E}$ 为位似比的位似变换下，$\odot J_1$，$\odot J_2$ 分别变为 $\odot O_1$，$\odot O_2$，因而 $\odot J_1$ 与 $\odot J_2$ 的外公切线变为 $\odot O_1$ 与 $\odot O_2$ 的外公切线，即直线 BC 变为 l. 所以，$l \mathbin{/\mkern-6mu/} BC$.

注 这个有趣的问题是叶中豪先生提出的，单壿先生和田廷彦先生分别在参考文献 [3] 和 [1] 中各提供了一种不同的证法，但因都不是 "纯几何证法"，故颇感遗憾. 上面的证法是作者经过多番探索发现的，供读者参考.

例 4 如图 9 所示，$\odot I$ 是 $\triangle ABC$ 的内切圆，$\odot J$ 是 $\triangle ABC$ 的 $\angle BAC$ 所对的旁切圆，圆 ω 与 $\odot I$ 外切，与 $\odot J$ 内切，且与直线 AB 交于 D，E 两点，与直线 AC 交于 F，G 两点. 证明：$BC \mathbin{/\mkern-6mu/} DG$.

此题是作者仿照例 3 编拟的，证法基本相同.

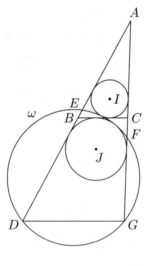

图 9

证明 如图 10 所示，设 $\odot I$，$\odot J$ 分别与直线 AB 相切于 U，V，$\odot J$ 和 $\odot \omega$ 相切于 S，$\odot I_1$ 和 $\odot I_2$ 分别是 $\triangle ADG$ 的内切圆以及 $\angle A$ 所对的旁切圆，点 J_2 是 $\triangle ADF$ 的内心，则

I, J, I_1, J_1, J_2 均在 $\angle BAC$ 的平分线上.

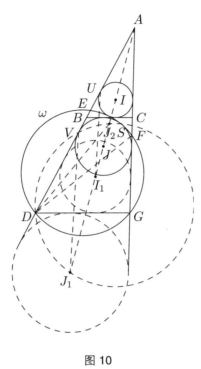

图 10

类似于例 1，由定理 1 (3)，知 J_1, J_2 均在 $\triangle SDV$ 的外接圆上，故 D, V, J_1, J_2 四点共圆. 于是，$\angle AJ_1V = \angle ADJ_2 = \dfrac{1}{2}\angle ADF$. 同理，$\angle AI_1U = \dfrac{1}{2}\angle ADF$. 故 $\angle AJ_1V = \angle AI_1U$. 从而，$\dfrac{AI_1}{AJ_1} = \dfrac{AU}{AV}$. 又 $\dfrac{AU}{AV} = \dfrac{AI}{AJ}$，故 $\dfrac{AI_1}{AJ_1} = \dfrac{AI}{AJ}$，即 $\dfrac{AI}{AI_1} = \dfrac{AJ}{AJ_1}$. 由此通过位似变换即可证明 $BC /\!/ DG$.

例 5 如图 11 所示，圆 ω 的两条弦 AB 和 CD 相交于点 E，$\odot O_1$ 与 $\angle AEC$ 的两边相切，且与圆 ω 内切；$\odot O_2$ 与 $\angle BED$ 的两边相切，且与圆 ω 内切. 直线 l_1, l_2 是 $\odot O_1$ 与 $\odot O_2$ 的两条外公切线，$\odot O_1$ 分别与 l_1, l_2, AB, CD 相切于 K, L, U, V，KV 与 LU 交于 I，KU 与 LV 交于 J. 证明：I 和 J 分别是 $\triangle ACE$ 和 $\triangle BDE$ 的内心.

证明 由例 3 可知 $l_1 /\!/ AD, l_2 /\!/ BC$. 如图 12 所示，设 $\odot O_1$ 与 ω 相切于 S，l_1, l_2 分别与 AB 交于 M, N.

由切线长相等得 $MK = MU$，故 $\angle JUE = \angle MUK = \dfrac{1}{2}\angle AMK = \dfrac{1}{2}\angle BAD$. 同理，$\angle JVE = \dfrac{1}{2}\angle BCD$. 故 $\angle JUE = \angle JVE = \dfrac{1}{2}\angle BSD$.

设 $\triangle SBU$ 的外接圆与 $\triangle SDV$ 的外接圆交于 J' (异于 S)，则由定理 1 (3)，可知 J' 是 $\triangle BDE$ 的内心. 由定理 1 (2)，知 $\angle J'UE = \angle J'SB = \dfrac{1}{2}\angle BSD$. 同理，$\angle J'VE = \dfrac{1}{2}\angle BSD$. 故 $\angle J'UE = \angle J'VE = \dfrac{1}{2}\angle BSD$.

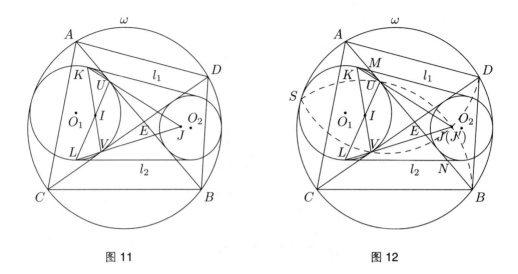

图 11 图 12

因此,$\angle JUE = \angle JVE = \angle J'UE = \angle J'VE$,故 J 与 J' 重合,即 J 是 $\triangle BDE$ 的内心. 类似地,可以证明 I 是 $\triangle ACE$ 的内心.

注 此题表明虽然 $\triangle ACE$ 和 $\triangle BDE$ 与 $\odot O_1, \odot O_2, \omega$ 有关,但它们的内心仅与 O_1, O_2 有关,而与 ω 无关 (可进一步参考练习题 3 (3)).

沢山圆、沢山轴、沢山点及其基本性质

设 A, B, C, D 是平面上任意四点,其中任意三点不共线. 过 A, B, C, D 中任意两点的每条直线都称为四边形 $ABCD$ 的边,则四边形 $ABCD$ 共有 6 条边. 将它的 6 条边分为如下三组: $\{AB, CD\}, \{AC, BD\}, \{AD, BC\}$,每一组都称为四边形 $ABCD$ 的一组对边,则四边形 $ABCD$ 共有 3 组对边.

设 A, B, C, D 是圆 ω 上任意排列的四点 (以后习惯称四边形 $ABCD$ 内接于圆 ω,若无特殊说明,则四边形 $ABCD$ 是凸的或折的皆有可能),若圆 s 与四边形 $ABCD$ 的某组对边 (中的两条直线) 相切,且与圆 ω 相切,则称 s 是 (四边形 $ABCD$ 的) 一个沢山圆. 设 s 与这组对边相切于点 U 和 V,s 与 ω 相切于点 S,则点 S 和直线 UV 分别称为 (四边形 $ABCD$ 的) (圆 s 对应的) 沢山点和沢山轴.

引理 1 对于圆 ω 的内接四边形 $ABCD$ 的任意一组对边:

(1) 若这组对边平行,则与这组对边相切的沢山圆有 4 个,这 4 个沢山圆对应 4 条不同的沢山轴,这 4 条沢山轴都垂直于这组对边;

(2) 若这组对边相交, 则这组对边交得两对对顶角, 其中每对对顶角内均有 4 个泽山圆与这组对边相切, 同一对对顶角内的这 4 个泽山圆对应的泽山轴平行 (且不重合), 且与另一对对顶角内的 4 个泽山圆对应的泽山轴垂直.

引理 1 的证明 (1) 是显然的. (2) 的后半部分由 "切线长相等" 易得. 以下只证明 "每对对顶角内均有 4 个泽山圆与这组对边相切". 以对边 AB 与 CD 交得的对顶角为例作证明. 设 AB 与 CD 相交于 E, 分三种情形讨论.

情形 1 点 E 在圆内. 此时对顶角即图 13 中的 $\angle AED$ 和 $\angle BEC$, 或 $\angle AEC$ 和 $\angle BED$.

情形 2 点 E 在圆外, 且这对对顶角是图 14 中的 $\angle AEC$ 及其对顶角.

情形 3 点 E 在圆外, 且这对对顶角是图 14 中的 $\angle AEC$ 的两个邻补角.

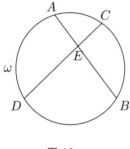

图 13

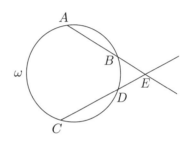

图 14

下面仅证情形 3, 另外两种情形证法类似. 如图 15 所示, 在 CE 的延长线上取一点 F, 设 X 是射线 EA 上的一个动点, 过 X 作 AE 的垂线交 $\angle AEF$ 的平分线于 P, 以 P 为圆心、PX 为半径作 $\odot P$, 则 $\odot P$ 是随 X 运动而变化的圆. 在变化过程中, $\odot P$ 始终在 $\angle AEF$ 内, 且与对边 AB, CD 相切. 当 X 从 E 出发沿射线 EA 逐渐远离

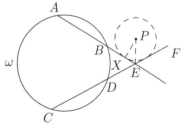

图 15

时, 先后显然会有一些 X 的位置使 $\odot P$ 与 ω 外离、相交、外离, 故由该变化的连续性可知, 必有两个 X 的位置使 $\odot P$ 与 ω 相切, 即 $\angle AEF$ 内有两个泽山圆与对边 AB, CD 相切. 对 $\angle AEF$ 的对顶角也有相同结论. 从而, $\angle AEC$ 的两个邻补角内一共有 4 个泽山圆与对边 AB, CD 相切.

推论 1 对于圆 ω 的内接四边形 $ABCD$, 当它的 3 组对边中分别有 0 组、1 组、2 组对边平行时, 它的泽山圆分别有 24 个、20 个、16 个.

圆内接四边形 $ABCD$ 至少有一组对边相交. 取一组相交的对边, 由引理 1, 与这组对边相切的泽山圆有 8 个, 分别对应 8 条不同的泽山轴, 在两个互相垂直的方向上各有其中 4 条, 故这 8 条沢山轴恰有 16 个交点. 定理 1 (1) 表明每条沢山轴都经过 4 个三角形 $\triangle ACD$, $\triangle BCD$, $\triangle ABC$, $\triangle ABD$ 中每个三角形的内心或某个旁心. 这 4 个三角形的内心和旁心恰好共有 16 个, 故这 16 个心就是这 8 条沢山轴的 16 个交点, 且排成 4×4 的矩形点阵, 如图 16 所示, 称这 16 个心为四边形 $ABCD$ 的 4×4 心阵, 称这 8 条沢山轴为心阵的边.

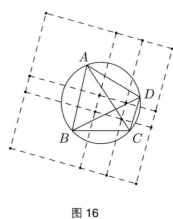

图 16

定理 2 圆内接四边形 $ABCD$ 共有 8 条沢山轴, 它们是四边形 $ABCD$ 的 4×4 心阵的 8 条边.

证明 由引理 1, 对于每条沢山轴, 都有另外 3 条沢山轴与之平行. 这 4 条平行线经过 4×4 心阵中的 16 个心. 这样的 4 条直线只能是 4×4 心阵的边.

引理 2 对于圆内接四边形 $ABCD$ 的任意一组对边, 有:

(1) 若这组对边平行, 则有 4 条沢山轴与这组对边垂直, 另 4 条沢山轴与这组对边平行; 若这组对边相交, 则每条沢山轴都与这组对边相交.

(2) 若这组对边与某条沢山轴 l 相交, 则存在唯一一个沢山圆 s, 使得 s 与这组对边相切, 且 s 对应的沢山轴是 l.

引理 2 的证明 (1) 是显然的, 下面证 (2).

若这组对边平行, 则由引理 1 知, 有 4 个沢山圆与这组对边相切, 对应 4 条与这组对边垂直的不同沢山轴, 其中必有一条为 l (因为另 4 条沢山轴与这组对边平行, 不可能是 l), 故这 4 个沢山圆中有一个对应的沢山轴是 l.

若这组对边相交, 则有 8 个沢山圆与这组对边相切, 对应全部 8 条不同的沢山轴, 故这 8 个沢山圆中有一个对应的沢山轴是 l.

引理 2 有一个显然的推论.

推论 2 设 l 是圆内接四边形 $ABCD$ 的一条沢山轴. 若四边形 $ABCD$ 的每组对边都

与 l 相交,则有 3 个沢山圆对应于 l;若四边形 $ABCD$ 有一组对边平行于 l,则有两个沢山圆对应于 l.

引理 3 若圆内接四边形 $ABCD$ 的两个沢山圆对应同一沢山轴,则它们也对应同一沢山点.

引理 3 的证明 如图 17 所示,设两个不同的沢山圆 s 和 s_1 对应同一沢山轴,则它们应该分别与不同的对边相切. 不妨设 s 分别与 ω, AB, CD 切于 S, U, V; s_1 分别与 ω, AC, BD 切于 S_1, U_1, V_1. 下面证明, $S = S_1$.

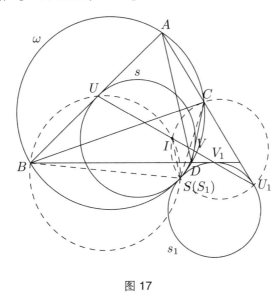

图 17

s 和 s_1 对应同一沢山轴,即 U, V, U_1, V_1 共线.

设 $\triangle SBU$ 和 $\triangle S_1CU_1$ 的外接圆分别与 UV 交于 I 和 I'. 由定理 1 (1),知 I 是 $\triangle BCD$ 的内心或旁心. 再将此处的 A, C, B, D, s_1 分别看作定理 1 中的 A, B, C, D, s,由定理 1 (1),知 I' 也是 $\triangle BCD$ 的内心或旁心. 注意到 UV 只能经过 $\triangle BCD$ 的内心或旁心中的一个,故 I 与 I' 重合. 即 C, U_1, S_1, I 四点共圆.

由 A, B, S, C 四点共圆,得 $\angle CSB = \angle CAB$,即 $\angle CSB = \angle U_1AU$. 由 B, S, I, U 四点共圆,得 $\angle BSI = \angle BUI$,即 $\angle BSI = \angle AUU_1$. 故

$$\angle CSB + \angle BSI = \angle U_1AU + \angle AUU_1,$$

即 $\angle CSI = \angle AU_1U$,亦即 $\angle CSI = \angle CU_1I$. 所以, C, U_1, S, I 四点共圆.

从而, S 与 S_1 都是 $\triangle CU_1I$ 的外接圆与 ω 的交点 (异于 C),故 $S = S_1$.

由引理 2 和引理 3,立即得到本节的一个主要结论.

定理 3 (三圆共生定理) 若四边形 $ABCD$ 内接于圆 ω, 圆 s 分别与 ω, AB, CD 切于

S, U, V, 直线 UV 分别与 AC, BD, AD, BC 交于 U_1, U_2, V_1, V_2, 则 $\triangle SU_1V_1$ 的外接圆分别与 ω, AC, BD 切于 S, U_1, V_1, $\triangle SU_2V_2$ 的外接圆分别与 ω, AD, BC 切于 S, U_2, V_2.

注 (1) 后文会多次用到这个定理, 故作者在此采用更普通的概念来表述, 并给它取了一个专门的名字. 该名字或许体现了圆 s, $\triangle SU_1V_1$ 及 $\triangle SU_2V_2$ 的外接圆这 3 个沢山圆的有趣关系.

(2) 当直线 UV 与 AC, BD 平行时, U_1, V_1 不存在, 故 $\triangle SU_1V_1$ 的外接圆也不存在, 此时 U_2, V_2 一定存在 (引理 2), 相关结论依然成立.

三圆共生定理是一个漂亮的结果, 它有许多精彩应用. 这里暂举一例.

例 6 如图 18 所示, 凸四边形 $ABCD$ 内接于 $\odot O$, 射线 BA 与射线 CD 相交于 E, 点 I 是 $\triangle BCE$ 的内心. $\odot P$ 与 BE, CE 分别相切于 U, V, 且与 $\odot O$ 内切于 S, S 与 E 在直线 UV 的两侧, 直线 UV 与直线 BC 相交于 K. 证明: $SI \perp SK$.

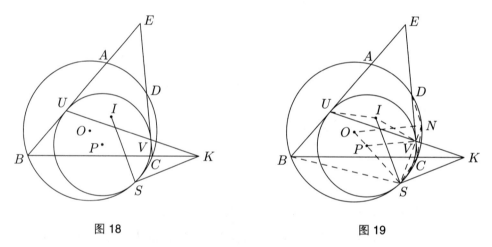

图 18　　　　　图 19

证明 (法一) 如图 19 所示, 设 SV 与 $\odot O$ 交于 N (异于 S). 因为 $\odot P$ 与 $\odot O$ 切于 S, 所以 O, P, S 三点共线. 于是, $\angle ONS = \angle OSN = \angle PSV = \angle PVS$, 故 $ON\parallel PV$. 由 $\odot P$ 与 CD 切于 V, 得 $PV \perp CD$, 故 $ON \perp CD$. 从而, N 是 $\overset{\frown}{CD}$ 的中点.

于是, $\angle NCV = \angle NDC = \angle NSC$. 故 $\triangle NCV \sim \triangle NSC$, 则有
$$\frac{CV}{CS} = \frac{CN}{NS} = \frac{NV}{CN},$$
故 $\dfrac{CV}{CS} = \sqrt{\dfrac{NV}{NS}}$. 又 $ON\parallel PV$, 故 $\dfrac{NV}{NS} = \dfrac{OP}{OS}$. 于是
$$\frac{CV}{CS} = \sqrt{\frac{OP}{OS}}.$$

同理, $\dfrac{BU}{BS} = \sqrt{\dfrac{OP}{OS}}$. 故 $\dfrac{BU}{BS} = \dfrac{CV}{CS}$, 即 $\dfrac{BS}{CS} = \dfrac{BU}{CV}$.

由梅涅劳斯定理,得
$$\frac{BU}{UE}\cdot\frac{EV}{VC}\cdot\frac{CK}{KB}=1.$$
又 $UE=VE$,故 $\dfrac{BU}{CV}=\dfrac{BK}{CK}$. 所以,$\dfrac{BS}{CS}=\dfrac{BK}{CK}$,即 SK 是 $\angle BSC$ 的外角平分线.

再由定理 1,知 $\triangle SBU$ 的外接圆与 $\triangle SCV$ 的外接圆的 (异于 S 的) 交点就是 I,且 $\angle BSI=\angle CSI$. 即 SI 是 $\angle BSC$ 的平分线. 故 $SI\perp SK$.

(法二) 如图 20 所示,由三圆共生定理,知存在 $\odot P'$ 与 $\odot O$ 切于 S,且 $\odot P'$ 与 BK 切于 K,则 O,S,P' 三点共线. 设 SK 与 $\odot O$ 交于 M (异于 S),则
$$\angle OMS=\angle OSM=\angle P'SK=\angle P'KS,$$
所以,$OM/\!/P'K$. 又 $\odot P'$ 与 BK 切于 K,故 $P'K\perp BK$. 所以,$OM\perp BK$. 因此,M 是 $\overset{\frown}{BC}$ 的中点. 故 $\angle BSM=\angle BCM=\angle CBM=\angle CSK$,即 SK 是 $\angle BSC$ 的外角平分线. 以下过程同证法一.

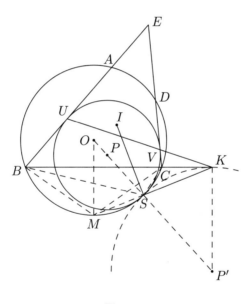

图 20

设圆 s 是圆内接四边形 $ABCD$ 的一个沢山圆,s 对应的沢山轴和沢山点分别是直线 l 和点 S,则称沢山轴 l 对应于沢山点 S. 依定义,对于每条沢山轴 l,都存在沢山点 S,使 l 对应于 S. 由引理 3,知这样的沢山点 S 是唯一的. 故这给出了四边形 $ABCD$ 的全体沢山轴组成的集合到全体沢山点组成的集合的对应.

这个对应显然是满射,因而至多有 8 个沢山点.

若圆内接四边形 $ABCD$ 的沢山轴 l 对应于沢山点 S,设 l 与四边形 $ABCD$ 的任意一组对边相交于 U,V,则由三圆共生定理,得 $\triangle SUV$ 的外接圆是一个沢山圆.

定理 4 设 l 是圆 ω 的内接四边形 $ABCD$ 的沢山轴, l 对应的沢山点是 S.

(1) 若 l 与 BC 交于 K, 则 SK 平分 $\angle BSC$ 或其邻补角;

(2) 若 l 与对边 AB, CD 分别交于 U, V, 则 $\dfrac{BS}{CS} = \dfrac{BU}{CV}$.

证明 (1) 类似于例 6 的证法二的相关步骤, 此处从略.

(2) 可以采用例 6 的证法一的相关步骤, 这里给出另一证法.

若 $l /\!/ BC$, 则由引理 2 (1), 知 $AD /\!/ BC$, 此时结论显然成立.

若 l 与 BC 相交, 设交点为 K, 由 (1) 以及角平分线定理, 得 $\dfrac{BK}{CK} = \dfrac{BS}{CS}$. $\triangle SUV$ 的外接圆是沢山圆, 即该外接圆与 AB, CD 分别切于 U, V, 故 $\angle BUV = -\angle CVU$. 从而, $\sin\angle BUK = \sin\angle CVK$. 由正弦定理, 得

$$\dfrac{BU}{BK} = \dfrac{\sin\angle BKU}{\sin\angle BUK} = \dfrac{\sin\angle CKV}{\sin\angle CVK} = \dfrac{CV}{CK}.$$

故 $\dfrac{BU}{CV} = \dfrac{BK}{CK}$. 因此, $\dfrac{BS}{CS} = \dfrac{BU}{CV}$.

例 7 沿用例 2 的全部记号和规定, 推导费尔巴哈点的一个性质.

设 $\triangle ABC$ 的九点圆 ω 与内切圆相切于 F, 与 $\angle A$, $\angle B$, $\angle C$ 所对的旁切圆分别相切于 F_1, F_2, F_3. 称 F, F_1, F_2, F_3 是 $\triangle ABC$ 的费尔巴哈点.

例 3 实际上已指出, $\triangle ABC$ 的内切圆或每个旁切圆都可以看作三个四边形 $M_2H_2M_3H_3$, $M_3H_3M_1H_1$, $M_1H_1M_2H_2$ 中任意一个四边形的沢山圆.

将内切圆看成 $M_2H_2M_3H_3$ 的沢山圆, 它分别与 M_3H_3, M_2H_2 切于 U, V, 故根据定理 4 (2), 即得 $\dfrac{FM_2}{FM_3} = \dfrac{M_2V}{M_3U}$. 而易知 $M_2V = \dfrac{a-c}{2}$, $M_3U = \dfrac{a-b}{2}$, 故 $\dfrac{FM_2}{FM_3} = \dfrac{a-c}{a-b}$. 同理可得 $\dfrac{FM_1}{FM_3} = \dfrac{b-c}{a-b}$. 故

$$FM_1 : FM_2 : FM_3 = (b-c) : (a-c) : (a-b).$$

类似地, 可得

$$F_1M_1 : F_1M_2 : F_1M_3 = (b-c) : (a+c) : (a+b),$$
$$F_2M_1 : F_2M_2 : F_2M_3 = (b+c) : (a-c) : (a+b),$$
$$F_3M_1 : F_3M_2 : F_3M_3 = (b+c) : (a+c) : (a-b).$$

后面还将继续指出费尔巴哈点的另一个有趣的性质.

定理 5 四边形 $ABCD$ 内接于圆 ω, 对边 AB 与 CD 相交于 E.

(1) 对任意沢山点 S, 存在点 J 和 N, 满足: J 是 $\triangle BCE$ 的内心或旁心, N 是线段 BC 的垂直平分线与圆 ω 的交点, 直线 JN 经过 S;

(2) 若 J 是 $\triangle BCE$ 的内心或任意一个旁心, N 是线段 BC 的垂直平分线与 ω 的任意一个交点, 直线 JN 与 ω 交于 S (异于 N), 则 S 是沢山点; 设 $\triangle SBJ$ 的外接圆与直线 AB 交于 U (异于 B), 且 $\triangle SCJ$ 的外接圆与直线 CD 交于 V (异于 C), 则 $\triangle SUV$ 的外接圆是沢山圆.

证明 (1) 设沢山轴 l 对应于沢山点 S, l 分别与 AB, CD 交于 U, V (由引理 2, 知 l 与 AB, CD 相交), 则 $\triangle SUV$ 的外接圆是沢山圆.

设 $\triangle SBU$ 的外接圆与 $\triangle SCV$ 的外接圆交于点 J (异于 S), 则由定理 1(3), 知 J 是 $\triangle BCE$ 的内心或旁心. 再由定理 1(2), 知 SJ 平分 $\angle BSC$ 或其邻补角, 故 SJ 与 ω 的异于 S 的交点在 BC 的垂直平分线上, 取该点为 N 即可.

(2) 为了便于导角, 下面仅对如图 21 所示这种具体的情况 (此时, J 是 $\triangle BCE$ 的 $\angle EBC$ 所对的旁心) 用普通角作证明, 其余情况均可采用类似证法.

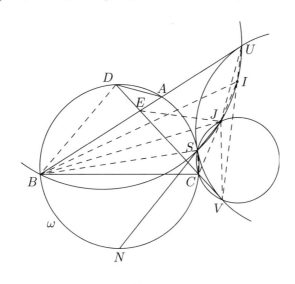

图 21

由 N 是 $\overset{\frown}{BC}$ 的中点, 知 $\angle BSN = \angle CSN$. 由 S, B, J, U 四点共圆, 知 $\angle BSN = \angle EUJ$. 由 S, C, J, V 四点共圆, 知 $\angle CSN = \angle EVJ$. 故 $\angle EUJ = \angle EVJ$. 又 J 是 $\triangle BCE$ 的旁心, 故 $\angle UEJ = \angle VEJ$. 从而, $\triangle UEJ \cong \triangle VEJ$.

设直线 CJ 与 UV 相交于 I. 由 $\triangle UEJ \cong \triangle VEJ$, 知 $EU = EV$. 于是 $\angle EVU = 90° - \frac{1}{2}\angle UEV$. 由 J 是 $\triangle BCE$ 的旁心, 知 $\angle DCJ = 90° - \frac{1}{2}\angle BCD$. 故

$$\angle JIV = \angle DCJ - \angle EVU = \frac{1}{2}\angle UEV - \frac{1}{2}\angle BCD = \frac{1}{2}\angle EBC = \angle UBJ.$$

所以, B, J, I, U 四点共圆.

又由 $\triangle UEJ \cong \triangle VEJ$，得 $UJ = VJ$，故 $\angle JUV = \angle JVU$. 注意到

$$\angle UJV = 360° - \angle UJS - \angle SJV = \angle UBS + 180° - \angle DCS = 180° - \angle ABD,$$

所以 $\angle JUV = \angle JVU = \dfrac{1}{2}\angle ABD$. 于是

$$\angle CBI = \angle CBJ + \angle JBI = \angle CBJ + \angle JUI = \dfrac{1}{2}\angle ABC + \dfrac{1}{2}\angle ABD = \dfrac{1}{2}\angle CBD,$$

即 BI 平分 $\angle CBD$. 又 CJ 平分 $\angle DCB$ 的邻补角，故 I 是 $\triangle BCD$ 的旁心.

由 $EU = EV$，知 UV 平行或垂直于每条泑山轴. 又 UV 通过四边形 $ABCD$ 的 4×4 心阵中的点 I，所以由定理 2，知 UV 是泑山轴.

设 UV 对应于泑山点 S'，则 $\triangle S'UV$ 的外接圆是泑山圆. 由定理 1，知 $\triangle S'BU$ 的外接圆与 UV 的异于 U 的交点是 $\triangle BCD$ 的内心或旁心，而 UV 只能过 $\triangle BCD$ 的内心或旁心中的一个心，故 $\triangle S'BU$ 的外接圆与 UV 交于 I. 故 S, S' 都在 $\triangle BUI$ 的外接圆上，且都在 ω 上，从而 $S = S'$. 故 $\triangle SUV$ 的外接圆是泑山圆.

定理 5 可以看作定理 1 的部分结论的逆命题.

这里不加证明地指出下列显然结论.

引理 4 对于圆 ω 的内接四边形 $ABCD$：

(1) 它的泑山轴 l_1, l_2 对应于同一泑山点，当且仅当 l_1, l_2 与一组对边平行；

(2) 若它有一组对边平行，则平行于这组对边的 4 条泑山轴共对应于两个泑山点.

推论 3 对于圆 ω 的内接四边形 $ABCD$：

(1) 当它的 3 组对边中分别有 0 组、1 组、2 组对边平行时，它的泑山点分别有 8 个、6 个、4 个；

(2) 当且仅当它的每组对边都不平行时，全体泑山轴组成的集合到全体泑山点组成的集合的对应是一一映射.

注 根据推论 3，在每组对边都不平行这种"最主要的"情况下，很容易给出定理 5 (2) 的另一个证法，此处从略.

接下来，引入一个以后会用到的简单概念. 对任意两个泑山圆 s_1, s_2，设它们分别对应泑山轴 l_1, l_2 和泑山点 S_1, S_2. 若 l_1 与 l_2 平行或重合，则称 s_1 与 s_2 同向，l_1 与 l_2 同向，S_1 与 S_2 同向. 若 l_1 与 l_2 垂直，则相应地称它们异向.

本节最后，给读者提供一个图形，结合它对部分内容作一些直观说明.

在图 22 中，四边形 $ABCD$ 内接于圆 ω，它的每组对边都相交，则它共有 24 个泑山圆，8 条泑山轴，8 个泑山点. 由三圆共生定理，经过同一泑山点的泑山圆有 3 个，这 3 个泑山圆对应同一泑山轴，且这 3 个泑山圆同向.

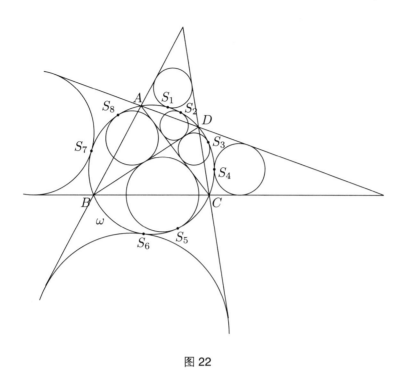

图 22

对于四边形 $ABCD$ 的每组对边, 与这组对边相切且在这组对边交得的同一对对顶角内的泽山圆都有 4 个, 它们同向.

图 22 作出了四边形 $ABCD$ 的全部 8 个泽山点. 对于每个泽山点, 还作出了一个经过它的泽山圆. 图中的泽山点 S_1, S_2, S_5, S_6 同向, 经过 S_1 和 S_8 的任意两个泽山圆异向, 等等.

每条泽山轴或者与四边形 $ABCD$ 的所有对边的交点全在 ω 外 (例如, S_6 对应的泽山轴), 或者恰好与两组对边的交点在 ω 内 (例如, S_5 对应的泽山轴). 故在经过每个泽山点的 3 个泽山圆中, 与 ω 内切的泽山圆或者有 0 个, 或者有 2 个.

一些例子以及进一步的结果

例 8 如图 23 所示, 在平行四边形 $ABCD$ 中, $\odot O_1$ 与 $\angle ABC$ 的两边相切, $\odot O_2$ 与 $\angle ADC$ 的两边相切. 圆 ω 经过 A 和 C, ω 与 $\odot O_1$ 内切, 与 $\odot O_2$ 外切. 设 $\triangle ABC$ 的内切圆半径为 r, $\odot O_1$ 的半径为 r_1, $\odot O_2$ 的半径为 r_2. 证明:

(1) $r_1 + r_2 = 2r$;

(2) $\odot O_1$ 与 $\odot O_2$ 有一条平行于 AC 的内公切线,且其长度等于 $|AB-BC|$.

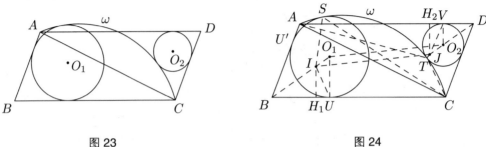

图 23   图 24

证明 如图 24 所示, 设 $\triangle ABC$ 和 $\triangle ACD$ 的内切圆分别为 $\odot I$ 和 $\odot J$ (图中仅标出这两个圆的圆心), 则 $\odot I$ 与 $\odot J$ 的半径均为 r, 且 B, I, O_1 三点共线, D, J, O_2 三点共线.

(1) 设 $\odot O_1$ 分别与 ω, AB, BC 切于 S, U', U. 由定理 1 (3), 知 $\triangle SAU'$ 的外接圆与 $\triangle SCU$ 的外接圆的交点 (异于 S) 是 $\triangle ABC$ 的内心, 故 S, C, U, I 四点共圆. 再由定理 1(2), 知 SI 平分 $\angle ASC$. 设 $\angle ASC = 2\theta$, 则 $\angle BUI = \angle CSI = \frac{1}{2}\angle ASC = \theta$.

类似地, 设 $\odot O_2$ 分别与 ω, AD 切于 T, V, 则 T, A, V, J 四点共圆, 且 TJ 的反向延长线平分 $\angle ATC$. 注意到 $\angle ATC = \angle ASC = 2\theta$, 故 $\angle AVJ = 180° - \angle ATJ = \theta$.

过 I 作 $IH_1 \perp BC$, 过 J 作 $JH_2 \perp AD$, 垂足分别为 H_1, H_2, 则 $\angle IUH_1 = \angle JVH_2 = \theta$, $IH_1 = JH_2 = r$, 故 $UH_1 = r\cot\theta = VH_2$.

设 $\angle ABC = \angle ADC = 2\alpha$, 则

$$r_1 - r = UH_1 \tan\alpha, \quad r - r_2 = VH_2 \tan\alpha.$$

所以, $r_1 - r = r - r_2$, 即 $r_1 + r_2 = 2r$.

(2) 此命题是 (1) 的显然推论.

由 $UH_1 = VH_2$, 得 $IO_1 = JO_2$. 又 $IO_1 // JO_2$, 故四边形 IJO_2O_1 是平行四边形. 所以, $O_1O_2 = IJ$ 且 $O_1O_2 // IJ$.

$\odot O_1, \odot O_2$ 的内公切线长为 $\sqrt{O_1O_2 - (r_1+r_2)^2}$, 且与直线 O_1O_2 的夹角的正弦都等于 $\frac{r_1+r_2}{O_1O_2}$. $\odot I, \odot J$ 的内公切线长为 $\sqrt{IJ^2 - (2r)^2}$, 且与直线 IJ 的夹角的正弦都等于 $\frac{2r}{IJ}$. 所以, $\odot O_1, \odot O_2$ 的内公切线, $\odot I, \odot J$ 的内公切线长度相等且对应平行. 而 $\odot I, \odot J$ 的一条内公切线在直线 AC 上, 且长度等于 $|AB-BC|$, 故 $\odot O_1, \odot O_2$ 有一条平行于 AC 的内公切线, 且长度等于 $|AB-BC|$.

注 当四边形 $ABCD$ 为矩形时, 此特例是日本古寺中的一道几何题, 该特例曾作为 2003 年 IMO 中国国家集训队训练题, 各常见资料上提供的证法都是解析法.

例 9 如图 25 所示, 凸四边形 $ABCD$ 内接于圆 ω, 射线 BA 与射线 CD 交于 E, AC

与 BD 交于 F. 点 I 是 $\triangle BCE$ 中的 $\angle E$ 所对的旁心, 点 J 是 $\triangle BCF$ 的内心. 证明: 线段 IJ 平分 $\overparen{BC}$ (不含点 A).

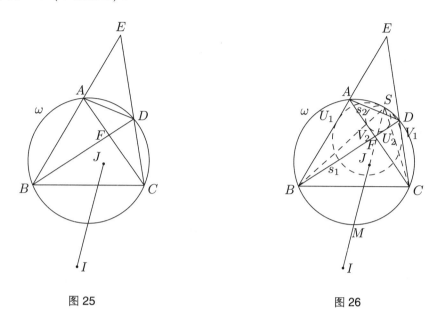

图 25 图 26

证明 设 $\overparen{BC}$ (不含点 A) 的中点为 M. 如图 26 所示, 取四边形 $ABCD$ 的泽山圆 s_1, 使得 s_1 与线段 AB, CD 均相切, 且 s_1 与 ω 内切于 S (S 在 $\overparen{AD}$ 上). 由三圆共生定理, 知还存在圆 s_2 与 AC, BD 均相切, 且与 ω 内切于 S.

设 s_1 分别与 AB, CD 切于 U_1, V_1, 则由定理 1 (2), 知 $\triangle SBU_1$ 的外接圆与 $\triangle SCV_1$ 的外接圆的交点就是 I, 再由定理 1 (3), 知 SI 平分 $\angle BSC$, 即 S, M, I 三点共线.

设 s_2 分别与 BD, AC 切于 U_2, V_2, 则由定理 1 (2), 知 $\triangle SBU_2$ 的外接圆与 $\triangle SCV_2$ 的外接圆的交点就是 J (将此处的 A, D 分别看作定理 1 中的 D, A), 再由定理 1 (3), 知 SJ 平分 $\angle BSC$, 即 S, M, J 三点共线.

所以, S, M, I, J 四点共线, 即线段 IJ 平分 $\overparen{BC}$ (不含点 A).

下面介绍一个常见的引理. 该引理用梅涅劳斯定理易证, 在此从略.

引理 5 设 c_1, c_2, c_3 是平面上的任意三个圆, 若 X 为 c_2 与 c_3 的外位似中心, Y 为 c_3 与 c_1 的外位似中心, Z 为 c_1 与 c_2 的外位似中心, 则 X, Y, Z 三点共线. 若将 X, Y, Z 中任意两点由外位似中心改为内位似中心, 结论依然成立.

例 10 如图 27 所示, 圆 ω 的两条弦 AB 与 CD 交于 E, $\odot I$ 与圆 ω 内切于 S, 且与 $\angle AEC$ 的两边相切. $\odot J$ 与圆 ω 内切于 T, 且与 $\angle BED$ 的两边相切. AD 与 BC 不平行. 证明: 三条直线 AD, BC, ST 交于一点.

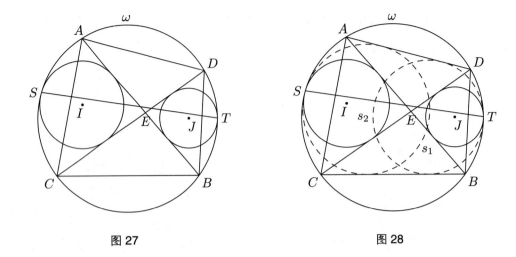

图 27　　　　　　　　　　　图 28

证明　如图 28 所示, 由三圆共生定理, 知存在两圆 s_1, s_2, 分别与 ω 相切于 S, T, 且均与直线 AD, BC 相切. 注意到 I 对应的沢山轴 (也就是 s_1 对应的沢山轴) 与对边 AD, BC 的交点均在 ω 内, 故 s_1 与 ω 的相切方式是内切, 同理 s_2 与 ω 也是内切.

设 AD 与 BC 的交点为 F (图中未画出), 则 F 是 s_1 与 s_2 的外位似中心, S 是 ω 与 s_1 的外位似中心, T 是 ω 与 s_2 的外位似中心. 考虑 ω, s_1, s_2, 由引理 5, 知 F, S, T 三点共线, 即 AD, BC, ST 交于一点.

例 11　如图 29 所示, 圆 ω 的两条弦 AB 与 CD 交于 E. $\odot I$ 与 ω 内切于 S, 且与 $\angle AEC$ 的两边相切. $\odot J$ 与 ω 外切于 T, 点 T 在 $\angle BED$ 内, 且 $\odot J$ 与直线 AD, BC 均相切. 证明: S, E, T 三点共线.

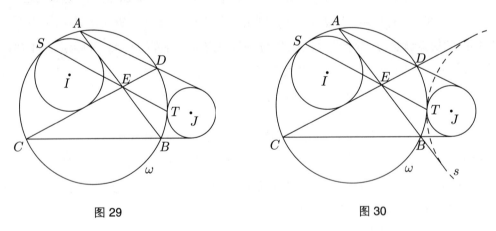

图 29　　　　　　　　　　　图 30

证明　如图 30 所示, 由三圆共生定理, 知存在圆 s, 使得 s 与 ω 外切于 T, 且 s 与直线 AB, CD 相切.

从而, E 是 $\odot I$ 与 s 的内位似中心, S 是 ω 与 $\odot I$ 的外位似中心, T 是 ω 与 s 的内位

似中心. 由引理 5, 知 S, E, T 三点共线.

例 12 如图 31 所示, 圆 ω 的两条弦 AB 与 CD 交于 E. $\odot I$ 与 ω 内切于 S, 且与 $\angle AEC$ 的两边相切. $\odot J$ 与 ω 外切于 T, 点 T 在 $\angle AEC$ 内, 且 $\odot J$ 与直线 AD, BC 均相切. AC 与 BD 不平行. 证明: 三条直线 AC, BD, ST 交于一点.

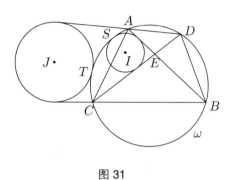

图 31

证明 如图 32 所示, 由三圆共生定理, 知存在两圆 s_1, s_2, 分别与 ω 外切于 S, T, 且与直线 AC, BD 均相切.

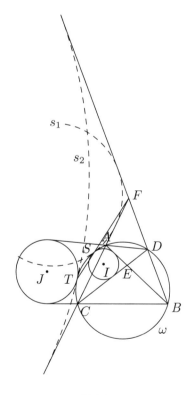

图 32

设 AC 与 BD 的交点为 F, 则 F 是 s_1 与 s_2 的外位似中心, S 是 ω 与 s_1 的内位似中

心，T 是 ω 与 s_2 的内位似中心. 由引理 5，知 F, S, T 共线，即 AC, BD, ST 交于一点.

注 例 10 是陈题，这里用三圆共生定理来证显得简洁、清晰. 例 11 和例 12 则是作者仿照例 10 改编的题目.

以上三个例子可以概括为如下定理.

定理 6 圆内接四边形的任意两个同向沢山点的连线，必经过某组对边的交点，或与一组对边平行.

下面看一个作者发现的更有趣的结论.

例 13 如图 33 所示，凸四边形 $ABCD$ 内接于圆 ω，射线 BA 与射线 CD 相交于 E，对角线 AC 与 BD 相交于 F. 圆 s_1 和 s_2 均在四边形 $AEDF$ 内. s_1 与 $\angle AED$ 的两边相切，且与 ω 外切. s_2 与 $\angle AFD$ 的两边相切，且与 ω 内切. 证明：s_1 与 s_2 的两条外公切线的交点在 ω 上.

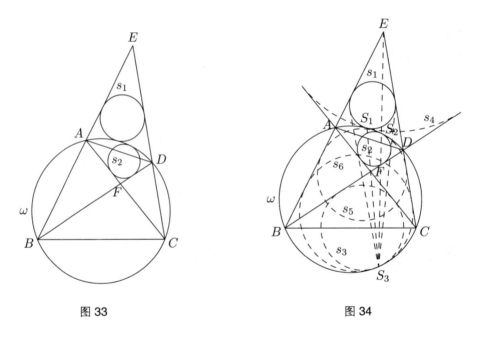

图 33   图 34

证明 如图 34 所示，取沢山圆 s_3 与 ω 内切，且与 $\angle BFC$ 的两边相切. 设 s_1, s_2, s_3 与 ω 分别相切于 S_1, S_2, S_3.

由三圆共生定理，知存在圆 s_4 与 ω 外切于 S_1，且与对边 AC, BD 都相切；存在圆 s_5 与 ω 内切于 S_2，且与对边 AB, CD 都相切；存在圆 s_6 与 ω 内切于 S_3，且与对边 AB, CD 都相切.

ω 与 s_3 的外位似中心为 S_3，ω 与 s_4 的内位似中心为 S_1，s_3 与 s_4 的内位似中心为 F，由引理 5，知 S_3, S_1, F 三点共线. ω 与 s_5 的外位似中心为 S_2，ω 与 s_6 的外位似中心为

S_3, s_5 与 s_6 的外位似中心为 E, 由引理 5, 知 S_3, S_2, E 三点共线. 所以, S_3 是直线 FS_1 与 ES_2 的交点. (实际上, 这一段内容是定理 6 的具体实例.)

设 s_1 与 s_2 的两条外公切线的交点为 X.

s_1 与 s_2 的外位似中心为 X, s_1 与 s_4 的外位似中心为 S_1, s_2 与 s_4 的外位似中心为 F, s_1 与 s_5 的外位似中心为 E, s_2 与 s_5 的外位似中心为 S_2. 对 s_1, s_2, s_4 用引理 5, 得 X, S_1, F 三点共线, 对 s_1, s_2, s_5 用引理 5, 得 X, E, S_2 三点共线. 所以, X 是直线 FS_1 与 ES_2 的交点.

从而, S_3 和 X 都是直线 FS_1 与 ES_2 的交点, 故 $X = S_3$, 即 X 在 ω 上.

下面是作者发现的两个更一般的结论, 可仿例 13 给出证明, 在此从略.

命题 1 四边形 $ABCD$ 内接于圆 ω, 每组对边都不平行, S_1, S_2 是它的两个同向沢山点. 则可将与 ω 切于 S_1 的三个沢山圆分别以适当的顺序标记为 s_1, s_1', s_1'', 将与 ω 切于 S_2 的三个沢山圆分别以适当的顺序标记为 s_2, s_2', s_2'', 满足:

(a) s_1, s_2 均与四边形 $ABCD$ 的同一组对边相切, 该组对边与直线 $S_1 S_2$ 交于一点;

(b) s_1', s_2' 的某个位似中心是某个沢山点 (记为 S_3);

(c) s_1'', s_2'' 的某个位似中心是某个沢山点 (记为 S_4).

并且, 满足上述要求的 S_1, S_2, S_3, S_4 是 4 个不同的同向沢山点.

命题 2 四边形 $ABCD$ 内接于圆 ω, 每组对边都不平行, S_1, S_2, S_3 是它的三个同向的沢山点. 则存在它的三个沢山圆 s_1, s_2, s_3 分别对应沢山点 S_1, S_2, S_3, 使得 s_2 与 s_3 关于 S_1 位似, s_3 与 s_1 关于 S_2 位似, s_1 与 s_2 关于 S_3 位似. 对于给定的 S_1, S_2, S_3, 这样的 s_1, s_2, s_3 是唯一的.

例 14 沿用例 2 和例 7 中的全部记号, 用定理 6 考察费尔巴哈点.

将 F, F_1, F_2, F_3 看成四边形 $M_2 M_3 H_3 H_2$ 的 4 个沢山点, 则 F 与 F_1 同向, F_2 与 F_3 也同向. 由定理 6, 知 FF_1 和 $F_2 F_3$ 分别经过四边形 $M_2 M_3 H_3 H_2$ 的某组对边的交点. 再用例 10~12 的办法细致分析, 知四条直线 $FF_1, F_2 F_3, M_2 M_3, H_2 H_3$ 交于一点.

再用同样的方法考虑四边形 $M_3 H_3 M_1 H_1$ 或 $M_1 H_1 H_2 M_2$, 也有类似结论, 如图 35 所示.

最后将泰博 (Thébault) 定理简单地推广为下述定理 7.

泰博定理 设 $\odot O$ 是 $\triangle ABC$ 的外接圆, 点 E 在线段 AB 上, I 是 $\triangle ABC$ 的内心. $\odot O_1$ 与 $\angle AEC$ 相切且与 $\odot O$ 内切; $\odot O_2$ 与 $\angle BEC$ 相切且与 $\odot O$ 内切. 则 I, O_1, O_2 三点共线.

定理 7 若四边形 $ABCD$ 内接于圆 ω, 对边 AB 与 CD 相交.

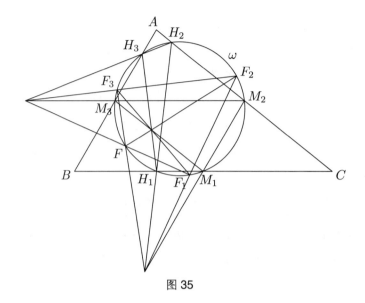

图 35

(1) 任意两个与对边 AB, CD 相切的异向泽山圆的圆心连线, 均经过四边形 $ABCD$ 的 4×4 心阵中的某个点;

(2) 四边形 $ABCD$ 的 4×4 心阵中的任意一点, 均在某两个与对边 AB, CD 相切的异向泽山圆的圆心连线上.

证明 (1) 设 s_1, s_2 是与对边 AB, CD 相切的两个异向泽山圆. 因 s_1 与 s_2 异向, 故不妨设直线 AB 是 s_1 与 s_2 的外公切线, 而直线 CD 是 s_1 与 s_2 的内公切线.

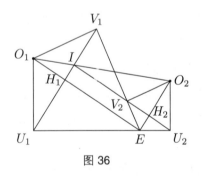

图 36

如图 36 所示, 设直线 AB 与 CD 相交于 E, s_1, s_2 的圆心分别为 O_1, O_2, s_1 与 AB, CD 分别切于 U_1, V_1, s_2 与 AB, CD 分别切于 U_2, V_2.

于是, O_1 与 O_2 在直线 U_1U_2 的同侧, 且在直线 V_1V_2 的异侧, $O_1U_1 \perp U_1U_2$, $O_1V_1 \perp V_1V_2$, $O_2U_2 \perp U_1U_2$, $O_2V_2 \perp V_1V_2$, $O_1E \perp O_2E$, $U_1V_1 \perp U_2V_2$.

设直线 U_1V_1 与 U_2V_2 交于点 I.

注意到 U_1V_1, U_2V_2 分别是 s_1, s_2 对应的泽山轴, 故由定理 2, 知 U_1V_1 与 U_2V_2 的交点 I 是四边形 $ABCD$ 的 4×4 心阵中的点.

下面用同一法证明 O_1, O_2, I 三点共线. 设 U_1V_1 分别与 O_1O_2, O_1E 交于 I_1, H_1, U_2V_2 分别与 O_1O_2, O_2E 交于 I_2, H_2. 易得

$$\frac{O_1I_1}{I_1O_2} = \frac{O_1H_1}{H_1E} = \left(\frac{O_1U_1}{U_1E}\right)^2,$$

$$\frac{O_1I_2}{I_2O_2} = \frac{H_2E}{H_2O_2} = \left(\frac{EU_2}{U_2O_2}\right)^2,$$

$$\frac{O_1U_1}{U_1E} = \frac{EU_2}{U_2O_2}.$$

从而
$$\frac{O_1I_1}{I_1O_2} = \frac{O_1I_2}{I_2O_2}.$$

故 $I_1 = I_2 = I$, 即 O_1, O_2, I 三点共线. 因此, O_1O_2 经过四边形 $ABCD$ 的 4×4 心阵中的点.

(2) 设 I 是四边形 $ABCD$ 的 4×4 心阵中的点, 由定理 2, 知存在两条垂直 (因而异向) 的泽山轴 l_1, l_2 经过 I.

由于 AB 与 CD 相交, 故由引理 2, 知存在与对边 AB, CD 相切的泽山圆 s_1, s_2, 使得 s_1, s_2 对应的泽山轴分别是 l_1, l_2.

再由 (1) 可知 s_1, s_2 的圆心连线经过 I.

练 习 题

1. 在定理 1 中, 假设直线 AD 与 BC 相交. 证明: 三条直线 AI_1, CI_3, SJ_{13} 交于一点, 且该点是直线 AC, AD, BC 围成的三角形的内心或某个旁心.

2. 在例 1 中, 设 $\odot P$ 的半径为 r, $\triangle ADE$ 和 $\triangle BCE$ 的内切圆半径分别为 a 和 b, $\angle ABD = 2\alpha$, $\angle BDC = 2\beta$, $\angle AED = 2\theta$. 证明:

$$r = a(\cot\alpha\tan\theta + 1) = b(\tan\beta\tan\theta + 1).$$

3. 在例 3 中, 设 $\odot O_1$ 和 $\odot O_2$ 的半径分别为 r_1 和 r_2, $\triangle ACE$ 和 $\triangle BDE$ 的内切圆半径分别为 a 和 b, $\angle DCB = 2\alpha$, $\angle ABC = 2\beta$, $\angle AEC = 2\theta$. 证明:

(1) $r_1 = a(\tan\beta\tan\theta + 1), r_2 = a(\cot\beta\tan\theta + 1)$;

(2) $r_1\tan\alpha = r_2\tan\beta$;

(3) $a^2\sec^2\theta - ar_1 + ar_2 - r_1r_2 = 0$;

(4) $a - b = (r_1 - r_2)\cos^2\theta$.

4. 如图 37 所示, $\odot O_1$ 与 $\odot O_2$ 外切于点 S. 过 $\odot O_1$ 内一点 P 作 $\odot O_2$ 的两条切线, 切点分别为 E, F. 直线 PE 与 $\odot O_1$ 交于 A, B 两点 (B 在 P, E 之间), 直线 PF 与 $\odot O_1$

交于 C, D 两点 (D 在 P, F 之间), $\triangle SAE$ 的外接圆与 $\triangle SCF$ 的外接圆交于 J (异于 S). 证明: J 是 $\triangle ACP$ 的旁心.

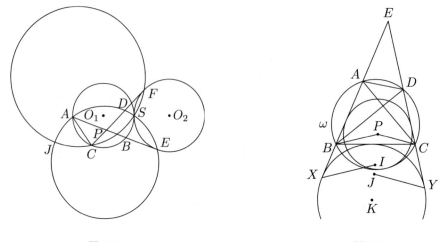

图 37   图 38

5. 如图 38 所示, 凸四边形 $ABCD$ 内接于圆 ω, $\odot P$ 与 AB, CD 均相切, 且与 ω 内切. 射线 BA 与射线 CD 相交于 E, 点 I, J 分别为 $\triangle ACE$, $\triangle BDE$ 的含于 $\angle E$ 的旁心, $\odot K$ 是 $\triangle BCE$ 的含于 $\angle E$ 的旁切圆, 且分别与 BE, DE 切于 X, Y. 证明: $PB /\!/ IX$, $PC /\!/ JY$.

6. 设 I 是锐角 $\triangle ABC$ 的内心, 圆 s 在 $\triangle ABC$ 内, 与 $\angle BAC$ 的两边相切, 且与以 BC 为直径的圆外切于 S. 证明: $\angle BSI = 45°$.

7. 如图 39 所示, 凸四边形 $ABCD$ 内接于圆 ω. 射线 BA 与射线 CD 相交于 E. 圆 s_1 与线段 AE 相切, 与 DE 的延长线相切, 且与 ω 外切. 圆 s_2 与线段 DE 相切, 与 AE 的延长线相切, 且与 ω 外切. 证明:

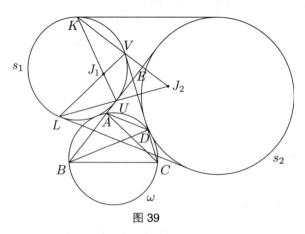

图 39

(1) s_1 与 s_2 的两条外公切线分别与 AD, BC 平行;

(2) 设 s_1 与 s_2 的两条外公切线和两条内公切线分别与 s_1 相切于 K, L, U, V, 且这四个切点按该顺序排列在 s_1 上, KU 与 LV 交于 J_1, KV 与 LU 交于 J_2. 则 J_1 和 J_2 分别是 $\triangle ACE$ 和 $\triangle BDE$ 的旁心.

8. 如图 40 所示, 凸四边形 $ABCD$ 内接于圆 ω, $AB \parallel CD$. 圆 s 与 ω 内切于 S, s 分别与 AB, CD 切于 U, V. $\triangle SBU$ 的外接圆与 $\triangle SCV$ 的外接圆相交于 J (异于 S). 证明: 点 J 到 AB, BC, CD 这三条直线的距离都相等.

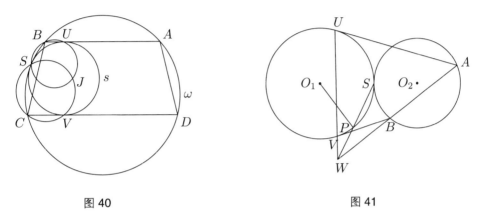

图 40

图 41

9. 如图 41 所示, $\odot O_1$ 与 $\odot O_2$ 相切于 S (图中的两圆外切, 但内切时结论也成立). 过 $\odot O_2$ 上任意两点 A, B 分别作 $\odot O_1$ 的一条切线 AU, BV, 切点分别为 U, V. 直线 AB 与 UV 相交于点 W, 直线 SW 与 $\odot O_1$ 交于 P (异于 S). 证明: $O_1P \perp AB$.

10. 如图 42 所示, 凸四边形 $ABCD$ 内接于圆 ω. 射线 BA 与射线 CD 相交于 E. 圆 s 与线段 AB, CD 分别切于 U, V, 且与 ω 内切于 S, 点 S 与 E 在直线 UV 的两侧. UV 与 BD 交于 K, J 是 $\triangle BDE$ 中的 $\angle E$ 所对的旁心. 证明: $SJ \perp SK$.

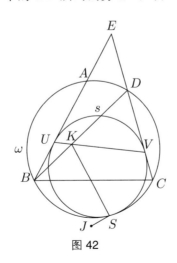

图 42

11. 如图 43 所示, S 是两圆 c_1, c_2 的一个交点. 直线 AB 分别与 c_1, c_2 切于 A, B 两

点, 点 C, D 分别在 c_1, c_2 上, 满足 $AB/\!/CD$. 直线 AC 与 BD 相交于 E, $\triangle SAB$ 的外接圆与 $\triangle SCD$ 的外接圆相交于 S, F 两点. 证明: $ES \perp FS$.

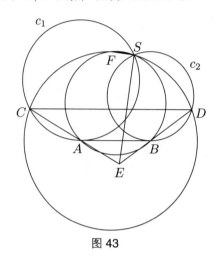

图 43

12. 在直线 l 上任取四点 A, B, C, D, 点 S 在直线 l 外. 证明: 对于三对三角形 $\{\triangle ABS, \triangle CDS\}$, $\{\triangle ACS, \triangle BDS\}$, $\{\triangle ADS, \triangle BCS\}$, 只要其中有一对三角形的两个外接圆存在一条与 l 平行的公切线, 则其余每对三角形的两个外接圆也存在一条与 l 平行的公切线.

13. 如图 44 所示, 六个点 A, E, F, C, G, H 按此顺序排列在圆 ω 上, AF 与 CE 交于 B, CH 与 AG 交于 D, 四边形 $ABCD$ 是平行四边形但不是菱形. 圆 s_1, s_2 均与 ω 内切 (s_1, s_2 均在 ω 内), s_1 与 $\angle EBF$ 的两边相切, s_2 与 $\angle ADC$ 的两边相切. 设 $\triangle ACD$ 的内切圆半径为 r, s_1, s_2 的半径分别为 r_1, r_2. 证明:

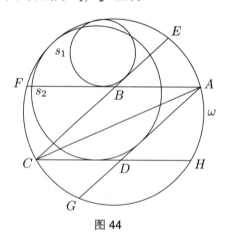

图 44

(1) $r_2 - r_1 = 2r$;

(2) s_1 和 s_2 有一条外公切线与 AC 平行, 且长度等于 $|AD - CD|$.

14. 四边形 $ABCD$ 内接于圆 ω, AB 与 CD 交于 E, AC 与 BD 交于 F. 点 N 是线段 AD 的垂直平分线与 ω 的两个交点中的任意一点, 点 I 是 $\triangle ADE$ 的内心或任意一个旁心. 证明: 直线 IN 经过 $\triangle ADF$ 的内心或某个旁心.

15. 对于圆内接四边形 $ABCD$, 设与它的同一组对边相切且同向的 4 个沢山圆的半径分别为 r_1, r_2, r_3, r_4 $(r_1 \leqslant r_2 \leqslant r_3 \leqslant r_4)$. 证明: $r_1 r_4 = r_2 r_3$.

16. 如图 45 所示, 凸四边形 $ABCD$ 内接于圆 ω, 射线 BA 与射线 CD 相交于 E, 对角线 AC 与 BD 相交于 F. 圆 s_1 与 $\angle BFC$ 的两边相切, 且与 ω 内切; 圆 s_2 与 EC, EB 的延长线相切, 且与 ω 外切. 证明: s_1 与 s_2 的两条外公切线的交点在 ω 上.

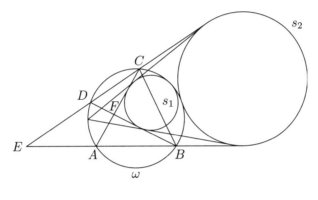

图 45

参考文献

[1] 田廷彦. 圆 [M]. 上海: 上海科技教育出版社, 2010.

[2] 梁绍鸿. 初等数学复习及研究: 平面几何 [M]. 哈尔滨: 哈尔滨工业大学出版社, 2008.

[3] 单墫. 解析几何的技巧 [M]. 4 版. 合肥: 中国科学技术大学出版社, 2015.

金春来
清华大学附属中学

应用裂项法和数学归纳法处理一类 n 元不等式

我们先从第 42 届 IMO 预选题中的一个不等式谈起.

例 1 设 n 是正整数,$x_1, x_2, \cdots, x_n$ 是实数. 证明:
$$\frac{x_1}{1+x_1^2} + \frac{x_2}{1+x_1^2+x_2^2} + \cdots + \frac{x_n}{1+x_1^2+\cdots+x_n^2} < \sqrt{n}.$$

解析 由柯西不等式,得
$$\left(\frac{x_1}{1+x_1^2} + \frac{x_2}{1+x_1^2+x_2^2} + \cdots + \frac{x_n}{1+x_1^2+\cdots+x_n^2}\right)^2 \leqslant n \sum_{i=1}^{n} \frac{x_i^2}{(1+x_1^2+\cdots+x_i^2)^2}. \quad ①$$

注意到,对 $i = 1, 2, \cdots, n$,有
$$\frac{x_i^2}{(1+x_1^2+\cdots+x_i^2)^2} \leqslant \frac{x_i^2}{(1+x_1^2+\cdots+x_{i-1}^2)(1+x_1^2+\cdots+x_i^2)}$$
$$= \frac{1}{1+x_1^2+\cdots+x_{i-1}^2} - \frac{1}{1+x_1^2+\cdots+x_i^2},$$
故
$$\sum_{i=1}^{n} \frac{x_i^2}{(1+x_1^2+\cdots+x_i^2)^2} \leqslant 1 - \frac{1}{1+x_1^2+\cdots+x_n^2} < 1.$$

结合式 ①,得
$$\left(\frac{x_1}{1+x_1^2} + \frac{x_2}{1+x_1^2+x_2^2} + \cdots + \frac{x_n}{1+x_1^2+\cdots+x_n^2}\right)^2 < n.$$
两边开方即得题中不等式.

在本例中,我们发现其中关键的一步是放缩成裂项形式. 类似地,我们还有以下结论.

结论 1 对实数 $x_1, x_2, \cdots, x_n \ (n \in \mathbf{N}^*)$,有
$$\sum_{i=1}^{n} \frac{x_i}{(1+x_1)(1+x_2)\cdots(1+x_i)} = 1 - \frac{1}{(1+x_1)(1+x_2)\cdots(1+x_n)}.$$

证明 事实上,我们有
$$\sum_{i=1}^{n} \frac{x_i}{(1+x_1)(1+x_2)\cdots(1+x_i)} = \sum_{i=1}^{n} \frac{(1+x_i)-1}{(1+x_1)(1+x_2)\cdots(1+x_i)}$$

$$= \sum_{i=1}^{n}\left(\frac{1}{(1+x_1)(1+x_2)\cdots(1+x_{i-1})} - \frac{1}{(1+x_1)(1+x_2)\cdots(1+x_i)}\right)$$
$$= 1 - \frac{1}{(1+x_1)(1+x_2)\cdots(1+x_n)}.$$

结论 1 得证.

结论 2 对实数 $x_1, x_2, \cdots, x_n$ $(n \in \mathbf{N}^*)$，有
$$\sum_{i=1}^{n}\frac{x_i}{(1+x_1+\cdots+x_{i-1})(1+x_1+\cdots+x_i)} = 1 - \frac{1}{x_1+x_2+\cdots+x_n}.$$

证明 事实上，我们有
$$\sum_{i=1}^{n}\frac{x_i}{(1+x_1+\cdots+x_{i-1})(1+x_1+\cdots+x_i)}$$
$$= \sum_{i=1}^{n}\frac{(1+x_1+\cdots+x_i) - (1+x_1+\cdots+x_{i-1})}{(1+x_1+\cdots+x_{i-1})(1+x_1+\cdots+x_i)}$$
$$= \sum_{i=1}^{n}\left(\frac{1}{1+x_1+\cdots+x_{i-1}} - \frac{1}{1+x_1+\cdots+x_i}\right)$$
$$= 1 - \frac{1}{x_1+x_2+\cdots+x_n}.$$

结论 2 得证.

由结论 2，容易证明如下推论成立.

推论 1 对正实数 $x_1, x_2, \cdots, x_n$ $(n \in \mathbf{N}^*)$，有
$$\sum_{i=1}^{n}\frac{x_i}{(1+x_1+\cdots+x_i)^2} < 1 - \frac{1}{1+x_1+\cdots+x_n}.$$

推论 2 对正实数 $x_1, x_2, \cdots, x_n, x_{n+1}$ $(n \in \mathbf{N}^*)$，有
$$\sum_{i=1}^{n}\frac{x_{i+1}}{(1+x_1+\cdots+x_i)^2} > \frac{1}{1+x_1} - \frac{1}{1+x_1+\cdots+x_{n+1}}.$$

推论 3 对单调递增的正实数序列 $x_1, x_2, \cdots, x_n$ $(n \in \mathbf{N}^*, n \geqslant 2)$，有
$$\sum_{i=1}^{n}\frac{x_i - x_{i+1}}{(1+x_i)^2} < 1 - \frac{1}{1+x_n}.$$

下面给出几个具体应用.

例 2 设 n 是正整数，$a_1, a_2, \cdots, a_n$ 是非负实数. 证明:
$$\frac{1}{1+a_1} + \frac{a_1}{(1+a_1)(1+a_2)} + \cdots + \frac{a_1 a_2 \cdots a_{n-1}}{(1+a_1)(1+a_2)\cdots(1+a_n)} \leqslant 1.$$

(第 11 届中国女子数学奥林匹克, 2012)

解析 设 $x_i = \dfrac{1}{a_i}$ $(i=1,2,\cdots,n)$, 则

$$\sum_{i=2}^{n}\frac{a_1 a_2 \cdots a_{i-1}}{(1+a_1)(1+a_2)\cdots(1+a_i)} = \sum_{i=2}^{n}\frac{x_i}{(1+x_1)(1+x_2)\cdots(1+x_i)}.$$

利用结论 1 即可完成证明.

例 3 设 n 是正整数, $a_1, a_2, \cdots, a_n, x$ 是正实数. 证明:

$$\sum_{k=1}^{n}\frac{a_1 a_2 \cdots a_{k-1}}{(x+a_1)(x+a_2)\cdots(x+a_k)} < \frac{1}{x}.$$

解析 结论等价于

$$\sum_{k=1}^{n}\frac{\dfrac{x}{a_k}}{\left(1+\dfrac{x}{a_1}\right)\left(1+\dfrac{x}{a_2}\right)\cdots\left(1+\dfrac{x}{a_k}\right)} < 1.$$

设 $x_k = \dfrac{x}{a_k}$ $(k=1,2,\cdots,n)$, 利用结论 1 即可完成证明.

注 本题来自于 Apery 在证明 $\zeta(3)$ 是无理数时引进的一个恒等式, 本文作者将其改编为不等式.

例 4 设 n 是正整数, $x_1, x_2, \cdots, x_n$ 是正实数. 证明:

$$\prod_{i=1}^{n}(1+x_1+x_2+\cdots+x_i) \geqslant \sqrt{(n+1)^{n+1} x_1 x_2 \cdots x_n}.$$

解析 结论等价于

$$(1+x_1)^2(1+x_1+x_2)^2\cdots(1+x_1+x_2+\cdots+x_n)^2 \geqslant (n+1)^{n+1} x_1 x_2 \cdots x_n,$$

即

$$\frac{x_1}{1+x_1} \cdot \frac{x_2}{(1+x_1)(1+x_1+x_2)} \cdot \cdots \cdot \frac{x_n}{(1+x_1+\cdots+x_{n-1})(1+x_1+\cdots+x_n)}$$
$$\cdot \frac{1}{1+x_1+\cdots+x_n} \leqslant \frac{1}{(n+1)^{n+1}}.$$

而由结论 2, 可知

$$\frac{x_1}{1+x_1} + \frac{x_2}{(1+x_1)(1+x_1+x_2)} + \cdots + \frac{x_n}{(1+x_1+\cdots+x_{n-1})(1+x_1+\cdots+x_n)}$$
$$+ \frac{1}{1+x_1+\cdots+x_n} = \frac{1}{(n+1)^{n+1}}.$$

从而, 由 $n+1$ 元算术–几何平均值不等式即可完成证明.

例 5 设 n 是正整数, $a_1, a_2, \cdots, a_n$ 是实数, 且 $0 < a_1 < a_2 < \cdots < a_n$. 证明:
$$\left(\frac{1}{1+a_1} + \frac{1}{1+a_2} + \cdots + \frac{1}{1+a_n}\right)^2 \leqslant \frac{1}{a_1} + \frac{1}{a_2-a_1} + \frac{1}{a_3-a_2} + \cdots + \frac{1}{a_n-a_{n-1}}.$$

(新加坡数学奥林匹克, 2014)

解析 设 $a_0 = 0$. 由柯西不等式, 得
$$\left(\sum_{k=1}^{n}\frac{1}{1+a_k}\right)^2 \leqslant \left(\sum_{k=1}^{n}\frac{1}{a_k-a_{k-1}}\right)\left(\sum_{k=1}^{n}\frac{a_k-a_{k-1}}{(1+a_k)^2}\right). \qquad ①$$

由推论 3, 可知
$$\sum_{k=1}^{n}\frac{a_k-a_{k-1}}{(1+a_k)^2} < 1.$$

代入式 ① 即知结论得证.

例 6 点 $P_1(x_1, y_1)$, $P_2(x_2, y_2)$, $\cdots$, $P_n(x_n, y_n)$, $\cdots$ 是平面直角坐标系 xOy 中的点. 对每个正整数 n, 以 P_n 为圆心的 $\odot P_n$ 与 x 轴和射线 $y = \sqrt{3}x$ $(x \geqslant 0)$ 相切, 且 $\odot P_n$ 与 $\odot P_{n+1}$ 外切. 已知 $x_1 = 1$, $x_{n+1} > x_n$ $(n \in \mathbf{N}^*)$.

(1) 求数列 $\{x_n\}$ 的通项公式.

(2) 设数列 $\{a_n\}$ 各项均为正实数, 且满足 $a_1 = 1$, $a_n \leqslant \frac{x_n a_{n-1}}{x_n + a_{n-1}}$ $(n \geqslant 2)$. 证明: 对整数 $n \geqslant 2$, 有
$$a_1 x_1 + a_2 x_2 + \cdots + a_n x_n < \frac{5}{4} - \frac{1}{3^n - 1}.$$

(3) 证明: 对 (2) 中的数列 $\{a_n\}$, 当 $n \geqslant 2$ 时, 有
$$(1-a_n)^2\left(\frac{a_2^2}{(1-a_2^2)^2} + \frac{a_3^3}{(1-a_3^3)^2} + \cdots + \frac{a_n^n}{(1-a_n^n)^2}\right) > \frac{4}{5} - \frac{1}{1+a_n+a_n^2+\cdots+a_n^n}.$$

(浙江省温州市"摇篮杯"高一数学竞赛, 2008)

解析 (1), (2) 略.

(3) 由条件易得, 对整数 $n \geqslant 2$, 有
$$\frac{1}{a_n} - \frac{1}{a_{n-1}} \geqslant \frac{1}{x_n} > 0 \quad \Rightarrow \quad a_n < a_{n-1},$$

故 $1 = a_1 > a_2 > \cdots > a_n > 0$. 从而, 由推论 2, 可知
$$(1-a_n)^2 \sum_{k=2}^{n}\frac{a_k^k}{(1-a_k^k)^2} \geqslant \sum_{k=2}^{n}\frac{(1-a_k)^2 a_k^k}{(1-a_k^k)^2} = \sum_{k=2}^{n}\frac{a_k^k}{(1+a_k+a_k^2+\cdots+a_k^{k-1})^2}$$
$$\geqslant \frac{1}{1+a_2} - \frac{1}{1+a_n+a_n^2+\cdots+a_n^n}$$
$$> \frac{4}{5} - \frac{1}{1+a_n+a_n^2+\cdots+a_n^n}.$$

下面介绍几个形式上有些类似于上述问题的不等式,但我们发现它们难以利用上面的裂项模型放缩解决. 对这种问题, 可以应用数学归纳法加以解决.

例 7 已知 n 是正整数, $x_1, x_2, \cdots, x_n$ 是正实数. 证明:

$$\frac{1}{1+x_1} + \frac{2}{1+x_1+x_2} + \cdots + \frac{n}{1+x_1+x_2+\cdots+x_n} \leqslant \frac{n}{2}\sqrt{\frac{1}{x_1}+\frac{1}{x_2}+\cdots+\frac{1}{x_n}}.$$

(《学数学》数学贴吧探究问题——2015 年第三季, 陈　计　供题)

解析　经分析, 本题很难采用上面的方法证明. 我们考虑使用数学归纳法.

可以证明, 当 $n = 2$ 时, 结论成立 (见练习题 4). 假设当 $n = k$ 时, 结论成立, 即

$$\frac{1}{1+x_1} + \frac{2}{1+x_1+x_2} + \cdots + \frac{k}{1+x_1+x_2+\cdots+x_k} \leqslant \frac{k}{2}\sqrt{\frac{1}{x_1}+\frac{1}{x_2}+\cdots+\frac{1}{x_k}}.$$

于是, 当 $n = k+1$ 时, 由归纳假设, 得

$$\frac{1}{1+x_1} + \frac{2}{1+x_1+x_2} + \cdots + \frac{k}{1+x_1+x_2+\cdots+x_k} + \frac{k+1}{1+x_1+x_2+\cdots+x_k+x_{k+1}}$$

$$\leqslant \frac{k}{2}\sqrt{\frac{1}{x_1}+\frac{1}{x_2}+\cdots+\frac{1}{x_k}} + \frac{k+1}{1+x_1+x_2+\cdots+x_k+x_{k+1}}$$

$$< \frac{k}{2}\sqrt{\frac{1}{x_1}+\frac{1}{x_2}+\cdots+\frac{1}{x_k}+\frac{1}{x_{k+1}}} + \frac{k+1}{1+x_1+x_2+\cdots+x_k+x_{k+1}}.$$

从而, 只需证明

$$\frac{k+1}{1+x_1+x_2+\cdots+x_k+x_{k+1}} \leqslant \frac{1}{2}\sqrt{\frac{1}{x_1}+\frac{1}{x_2}+\cdots+\frac{1}{x_k}+\frac{1}{x_{k+1}}}, \qquad ①$$

即知结论成立.

事实上, 由算术-几何平均值不等式, 知

$$1 + x_1 + x_2 + \cdots + x_{k+1} \geqslant 2\sqrt{x_1 + x_2 + \cdots + x_{k+1}}. \qquad ②$$

而由柯西不等式, 知

$$\sqrt{\frac{1}{x_1}+\frac{1}{x_2}+\cdots+\frac{1}{x_k}+\frac{1}{x_{k+1}}} \geqslant \frac{k+1}{\sqrt{x_1+x_2+\cdots+x_{k+1}}}. \qquad ③$$

由式 ②, ③ 可知式 ① 成立, 故结论得证.

例 8 已知 n 是正整数, $x_1, x_2, \cdots, x_n$ 是非负实数. 证明:

$$\frac{x_1}{(1+x_1)^2} + \frac{x_2}{(1+x_1+x_2)^2} + \cdots + \frac{x_n}{(1+x_1+x_2+\cdots+x_n)^2} \leqslant a_n^2,$$

其中, 数列 $\{a_n\}$ 满足 $a_1 = \dfrac{1}{2}, a_{n+1} = \dfrac{a_n^2 + 1}{2}$ $(n \in \mathbf{N}^*)$.

解析 对 $k = 1, 2, \cdots, n$, 设
$$S_k = 1 + x_1 + x_2 + \cdots + x_k,$$
$$T_k = \dfrac{x_1}{(1+x_1)^2} + \dfrac{x_2}{(1+x_1+x_2)^2} + \cdots + \dfrac{x_n}{(1+x_1+x_2+\cdots+x_n)^2},$$

并规定 $S_0 = 1, T_0 = 0$. 以下证明, 对任意 $k = 1, 2, \cdots, n$, 有
$$T_n \leqslant T_{n-k} + \dfrac{a_k^2}{S_{n-k}}. \qquad ①$$

首先, 我们有
$$T_n = T_{n-1} + \dfrac{x_n}{(S_{n-1}+x_n)^2} = T_{n-1} + \dfrac{1}{\dfrac{S_{n-1}^2}{x_n} + 2S_{n-1} + x_n}$$
$$\leqslant T_{n-1} + \dfrac{1}{4S_{n-1}} = T_{n-1} + \dfrac{a_1^2}{S_{n-1}}.$$

这表明, 式 ① 成立.

假设式 ① 对某个整数 k $(1 \leqslant k \leqslant n)$ 成立, 则
$$T_n \leqslant T_{n-k} + \dfrac{a_k^2}{S_{n-k}} = T_{n-k-1} + \dfrac{x_{n-k}}{(S_{n-k-1}+x_{n-k})^2} + \dfrac{a_k^2}{S_{n-k-1}+x_{n-k}}. \qquad ②$$

考察函数 $f(x) = \dfrac{x}{(u+x)^2} + \dfrac{v^2}{u+x}$ (u, v 是正常数), 则
$$f(x) = \dfrac{x}{(u+x)^2} - \dfrac{1}{u+x} + \dfrac{v^2+1}{u+x} = -\dfrac{u}{(u+x)^2} + \dfrac{v^2+1}{u+x}$$
$$= -u\left(\dfrac{1}{u+x} - \dfrac{v^2+1}{2u}\right)^2 + \dfrac{1}{u}\left(\dfrac{v^2+1}{2}\right)^2$$
$$\leqslant \dfrac{1}{u}\left(\dfrac{v^2+1}{2}\right)^2.$$

结合式 ②, 得
$$T_{n-k} \leqslant T_{n-k-1} + \dfrac{1}{S_{n-k-1}}\left(\dfrac{a_k^2+1}{2}\right)^2 = T_{n-k-1} + \dfrac{a_{k+1}^2}{S_{n-k-1}}.$$

这表明, 式 ① 对 $k+1$ 也成立. 从而, 由数学归纳法原理, 知式 ① 对任意 $k = 1, 2, \cdots, n$ 都成立.

在式 ① 中, 令 $k = n$, 即知结论得证.

练 习 题

1. 设 x 是正实数. 证明:

$$\sum_{n=1}^{+\infty} \frac{(n-1)!}{n(x+1)(x+2)\cdots(x+n)} = \sum_{n=1}^{+\infty} \frac{1}{(x+n)^2}.$$

提示 由结论 1, 易得

$$\sum_{n=1}^{+\infty} \frac{(n-1)!}{(x+1)(x+2)\cdots(x+n)} = \frac{1}{x}.$$

2. 设 n 是正整数, $a_1, a_2, \cdots, a_n$ 是正实数, 且 $a_1 a_2 \cdots a_n = 1$. 证明:

$$\frac{a_1}{1+a_1} + \frac{a_2}{(1+a_1)(1+a_2)} + \cdots + \frac{a_n}{(1+a_1)(1+a_2)\cdots(1+a_n)} \geqslant \frac{2^n - 1}{2^n}.$$

(加拿大数学奥林匹克, 2014)

提示 由结论 1, 易得

$$\sum_{k=1}^{n} \frac{a_k}{(1+a_1)(1+a_2)\cdots(1+a_k)} = 1 - \frac{1}{(1+a_1)(1+a_2)\cdots(1+a_n)}.$$

3. 设 n 是正整数, $x_1, x_2, \cdots, x_n$ 是实数, 且 $x_1^2 + x_2^2 + \cdots + x_n^2 = 1$. 证明:

$$\frac{x_1}{1+x_1^2} + \frac{x_2}{1+x_1^2+x_2^2} + \cdots + \frac{x_n}{1+x_1^2+\cdots+x_n^2} < \sqrt{\frac{n}{2}}.$$

提示 使用例 1 的方法即可得到结论.

4. 设 a, b 是正实数. 证明:

$$\frac{1}{1+a} + \frac{2}{1+a+b} < \sqrt{\frac{1}{a} + \frac{1}{b}}.$$

提示 由柯西不等式, 得

$$\left(\frac{1}{1+a} + \frac{2}{1+a+b}\right)^2 \leqslant \left(\frac{1}{a} + \frac{1}{b}\right)\left(\frac{a}{(1+a)^2} + \frac{4b}{(1+a+b)^2}\right).$$

再由推论 3 即可得到结论.

5. 设 n 为正整数, 实数 $a_1, a_2, \cdots, a_n, b_1, b_2, \cdots, b_n$ 满足 $a_1 \geqslant a_2 \geqslant \cdots \geqslant a_n > 0$, $b_1 \geqslant b_2 \geqslant \cdots \geqslant b_n > 0$. 证明:

$$\frac{\left(\sum_{i=1}^{n} a_i^2\right)\left(\sum_{i=1}^{n} b_i^2\right)}{\max\left\{a_1 \sum_{i=1}^{n} b_i, b_1 \sum_{i=1}^{n} a_i\right\}} \leqslant \sum_{i=1}^{n} a_i b_i.$$

提示 利用数学归纳法, 只需证明

$$\left(\sum_{i=2}^{n} a_i^2\right)\left(\sum_{i=2}^{n} b_i^2\right) + a_1^2 b_1 \sum_{i=2}^{n} b_i + a_1^2 b_1^2 + \frac{a_1 b_1 \left(\sum_{i=2}^{n} a_i^2\right)\left(\sum_{i=2}^{n} b_i^2\right)}{\max\left\{a_2 \sum_{i=2}^{n} b_i, b_2 \sum_{i=2}^{n} a_i\right\}}$$

$$\geqslant \left(\sum_{i=1}^{n} a_i^2\right)\left(\sum_{i=1}^{n} b_i^2\right).$$

王永喜　李奋平

山西大学附属中学

递推数列中的完全平方数分析

完全平方数分析是竞赛数论中的常见问题,参考文献 [1] 归纳了一些判断完全平方数的方法. 而在近年的赛题中, 还出现了以 (递推) 数列为载体的完全平方数分析问题, 这类问题不仅涉及完全平方数的性质研究, 还需要借助递推数列的处理技巧, 如构造、配凑、变阶等, 形成别具一格的题型. 本文针对这类问题, 在解题方法上进行探究和归纳, 以飨读者.

通项公式法

由递推关系求出数列通项公式, 借助通项公式的结构特征, 分析数列中的项是否为完全平方数. 这种方法对低阶线性递推关系较为适用.

例 1 设数列 $\{a_n\}$ 和 $\{b_n\}$ 满足 $a_0 = 1$, $b_0 = 0$, 且
$$\begin{cases} a_{n+1} = 7a_n + 6b_n - 3, \\ b_{n+1} = 8a_n + 7b_n - 4 \end{cases} (n = 0, 1, 2, \cdots).$$

证明: a_n $(n = 0, 1, 2, \cdots)$ 是完全平方数.

(全国高中数学联赛, 2000)

解析 由递推关系整理可得
$$a_{n+2} = 14a_{n+1} - a_n - 6,$$
即
$$a_{n+2} - \frac{1}{2} = 14\left(a_{n+1} - \frac{1}{2}\right) - \left(a_n - \frac{1}{2}\right).$$

令 $d_n = a_n - \frac{1}{2}$, 则 $d_{n+2} = 14d_{n+1} - d_n$. 由特征根法解得
$$d_n = \frac{1}{4}\left(7 + 4\sqrt{3}\right)^n + \frac{1}{4}\left(7 - 4\sqrt{3}\right)^n.$$

从而
$$a_n = \frac{1}{4}\left(7+4\sqrt{3}\right)^n + \frac{1}{4}\left(7-4\sqrt{3}\right)^n + \frac{1}{2}$$
$$= \left(\frac{1}{2}\left(2+\sqrt{3}\right)^n + \frac{1}{2}\left(2-\sqrt{3}\right)^n\right)^2.$$

设 $\left(2+\sqrt{3}\right)^n = x_n + y_n\sqrt{3}$, 其中, x_n, y_n 都是正整数, 则 $\left(2-\sqrt{3}\right)^n = x_n - y_n\sqrt{3}$. 因此, 对任意 $n = 0, 1, 2, \cdots, a_n = x_n^2$ 是完全平方数.

注 本题条件化简之后是一个典型的二阶线性递推关系, 容易通过特征根法求出其通项, 借助二项式定理即得结论.

例 2 已知数列 $\{x_n\}$ 满足 $x_0 = 1, x_1 = 3, x_{n+1} = 6x_n - x_{n-1}$ $(n \in \mathbf{N}^*)$. 证明: 当 $n \geqslant 1$ 时, x_n 都不是完全平方数.

解析 由特征根法解得 $\{x_n\}$ 的通项公式为
$$x_n = \frac{1}{2}\left(\left(3+2\sqrt{2}\right)^n + \left(3-2\sqrt{2}\right)^n\right).$$

令
$$y_n = \frac{1}{2\sqrt{2}}\left(\left(3+2\sqrt{2}\right)^n - \left(3-2\sqrt{2}\right)^n\right) \quad (n \in \mathbf{N}),$$

则 $y_n \in \mathbf{N}$, 且 $x_n^2 - 2y_n^2 = 1$ $(n \in \mathbf{N})$. 因此, 要证 $\{x_n\}$ $(n \geqslant 1)$ 中无完全平方数, 只需证明方程 $x^4 - 2y^2 = 1$ 无整数解 (x, y), 其中 $x \geqslant 3$.

由 $x^4 - 2y^2 = 1$, 知若 x 为奇数, 则 $8 \mid x^4 - 1$, 因此, y 为偶数. 不妨设 $y = 2y_1$ $(y_1 \in \mathbf{N}^*)$, 则
$$\frac{x^2+1}{2} \cdot \frac{x^2-1}{2} = 2y_1^2.$$

又
$$\left(\frac{x^2+1}{2}, \frac{x^2-1}{2}\right) = \left(\frac{x^2+1}{2}, 1\right) = 1,$$

故
$$\begin{cases} \dfrac{x^2+1}{2} = 2s^2, \\ \dfrac{x^2-1}{2} = t^2 \end{cases} \quad \text{或} \quad \begin{cases} \dfrac{x^2+1}{2} = s^2, \\ \dfrac{x^2-1}{2} = 2t^2 \end{cases} \quad (s, t \in \mathbf{N}^*, (s,t) = 1).$$

若为前者, 则 $x^2 = 4s^2 - 1 \equiv 3 \pmod 4$, 矛盾.

若为后者, 则 $x^2 - 1 = 4t^2 \Rightarrow (x+2t)(x-2t) = 1$. 于是
$$\begin{cases} x + 2t = 1, \\ x - 2t = 1 \end{cases} \Rightarrow \begin{cases} x = 1, \\ t = 0, \end{cases}$$

矛盾. 故 x_n ($n \geq 1$) 不是完全平方数.

注 本题求出 $\{x_n\}$ 的通项公式后, 通过构造 $\{x_n\}$ 的对偶数列 $\{y_n\}$ 形成不定方程, 转化为探求不定方程解存在性的问题.

例 3 已知整数数列 $\{a_n\}$ 与 $\{b_n\}$ 满足: 对任意非负整数 n, 有 $b_n = a_n + 9$, $a_{n+1} = 8b_n + 8$, 且 1988 是其中某个数列中的项. 证明: 数列 $\{a_n\}$ 中没有完全平方数.

(奥地利–波兰数学竞赛, 1988)

解析 由条件得 $a_{n+1} = 8a_n + 80$, 从而

$$a_n = a_0 \cdot 8^n + 80 \cdot \frac{8^n - 1}{7}.$$

当 $n \geq 3$ 时, 我们有

$$a_n = 16(4a_0 \cdot 8^{n-2} + 5(8^{n-1} + 8^{n-2} + \cdots + 1)).$$

又 $4a_0 \cdot 8^{n-2} + 5(8^{n-1} + 8^{n-2} + \cdots + 1) \equiv 5 \pmod{8}$, 故 a_n ($n \geq 3$) 不是完全平方数.

以下验证 a_0, a_1, a_2 不是完全平方数.

当 $n \geq 1$ 时, $8 \mid a_n$, b_n 是奇数. 此时, a_n 和 b_n 都不可能等于 1988. 从而, 必有 $a_0 = 1988$ 或 $b_0 = 1988$.

当 $b_0 = 1988$ 时, $a_0 = 1979$, $a_1 = 8 \times 1989$, $a_2 = 8(8 \times 1989 + 10) = 16 \times 7961$ 都不是完全平方数.

当 $a_0 = 1988$ 时, $a_1 = 8 \times 1998$, $a_2 = 16(4 \times 1988 + 45)$ 都不是完全平方数.

因此, 结论得证.

构造转换法

对于不能或不宜求出通项公式的递推关系, 可以考虑直接借助递推关系作构造, 利用 $f(a_n, a_{n+1}, \cdots)$ 整体形成完全平方数 (式) 形式实现证明.

1. 择项构造

例 4 给定正整数 u, v. 数列 $\{a_n\}$ 定义如下: $a_1 = u + v$, 对整数 $m \geq 1$,

$$\begin{cases} a_{2m} = a_m + u, \\ a_{2m+1} = a_m + v. \end{cases}$$

记 $S_m = a_1 + a_2 + \cdots + a_m$ $(m = 1, 2, \cdots)$. 证明: 数列 $\{S_n\}$ 中有无穷多项是完全平方数.

(全国高中数学联赛, 2013)

解析 对正整数 n, 有

$$\begin{aligned} S_{2^{n+1}-1} &= a_1 + (a_2 + a_3) + (a_4 + a_5) + \cdots + (a_{2^{n+1}-2} + a_{2^{n+1}-1}) \\ &= (u+v) + (a_1 + u + a_1 + v) + (a_2 + u + a_2 + v) + \cdots + (a_{2^n-1} + u + a_{2^n-1} + v) \\ &= 2^n(u+v) + 2S_{2^n-1}, \end{aligned}$$

所以

$$S_{2^n-1} = n \cdot 2^{n-1}(u+v).$$

取 $n = 2(u+v)k^2$ $(k \in \mathbf{N}^*)$, 则

$$\begin{aligned} S_{2^n-1} &= 2(u+v)k^2 \cdot 2^{2(u+v)k^2-1}(u+v) = (u+v)^2 k^2 \cdot 2^{2(u+v)k^2} \\ &= \left((u+v)k \cdot 2^{(u+v)k^2}\right)^2. \end{aligned}$$

于是, S_{2^n-1} 是完全平方数. 由于正整数 k 有无穷多个, 因此命题得证.

注 这种解法巧妙地选择了数列 $\{S_n\}$ 中第 $2^n - 1$ 项作分析, 在找到递推关系 $S_{2^{n+1}-1} = 2^n(u+v) + 2S_{2^n-1}$ 后求出 $\{S_{2^n-1}\}$ 的通项公式, 再通过取 n 的值实现证明.

2. 变阶构造

例 5 已知数列 $\{a_n\}$ 满足 $a_1 = 1$, $a_2 = -1$, $a_n = -a_{n-1} - 2a_{n-2}$ $(n \geqslant 3)$. 证明: 对任意正整数 n, 都有 $2^{n+2} - 7a_n^2$ 是完全平方数.

解析 设 $2^{n+2} - 7a_n^2 = (pa_{n+1} - qa_n)^2$, 其中, $p \in \mathbf{N}$, $q \in \mathbf{Z}$. 由 $a_1 = 1$, $a_2 = -1$, $a_3 = -1$ 代入可得 $p = 2$, $q = 1$. 故只需证明, 对任意正整数 n, 都有

$$2^{n+1} - 7a_n^2 = (2a_{n+1} + a_n)^2,$$

即

$$a_{n+1}^2 + a_{n+1}a_n + 2a_n^2 = 2^n.$$

当 $n = 1$ 时, 由 $(-1)^2 + (-1) \times 1 + 2 \times 1^2 = 2$, 知结论显然成立.

假设当 $n=k$ 时，结论成立，即 $a_{k+1}^2 + a_{k+1}a_k + 2a_k^2 = 2^k$，则

$$a_{k+2}^2 + a_{k+2}a_{k+1} + 2a_{k+1}^2 = (-a_{k+1} - 2a_k)^2 + (-a_{k+1} - 2a_k)a_{k+1} + 2a_{k+1}^2$$
$$= 2(a_{k+1}^2 + a_{k+1}a_k + 2a_k^2) = 2^{k+1}.$$

故结论对 $n=k+1$ 也成立. 因此, 原命题得证.

注 本题条件中给出一个二阶线性递推关系 $f(a_{n-2}, a_{n-1}, a_n)$，但其通项公式不易求取，而通过待定系数将所探求的表达式用 $g(a_{n-1}, a_n)$ 表示，降阶整体构造出完全平方数形式.

例6 已知数列 $\{a_n\}$ 满足 $a_0 = 1$，$a_{n+1} = \dfrac{7a_n + \sqrt{45a_n^2 - 36}}{2}$ $(n \in \mathbf{N})$. 证明:
(1) 对任意 $n \in \mathbf{N}$，a_n 是正整数;
(2) 对任意 $n \in \mathbf{N}$，$a_n a_{n+1} - 1$ 是完全平方数.

(全国高中数学联赛, 2005)

解析 （1）由题设得 $a_1 = 5$，且 $\{a_n\}$ 严格单调递增，将递推式变形为

$$2a_{n+1} - 7a_n = \sqrt{45a_n^2 - 36},$$

两边平方, 整理得

$$a_{n+1}^2 - 7a_{n+1}a_n + a_n^2 + 9 = 0. \qquad ①$$

从而

$$a_n^2 - 7a_n a_{n-1} + a_{n-1}^2 + 9 = 0. \qquad ②$$

①$-$②, 得

$$(a_{n+1} - a_{n-1})(a_{n+1} + a_{n-1} - 7a_n) = 0.$$

由 $a_{n+1} > a_{n-1}$，知

$$a_{n+1} = 7a_n - a_{n-1}. \qquad ③$$

由式 ③ 及 $a_0 = 1$，$a_1 = 5$，知对任意 $n \in \mathbf{N}$，a_n 都是正整数.

(2) 将式 ① 两边配方, 得

$$(a_{n+1} + a_n)^2 = 9(a_{n+1}a_n - 1) \implies a_{n+1}a_n - 1 = \left(\dfrac{a_{n+1} + a_n}{3}\right)^2.$$

由式 ③，知 $a_n + a_{n+1} = 9a_n - (a_n + a_{n-1})$，所以

$$a_n + a_{n+1} \equiv -(a_n + a_{n-1}) \equiv \cdots \equiv (-1)^n(a_1 + a_0) \equiv 0 \pmod{3}.$$

从而, $\frac{a_{n+1}+a_n}{3}$ 是整数. 故 $a_n a_{n+1} - 1$ 是完全平方数.

注 将原条件中的一阶非线性递推关系升阶转化成二阶线性递推关系, 其目的还是简化运算形式.

3. 逆向转化

例 7 证明: 存在无限正整数数列 $\{a_n\}$, 使得对任意正整数 n, $\sum_{k=1}^{n} a_k^2$ 都是完全平方数.

(澳大利亚数学奥林匹克, 2004)

解析 记 $S_n = \sum_{k=1}^{n} a_k^2$. 从勾股数组 (a,b,c) 开始, 取 a 为奇数, b 为偶数 (如 $(3,4,5)$), 令 $a_1 = a$, $a_2 = b$, 则 $S_1 = a_1^2$, $S_2 = a^2 + b^2 = c^2$ 均为完全平方数. 对 $n \geqslant 3$, 考虑适当选取偶数 a_n, 使得 $S_{n+1} = S_n + a_{n+1}^2 = (a_{n+1}+1)^2$ 成立.

此时, 有

$$S_{n+1} - a_{n+1}^2 = S_n \Leftrightarrow (a_{n+1}+1)^2 - a_{n+1} = (a_n+1)^2 \Leftrightarrow 2a_{n+1} + 1 = (a_n+1)^2$$
$$\Leftrightarrow a_{n+1} = \frac{(a_n+1)^2 - 1}{2} = \frac{a_n(a_n+2)}{2}.$$

因为 a_n 是偶数, 所以 $a_n + 2$ 也是偶数, 故 $\frac{a_n(a_n+2)}{2}$ 是偶数. 由上可知, 由 $a_1 = 3$, $a_2 = 4$, $a_{n+1} = \frac{a_n(a_n+2)}{2}$ $(n \geqslant 2)$ 定义的数列 $\{a_n\}$ (即 $3, 4, 12, 84, 3612, \cdots$) 满足条件.

注 本题的关键在于借助 S_n 与 a_n 的关系, 反向构造 a_n.

同余分析法

例 8 已知正整数数列 $\{a_n\}$ 满足 $a_0 = m$, $a_{n+1} = a_n^5 + 487$ $(n \geqslant 0)$. 试求所有正整数 m, 使得 $\{a_n\}$ 中完全平方数的个数最多.

(第 20 届北欧数学竞赛, 2006)

解析 假设 a_k 是完全平方数, 则 $a_k \equiv 0$ 或 $1 \pmod{4}$.

若 $a_k \equiv 0 \pmod{4}$, 则对正整数 i, 有

$$a_{k+i} \equiv \begin{cases} 3 \pmod{4}, & i \text{ 是奇数}, \\ 2 \pmod{4}, & i \text{ 是偶数}. \end{cases}$$

从而，当 $n > k$ 时，a_n 都不是完全平方数.

若 $a_k \equiv 1 \pmod{4}$，则 $a_{k+1} \equiv 0 \pmod{4}$. 从而，当 $n > k+1$ 时，a_n 都不是完全平方数.

于是，数列 $\{a_n\}$ 中至多有两个完全平方数，设为 a_k 和 a_{k+1}. 设 $a_k = s^2$（s 为奇数），$a_{k+1} = t^2$，则
$$t^2 = s^{10} + 487.$$

设 $t = s^5 + r$，则 $t^2 = (s^5+r)^2 = s^{10} + 2s^5 r + r^2$. 从而，$2s^5 r + r^2 = 487$.

若 $s = 1$，则 $r(r+2) = 487$，该方程无整数解. 若 $s = 3$，则 $486r + r^2 = 487$，解得 $r = 1$ 或 $r = -487$（舍去）. 若 $s > 3$，则方程显然无正整数解. 从而，$a_k = 9$. 又当 $n > 0$ 时，$a_n > 487$，故 $m = a_0 = 9$.

当 $a_0 = 9$ 时，$a_1 = 9^5 + 487 = 244^2$ 是完全平方数. 综上所述，满足条件的正整数 m 只有一个，即 $m = 9$.

练 习 题

1. 已知数列 $\{c_n\}$ 满足
$$c_0 = 1, \quad c_1 = 0, \quad c_2 = 2005, \quad c_{n+2} = -3c_n - 4c_{n-1} + 2008 \quad (n = 1, 2, 3, \cdots).$$
记
$$a_n = 5(c_{n+2} - c_n)(502 - c_{n-1} - c_{n-2}) + 4^n \times 2004 \times 501 \quad (n = 2, 3, \cdots).$$
问：对 $n > 2$，a_n 是否均为平方数？说明理由. (IMO 中国国家集训队测试，2004)

提示 令 $d_n = c_n - 251$，$d_n + d_{n-1} = 501 T_n$，则 $T_1 = -1$，$T_2 = 3$，$T_{n+2} = T_{n+1} - 4T_n$ ($n \in \mathbf{N}^*$)，而 $a_n = (2 \times 501)^2 (5T_n T_{n-1} + 4^n)$. 不难证明，$T_n^2 - T_n T_{n-1} + 4T_{n-1}^2 = 4^n$ ($n \geqslant 2$)，故 $a_n = (2 \times 501)^2 (T_n + 2T_{n-1})^2$ ($n \geqslant 2$).

2. 设数列 $\{a_n\}$ 满足：$a_1 = a_2 = 1$，$a_n = 7a_{n-1} - a_{n-2}$，$n \geqslant 3$. 证明：对每个 $n \in \mathbf{N}^*$，$a_n + a_{n+1} + 2$ 都是完全平方数. (第 8 届中国东南地区数学奥林匹克，2011)

提示 构造数列 $\{x_n\}$，$x_1 = 2$，$x_2 = 3$，$x_n = 3x_{n-1} - x_{n-2}$ ($n \geqslant 3$). 先证明引理：对任意正整数 n，$x_n x_{n+2} - x_{n+1}^2 = 5$. 再用数学归纳法证明，对任意 $n \in \mathbf{N}^*$，有 $a_n + a_{n+1} + 2 = x_n^2$.

3. 已知整数数列 $a_0, a_1, a_2, \cdots$ 满足条件：

(a) $a_{n+1} = 3a_n - 3a_{n-1} + a_{n-2}$ $(n = 2, 3, \cdots)$;

(b) $2a_1 = a_0 + a_2 - 2$;

(c) 对任意正整数 m, 存在非负整数 k 使得 $a_k, a_{k+1}, \cdots, a_{k+m-1}$ 都是完全平方数.

证明: 数列 $a_0, a_1, a_2, \cdots$ 的所有项都是完全平方数. (中国数学奥林匹克, 1992)

提示 由条件 (a), 特征方程 $x^3 = 3x^2 - 3x + 1$ 的三个根均为 1, 知 $a_n = an^2 + bn + c$. 代入条件 (b) 得 $a = 1, b = a_1 - a_0 - 1, c = a_0$ 都是整数. 令

$$n + \frac{b-1}{2} < a_n = \left(n + \frac{b}{2}\right)^2 + c - \frac{b^2}{4} < \left(n + \frac{b+1}{2}\right)^2. \quad \text{①}$$

这只需 $n > \frac{(b-1)^2}{4} - c, n > c - \frac{(b+1)^2}{4}$. 令 $n_0 = \left[\max\left\{\frac{(b-1)^2}{4} - c, c - \frac{(b+1)^2}{4}\right\}\right] + 1$, 则当 $n \geq n_0$ 时, 式 ① 成立. 在条件 (c) 中, 令 $m = n_0 + 1$, 知必存在 $n \geq n_0$, 使 a_n 为完全平方数, 故必有 $a_n = \left(n + \frac{b}{2}\right)^2$, b 为偶数, 所以, $c - \frac{b^2}{4} = 0$. 从而, 对任意 $n \in \mathbf{N}$, $a_n = \left(n + \frac{b}{2}\right)^2$ 为完全平方数.

4. 设 a_n 为满足下述条件的正整数 N 的个数: N 的各位数字之和为 n 且每位数字只能取 1, 3 或 4. 证明: a_{2n} 是完全平方数. (全国高中数学联赛, 1991)

提示 当 $n > 4$ 时, $a_n = a_{n-1} + a_{n-3} + a_{n-4}$. 先用数学归纳法依次证明 $a_{2n+1} = a_{2n} + a_{2n-1}$, $a_{2n+1}^2 = a_{2n} \cdot a_{2n+2}$. 再证明原题结论.

5. 已知数列 $\{y_n\}$ 满足 $y_1 = y_2 = 1$, $y_{n+2} = (4k-5)y_{n+1} - y_n + 4 - 2k$ $(n \geq 1)$. 求所有的整数 k, 使得数列 $\{y_n\}$ 的每一项都是完全平方数. (保加利亚国家数学奥林匹克, 2003)

提示 $k = 1$ 和 $k = 3$. 参阅文献 [2].

参 考 文 献

[1] 安庆旺. 完全平方数 [J]. 中等数学, 2011 (4).

[2] 2003 年保加利亚国家数学奥林匹克 [J]. 中等数学: 增刊, 2004.

罗 毅

重庆市第八中学

平面几何中"退"的思想实践几例

华罗庚先生说过,学好数学的关键在于一个"退"字,古人有"以退为进"之言,也有"退步原来是向前"的诗句. 张景中院士在解释平面几何解题中"消点"的方法时说,消去后产生的点,还原到简单而初始的图形之中. 本文将以几道竞赛题为例,说明"退"的思想在平面几何中的应用.

例1 如图1所示,锐角 $\triangle ABC$ 的三条高 AD, BE, CF 交于点 H, M 是边 BC 的中点,$\triangle ABC$ 的外接圆在 B, C 两点处的切线交于点 P. 证明: PD, MH, EF 三线共点.

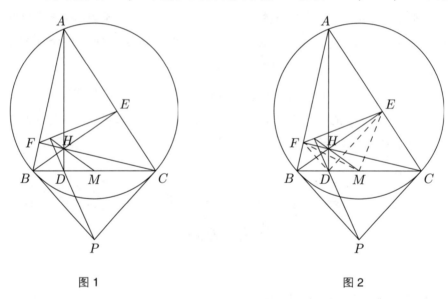

图1　　　　图2

解析 本题中,$\triangle ABC$ 及其高线为初始图形,P, M 及结论中三线所共之点为后来产生. 如图2所示,欲证三线共点,可证线段 EF 分别被直线 MH, PD 所分的比例是相等的,而比例可用面积表示,即证

$$\frac{S_{\triangle MHE}}{S_{\triangle MHF}} = \frac{S_{\triangle PDE}}{S_{\triangle PDF}}.$$

注意到 $\angle PCB = \angle BAC = \angle EDC$, 故 $PC /\!/ DE \Rightarrow S_{\triangle PDE} = S_{\triangle CDE}$. 同理, $PB /\!/ DF$, $S_{\triangle PDF} = S_{\triangle BDF}$. 即不用点 P, 亦可表示 $\triangle PDE, \triangle PDF$ 的面积. 此即消去点 P 的含义.

再消去 M. 因为 M 是 BC 的中点, 所以 $S_{\triangle MHE} = \frac{1}{2} S_{\triangle CHE}$, $S_{\triangle MHF} = \frac{1}{2} S_{\triangle BHF}$. 故只需证明

$$\frac{S_{\triangle CHE}}{S_{\triangle BHF}} = \frac{S_{\triangle CDE}}{S_{\triangle BDF}}. \qquad ①$$

显然, $\triangle CHE \sim \triangle BHF$, 故

$$\frac{S_{\triangle CHE}}{S_{\triangle BHF}} = \frac{CE^2}{BF^2}.$$

再由 $\triangle CDE \sim \triangle CAB \sim \triangle FDB$, 知

$$\frac{S_{\triangle CDE}}{S_{\triangle FDB}} = \frac{CE^2}{FB^2}.$$

故式 ① 得证. 从而, PD, MH, EF 三线共点.

例 2 如图 3 所示, D, E 分别是 $\triangle ABC$ 的边 AB, AC 上的点, 且满足 $DE \parallel BC$, BE 与 CD 交于点 F, $\triangle BDF$ 的外接圆与 $\triangle CEF$ 的外接圆交于 F, G 两点. 证明: $\angle BAF = \angle GAC$.

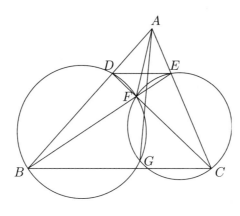

图 3

解析 审视构图顺序, A, B, C, D, E, F 六点形成一幅简图. 只有点 G 为后来产生. 欲证 $\angle BAF = \angle GAC$, 可证 $\frac{FF_1}{FF_2} = \frac{GG_2}{GG_1}$. 这里, F_1, G_1 分别是 F, G 在 AB 上的射影, F_2, G_2 分别是 F, G 在 AC 上的射影. 可以用简图中的线段之比表示 $\frac{GG_2}{GG_1}$. 事实上, 两圆相交于 F, G, 则有 $\triangle GBE \sim \triangle GDC \Rightarrow \triangle GBD \sim \triangle GEC$. 注意到 GG_2, GG_1 分别是 $\triangle GBD, \triangle GEC$ 的高, 故

$$\frac{GG_2}{GG_1} = \frac{CE}{BD} = \frac{AC}{AB}.$$

如此, 便消去了点 G. 从而, 只要在简图中证明 $\frac{FF_1}{FF_2} = \frac{AC}{AB}$. 这只要注意到 $DE \parallel BC$, 故 F 在边 BC 的中线上. 于是, $S_{\triangle AFB} = S_{\triangle AFC} \Rightarrow AB \cdot FF_1 = AC \cdot FF_2$. 结论得证.

2015年 IMO 第 3 题固然是有难度的几何题, 第 4 题也是一个点线圆较多的几何题. 下面我们也试着将其还原到一个点线较少的简图中来证明.

例 3 在 $\triangle ABC$ 中, Ω 是外接圆, O 是其外心. 以 A 为圆心的一个圆 Γ 与线段 BC 交于两点 D 和 E, 使得点 B, D, E, C 互不相同, 并且按此顺序排列在直线 BC 上. 设 F 和 G 是 Γ 和 Ω 的两个交点, 并且使得点 A, F, B, C, G 按此顺序排列在 Ω 上. 设 K 是 $\triangle BDF$ 的外接圆和线段 AB 的另一个交点, L 是 $\triangle CEG$ 的外接圆和线段 CA 的另一个交点.

假设直线 FK 和 GL 互不相同, 且相交于点 X. 证明: X 在直线 AO 上.

解析 根据题意可作出图形 (如图 4 所示). 欲证结论, 可证两直线 FK, GL 分别与 AO 的交点实为同一点. 注意到 F, G 皆在 Ω 上, 且 $AF = AG$, 则有 AF, AG 关于直线 AO 对称, 故只需证明 $\angle AFK = \angle AGL$ (如图 5 所示).

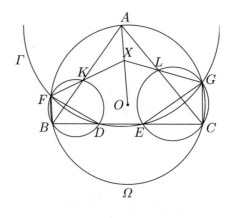

图 4

注意到

$$\angle AFK + \angle BFD = \angle AFB - \angle KFD = \angle AFB - \angle ABC$$
$$= 180° - \angle ACB - \angle ABC = \angle BAC,$$

同理, $\angle AGL + \angle CGE = \angle BAC$, 即有 $\angle AFK + \angle BFD = \angle AGL + \angle CGE$. 故只要证明 $\angle BFD = \angle CGE$. 这样就消去了点 K, L, 如图 6 所示.

由于

$$\angle BFD + \angle DFG = \angle BFG = 180° - \angle ECG = \angle CGE + \angle CEG,$$

故只要证明 $\angle DFG = \angle CEG$, 而这由 F, D, E, G 四点共圆可得. 从而, 结论得证.

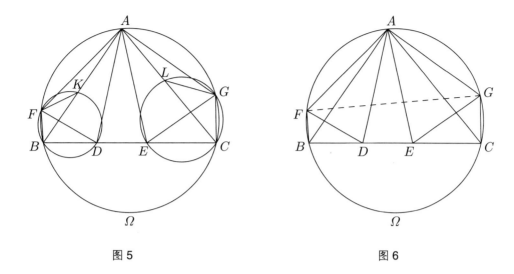

图 5　　　　　　　　　　　　　图 6

通过以上几例,不难看出,在消点以还原的过程中,对构图顺序的掌握至关重要. 读者朋友们在遇到一个点线较为复杂的几何问题时,不妨先试试掌握构图的顺序,再试图将其简化.

杨运新

陕西省西安铁一中

两道几何题的证明

题1 在锐角 $\triangle ABC$ 中，$AB \neq AC$，$\cos B + \cos C = 1$，O 为 $\triangle ABC$ 的外心，射线 AO 交 BC 于点 T. 证明：$\triangle ABT$ 与 $\triangle ACT$ 周长相等.

证明 先证明一个引理.

引理 设 $\triangle ABC$ 的外心为 O，点 D，E，F 分别是边 BC，CA，AB 的中点，$\triangle ABC$ 的外接圆半径和内切圆半径分别为 R 和 r，则 $R + r = OD + OE + OF$.

引理的证明 如图1所示，设 $\triangle ABC$ 的内心为 I，AI 与 $\triangle ABC$ 的外接圆交于另一点 G，则 G 是 $\triangle ABC$ 的外接圆上 $\overset{\frown}{BC}$（不含点 A）的中点，O，D，G 三点共线. 设点 G 在直线 AC 上的射影为 P，过点 G 且平行于 BC 的直线与过点 I 且垂直于 BC 的直线交于点 Q，过点 O 且垂直于 AI 的直线与 AB，AC，AI 分别交于点 M，N，K.

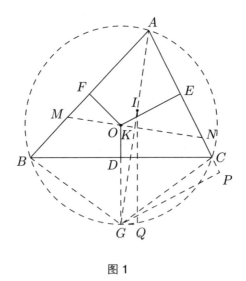

图1

注意到
$$\angle IGQ = \angle IGC + \angle CGQ = \angle AGC + \angle BCG = \angle ABC + \frac{1}{2}\angle BAC,$$
$$\angle GCP = \angle ABG = \angle ABC + \angle CBG = \angle ABC + \frac{1}{2}\angle BAC,$$

故 $\angle IGQ = \angle GCP$. 又由内心的性质, 知 $GI = GC$. 结合 $\angle GQI = \angle GPC = 90°$, 得 $\triangle IGQ \cong \triangle GCP$. 于是, $IQ = GP$, 即

$$DG + r = GP. \qquad ①$$

由 $\angle AKN = \angle APG = 90°$, $\angle KAN = \angle PAG$, 知 $\triangle AKN \sim \triangle APG$. 故

$$\frac{GP}{KN} = \frac{AG}{AN} \quad \Rightarrow \quad GP = \frac{AG \cdot KN}{AN}.$$

又由 $OK \perp AG$, 知 $AG = 2AK$, 故

$$GP = \frac{2AK \cdot KN}{AN}. \qquad ②$$

易知 $AM = AN$, 且

$$\frac{1}{2} AM \cdot OF + \frac{1}{2} AN \cdot OE = S_{\triangle AMN} = \frac{1}{2} MN \cdot AK,$$

故

$$OF + OE = \frac{MN \cdot AK}{AM} = \frac{2KN \cdot AK}{AN}. \qquad ③$$

由式 ①, ②, ③, 得

$$DG + r = OF + OE \quad \Rightarrow \quad OG + r = OD + DG + r = OD + OE + OF,$$

即

$$R + r = OD + OE + OF.$$

引理证毕.

回到原题. 如图 2 所示, 不妨设 $AB > AC$, $\triangle ABC$ 的内心为 I, 边 BC, CA, AB 的中点分别为 D, E, F, 点 I 在 BC 上的射影为 S. 仍设 $\triangle ABC$ 的外接圆半径和内切圆半径分别为 R 和 r, 并设 $\triangle ABC$ 的内角 $\angle A$, $\angle B$, $\angle C$ 所对边长分别为 a, b, c.

由 $\cos B + \cos C = 1$, 知 $OE + OF = R$. 由引理可知, $OD + OE + OF = R + r$, 故 $OD = r = IS$. 从而, $OI // BC$, 四边形 $DSIO$ 为矩形. 故 $OI = DS = \dfrac{c-b}{2}$.

设 AI 与 BC 交于点 R, 则

$$\frac{OI}{TR} = \frac{AI}{AR} = \frac{S_{\triangle IAB} + S_{\triangle ICA}}{S_{\triangle ABC}} = \frac{b+c}{a+b+c},$$

从而

$$TR = \frac{(a+b+c)(c-b)}{2(b+c)}.$$

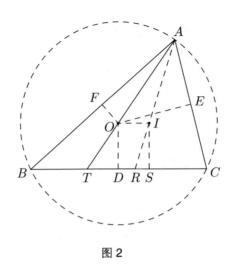

图 2

由 AR 平分 $\angle BAC$,知

$$\frac{BR}{a-BR} = \frac{BR}{CR} = \frac{c}{b} \quad \Rightarrow \quad BR = \frac{ac}{b+c},$$

故

$$BT = BR - TR = \frac{ac}{b+c} - \frac{(a+b+c)(c-b)}{2(b+c)} = \frac{a+b-c}{2}.$$

于是

$$AB + BT = c + \frac{a+b-c}{2} = \frac{a+b+c}{2}.$$

从而

$$AC + CT = \frac{a+b+c}{2} = AB + BT.$$

因此,$\triangle ABT$ 与 $\triangle ACT$ 的周长相等.

注 (1) 本题目前见到的解答利用的都是三角函数,笔者认为此题叙述简明,应当有纯几何证法,于是经过思考给出了上面的解答.

(2) 引理有多种证法,利用托勒密定理可能更为简单.

叶中豪先生曾告诉笔者如下一道精妙的几何题.

题 2 已知点 E_1, E_2, E_3, E_4 在凸四边形 $ABCD$ 的外部,使得 $\triangle E_1AB, \triangle E_2BC, \triangle E_3CD, \triangle E_4DA$ 是相似的等腰三角形 (分别以 AB, BC, CD, DA 为底边). 证明:$E_1E_3 \perp E_2E_4$,当且仅当 $AC = BD$.

笔者经过思考给出了一种证明,证明之后发现原题可以推广. 下面给出其推广及证明.

推广 已知点 E_1, E_2, E_3, E_4 在凸四边形 $ABCD$ 的外部,使得 $\triangle E_1AB \sim \triangle E_2CB \sim \triangle E_3CD \sim \triangle E_4AD$. 设 E_1E_3 与 E_2E_4 的夹角为 θ,$\angle E_1AB = \alpha$,$\angle E_1BA = \beta$. 证明:$\theta = 90° - \beta + \alpha$,当且仅当 $\dfrac{AC}{BD} = \dfrac{E_1A}{E_1B}$.

证明 如图 3 所示,将四边形 AE_1E_3D 以 A 为旋转中心顺时针旋转 α 后,再以 A 为位似中心作位似比为 $\dfrac{AB}{AE_1}$ 的位似变换,得到四边形 $ABKL$. 将四边形 CE_2E_4D 以 C 为旋转中心逆时针旋转 α 后,再以 C 为位似中心作位似比为 $\dfrac{CB}{CE_2}$ 的位似变换,得到四边形 $CBMN$①.

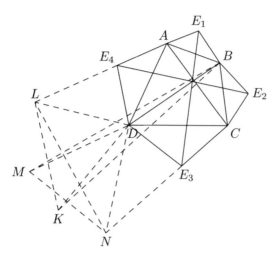

图 3

易知点 E_4 在 AL 上,$\dfrac{AL}{AD} = \dfrac{AB}{AE_1}$. 又由 $\triangle E_1AB \sim \triangle E_4AD$,知 $\dfrac{AB}{AE_1} = \dfrac{AD}{AE_4}$,故

$$\dfrac{AL}{AD} = \dfrac{AD}{AE_4} \quad \Rightarrow \quad \triangle DAL \sim \triangle E_4AD.$$

结合 $\triangle E_3CD \sim \triangle E_4AD$,知 $\triangle DAL \sim \triangle E_3CD$. 从而,$\angle ALD = \angle CDE_3$. 由四边形 $ABKL \sim$ 四边形 AE_1E_3D,知 $\angle ALK = \angle ADE_3$. 因此

$$\angle DLK = \angle ALK - \angle ALD = \angle ADE_3 - \angle CDE_3 = \angle ADC.$$

由四边形 $ABKL \sim$ 四边形 AE_1E_3D 和 $\triangle E_1AB \sim \triangle E_3CD$,知

$$\dfrac{KL}{E_3D} = \dfrac{AB}{AE_1} = \dfrac{CD}{CE_3}.$$

于是

$$\dfrac{KL}{CD} = \dfrac{E_3D}{CE_3} = \dfrac{E_1B}{AE_1}.$$

又由 $\triangle DAL \sim \triangle E_1AB$,得

$$\dfrac{DL}{AD} = \dfrac{E_1B}{AE_1}.$$

---

① 编者注:设 $k = \dfrac{AB}{AE_1}$,并以逆时针方向为规定方向,则从四边形 AE_1E_3D 到四边形 $ABKL$ 的变换为位似旋转变换 $S(A, k, -\alpha)$,从四边形 CE_2E_4D 到四边形 $CBMN$ 的变换为位似旋转变换 $S(C, k, \alpha)$.

从而
$$\frac{KL}{CD} = \frac{DL}{AD}.$$

结合 $\angle DLK = \angle ADC$, 知 $\triangle DLK \sim \triangle ADC$. 因此
$$\frac{DK}{AC} = \frac{DL}{AD} = \frac{E_1B}{AE_1} \quad \Rightarrow \quad DK = \frac{E_1B}{E_1A} \cdot AC.$$

类似地, 有
$$DM = \frac{E_1B}{E_1A} \cdot AC.$$

类似于 $\triangle DLK \sim \triangle ADC$, 有 $\triangle MND \sim \triangle ADC$. 类似于 $\triangle DAL \sim \triangle E_1AB$, 有 $\triangle DCN \sim \triangle E_1AB$. 利用这些相似三角形中的角度关系, 得

$$\angle KDM = \angle KDL + \angle MDN - \angle LDN = \angle CAD + \angle ACD - \angle LDN$$
$$= (180° - \angle ADC) - (360° - \angle ADL - \angle CDN - \angle ADC)$$
$$= \angle ADL + \angle CDN - 180° = 2\angle AE_1B - 180°$$
$$= 2(180° - \angle E_1AB - \angle E_1BA) - 180° = 180° - 2(\alpha + \beta).$$

一方面, 若 $\dfrac{AC}{BD} = \dfrac{E_1A}{E_1B}$, 则 $BD = \dfrac{E_1B}{E_1A} \cdot AC$. 于是, $BD = DK = DM$, 即 D 是 $\triangle BKM$ 的外心. 故 $\angle KBM = \dfrac{1}{2}\angle KDM$. 从而
$$\angle KBM = \frac{1}{2}(180° - 2(\alpha + \beta)) = 90° - (\alpha + \beta).$$

而由旋转变换可知, E_1E_3 与 E_2E_4 的夹角 $\theta = \angle KBM + 2\alpha$. 故 $\theta = 90° - \beta + \alpha$.

另一方面, 若 $\theta = 90° - \beta + \alpha$, 则
$$\angle KBM = \theta - 2\alpha = 90° - (\alpha + \beta) = \frac{1}{2}\angle KDM,$$

结合 $DK = DM$, 知 D 是 $\triangle BKM$ 的外心. 所以
$$BD = \frac{E_1B}{E_1A} \cdot AC \quad \Rightarrow \quad \frac{AC}{BD} = \frac{E_1A}{E_1B}.$$

综上可知, 结论成立.

注 本题是由题目条件的特点而想到利用几何变换来构造完成证明的. 整个构思过程笔者用了累计近三小时. 在结束本文之际, 笔者希望有读者能给出另一种简明的纯几何证法, 也希望有读者能给出复数证法.

唐传发
安徽省枞阳县枞阳中学

(半) 切圆构型中一类共线型问题的探究

在本文中笔者从一道微信公众号给出的题目出发, 经过对原问题及其解答的研究, 联想到若干个类似的切圆问题, 从而提炼出一类基本的几何构型. 通过利用几何画板作图对这一类几何构型中的三点共线进行探究, 得到一些有趣的结论. 现将有关结果整理成文供读者参考.

原问题及其简要解答

2016 年 11 月 20 日微信公众号 "我们爱几何" 发表了萧振纲先生的如下问题:

命题 1.1 如图 1 所示, 设 $\triangle ABC$ 的内切圆与边 BC, CA, AB 分别切于 D, E, F, 点 D 在 EF 上的射影为点 P, 线段 BC, EF, AP 的中点分别为 L, M, N. 则 L, M, N 三点共线.

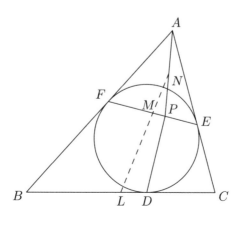

图 1

证明 如图 2 所示,因为 E, F 分别是 $\triangle ABC$ 的内切圆与边 CA, AB 的切点,所以 $\angle BFP = \angle CEP$. 由 $DP \perp EF$,知

$$EP = DE\cos\frac{180° - B}{2} = 2CE\sin\frac{C}{2}\sin\frac{B}{2},$$
$$FP = DF\cos\frac{180° - C}{2} = 2BF\sin\frac{B}{2}\sin\frac{C}{2},$$

故

$$\frac{EP}{FP} = \frac{CE}{BF}.$$

从而,$\triangle BFP \sim \triangle CEP$. 故 $\angle FBP = \angle ECP$.

作平行四边形 $BQCP$,设 AQ 与 EF 交于点 K. 过点 Q 作 $QX \perp AB, QY \perp AC$,垂足分别为 X, Y. 过点 P 作 $PU \perp AB, PV \perp AC$,垂足分别为 U, V. 则 $\triangle BPU \sim \triangle CPV$,$\angle QBX = \angle QCY$. 于是,$\triangle QBX \sim \triangle QCY$. 所以

$$\frac{QX}{QY} = \frac{QB}{QC} = \frac{PC}{PB} = \frac{PV}{PU}.$$

从而,AQ, AP 是 $\angle BAC$ 的两条等角线,即 M 是线段 KP 的中点. 而 L 是线段 PQ 的中点. 综上可知,L, M, N 分别是线段 PQ, PK, PA 的中点,所以,L, M, N 三点共线.

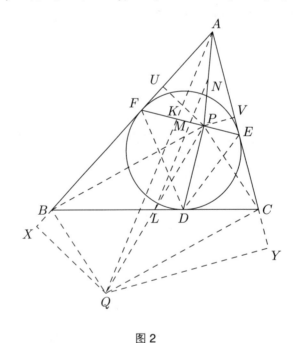

图 2

注 此证明过程的思路由萧振纲先生给出.

推论 1.1 如图 3 所示, 设 $\triangle ABC$ 的内切圆与边 BC, CA, AB 分别切于 D, E, F, 点 D 在 EF 上的射影为 P_1, 线段 BC, AP_1 的中点分别为 L_1, N_1. 类似地, 定义 $P_2, L_2, N_2, P_3, L_3, N_3$. 则 L_1N_1, L_2N_2, L_3N_3 三线共点.

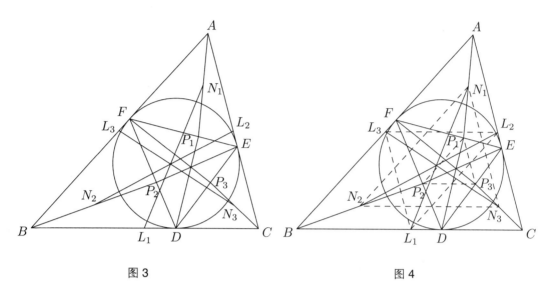

图 3 　　　　　　　　　　　图 4

证明 如图 4 所示, 因为 $\triangle L_1L_2L_3$ 是 $\triangle ABC$ 的中点三角形, 所以 $\triangle L_1L_2L_3$ 与 $\triangle ABC$ 位似. 因为 $\triangle P_1P_2P_3$ 是 $\triangle ABC$ 的切点 $\triangle DEF$ 的垂足三角形, 所以 $\triangle P_1P_2P_3$ 与 $\triangle ABC$ 位似. 又由 N_1, N_2, N_3 分别是 AP_1, BP_2, CP_3 的中点, 知 $\triangle N_1N_2N_3$ 与 $\triangle ABC$ 位似. 综上可知, $\triangle L_1L_2L_3$ 与 $\triangle N_1N_2N_3$ 位似, 所以, L_1N_1, L_2N_2, L_3N_3 三线共点.

注 由命题 1.1 可知, L_1N_1, L_2N_2, L_3N_3 分别经过 EF, FD, DE 的中点.

问题引申

命题 2.1 如图 5 所示, 设 $\triangle ABC$ 中的 $\angle A$ 所对的旁切圆与直线 BC, CA, AB 分别切于 D, E, F, 点 D 在 EF 上的射影为点 P, 线段 BC, EF, AP 的中点分别为 L, M, N. 则 L, M, N 三点共线.

证明 如图 6 所示, 因为 E, F 分别是 $\triangle ABC$ 的旁切圆与边 CA, AB 的切点, 所以 $\angle BFP = \angle CEP$. 易知

$$\angle DEF = \frac{180° - \angle A}{2} - \frac{\angle C}{2} = \frac{\angle B}{2},$$

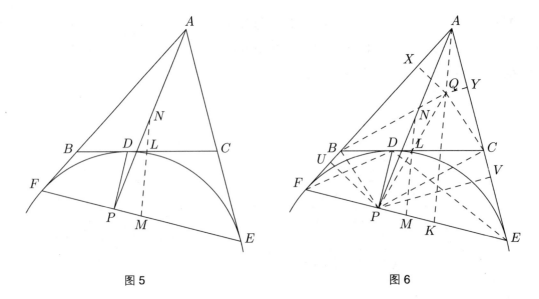

图 5　　　　　　　　　图 6

$$\angle DFE = \frac{180° - \angle A}{2} - \frac{\angle B}{2} = \frac{\angle C}{2},$$

并由 $DP \perp EF$, 知

$$EP = DE\cos\angle DEF = 2CE\cos\frac{C}{2}\cos\frac{B}{2},$$

$$FP = DF\cos\angle DFE = 2BF\cos\frac{B}{2}\cos\frac{C}{2},$$

故 $\dfrac{EP}{FP} = \dfrac{CE}{BF}$. 从而, $\triangle BFP \sim \triangle CEP$. 故 $\angle FBP = \angle ECP$.

作平行四边形 $BQCP$, 设 AQ 与 EF 交于点 K. 过点 Q, 作 $QX \perp AB$, $QY \perp AC$, 垂足分别为 X, Y. 过点 P, 作 $PU \perp AB$, $PV \perp AC$, 垂足分别为 U, V. 则 $\triangle BPU \sim \triangle CPV$, $\angle QBX = \angle QCY$. 于是, $\triangle QBX \sim \triangle QCY$. 所以

$$\frac{QX}{QY} = \frac{QB}{QC} = \frac{PC}{PB} = \frac{PV}{PU}.$$

从而, AQ, AP 是 $\angle BAC$ 的两条等角线, 即 M 是线段 KP 的中点. 而 L 是线段 PQ 的中点. 综上可知, L, M, N 分别是线段 PQ, PK, PA 的中点, 所以, L, M, N 三点共线.

推论 2.1　如图 7 所示, 设 $\triangle ABC$ 中的 $\angle A$ 所对的旁切圆与直线 BC, CA, AB 分别切于 D, E, F, 点 D 在 EF 上的射影为 P_1, 线段 BC, AP_1 的中点分别为 L_1, N_1. 类似地, 定义 $P_2, L_2, N_2, P_3, L_3, N_3$. 则 L_1N_1, L_2N_2, L_3N_3 三线共点.

证明方法与推论 1.1 一样, 此处不再赘述.

命题 2.2　圆 Γ 与 $\triangle ABC$ 的边 AB, AC 所在的直线分别切于点 F, E, BE 与 CF 交于点 G, AG 与 BC 交于点 D, $DP \perp EF$, 垂足为 P, 线段 BC, EF, AP 的中点分别为 L, M, N. 则 L, M, N 三点共线.

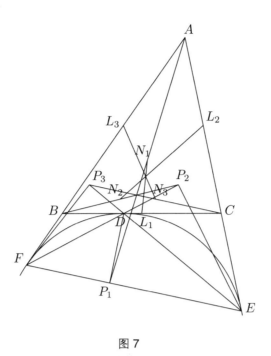

图 7

根据圆 $\varGamma$ 的圆心所在的位置，不同的图形结构有三种：圆心在 $\angle A$ 的平分线上，圆心在 $\angle A$ 的对顶角的平分线上，圆心在 $\angle A$ 的邻补角的平分线上，分别如图 8，图 9，图 10 所示. 我们以如图 10 所示的情形为例，用向量法给出命题 2.2 的证明，其他情形证法类似.

证明 设 $\dfrac{\overline{BD}}{\overline{DC}}=\alpha, \dfrac{\overline{CE}}{\overline{EA}}=\beta, \dfrac{\overline{AF}}{\overline{FB}}=\gamma$，则 $\alpha\beta\gamma=1$. 设 $\dfrac{\overline{FP}}{\overline{PE}}=\mu$，则

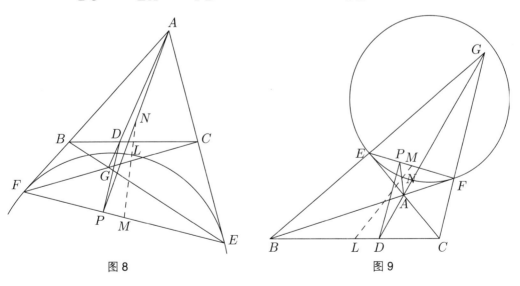

图 8   图 9

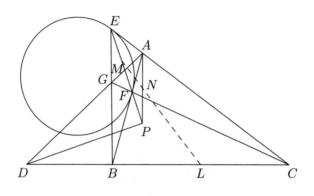

图 10

$$\overrightarrow{AP} = \overrightarrow{AF} + \overrightarrow{FP} = \frac{\mu}{1+\mu}\overrightarrow{AE} + \frac{1}{1+\mu}\overrightarrow{AF},$$

$$\overrightarrow{AD} = \overrightarrow{AB} + \overrightarrow{BD} = \frac{\alpha(1+\beta)}{1+\alpha}\overrightarrow{AE} + \frac{1+\gamma}{\gamma(1+\alpha)}\overrightarrow{AF},$$

于是

$$\overrightarrow{DP} = \overrightarrow{AP} - \overrightarrow{AD} = \left(\frac{\mu}{1+\mu} - \frac{\alpha(1+\beta)}{1+\alpha}\right)\overrightarrow{AE} + \left(\frac{1}{1+\mu} - \frac{1+\gamma}{\gamma(1+\alpha)}\right)\overrightarrow{AF}. \qquad ①$$

由 $DP \perp EF$, 知 $\overrightarrow{DP} \cdot \overrightarrow{EF} = 0$, 即 $\overrightarrow{DP} \cdot \left(\overrightarrow{AF} - \overrightarrow{AE}\right) = 0$. 将式 ① 代入并由 $\left|\overrightarrow{AE}\right| = \left|\overrightarrow{AF}\right|$, 化简可得 $\mu = \alpha$.

易知 $\overrightarrow{AE} = \frac{1}{1+\beta}\overrightarrow{AC}$, $\overrightarrow{AF} = \frac{\gamma}{1+\gamma}\overrightarrow{AB}$. 由 L 是 BC 中点, 知 $\overrightarrow{AL} = \frac{1}{2}\left(\overrightarrow{AB} + \overrightarrow{AC}\right)$. 由 M 是 EF 的中点, 知

$$\overrightarrow{AM} = \frac{1}{2}\left(\overrightarrow{AE} + \overrightarrow{AF}\right) = \frac{1}{2}\left(\frac{\gamma}{1+\gamma}\overrightarrow{AB} + \frac{1}{1+\beta}\overrightarrow{AC}\right).$$

又

$$\overrightarrow{FP} = \frac{\alpha}{1+\alpha}\overrightarrow{FE} = \frac{\alpha}{1+\alpha}\left(\overrightarrow{AE} - \overrightarrow{AF}\right) = \frac{\alpha}{1+\alpha}\left(\frac{1}{1+\beta}\overrightarrow{AC} - \frac{\gamma}{1+\gamma}\overrightarrow{AB}\right),$$

故

$$\overrightarrow{AN} = \frac{1}{2}\overrightarrow{AP} = \frac{1}{2}\left(\overrightarrow{AF} + \overrightarrow{FP}\right) = \frac{1}{2(1+\alpha)}\left(\frac{\gamma}{1+\gamma}\overrightarrow{AB} + \frac{\alpha}{1+\beta}\overrightarrow{AC}\right).$$

从而

$$\overrightarrow{NL} = \overrightarrow{AL} - \overrightarrow{AN} = \frac{1}{2}\left(\frac{1+\alpha+\alpha\gamma}{2(1+\alpha)(1+\gamma)}\overrightarrow{AB} + \frac{1+\beta+\alpha\beta}{2(1+\alpha)(1+\gamma)}\overrightarrow{AC}\right),$$

$$\overrightarrow{LM} = \overrightarrow{AM} - \overrightarrow{AL} = -\left(\frac{1}{1+\gamma}\overrightarrow{AB} + \frac{\beta}{1+\beta}\overrightarrow{AC}\right).$$

结合 $\alpha\beta\gamma = 1$, 得

$$\overrightarrow{NL} = -\frac{1+\alpha+\alpha\gamma}{1+\alpha}\overrightarrow{LM}.$$

因此, L, M, N 三点共线.

引申归纳

以上若干命题, 都是同一类几何构型 ——一个三角形和一个切圆或半切圆, 由切线长定理知 $AE = AF$. 因此, 可以将上述若干命题统一为如下命题:

命题 3.1 设 G 是等腰 $\triangle AEF$ ($AE = AF$) 所在平面内任一点, EG 与 AF 交于点 B, FG 与 AE 交于点 C, AG 与 BC 交于点 D, $DP \perp EF$, 垂足为 P, 线段 BC, EF, AP 的中点分别为 L, M, N. 则 L, M, N 三点共线.

潘成华先生也给出了如下类似的有趣命题:

命题 3.2 如图 11 所示, 在等腰 $\triangle ABC$ 中, $AB = AC$, 点 D, E, F 分别在边 BC, CA, AB 上, 满足 $\angle BDF = \angle CDE$, 线段 AD, EF, BC 的中点分别为 L, M, N. 则 L, M, N 三点共线.

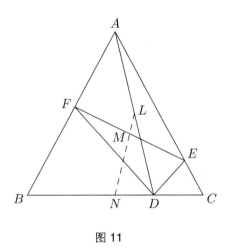

图 11

问题一般化

叶中豪先生给出了下面的一般化问题:

命题 4.1 如图 12 所示, $\triangle DEF$ 是点 U 关于 $\triangle ABC$ 的塞瓦三角形, 点 P 在线段 EF 上, 且 $\dfrac{FP}{PE} = \dfrac{BD}{DC}$, 线段 BC, EF, AP 的中点分别为 L, M, N. 则 L, M, N 三点共线.

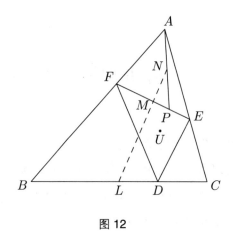

图 12

命题 4.1 的证明过程与本文第二部分给出的证明过程一样, 此处不再赘述.

命题 4.2 如图 13 所示, $\triangle DEF$ 是点 U 关于 $\triangle ABC$ 的塞瓦三角形, 点 P_1 在线段 EF 上, 且 $\dfrac{\overline{FP_1}}{\overline{P_1E}} = \dfrac{\overline{BD}}{\overline{DC}}$, 线段 BC, AP_1 的中点分别为 L_1, N_1. 类似地, 定义 P_2, L_2, N_2, P_3, L_3, N_3. 则 L_1N_1, L_2N_2, L_3N_3 三线共点.

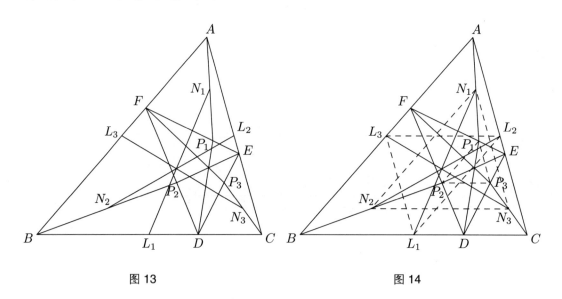

图 13 图 14

证明 如图 14 所示, 设 $\dfrac{\overline{BD}}{\overline{DC}} = \alpha$, $\dfrac{\overline{CE}}{\overline{EA}} = \beta$, $\dfrac{\overline{AF}}{\overline{FB}} = \gamma$, 则 $\alpha\beta\gamma = 1$.
注意到

$$\frac{S_{\triangle BDF}}{S_{\triangle ABC}} = \frac{\overline{BD}}{\overline{BC}} \cdot \frac{\overline{BF}}{\overline{AB}} = \frac{\alpha}{1+\alpha} \cdot \frac{1}{1+\gamma}$$

$$\Rightarrow \quad S_{\triangle BDF} = \frac{\alpha}{(1+\alpha)(1+\gamma)} S_{\triangle ABC},$$

故
$$S_{\triangle BDP_2} = \frac{\beta}{1+\beta} S_{\triangle BDF} = \frac{\alpha\beta}{(1+\alpha)(1+\beta)(1+\gamma)} S_{\triangle ABC}.$$

类似地, 有
$$S_{\triangle CDP_3} = \frac{1}{1+\gamma} S_{\triangle CDE} = \frac{\beta}{(1+\alpha)(1+\beta)(1+\gamma)} S_{\triangle ABC}.$$

从而
$$\frac{S_{\triangle BDP_2}}{S_{\triangle CDP_3}} = \alpha = \frac{\overline{BD}}{\overline{DC}}.$$

因此, $P_2P_3 // BC$. 同理, $P_3P_1 // CA$, $P_1P_2 // AB$, 故 $\triangle P_1P_2P_3$ 与 $\triangle ABC$ 位似. 因为 N_1, N_2, N_3 分别是 AP_1, BP_2, CP_3 的中点, 所以 $\triangle N_1N_2N_3$ 与 $\triangle ABC$ 位似. 又由 $\triangle L_1L_2L_3$ 是 $\triangle ABC$ 的中点三角形, 知 $\triangle L_1L_2L_3$ 与 $\triangle ABC$ 位似. 综上可知, $\triangle L_1L_2L_3$ 与 $\triangle N_1N_2N_3$ 位似, 所以, L_1N_1, L_2N_2, L_3N_3 三线共点.

俞淑慧　曾福林　杨标桂
福建师范大学数学与计算机科学学院

三角形五心及其向量形式

建构三角形五心的向量表示方法不一，本文给出五心存在性证明并应用平面向量基本定理建构其向量形式.

平面向量基本定理

平面向量基本定理 设 $\overrightarrow{OA}$ 与 $\overrightarrow{OB}$ 是平面上不共线的向量，对任一向量 $\overrightarrow{OC}$，存在唯一的二元数组 (k_1, k_2)，使得 $\overrightarrow{OC} = k_1 \overrightarrow{OA} + k_2 \overrightarrow{OB}$. 特别地，若 A, B, C 三点共线，则 $k_1 + k_2 = 1$. 即存在 $k \in \mathbf{R}$，使得 $\overrightarrow{OC} = k\overrightarrow{OA} + (1-k)\overrightarrow{OB}$，当点 C 位于线段 AB 上时，有 $k \in [0,1]$.

平面向量基本定理是坐标系的理论支撑，其特例有广泛而灵巧的应用.

三角形五心存在性与向量表示

定理 1 $\triangle ABC$ 三边的中线相交于一点 G (即**重心**)，并且 $\overrightarrow{GA} + \overrightarrow{GB} + \overrightarrow{GC} = \mathbf{0}$.

证明 设 $\triangle ABC$ 的边 BC, CA, AB 的中点分别为 D, E, F.

第 1 步 如图 1 所示，在 AD 的延长线上取点 K，使得 $DK = AD$，则四边形 $ABKC$ 是平行四边形，故

$$\overrightarrow{AD} = \frac{1}{2}\overrightarrow{AK} = \frac{1}{2}\left(\overrightarrow{AB} + \overrightarrow{AC}\right).$$

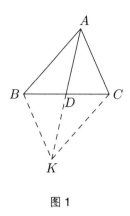

图 1

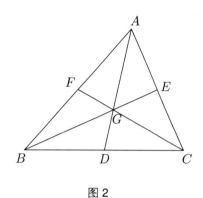

图 2

第 2 步 如图 2 所示,设 BE 与 CF 交于点 G,由 B, G, E 三点共线,知存在 $\lambda \in (0,1)$,使得 $\overrightarrow{AG} = (1-\lambda)\overrightarrow{AB} + \lambda \overrightarrow{AE}$,即

$$\overrightarrow{AG} = (1-\lambda)\overrightarrow{AB} + \frac{\lambda}{2}\overrightarrow{AC}.$$

类似地,由 C, G, F 三点共线,知存在 $\mu \in (0,1)$,使得

$$\overrightarrow{AG} = \frac{\mu}{2}\overrightarrow{AB} + (1-\mu)\overrightarrow{AC}.$$

因为 $\overrightarrow{AB}, \overrightarrow{AC}$ 不共线,而 $\overrightarrow{AG}$ 的表示唯一,所以

$$\begin{cases} 1-\lambda = \dfrac{\mu}{2}, \\ 1-\mu = \dfrac{\lambda}{2} \end{cases} \Rightarrow \quad \lambda = \mu = \frac{2}{3}.$$

从而

$$\overrightarrow{AG} = \frac{1}{3}\left(\overrightarrow{AB} + \overrightarrow{AC}\right) = \frac{2}{3}\overrightarrow{AD}.$$

这说明,A, G, D 三点共线,即三条中线 AD, BE, CF 交于一点 G.

第 3 步 将 $\overrightarrow{AG} = \dfrac{1}{3}\left(\overrightarrow{AB} + \overrightarrow{AC}\right)$ 中的向量都改写成以 G 为起点的向量,即

$$-3\overrightarrow{GA} = \left(\overrightarrow{GB} - \overrightarrow{GA}\right) + \left(\overrightarrow{GC} - \overrightarrow{GA}\right) \quad \Rightarrow \quad \overrightarrow{GA} + \overrightarrow{GB} + \overrightarrow{GC} = \mathbf{0}.$$

注 如图 3 所示,设 M, N 分别是边 AB, AC 上的点,使得四边形 $AMGN$ 是平行四边形,则 $\overrightarrow{AG} = \overrightarrow{AM} + \overrightarrow{AN}$,其中,$\overrightarrow{AM} = \dfrac{1}{3}\overrightarrow{AB}, \overrightarrow{AN} = \dfrac{1}{3}\overrightarrow{AC}$.

重心 G 的向量形式简洁好用,有"一心在手,众心全览"之说.

例 1 已知 $\triangle ABC$ 内部一点 O 满足 $\overrightarrow{OA} + 2\overrightarrow{OB} + 3\overrightarrow{OC} = \mathbf{0}$,求 $\triangle AOC$ 的面积与 $\triangle ABC$ 的面积之比.

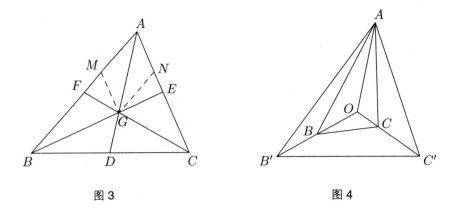

图 3　　　　　　　　　图 4

解析　如图 4 所示,设点 B', C' 满足 $\overrightarrow{OB'} = 2\overrightarrow{OB}$, $\overrightarrow{OC'} = 3\overrightarrow{OC}$, 则点 O 是 $\triangle AB'C'$ 的重心. 于是

$$S_{\triangle AOC} = \frac{1}{3} S_{\triangle AOC'} = \frac{1}{9} S_{\triangle AB'C'},$$
$$S_{\triangle AOB} = \frac{1}{2} S_{\triangle AOB'} = \frac{1}{6} S_{\triangle AB'C'},$$
$$S_{\triangle BOC} = \frac{1}{6} S_{\triangle B'OC'} = \frac{1}{18} S_{\triangle AB'C'}.$$

所以

$$\frac{S_{\triangle AOC}}{S_{\triangle ABC}} = \frac{\frac{1}{9}}{\frac{1}{9} + \frac{1}{6} + \frac{1}{18}} = \frac{2}{2+3+1} = \frac{1}{3}.$$

定理 2　$\triangle ABC$ 三边的垂直平分线相交于一点 O (即**外心**), 并且 $\sin 2A \cdot \overrightarrow{OA} + \sin 2B \cdot \overrightarrow{OB} + \sin 2C \cdot \overrightarrow{OC} = \mathbf{0}$.

证明　由平面几何知识, $\triangle ABC$ 三边的垂直平分线相交于一点 O, 它是 $\triangle ABC$ 外接圆的圆心, 即外心. 如图 5 所示, 设 M, N 分别是边 AB, AC 上的点, 使得四边形 $AMON$ 是平行四边形, 即 $\overrightarrow{AO} = \overrightarrow{AM} + \overrightarrow{AN}$.

设边 AB 的中点为 F, $\triangle ABC$ 的外接圆半径为 R, 则由 $\angle AOF = \angle ACB$, $\angle OMF = \angle BAC$, 得

$$AM = AF - MF = \frac{c}{2} - \frac{c}{2\tan C \tan A} = \frac{c}{2} \cdot \frac{\cos B}{\sin A \sin C}.$$

于是

$$\overrightarrow{AM} = \frac{AM}{c} \cdot \overrightarrow{AB} = \frac{\cos B}{2\sin A \sin C} \cdot \overrightarrow{AB}.$$

同理, $\overrightarrow{AN} = \dfrac{\cos C}{2\sin A \sin B} \cdot \overrightarrow{AC}$. 所以

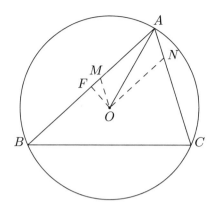

图 5

$$\overrightarrow{AO} = \overrightarrow{AM} + \overrightarrow{AN} = \frac{\cos B}{2\sin A \sin C} \cdot \overrightarrow{AB} + \frac{\cos C}{2\sin A \sin B} \cdot \overrightarrow{AC}$$

$\Rightarrow \quad 2\sin A \sin B \sin C \cdot \overrightarrow{OA} + \sin B \cos B \cdot \overrightarrow{AB} + \sin C \cos C \cdot \overrightarrow{AC} = \mathbf{0}$

$\Rightarrow \quad 2\sin A \sin B \sin C \cdot \overrightarrow{OA} + \sin B \cos B \cdot \left(\overrightarrow{OB} - \overrightarrow{OA}\right) + \sin C \cos C \cdot \left(\overrightarrow{OC} - \overrightarrow{OA}\right) = \mathbf{0}$

$\Rightarrow \quad (2\sin A \sin B \sin C - \sin B \cos B - \sin C \cos C) \cdot \overrightarrow{OA} + \sin B \cos B \cdot \overrightarrow{OB}$
$\qquad + \sin C \cos C \cdot \overrightarrow{OC} = \mathbf{0}$

$\Rightarrow \quad (\sin B \cos A \cos C + \sin C \cos A \cos B) \cdot \overrightarrow{OA} + \sin B \cos B \cdot \overrightarrow{OB} + \sin C \cos C \cdot \overrightarrow{OC} = \mathbf{0}$

$\Rightarrow \quad \sin A \cos A \cdot \overrightarrow{OA} + \sin B \cos B \cdot \overrightarrow{OB} + \sin C \cos C \cdot \overrightarrow{OC} = \mathbf{0}$

$\Rightarrow \quad \sin 2A \cdot \overrightarrow{OA} + \sin 2B \cdot \overrightarrow{OB} + \sin 2C \cdot \overrightarrow{OC} = \mathbf{0}.$

证毕.

定理 3 $\triangle ABC$ 的三条高线相交于一点 H(即**垂心**)，并且 $\tan A \cdot \overrightarrow{HA} + \tan B \cdot \overrightarrow{HB} + \tan C \cdot \overrightarrow{HC} = \mathbf{0}.$

证明 首先给出垂心存在性的证明. 显然, 直角三角形的三条高线相交于直角顶点, 下面只需对非直角三角形进行证明. 设 $\triangle ABC$ 的三条高线为 AD, BE, CF, 且 BE 与 CF 交于点 H.

(法一) 如图 6 所示, 由 $\overrightarrow{HB} \perp \overrightarrow{AC}, \overrightarrow{HC} \perp \overrightarrow{AB}$, 得

$$\overrightarrow{HB} \cdot \left(\overrightarrow{HC} - \overrightarrow{HA}\right) = 0, \quad \overrightarrow{HC} \cdot \left(\overrightarrow{HA} - \overrightarrow{HB}\right) = 0.$$

两式相加, 得

$$\overrightarrow{HC} \cdot \overrightarrow{HA} - \overrightarrow{HB} \cdot \overrightarrow{HA} = 0 \quad \Rightarrow \quad \left(\overrightarrow{HC} - \overrightarrow{HB}\right) \cdot \overrightarrow{HA} = 0,$$

即 $\overrightarrow{BC} \cdot \overrightarrow{HA} = 0$. 从而, $AH \perp BC$, 即高线 AH 经过点 H, 故 $\triangle ABC$ 的三条高线共点于 H.

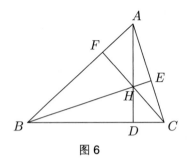

图 6

(法二) 显然, 只需证明 $\overrightarrow{AH} \cdot \overrightarrow{BC} = 0$, 即证 $\overrightarrow{AH} \cdot \overrightarrow{AC} = \overrightarrow{AH} \cdot \overrightarrow{AB}$. 事实上, 我们有

$$\overrightarrow{AH} \cdot \overrightarrow{AC} = \left(\overrightarrow{AE} + \overrightarrow{EH}\right) \cdot \overrightarrow{AC} = \overrightarrow{AE} \cdot \overrightarrow{AC} = \left|\overrightarrow{AE}\right| \cdot \left|\overrightarrow{AC}\right| = bc\cos A,$$

$$\overrightarrow{AH} \cdot \overrightarrow{AB} = \left(\overrightarrow{AF} + \overrightarrow{FH}\right) \cdot \overrightarrow{AB} = \overrightarrow{AF} \cdot \overrightarrow{AB} = \left|\overrightarrow{AF}\right| \cdot \left|\overrightarrow{AB}\right| = bc\cos A.$$

故 $\overrightarrow{AH} \cdot \overrightarrow{AC} = \overrightarrow{AH} \cdot \overrightarrow{AB}$. 从而, $AH \perp BC$, 故 $\triangle ABC$ 的三条高线共点于 H.

(法三) 易知 $\overrightarrow{AE} = \dfrac{c\cos A}{b} \cdot \overrightarrow{AC}$, $\overrightarrow{AF} = \dfrac{b\cos A}{c} \cdot \overrightarrow{AB}$.

由 B, H, E 三点共线, 知存在实数 λ, 使得

$$\overrightarrow{AH} = (1-\lambda) \cdot \overrightarrow{AB} + \lambda \cdot \overrightarrow{AE} = (1-\lambda) \cdot \overrightarrow{AB} + \dfrac{\lambda c\cos A}{b} \cdot \overrightarrow{AC}.$$

由 C, H, F 三点共线, 知存在实数 μ, 使得

$$\overrightarrow{AH} = \mu \cdot \overrightarrow{AF} + (1-\mu) \cdot \overrightarrow{AC} = \dfrac{\mu b\cos A}{c} \cdot \overrightarrow{AB} + (1-\mu) \cdot \overrightarrow{AC}.$$

由平面向量基本定理, 得

$$\begin{cases} 1-\lambda = \dfrac{\mu b\cos A}{c}, \\ 1-\mu = \dfrac{\lambda c\cos A}{b} \end{cases} \Rightarrow \begin{cases} \lambda = \dfrac{\cos B}{\sin A \sin C}, \\ \mu = \dfrac{\cos C}{\sin A \sin B}. \end{cases}$$

故

$$\overrightarrow{AH} = \dfrac{\cos A \cos C}{\sin A \sin C} \cdot \overrightarrow{AB} + \dfrac{\cos A \cos B}{\sin A \sin B} \cdot \overrightarrow{AC}.$$

因此

$$\overrightarrow{AH} \cdot \overrightarrow{CB} = \left(\dfrac{\cos A \cos C}{\sin A \sin C} \cdot \overrightarrow{AB} + \dfrac{\cos A \cos B}{\sin A \sin B} \cdot \overrightarrow{AC}\right) \cdot \left(\overrightarrow{AB} - \overrightarrow{AC}\right)$$

$$= 4R^2 \cos A \cos C \cos B - 4R^2 \cos A \cos B \cos C = 0.$$

于是 $AH \perp BC$, 故 $\triangle ABC$ 的三条高线共点于 H.

再证垂心的向量表示:

(法一) 由垂心的存在性证法三, 知 $\overrightarrow{AH} = \dfrac{\cos A\cos C}{\sin A\sin C}\cdot\overrightarrow{AB} + \dfrac{\cos A\cos B}{\sin A\sin B}\cdot\overrightarrow{AC}$. 于是

$$\tan A\tan B\tan C\cdot\overrightarrow{AH} = \tan B\cdot\overrightarrow{AB} + \tan C\cdot\overrightarrow{AC}.$$

注意到, 在非直角 $\triangle ABC$ 中, 有 $\tan A\tan B\tan C = \tan A + \tan B + \tan C$, 故上式即为

$$(\tan A + \tan B + \tan C)\cdot\overrightarrow{HA} + \tan B\cdot\left(\overrightarrow{HB} - \overrightarrow{HA}\right) + \tan C\cdot\left(\overrightarrow{HC} - \overrightarrow{HA}\right) = \mathbf{0}$$

$$\Rightarrow\quad \tan A\cdot\overrightarrow{HA} + \tan B\cdot\overrightarrow{HB} + \tan C\cdot\overrightarrow{HC} = \mathbf{0}.$$

(法二) 如图 7 所示, 设 M, N 分别是边 AB, AC 上的点, 使得四边形 $AMHN$ 是平行四边形, 即 $\overrightarrow{AH} = \overrightarrow{AM} + \overrightarrow{AN}$.

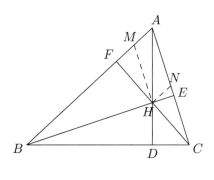

图 7

由 $AF = b\cos A$, $\angle AHF = \angle ABC$, $\angle FMH = \angle BAC$, 得

$$AM = AF - MF = AF - FH\cot A = AF - AF\cot A\cot B$$
$$= AF(1 - \cot A\cot B) = b\cdot\dfrac{\cos A\cos C}{\sin A\sin B}.$$

所以

$$\overrightarrow{AM} = \dfrac{AM}{c}\cdot\overrightarrow{AB} = \dfrac{b}{c}\cdot\dfrac{\cos A\cos C}{\sin A\sin B}\cdot\overrightarrow{AB} = \dfrac{\cos A\cos C}{\sin A\sin C}\cdot\overrightarrow{AB} = \cot A\cot C\cdot\overrightarrow{AB}.$$

同理, $\overrightarrow{AN} = \cot A\cot C\cdot\overrightarrow{AC}$. 所以

$$\overrightarrow{AH} = \cot A\cot C\cdot\overrightarrow{AB} + \cot A\cot C\cdot\overrightarrow{AC}.$$

以下同证法一.

定理 4 $\triangle ABC$ 的三条内角平分线相交于一点 I (即**内心**), 并且 $a\cdot\overrightarrow{IA} + b\cdot\overrightarrow{IB} + c\cdot\overrightarrow{IC} = \mathbf{0}$.

证明 由平面几何知识易知 $\triangle ABC$ 的三条内角平分线交于一点, 即 $\triangle ABC$ 的内心, 记作 I.

首先, 给出三角形内角平分线性质定理作为引理.

引理 1 设 $\triangle ABC$ 中的 $\angle A$ 的内角平分线与 BC 交于 D, 则 $\dfrac{AB}{AC} = \dfrac{BD}{CD}$.

应用引理 1, 容易得到下面的结论.

引理 2 如图 8 所示, 设 $\triangle ABC$ 中的 $\angle A, \angle B, \angle C$ 的内角平分线分别与对边交于点 D, E, F, 则有:

(1) $BD = \dfrac{ac}{b+c}, CD = \dfrac{ab}{b+c}, CE = \dfrac{ba}{c+a}, AE = \dfrac{bc}{c+a}, AF = \dfrac{cb}{a+b}, BF = \dfrac{ca}{a+b}$;

(2) $\dfrac{AI}{ID} = \dfrac{b+c}{a}, \dfrac{BI}{IE} = \dfrac{c+a}{b}, \dfrac{CI}{IF} = \dfrac{a+b}{c}$.

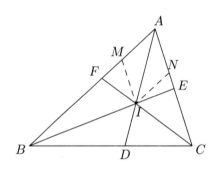

图 8

其次, 设 M, N 分别是边 AB, AC 上的点, 使得四边形 $AMIN$ 是平行四边形 (事实上, 它也是菱形), 即 $\overrightarrow{AI} = \overrightarrow{AM} + \overrightarrow{AN}$. 由

$$AM = AN = MI = \dfrac{BI}{BE} \cdot AE = \dfrac{AE}{1 + \dfrac{IE}{BI}} = \dfrac{bc}{a+b+c},$$

得

$$\overrightarrow{AM} = \dfrac{AM}{c} \cdot \overrightarrow{AB} = \dfrac{b}{a+b+c} \cdot \overrightarrow{AB}, \quad \overrightarrow{AN} = \dfrac{AN}{b} \cdot \overrightarrow{AC} = \dfrac{c}{a+b+c} \cdot \overrightarrow{AC}.$$

所以

$$\overrightarrow{AI} = \overrightarrow{AM} + \overrightarrow{AN} = \dfrac{b}{a+b+c} \cdot \overrightarrow{AB} + \dfrac{c}{a+b+c} \cdot \overrightarrow{AC}$$

$$\Rightarrow \quad (a+b+c) \cdot \overrightarrow{IA} + b \cdot \overrightarrow{AB} + c \cdot \overrightarrow{AC} = \mathbf{0}$$

$$\Rightarrow \quad (a+b+c) \cdot \overrightarrow{IA} + b \cdot \left(\overrightarrow{IB} - \overrightarrow{IA}\right) + c \cdot \left(\overrightarrow{IC} - \overrightarrow{IA}\right) = \mathbf{0}$$

$$\Rightarrow \quad a \cdot \overrightarrow{IA} + b \cdot \overrightarrow{IB} + c \cdot \overrightarrow{IC} = \mathbf{0}.$$

根据正弦定理,上式也可以写成

$$\sin A \cdot \overrightarrow{IA} + \sin B \cdot \overrightarrow{IB} + \sin C \cdot \overrightarrow{IC} = \mathbf{0}.$$

定理 5 $\triangle ABC$ 中的 $\angle A$ 的内角平分线与 $\angle B$, $\angle C$ 的外角平分线相交于一点 I_a (即 $\angle A$ 内的旁心),并且 $-a \cdot \overrightarrow{I_aA} + b \cdot \overrightarrow{I_aB} + c \cdot \overrightarrow{I_aC} = \mathbf{0}$.

证明 如图 9 所示,设点 A, I_a 在边 BC 上的射影分别为 D, E,则以 I_a 为圆心、I_aE 为半径的圆 $\odot I_a$ 即为 $\triangle ABC$ 的一个旁切圆. 设 EF 是 $\odot I_a$ 的直径,过 F 作 $\odot I_a$ 的切线,分别与 AB, AC 交于点 B', C',则由定理 4,得

$$a' \cdot \overrightarrow{I_aA} + b' \cdot \overrightarrow{I_aB'} + c' \cdot \overrightarrow{I_aC'} = \mathbf{0}.$$

这里,$B'C' = a'$, $C'A = b'$, $AB' = c'$. 由于 $\triangle AB'C' \sim \triangle ABC$,故上式可改写为

$$a \cdot \overrightarrow{I_aA} + b \cdot \overrightarrow{I_aB'} + c \cdot \overrightarrow{I_aC'} = \mathbf{0}. \qquad ①$$

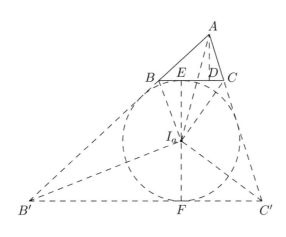

图 9

下面计算 $\triangle AB'C' \sim \triangle ABC$ 的相似比 $k = \dfrac{AD + EF}{AD}$.

设 $\triangle ABC$ 的外接圆的半径为 R, $\angle A$ 内的旁切圆 (即 $\triangle AB'C'$ 的内切圆) 的半径为 r_a,则 $r_a = \dfrac{a+b+c}{2} \cdot \tan \dfrac{A}{2}$. 又

$$AD = \dfrac{2S_{\triangle ABC}}{BC} = \dfrac{2}{a} \cdot \dfrac{1}{2} bc \sin A = \dfrac{bc \sin A}{a},$$

故

$$k = \dfrac{AD + 2r_a}{AD} = 1 + \dfrac{2r_a}{AD} = 1 + \dfrac{a(a+b+c)}{bc} \cdot \dfrac{\tan \dfrac{A}{2}}{\sin A}$$

$$= 1 + \frac{a(a+b+c)}{bc} \cdot \frac{1}{1+\cos A} = 1 + \frac{a(a+b+c)}{bc} \cdot \frac{2bc}{2bc+b^2+c^2-a^2}$$
$$= \frac{a+b+c}{b+c-a}.$$

易知 $\overrightarrow{AB'} = k\overrightarrow{AB}$，则 $\overrightarrow{BB'} = (k-1)\overrightarrow{AB}$. 于是

$$\overrightarrow{I_aB'} = \overrightarrow{I_aB} + \overrightarrow{BB'} = \overrightarrow{I_aB} + (k-1)\overrightarrow{AB}.$$

同理，$\overrightarrow{I_aC'} = \overrightarrow{I_aC} + (k-1)\overrightarrow{AC}$. 代入式 ①，得

$$a \cdot \overrightarrow{I_aA} + b \cdot \left(\overrightarrow{I_aB} + (k-1)\overrightarrow{AB}\right) + c \cdot \left(\overrightarrow{I_aC} + (k-1)\overrightarrow{AC}\right) = \mathbf{0}$$

$$\Rightarrow \quad a \cdot \overrightarrow{I_aA} + b \cdot \overrightarrow{I_aB} + c \cdot \overrightarrow{I_aC} + \frac{2ab}{b+c-a} \cdot \overrightarrow{AB} + \frac{2ac}{b+c-a} \cdot \overrightarrow{AC} = \mathbf{0}$$

$$\Rightarrow \quad (b+c-a)\left(a \cdot \overrightarrow{I_aA} + b \cdot \overrightarrow{I_aB} + c \cdot \overrightarrow{I_aC}\right) + 2ab \cdot \overrightarrow{AB} + 2ac \cdot \overrightarrow{AC} = \mathbf{0}$$

$$\Rightarrow \quad (b+c-a)\left(a \cdot \overrightarrow{I_aA} + b \cdot \overrightarrow{I_aB} + c \cdot \overrightarrow{I_aC}\right) + 2ab \cdot \left(\overrightarrow{I_aB} - \overrightarrow{I_aA}\right) + 2ac \cdot \left(\overrightarrow{I_aC} - \overrightarrow{I_aA}\right) = \mathbf{0}$$

$$\Rightarrow \quad -a(a+b+c) \cdot \overrightarrow{I_aA} + b(a+b+c) \cdot \overrightarrow{I_aB} + c(a+b+c) \cdot \overrightarrow{I_aC} = \mathbf{0},$$

故

$$-a \cdot \overrightarrow{I_aA} + b \cdot \overrightarrow{I_aB} + c \cdot \overrightarrow{I_aC} = \mathbf{0}.$$

根据正弦定理，上式也可以写成

$$-\sin A \cdot \overrightarrow{I_aA} + \sin B \cdot \overrightarrow{I_aB} + \sin C \cdot \overrightarrow{I_aC} = \mathbf{0}.$$

注 以上五条定理所得五心的向量表示虽然只证明了必要性，但都是充要条件. 现以内心为例证明其充分性，即若点 I 满足 $a \cdot \overrightarrow{IA} + b \cdot \overrightarrow{IB} + c \cdot \overrightarrow{IC} = \mathbf{0}$，则点 I 是 $\triangle ABC$ 的内心. 事实上，设 $\triangle ABC$ 的内心为 I'，则由定理 4，知 $a \cdot \overrightarrow{I'A} + b \cdot \overrightarrow{I'B} + c \cdot \overrightarrow{I'C} = \mathbf{0}$，两式相减，得 $(a+b+c) \cdot \overrightarrow{II'} = \mathbf{0}$，即 $\overrightarrow{II'} = \mathbf{0}$. 所以，$I$ 就是 $\triangle ABC$ 的内心.

最后，再给出外心、垂心、重心之间的一个联合性质.

定理 6 设 $\triangle ABC$ 的外心、重心、垂心分别为 O, G, H，则 $\overrightarrow{OA} + \overrightarrow{OB} + \overrightarrow{OC} = \overrightarrow{OH}$，且 $\overrightarrow{OH} = 3\overrightarrow{OG}$.

证明 如图 10 所示，设边 BC 的中点为 D，直线 BO 与 $\triangle ABC$ 的外接圆交于 B, P 两点，则 BP 是 $\triangle ABC$ 的外接圆直径. 所以，$AP \perp AB, CP \perp BC$. 再由 H 是垂心，知 $CH \perp AB, AH \perp BC$，故四边形 $AHCP$ 是平行四边形. 于是

$$\overrightarrow{OH} = \overrightarrow{OA} + \overrightarrow{AH} = \overrightarrow{OA} + \overrightarrow{PC} = \overrightarrow{OA} + 2\overrightarrow{OD} = \overrightarrow{OA} + \overrightarrow{OB} + \overrightarrow{OC}.$$

从而, 由上文已有结论, 得

$$\overrightarrow{OG} = \overrightarrow{OA} + \overrightarrow{AG} = \overrightarrow{OA} + \frac{2}{3}\overrightarrow{AD} = \overrightarrow{OA} + \frac{1}{3}\left(\overrightarrow{AB} + \overrightarrow{AC}\right)$$
$$= \overrightarrow{OA} + \frac{1}{3}\left(\overrightarrow{OB} + \overrightarrow{OC} - 2\overrightarrow{OA}\right) = \frac{1}{3}\left(\overrightarrow{OA} + \overrightarrow{OB} + \overrightarrow{OC}\right).$$

因此, $\overrightarrow{OH} = 3\overrightarrow{OG}$.

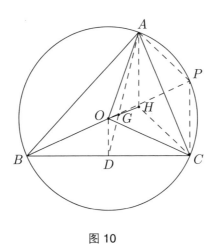

图 10

例 2 如图 11 所示, $\triangle ABC$ 的外心为 O, 三条高 AD, BE, CF 交于点 H, 直线 ED 和 AB 交于点 M, 直线 FD 和 AC 交于点 N. 证明:

(1) $OB \perp DF, OC \perp DE$;

(2) $OH \perp MN$.

(全国高中数学联赛, 2001)

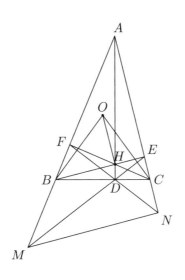

图 11

解析 (1) 由 O 是 $\triangle ABC$ 的外心,知 $\angle OBD + \angle BAC = 90°$. 再由 A, F, D, C 四点共圆,知 $\angle BDF = \angle BAC$. 所以, $\angle OBD + \angle BDF = 90°$, 即 $OB \perp DF$. 同理, $OC \perp DE$.

(2) 由 $\overrightarrow{OH} = \overrightarrow{OA} + \overrightarrow{OB} + \overrightarrow{OC}$ 及 $\left(\overrightarrow{OA} + \overrightarrow{OC}\right) \perp \overrightarrow{AN}$, 并结合 (1) 的结论,有

$$\overrightarrow{OH} \cdot \overrightarrow{AN} = \overrightarrow{OB} \cdot \overrightarrow{AN} = \overrightarrow{OB} \cdot \left(\overrightarrow{AF} + \overrightarrow{FN}\right) = \overrightarrow{OB} \cdot \overrightarrow{AF}$$
$$= R \cdot b \cos A \cos \frac{180° - 2C}{2} = 2R^2 \cos A \sin B \sin C.$$

同理, $\overrightarrow{OH} \cdot \overrightarrow{AM} = 2R^2 \cos A \sin B \sin C$. 故

$$\overrightarrow{OH} \cdot \overrightarrow{MN} = \overrightarrow{OH} \cdot \left(\overrightarrow{AN} - \overrightarrow{AM}\right) = \overrightarrow{OH} \cdot \overrightarrow{AN} - \overrightarrow{OH} \cdot \overrightarrow{AM} = 0,$$

即 $OH \perp MN$.

一个嵌入型向量等式

定理 7 设 O 是 $\triangle ABC$ 内任一点, 记 $\triangle BOC, \triangle COA, \triangle AOB$ 的面积分别为 S_A, S_B, S_C, 则 $S_A \cdot \overrightarrow{OA} + S_B \cdot \overrightarrow{OB} + S_C \cdot \overrightarrow{OC} = \mathbf{0}$.

证明 (法一) 如图 12 所示, 设点 A', B', C', D 满足 $\overrightarrow{OA'} = S_A \cdot \overrightarrow{OA}$, $\overrightarrow{OB'} = S_B \cdot \overrightarrow{OB}$, $\overrightarrow{OC'} = S_C \cdot \overrightarrow{OC}$, $\overrightarrow{OA'} + \overrightarrow{OC'} = \overrightarrow{OD}$, 则四边形 $OA'DC'$ 是平行四边形. 设 $\left|\overrightarrow{OA}\right| = a$, $\left|\overrightarrow{OB}\right| = b$, $\left|\overrightarrow{OC}\right| = c$, $\angle BOC = \alpha$, $\angle COA = \beta$, $\angle AOB = \gamma$, 则 $S_A = \frac{1}{2} bc \sin \alpha$, $S_B = \frac{1}{2} ca \sin \beta$, $S_C = \frac{1}{2} ab \sin \gamma$.

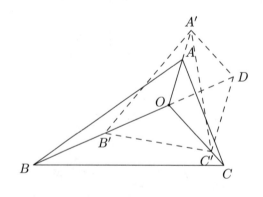

图 12

下面证明 $\overrightarrow{OD} = -\overrightarrow{OB'}$, 即 $\left|\overrightarrow{OD}\right| = \left|\overrightarrow{OB'}\right|$, 且 $\angle A'OD + \angle A'OB' = 180°$.

事实上, 我们有

$$\left|\overrightarrow{OD}\right| = \left|\overrightarrow{OA'} + \overrightarrow{OC'}\right| = \sqrt{\left|\overrightarrow{OA'}\right|^2 + \left|\overrightarrow{OC'}\right|^2 + 2\left|\overrightarrow{OA'}\right| \cdot \left|\overrightarrow{OC'}\right| \cdot \cos\angle A'OC'}$$

$$= \sqrt{S_A^2 \cdot a^2 + S_C^2 \cdot c^2 + 2S_A \cdot S_C \cdot a \cdot c \cos\beta}$$

$$= \sqrt{\frac{1}{4}a^2b^2c^2\sin^2\alpha + \frac{1}{4}a^2b^2c^2\sin^2\gamma + 2 \cdot \frac{1}{2}abc\sin\alpha \cdot \frac{1}{2}abc\sin\gamma \cdot \cos\beta}$$

$$= \frac{1}{2}abc\sqrt{\sin^2\alpha + \sin^2\gamma + 2\sin\alpha\sin\gamma\cos\beta}$$

$$= \frac{1}{2}abc\sqrt{1 - \frac{1}{2}(\cos 2\alpha + \cos 2\gamma) + 2\sin\alpha\sin\gamma\cos(\alpha+\gamma)}$$

$$= \frac{1}{2}abc\sqrt{1 - \cos(\alpha+\gamma)\cos(\alpha-\gamma) + 2\sin\alpha\sin\gamma\cos(\alpha+\gamma)}$$

$$= \frac{1}{2}abc\sqrt{1 - \cos(\alpha+\gamma)(\cos(\alpha-\gamma) - 2\sin\alpha\sin\gamma)}$$

$$= \frac{1}{2}abc\sqrt{1 - \cos^2(\alpha+\gamma)} = \frac{1}{2}abc\sqrt{1 - \cos^2\beta}$$

$$= \frac{1}{2}abc\sin\beta = S_B \cdot b = \left|\overrightarrow{OB'}\right|.$$

而在 $\triangle A'OD$ 中, 有

$$\cos\angle A'OD = \frac{\overrightarrow{OA'} \cdot \overrightarrow{OD}}{\left|\overrightarrow{OA'}\right| \cdot \left|\overrightarrow{OD}\right|} = \frac{\overrightarrow{OA'} \cdot \left(\overrightarrow{OA'} + \overrightarrow{OC'}\right)}{\left|\overrightarrow{OA'}\right| \cdot \left|\overrightarrow{OD}\right|}$$

$$= \frac{\left|\overrightarrow{OA'}\right|^2 + \left|\overrightarrow{OA'}\right| \cdot \left|\overrightarrow{OC'}\right| \cos\angle A'OC'}{\left|\overrightarrow{OA'}\right| \cdot \left|\overrightarrow{OB'}\right|}$$

$$= \frac{S_A^2 a^2 + S_A \cdot S_C \cdot a \cdot c \cos\beta}{S_A \cdot a \cdot S_B \cdot b}$$

$$= \frac{\frac{1}{4}a^2b^2c^2\sin^2\alpha + \frac{1}{4}a^2b^2c^2\sin\alpha\sin\gamma\cos\beta}{\frac{1}{4}a^2b^2c^2\sin\alpha\sin\beta}$$

$$= \frac{\sin\alpha + \sin\gamma\cos\beta}{\sin\beta} = \frac{-\sin(\beta+\gamma) + \sin\gamma\cos\beta}{\sin\beta}$$

$$= \frac{-\sin\beta\cos\gamma}{\sin\beta} = -\cos\gamma$$

$$= \cos(180° - \gamma) = \cos(180° - \angle A'OB').$$

故 $\overrightarrow{OD} = -\overrightarrow{OB'}$. 从而

$$S_A \cdot \overrightarrow{OA} + S_B \cdot \overrightarrow{OB} + S_C \cdot \overrightarrow{OC} = \mathbf{0}.$$

(法二) 如图 13 所示, 设 AO 与 BC 交于点 D, 则 D 分 $\overrightarrow{BC}$ 所成的比为 $\dfrac{\overrightarrow{BD}}{\overrightarrow{CD}} = \dfrac{S_C}{S_B}$.

由定比分点公式, 得
$$\overrightarrow{AD} = \frac{S_B \cdot \overrightarrow{AB} + S_C \cdot \overrightarrow{AC}}{S_B + S_C}.$$

而由 $\dfrac{AO}{AD} = \dfrac{S_B + S_C}{S_A + S_B + S_C}$, 知

$$\begin{aligned}\overrightarrow{AO} &= \frac{S_B + S_C}{S_A + S_B + S_C} \cdot \overrightarrow{AD} = \frac{S_B + S_C}{S_A + S_B + S_C} \cdot \frac{S_B \cdot \overrightarrow{AB} + S_C \cdot \overrightarrow{AC}}{S_B + S_C} \\ &= \frac{S_B \cdot \overrightarrow{AB} + S_C \cdot \overrightarrow{AC}}{S_A + S_B + S_C}.\end{aligned}$$

从而

$$(S_A + S_B + S_C) \cdot \overrightarrow{AO} = S_B \cdot \overrightarrow{AB} + S_C \cdot \overrightarrow{AC}$$
$$\Rightarrow (S_A + S_B + S_C) \cdot \overrightarrow{OA} + S_B \cdot \left(\overrightarrow{OB} - \overrightarrow{OA}\right) + S_C \cdot \left(\overrightarrow{OC} - \overrightarrow{OA}\right) = \mathbf{0}$$
$$\Rightarrow S_A \cdot \overrightarrow{OA} + S_B \cdot \overrightarrow{OB} + S_C \cdot \overrightarrow{OC} = \mathbf{0}.$$

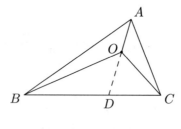

图 13

注 定理 7 是一个一般性的向量等式, 暗藏着更为丰富的结论. 对任意给定的 $\triangle ABC$, 直线 AB, BC, CA 把 $\triangle ABC$ 所在平面分成 7 个区域 (不含边界), 将它们分别标记为区域 (i) 至 (vii), 如图 14 所示.

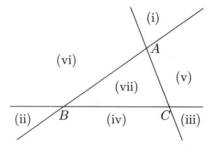

图 14

上面已经证明点 O 位于区域 (vii) 的必要条件. 同样也可以证明以下向量条件:

(1) 点 O 位于区域 (i) 或 (iv) 的必要条件是 $-S_A \cdot \overrightarrow{OA} + S_B \cdot \overrightarrow{OB} + S_C \cdot \overrightarrow{OC} = \mathbf{0}$;

(2) 点 O 位于区域 (ii) 或 (v) 的必要条件是 $S_A \cdot \overrightarrow{OA} - S_B \cdot \overrightarrow{OB} + S_C \cdot \overrightarrow{OC} = \mathbf{0}$;

(3) 点 O 位于区域 (iii) 或 (vi) 的必要条件是 $S_A \cdot \overrightarrow{OA} + S_B \cdot \overrightarrow{OB} - S_C \cdot \overrightarrow{OC} = \mathbf{0}$.

将点 O 换成 $\triangle ABC$ 中的特殊点, 可以分别得到一些漂亮的向量关系. 例如, 我们可以重建上文给出的三角形五心的向量形式.

重心: 若 O 是 $\triangle ABC$ 的重心, 则 $S_A = S_B = S_C$. 故 $\overrightarrow{OA} + \overrightarrow{OB} + \overrightarrow{OC} = \mathbf{0}$.

外心: 若 O 是 $\triangle ABC$ 的外心, 则 $S_A = \dfrac{R^2}{2}\sin 2A$, $S_B = \dfrac{R^2}{2}\sin 2B$, $S_C = \dfrac{R^2}{2}\sin 2C$. 这里, R 是 $\triangle ABC$ 的外接圆半径. 故 $\sin 2A \cdot \overrightarrow{OA} + \sin 2B \cdot \overrightarrow{OB} + \sin 2C \cdot \overrightarrow{OC} = \mathbf{0}$.

垂心: 若 O 是非直角 $\triangle ABC$ 的垂心, 则

$$S_A = 2R^2 \sin A \cos B \cos C, \quad S_B = 2R^2 \cos A \sin B \cos C, \quad S_C = 2R^2 \cos A \cos B \sin C.$$

这里, R 是 $\triangle ABC$ 的外接圆半径. 故 $\tan A \cdot \overrightarrow{OA} + \tan B \cdot \overrightarrow{OB} + \tan C \cdot \overrightarrow{OC} = \mathbf{0}$.

内心: 若 O 是 $\triangle ABC$ 的内心, 则 $S_A = \dfrac{1}{2}ra$, $S_B = \dfrac{1}{2}rb$, $S_C = \dfrac{1}{2}rc$. 这里, r 是 $\triangle ABC$ 的内切圆半径. 故 $a \cdot \overrightarrow{OA} + b \cdot \overrightarrow{OB} + c \cdot \overrightarrow{OC} = \mathbf{0}$.

旁心: 若 O 是 $\triangle ABC$ 中的 $\angle A$ 内的旁心, 则 $S_A = \dfrac{1}{2}r_a a$, $S_B = \dfrac{1}{2}r_a b$, $S_C = \dfrac{1}{2}r_a c$. 这里, r_a 是 $\triangle ABC$ 中的 $\angle A$ 内的旁切圆半径. 故 $-a \cdot \overrightarrow{OA} + b \cdot \overrightarrow{OB} + c \cdot \overrightarrow{OC} = \mathbf{0}$.

与五心有关的轨迹问题

例 3 在非直角 $\triangle ABC$ 中, 求 $f = \overrightarrow{BC} \cdot \left(\dfrac{\overrightarrow{AB}}{\left|\overrightarrow{AB}\right|\cos B} + \dfrac{\overrightarrow{AC}}{\left|\overrightarrow{AC}\right|\cos C} \right)$ 的值.

解析

$$f = \dfrac{\overrightarrow{AB} \cdot \overrightarrow{BC}}{c \cos B} + \dfrac{\overrightarrow{AC} \cdot \overrightarrow{BC}}{b \cos C} = \dfrac{-\overrightarrow{BA} \cdot \overrightarrow{BC}}{c \cos B} + \dfrac{\overrightarrow{CA} \cdot \overrightarrow{CB}}{b \cos C}$$

$$= \dfrac{-ca \cos B}{c \cos B} + \dfrac{ab \cos C}{b \cos C} = -a + a = 0.$$

例 4 设 O 是 $\triangle ABC$ 所在平面上一定点. 证明:

(1) 若动点 P 满足

$$\overrightarrow{OP} = \overrightarrow{OA} + \lambda \left(\dfrac{\overrightarrow{AB}}{\left|\overrightarrow{AB}\right|\cos B} + \dfrac{\overrightarrow{AC}}{\left|\overrightarrow{AC}\right|\cos C} \right) \quad (\lambda \in \mathbf{R}),$$

则动点 P 的轨迹过 $\triangle ABC$ 的垂心;

(2) 若动点 P 满足

$$\overrightarrow{OP} = \frac{\overrightarrow{OB}+\overrightarrow{OC}}{2} + \lambda \left(\frac{\overrightarrow{AB}}{|\overrightarrow{AB}|\cos B} + \frac{\overrightarrow{AC}}{|\overrightarrow{AC}|\cos C} \right) \quad (\lambda \in \mathbf{R}),$$

则动点 P 的轨迹过 $\triangle ABC$ 的外心;

(3) 若动点 P 满足

$$\overrightarrow{OP} = \overrightarrow{OA} + \lambda \left(\frac{\overrightarrow{AB}}{|\overrightarrow{AB}|} + \frac{\overrightarrow{AC}}{|\overrightarrow{AC}|} \right) \quad (\lambda \geqslant 0),$$

则动点 P 的轨迹过 $\triangle ABC$ 的内心;

(4) 若动点 P 满足

$$\overrightarrow{OP} = \overrightarrow{OA} + \lambda \left(\frac{\overrightarrow{AB}}{|\overrightarrow{AB}|\sin B} + \frac{\overrightarrow{AC}}{|\overrightarrow{AC}|\sin C} \right) \quad (\lambda \geqslant 0),$$

则动点 P 的轨迹过 $\triangle ABC$ 的重心.

证明 (1) 设 $\overrightarrow{AK} = \dfrac{\overrightarrow{AB}}{|\overrightarrow{AB}|\cos B} + \dfrac{\overrightarrow{AC}}{|\overrightarrow{AC}|\cos C}$, 则 $\overrightarrow{AK} \perp \overrightarrow{BC}$, $\overrightarrow{OP} = \overrightarrow{OA} + \lambda \overrightarrow{AK}(\lambda \in \mathbf{R})$, 即 $\overrightarrow{AP} = \lambda \overrightarrow{AK}$. 所以, 当实数 λ 变化时, 动点 P 的轨迹是 $\triangle ABC$ 经过 A 的高线所在的直线, 此轨迹过 $\triangle ABC$ 的垂心.

(2) 设边 BC 的中点为 D, $\overrightarrow{AK} = \dfrac{\overrightarrow{AB}}{|\overrightarrow{AB}|\cos B} + \dfrac{\overrightarrow{AC}}{|\overrightarrow{AC}|\cos C}$, 则 $\overrightarrow{OD} = \dfrac{\overrightarrow{OB}+\overrightarrow{OC}}{2}$, $\overrightarrow{OP} = \overrightarrow{OD} + \lambda \overrightarrow{AK}$ $(\lambda \in \mathbf{R})$, 即 $\overrightarrow{DP} = \lambda \overrightarrow{AK}$ $(\lambda \in \mathbf{R})$, 所以, $\overrightarrow{DP} \perp \overrightarrow{BC}$, 动点 P 的轨迹是线段 BC 的垂直平分线, 此轨迹过 $\triangle ABC$ 的外心.

(3) 和 (4) 的推证请读者自行完成.

王慧兴
清华附中朝阳学校

解题小品——局势逆转

题目 已知函数 $f(x) = a\ln x + \dfrac{1}{x} + \dfrac{1}{2x^2}$ $(a \in \mathbf{R})$.

(1) 当 $a = 2$ 时, 讨论函数 $f(x)$ 的单调性;

(2) 证明: $(x-1)(\mathrm{e}^{-x} - x) + 2\ln x < \dfrac{2}{3}$.

解析 (1) 当 $a = 2$ 时, $f(x) = 2\ln x + \dfrac{1}{x} + \dfrac{1}{2x^2}$ $(x > 0)$, 则

$$f'(x) = \dfrac{2}{x} - \dfrac{1}{x^2} - \dfrac{1}{x^3} = \dfrac{(2x+1)(x-1)}{x^3} \quad (x > 0).$$

令 $f'(x) = 0$, 得 $x = 1$. 当 $0 < x < 1$ 时, $f'(x) < 0$, $f(x)$ 单调递减; 当 $x > 1$ 时, $f'(x) > 0$, $f(x)$ 单调递增.

因此, $f(x)$ 的递增区间是 $(1, +\infty)$, 递减区间是 $(0, 1)$.

(2) 由 (1) 的结论, 知 $f(x) = 2\ln x + \dfrac{1}{x} + \dfrac{1}{2x^2}$ 在 $(0, +\infty)$ 上有最小值 $f(1) = \dfrac{3}{2}$, 即

$$2\ln x + \dfrac{1}{x} + \dfrac{1}{2x^2} \geqslant \dfrac{3}{2},$$

亦即

$$2\ln x \geqslant \dfrac{3}{2} - \dfrac{1}{x} - \dfrac{1}{2x^2}. \qquad ①$$

但这与要证的不等式反向, 怎么办? 说好的 (1), (2) 问间有联系呢?

别着急, 我们要想办法使不等式反向, 从而扭转当前的不利局势.

所谓的办法就是, 在式 ① 中以 $\dfrac{1}{x}$ 代替 x, 得到

$$2\ln \dfrac{1}{x} \geqslant \dfrac{3}{2} - x - \dfrac{x^2}{2},$$

即

$$2\ln x \leqslant \dfrac{x^2}{2} + x - \dfrac{3}{2}.$$

从而

$$(x-1)(\mathrm{e}^{-x} - x) + 2\ln x \leqslant (x-1)(\mathrm{e}^{-x} - x) + \dfrac{x^2}{2} + x - \dfrac{3}{2}$$

$$= (x-1)\mathrm{e}^{-x} - \frac{x^2}{2} + 2x - \frac{3}{2}.$$

设 $g(x) = (x-1)\mathrm{e}^{-x} - \frac{x^2}{2} + 2x - \frac{3}{2}$ $(x > 0)$，则

$$g'(x) = (2-x)(\mathrm{e}^{-x} + 1) \quad (x > 0).$$

由 $g'(x)$ 的正负变化易判定 $g(x)$ 在 $(0, +\infty)$ 上有最大值 $g(2) = \mathrm{e}^{-2} + \frac{1}{2}$，而 $g(2) < \frac{2}{3}$ 等价于 $\mathrm{e}^2 > 6$，这显然成立. 故结论得证.

注 上述解答中机智地以 $\frac{1}{x}$ 代替 x，得到 $2\ln x \leqslant \frac{x^2}{2} + x - \frac{3}{2}$，从而使局势逆转，接下来就轻车熟路了.

代换是获得派生 (反向) 不等式的重要手段.

例如，从我们熟知的 $\mathrm{e}^x \geqslant x + 1$ $(x \in \mathbf{R})$ 出发就可以获得一系列重要不等式.

(i) 以 $x - 1$ 代替 x，得到 $\mathrm{e}^{x-1} \geqslant x$.

(ii) 以 $-x$ 代替 x，得到 $\mathrm{e}^{-x} \geqslant -x + 1 \Rightarrow \mathrm{e}^x(1-x) \leqslant 1$. 当 $x < 1$ 时，有 $\mathrm{e}^x \leqslant \frac{1}{1-x}$，这就获得了不等式链

$$x + 1 \leqslant \mathrm{e}^x \leqslant \frac{1}{1-x} \quad (x < 1),$$

从而实现对 e^x 两个方向的放缩控制.

(iii) 以 $\ln x$ 代替 x，得到 $\mathrm{e}^{\ln x} \geqslant \ln x + 1$，即 $\ln x \leqslant x - 1$ $(x > 0)$. 再以 $x + 1$ 代替 x，得到 $\ln(x+1) \leqslant x$ $(x > -1)$. 进而以 $\frac{1}{x}$ 代替 x，得到

$$\ln\left(\frac{1}{x} + 1\right) \leqslant \frac{1}{x} \quad \Rightarrow \quad \ln(x+1) - \ln x \leqslant \frac{1}{x} \quad (x \in \mathbf{R} \setminus (-1, 0)).$$

在上式中依次取 $x = 1, 2, \cdots, n$，所得诸式相加，得

$$\ln(n+1) < 1 + \frac{1}{2} + \cdots + \frac{1}{n},$$

这说明调和级数 $\sum\limits_{k=1}^{n} \frac{1}{k}$ 发散.

在 $\ln x \leqslant x - 1$ $(x > 0)$ 中，以 $\frac{1}{x}$ 代替 x，得到

$$\ln \frac{1}{x} \leqslant \frac{1}{x} - 1 \quad \Rightarrow \quad \ln x \geqslant 1 - \frac{1}{x}.$$

这就获得了不等式链

$$1 - \frac{1}{x} \leqslant \ln x \leqslant x - 1,$$

从而实现对 $\ln x$ 两个方向的放缩控制.

在 $\ln x \geqslant 1 - \dfrac{1}{x}$ 中, 以 $x+1$ 代替 x, 得到

$$\ln(1+x) \geqslant 1 - \dfrac{1}{1+x} = \dfrac{x}{1+x}.$$

再以 $\dfrac{1}{x}$ 代替 x, 得到

$$\ln\left(1+\dfrac{1}{x}\right) \geqslant \dfrac{1}{x+1} \quad \Rightarrow \quad \ln(x+1) - \ln x \geqslant \dfrac{1}{x+1}.$$

在上式中依次取 $x = 1, 2, \cdots, n$, 所得诸式相加, 得

$$\ln(n+1) > \dfrac{1}{2} + \dfrac{1}{3} + \cdots + \dfrac{1}{n+1}.$$

这就获得了不等式链

$$\dfrac{1}{2} + \dfrac{1}{3} + \cdots + \dfrac{1}{n+1} < \ln(n+1) < 1 + \dfrac{1}{2} + \cdots + \dfrac{1}{n}.$$

类似地, 读者可以思考, 若从我们熟知的 $\mathrm{e}^x \geqslant \mathrm{e}x$ ($x \in \mathbf{R}$) 出发又会获得什么呢?

关于 e^x 与 $\ln x$ 的不等式链非常之多, 以上展示的只是冰山一角. 读者朋友们平时应多加积累, 关键时刻方能运用自如.

而本题中则提供了 $\ln x$ 的更为复杂的不等式链

$$\dfrac{1}{2}\left(\dfrac{3}{2} - \dfrac{1}{x} - \dfrac{1}{2x^2}\right) \leqslant \ln x \leqslant \dfrac{1}{2}\left(\dfrac{x^2}{2} + x - \dfrac{3}{2}\right).$$

复杂只是表象, 其实它弱于不等式链 $1 - \dfrac{1}{x} \leqslant \ln x \leqslant x-1$, 这是因为

$$\dfrac{1}{2}\left(\dfrac{3}{2} - \dfrac{1}{x} - \dfrac{1}{2x^2}\right) \leqslant 1 - \dfrac{1}{x} \quad \Leftrightarrow \quad (x-1)^2 \geqslant 0,$$

$$x - 1 \leqslant \left(\dfrac{x^2}{2} + x - \dfrac{3}{2}\right) \quad \Leftrightarrow \quad (x-1)^2 \geqslant 0.$$

于是, 张锐老师看到此题后很快给出如下简解: 抛弃第 (1) 问, 直接用 $\ln x \leqslant x - 1$ 放缩, 得

$$(x-1)(\mathrm{e}^{-x} - x) + 2\ln x \leqslant (x-1)(\mathrm{e}^{-x} - x) + 2(x-1) = (x-1)(\mathrm{e}^{-x} - x + 2).$$

若 $0 < x \leqslant 1$, 则上式右端不大于 0, 结论显然成立.

若 $x > 1$, 则由

$$(x-1)(\mathrm{e}^{-x}-x+2) \leqslant \left(\frac{(x-1)+(\mathrm{e}^{-x}-x+2)}{2}\right)^2 = \left(\frac{\mathrm{e}^{-x}+1}{2}\right)^2$$
$$< \left(\frac{\mathrm{e}^{-1}+1}{2}\right)^2 < \left(\frac{0.4+1}{2}\right)^2 = 0.49 < \frac{2}{3},$$

亦可知结论成立. 由此可见这个不等式是多么地弱.

杨春波

郑州外国语学校

一道与法雷数列有关的数论题的另解

问题 如果 $\dfrac{m}{n}$ 满足 $m,n\in\mathbf{N}^*,(m,n)=1,mn\leqslant 2011$, 则称其为兔分数. 将所有兔分数按递增顺序排成一个数列: $\dfrac{m_1}{n_1},\dfrac{m_2}{n_2},\dfrac{m_3}{n_3},\cdots$, 并称为兔数列. 证明: 对于兔数列中的任两个相邻项 $\dfrac{m_k}{n_k},\dfrac{m_{k+1}}{n_{k+1}}$, 都有 $m_k n_{k+1} - m_{k+1} n_k = 1$.

证明 先证一个引理.

引理 设 x_0, y_0 是方程

$$ax - by = t \quad (a,b,t\in\mathbf{N}^*) \qquad ①$$

的最小正整数解, 则 (x,y) 是方程 ① 的另一组正整数解的充要条件是, 存在正整数 k, 使得

$$x = x_0 + \frac{kb}{(a,b)}, \quad y = y_0 + \frac{ka}{(a,b)}.$$

引理的证明 充分性显然成立. 下面证明必要性.

设 (x,y) 是方程 ① 的一组正整数解, 则

$$ax_0 - by_0 = t, \qquad ②$$
$$ax - by = t. \qquad ③$$

由 ③ − ②, 得

$$a(x-x_0) = b(y-y_0) \quad \Rightarrow \quad \frac{a}{(a,b)}(x-x_0) = \frac{b}{(a,b)}(y-y_0).$$

因为 $\left(\dfrac{a}{(a,b)}, \dfrac{b}{(a,b)}\right) = 1$, 所以

$$\frac{a}{(a,b)} \mid y-y_0, \quad \frac{b}{(a,b)} \mid x-x_0.$$

从而, 必要性成立, 引理得证.

回到原题. 用反证法.

假设存在正整数 k, 使得 $m_k n_{k+1} - m_{k+1} n_k = t$ (t 是大于 1 的整数). 由 $(m_k, n_k) = 1$, 根据裴蜀定理, 知存在整数 r, s, 使得 $m_k r - n_k s = 1$, 且设 (r, s) 是使该式成立的最小正整数对. 则 $0 < r < n_k$, $0 < s < m_k$, 故 $rs < m_k n_k \leqslant 2011$. 于是, $\dfrac{r}{s}$ 也是兔分数. 由 $m_k r - n_k s = 1$, 知 $m_k rt - n_k st = t$.

若 $m_{k+1} < st$, 则 $\dfrac{m_{k+1}}{t} < s$. 由 $m_k n_{k+1} - m_{k+1} n_k = t$, 知

$$\frac{n_{k+1}}{m_{k+1}} - \frac{n_k}{m_k} = \frac{t}{m_k m_{k+1}} > \frac{1}{m_k s}.$$

由 $m_k r - n_k s = 1$, 知 $\dfrac{r}{s} - \dfrac{n_k}{m_k} = \dfrac{1}{m_k s}$. 所以, $\dfrac{m_k}{n_k} < \dfrac{r}{s} < \dfrac{m_{k+1}}{n_{k+1}}$. 这与 $\dfrac{m_k}{n_k}, \dfrac{m_{k+1}}{n_{k+1}}$ 相邻矛盾.

若 $m_{k+1} > st$, 则由引理知, 存在正整数 l, 使得 $m_{k+1} = st + lm_k$, $n_{k+1} = rt + ln_k$. 设 $r_1 = r + ln_k$, $s_1 = s + lm_k$, 则由引理可知, (r_1, s_1) 满足 $m_k r_1 - n_k s_1 = 1$, 即 $\dfrac{r_1}{s_1} - \dfrac{n_k}{m_k} = \dfrac{1}{m_k s_1}$, 且 $r_1 s_1 < m_{k+1} n_{k+1} \leqslant 2011$, 故 $\dfrac{r_1}{s_1}$ 是兔分数. 由 $m_k n_{k+1} - m_{k+1} n_k = t$, 知

$$\frac{n_{k+1}}{m_{k+1}} - \frac{n_k}{m_k} = \frac{t}{m_k m_{k+1}} > \frac{1}{m_k s_1}.$$

所以, $\dfrac{n_k}{m_k} < \dfrac{r_1}{s_1} < \dfrac{m_{k+1}}{n_{k+1}}$. 这与 $\dfrac{m_k}{n_k}, \dfrac{m_{k+1}}{n_{k+1}}$ 相邻矛盾.

若 $m_{k+1} = st$, 则 $n_{k+1} = rt$. 于是, $(m_{k+1}, n_{k+1}) = t > 1$, 矛盾.

因此, 对于兔数列中的任两个相邻项 $\dfrac{m_k}{n_k}, \dfrac{m_{k+1}}{n_{k+1}}$, 都有 $m_k n_{k+1} - m_{k+1} n_k = 1$.

注 该题中结论与法雷数列类似, 法雷数列为对任意给定的一个正整数 n, 将分母小于等于 n 的不可约的真分数按升序排列, 并且在第一个分数之前加上 $\dfrac{0}{1}$, 在最后一个分数之后加上 $\dfrac{1}{1}$, 这个序列称为 n 级法雷数列, 以 F_n 表示. 设 $\dfrac{r}{s} < \dfrac{p}{q}$ 为其中相邻两项, 则 $sp - rq = 1$. 该题中的 2011 可改为任意正整数.

孙嘉庆
河北省邯郸市第一中学

一道"学数学"邀请赛试题的另解

题目 如图 1 所示,已知 $\triangle ABC$ 的外心为 O,其外接圆直径 MN 分别交 AB, AC 于点 E, F. E, F 关于 O 的对称点分别为 E_1, F_1. 证明: 直线 BF_1 与 CE_1 的交点在 $\triangle ABC$ 的外接圆上.

笔者研究时,发现原题所给的解答要使用多次复杂的对称变换,以及以下定理.

圆内角定理 圆内角的度数等于这个角 (及其对顶角) 所对的弧的度数之和的一半.

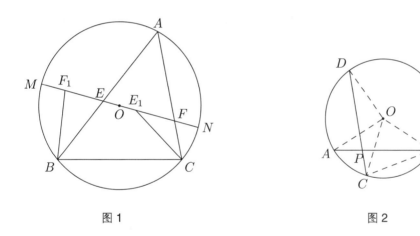

图 1　　　　　　　　　　图 2

圆内角定理的证明 如图 2 所示,在 $\odot O$ 中,弦 AB, CD 交于点 P,则 $\angle BCD = \dfrac{1}{2}\angle BOD$, $\angle ABC = \dfrac{1}{2}\angle AOC$. 从而

$$\angle APC = \angle BCD + \angle ABC = \dfrac{1}{2}(\angle BOD + \angle AOC) = \dfrac{1}{2}\left(\widehat{AC}^\circ + \widehat{BD}^\circ\right).$$

引理得证.

虽然这个定理很易于证明,但是在平面几何证明中并不十分常用,而且复杂的对称变换难以想到. 笔者发现了一个更为简单的证明方法,且所用定理在解题时较为常用.

证明 如图 3 所示,设 CE_1 与 AB 交于点 G, 与 $\odot O$ 的另一交点为 H. 只需证明, B, F_1, H 三点共线.

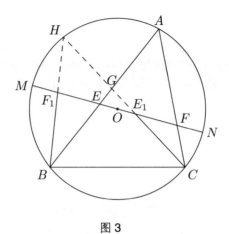

图 3

由相交弦定理,得

$$GA \cdot GB = GH \cdot GC \Rightarrow GA = \frac{GH \cdot GC}{GB}, \qquad ①$$

$$E_1M \cdot E_1N = E_1H \cdot E_1C \Rightarrow E_1C = \frac{E_1M \cdot E_1N}{E_1H}, \qquad ②$$

$$EM \cdot EN = EA \cdot EB \Rightarrow EA = \frac{EM \cdot EN}{EB}. \qquad ③$$

对 $\triangle GEE_1$ 和截线 AFC 应用梅涅劳斯定理,得

$$\frac{EA}{AG} \cdot \frac{GC}{CE_1} \cdot \frac{E_1F}{FE} = 1. \qquad ④$$

将式 ①,②,③ 代入式 ④,化简得

$$\frac{E_1H}{GH} \cdot \frac{GB}{BE} \cdot \frac{E_1F}{FE} = 1. \qquad ⑤$$

另一方面,由条件可知,$OE = OE_1$,$OF = OF_1$,且 O, E, F, E_1, F_1 五点共线,故 $E_1F = EF_1$,$E_1F_1 = EF$. 从而

$$\frac{E_1F}{FE} = \frac{EF_1}{F_1E_1}.$$

代入式 ⑤,得

$$\frac{E_1H}{GH} \cdot \frac{GB}{BE} \cdot \frac{EF_1}{F_1E_1} = 1.$$

从而,由梅涅劳斯定理,知 B, F_1, H 三点共线,结论得证.

周欣怡

安徽省铜陵市第一中学

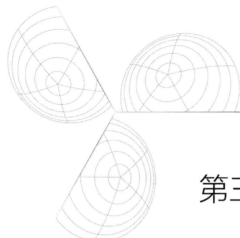

第三篇　试题汇编

第79届莫斯科数学奥林匹克 (2016)

第33届巴尔干地区数学奥林匹克 (2016)

第5届欧洲女子数学奥林匹克 (2016)

2016年加拿大数学奥林匹克

2015年波罗的海数学竞赛

第79届莫斯科数学奥林匹克 (2016)

八年级试题

1. 问: 能否将分数 $\frac{1}{10}$ 表示为 10 个正的真分数的乘积? 在真分数 $\frac{p}{q}$ 中, p 与 q 都是正整数, 且 $p < q$.

2. 围着圆桌坐着 10 个人, 他们中有的是老实人, 有的是骗子. 老实人总是说真话, 骗子总是说假话. 他们中有 2 个人声明: "我的两侧邻座都是骗子"; 而其余 8 个人都说: "我的两侧邻座都是老实人". 试问: 这 10 个人中可能有多少个老实人? 试给出所有可能的答案, 并说明再无其他答案.

3. 在 △ABC 的中线 AM 上取一点 K, 使得 AK = BM. 证明: 若 ∠AMC = 60°, 则 AC = BK.

4. 试求这样的最小的正整数: 它是 99 的倍数, 在它的十进制表达式中只出现偶数数字.

5. 给定凸五边形 ABCDE, 它的各边相等, 且有 ∠A = 120°, ∠C = 135°. 已知 ∠D = n°, 试求 n 的所有可能值.

6. 将偶数颗核桃分为 3 堆. 每一步可将任何一个核桃数量为偶数的堆中一半的核桃放入任意另外一堆. 证明: 无论开始时核桃如何分为 3 堆, 都可以通过这样的操作, 使得某一堆中的核桃刚好是总数的一半.

九年级试题

7. 已知三个正数的和等于它们的乘积. 证明: 这三个正数中, 至少有两个大于 1.

8. 在 $\triangle ABC$ 中, CM 为中线, 在线段 MC 的延长线上取一点 K, 使得 $AM = CK$. 证明: 若 $\angle BMC = 60°$, 则 $AC = BK$.

9. 有人在家里给了瓦夏一个方程 $x^2 + p_1 x + q_1 = 0$, 其中 p_1 与 q_1 都是整数. 他求出了方程的两个根 p_2 与 q_2, 并以此写了一个新的方程 $x^2 + p_2 x + q_2 = 0$. 他如此共做了 3 次. 他发现他一共解了 4 个二次方程, 每个方程都有两个不同实根 (如果用两个根构造的两个可能的方程都有两个根, 那么他就选择其中一个, 而如果只有一个方程有两个根, 那么当然就是这一个了). 然而, 无论如何努力, 瓦夏都无法构造出第五个二次方程, 使它具有两个不同的实根, 纵然他竭尽全力亦无可奏效. 试问: 瓦夏在家里得到的是怎样的一个方程?

10. 设锐角 $\triangle ABC$ 的外心是 O, 与边 AC 垂直的直线分别与线段 BC 和直线 AB 相交于点 Q 和 P. 证明: 点 B, O 以及线段 AP 的中点、线段 CQ 的中点在同一个圆周上.

11. 问: 是否存在这样的十进制 2016 位数, 通过排列它的各位数字, 可以得到 2016 个不同的 2016 位完全平方数?

12. 某国共有 n 种不同语言和 m 个居民, 每位居民都刚好懂得其中 3 种语言, 并且不同的人对应不同的 3 种语言组合. 现知如果一群人中任何两人都可直接对话, 那么这群人的人数不多于 k, 并且 $11n \leqslant k \leqslant \dfrac{m}{2}$. 证明: 该国至少可以找到 mn 对人, 其中每一对人都不能直接对话.

十年级试题

13. 同八年级第 1 题.

14. 设 C 是凸四边形 $A_1 A_2 B_2 B_1$ 内部的一点, 使得 $\triangle CA_1 A_2$ 与 $\triangle CB_1 B_2$ 都是正三角形, C_1, C_2 分别是点 C 关于直线 $A_2 B_2$, $A_1 B_1$ 的对称点. 证明: $\triangle A_1 B_1 C_1 \sim \triangle A_2 B_2 C_2$.

15. 已知整系数四次方程 $x^4+ax^3+bx^2+cx+d=0$ 包括重根在内共有 4 个正根, 即它的所有正根的重数之和等于 4. 试求其系数 b 的最小可能值.

16. 无限大方格纸上的方格被国际象棋盘状交替地染为黑色与白色, 在每个白格中都写有一个非 0 整数. 此后, 我们对每一个黑格, 都计算它的两个水平邻格中的数的乘积与它的两个竖直邻格中的数的乘积的差. 问: 这些差能否都等于 1?

17. 在棱长为 1 的正方体中放入 8 个互不相交的气球, 这些气球的直径可不相同. 试问: 这些气球的直径之和能否大于 4?

18. 在一次冰球单循环赛中共有 2016 个球队参赛①. 在正常时间内结束的每场比赛中, 胜方得 3 分, 败方得 0 分; 而若通过加时赛决出胜负, 则胜方得 2 分, 败方得 1 分②. 比赛结束后, 人们把各个队所得总分都通知了奥斯塔普, 而他根据这些成绩推断出至少有 n 场比赛是通过加时赛决出胜负的. 试求 n 的最大可能值.

十一年级 (第一天) 试题

19. 一次国际象棋比赛共有 12 人参赛, 每两人都比赛一场. 每场比赛, 胜者得 1 分, 败者得 0 分, 若为平局, 双方各得半分. 瓦夏只输了一场比赛, 却得了最后一名, 他的分数比所有人都低; 别佳则得了第一名, 他的分数比所有人都高. 试问: 瓦夏比别佳低多少分?

20. 问: 是否存在这样的数 x, 使得 $\arcsin^2 x + \arccos^2 x = 1$?

21. 设四边形 $ABCD$ 为梯形, AD 与 BC 是底边. 在该梯形内部取点 M 与 N, 使得 $AM=CN$, $BM=DN$. 证明: 若四边形 $AMND$ 与 $BMNC$ 都内接于圆, 则直线 MN 与梯形的底边平行.

22. 在英语角中汇聚着它的 n 名成员, 其中 $n \geqslant 3$. 根据传统, 每名成员都选取一种他所喜欢的饮料, 所取的量都刚好可在聚会过程中喝光. 根据规则, 任何时刻任何三名成员都可坐在一张桌旁一起喝 (自己所取的) 饮料, 喝掉的量随意, 但必须三人一样多. 证明: 为了使得每个成员都能在聚会过程中喝光自己所取的饮料, 必须且只需任何一个成员所取饮料的量都不超过所有人所取量的三分之一.

---

① 译者注: 在单循环赛中每两个球队都比赛一场.
② 译者注: 在冰球比赛中没有平局.

23. 问: 能否用四个平面将一个棱长为 1 的正方体分为若干个部分, 使得每个部分中的任何两点之间的距离都: (1) 小于 $\frac{4}{5}$; (2) 小于 $\frac{4}{7}$?

24. 有 N 个土著从河的左岸借助一只独木舟渡到右岸, 每次渡两个人, 中间仅由一人撑回左岸. 开始时他们每个人都知道一条消息, 各人知道的消息互不相同. 在岸上时他们互不交谈, 但在独木舟上, 每个人都会倾其所知, 把自己到目前为止所知道的所有消息说出来. 试对每个正整数 k, 找出最小的 N, 使得最终每个土著除了自己一开始所知道的消息之外, 还至少获知 k 条其他消息.

十一年级 (第二天) 试题

25. 试找出这样的最小的正整数, 它的平方的十进制表达式以 2016 结尾.

26. 今有一架托盘天平, 如果它的两个托盘中所放的东西的质量差不大于 1 g, 它就处于平衡状态. 现有质量分别为 $\ln 3, \ln 4, \cdots, \ln 79$ (单位: g) 的砝码各一枚. 问: 能否将这些砝码分别放入两个托盘, 使得天平处于平衡状态?

27. 现有一个正十四边形. 问: 能否标出它的某 k 个顶点, 使得以这些标出点作为顶点的四边形, 只要有两边平行, 那么就一定是矩形, 如果: (1) $k = 6$; (2) $k \geqslant 7$?

28. 在某一段时间内, 一个男孩骑着自行车以 10 km/h 的常速朝一个方向沿着学校的正方形外围绕行了整数圈. 在这段时间内, 男孩的爸爸以 5 km/h 的常速沿着学校的正方形外围步行, 他可能变换行走方向. 爸爸能够看见他的儿子, 当且仅当他们位于矩形的同一条边上. 试问: 在该段时间内, 爸爸看得见儿子的时间能否超过一半?

29. 设 $P(x) = x^n + a_{n-1}x^{n-1} + \cdots + a_1 x + a_0$ 是实系数多项式. 已知对某个整数 $m \geqslant 2$, 多项式
$$\underbrace{P(P(\cdots P(x)\cdots))}_{m \text{个}}$$
有实根, 并且都是正根. 试问: 多项式 $P(x)$ 自身是否有实根, 并且都是正根?

参 考 答 案

1. 可以. 例如

$$\frac{1}{10} = \frac{2}{20} = \frac{2}{3}\frac{3}{4}\frac{4}{5}\frac{5}{6}\frac{6}{7}\frac{7}{8}\frac{8}{9}\frac{9}{10}\frac{10}{11}\frac{11}{20} \quad \text{或} \quad \frac{1}{10} = \frac{1}{2}\frac{2}{3}\frac{3}{4}\frac{4}{5}\frac{5}{6}\frac{6}{7}\frac{8}{9}\frac{8}{9}\frac{9}{10}\frac{63}{64}.$$

注 前一类表示方法可以有多种不同形式,只要找到 11 个正整数 $q_1 < q_2 < \cdots < q_{10} < q_{11}$,使得 $q_{11} = 10q_1$,那么,如下的表示即可满足要求:

$$\frac{q_1}{q_2}\frac{q_2}{q_3}\cdots\frac{q_9}{q_{10}}\frac{q_{10}}{q_{11}}.$$

2. 1 个或 2 个.

显然,所有在座者不可能都是老实人,也不可能都是骗子,否则不可能有人声明:"我的两侧邻座都是骗子".

如果我们拿出 1 个老实人,那么他的 1 个邻座可以说"我的两侧邻座都是骗子",而其余的骗子可以说"我的两侧邻座都是老实人". 这就是只有 1 个老实人的例子 (如图 1 所示).

如果我们拿出 2 个老实人坐在相对的位置,那么所有的骗子都可以说"我的两侧邻座都是老实人". 这就是有 2 个老实人的例子 (如图 2 所示).

图 1　　　　　　　　　　图 2

注 图 1 和图 2 中,三角形表示老实人,方块表示骗子,黑色者说两侧都是骗子.

下面说明不可能有多于 2 个老实人.

(法一) 首先,不可能有 2 个老实人相邻而坐. 如果有 2 个老实人相邻而坐,那么我们就从他们开始沿着顺时针方向一个一个看下去,直到看到第一个骗子为止,这时我们就得到一个"△△□"的组合 (即 3 个相连的人依次为老实人、老实人、骗子). 那么,中间一个老实人就既不可能说"我的两侧邻座都是骗子",也不可能说"我的两侧邻座都是老实人",与题意不符. 所以不可能有 2 个老实人相邻而坐. 这就说明,每个老实人都处于骗子的包围之中,从而,他们都只可能说"我的两侧邻座都是骗子".因此,根据题目条件,至多只可能有 2 个老实人.

(法二)假设有一个老实人说"我的两侧邻座都是老实人",那么他的两侧就都是老实人.看他的右侧邻座,这个人是老实人,而其左侧与老实人相邻,所以他不可能说"我的两侧邻座都是骗子",从而,只能说"我的两侧邻座都是老实人".再看他的右侧邻座,并一直如此看下去,即可推知桌旁所坐 10 人都是老实人.而这是不可能的,因为这样就不可能有人声明"我的两侧邻座都是骗子"了.所以,每个桌旁的老实人都只会说"我的两侧邻座都是骗子",而这样说的只有 2 个人,所以,不可能有多于 2 个老实人.

3. (法一)如图 3 所示,在 AM 的延长线上取一点 X,使得 $MX = BM$. 注意到 $\triangle BMX$ 是等边三角形 ($BM = MX$, $\angle BMX = 60°$),这样一来,就有 $\triangle BXK \cong \triangle CMA$,这是因为 $\angle BXK = \angle CMA = 60°$, $BX = BM = CM$, $XK = XM + MK = AK + MK = MA$. 因而它们的对应边相等,特别地,有 $AC = BK$.

(法二)如图 4 所示,作点 B 关于 AM 的对称点 Y,则 $BM = MY$, $\angle BMY = 120°$,由此可知 $\triangle CMY$ 是等边三角形.线段 AK 与 CY 平行且相等,所以,四边形 $AKYC$ 是平行四边形,$AC = YK$,而由关于 AM 的对称性,知 $YK = BK$. 所以,$AC = BK$.

(法三)如图 5 所示,取点 Z,使得四边形 $MCAZ$ 为平行四边形.不难看出,$\triangle AKZ$ 是等边三角形.而四边形 $ZKMB$ 是等腰梯形,这是因为 $BM = KZ$, $\angle BMK = \angle MKZ = 120°$. 于是,作为平行四边形的对边,有 $AC = MZ$;而作为等腰梯形的对角线,有 $MZ = BK$. 所以,$AC = BK$.

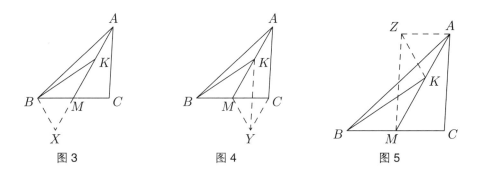

图 3   图 4   图 5

4. 228888.

(法一)将该数记作 n,设它的十进制表达式为 $\overline{a_k a_{k-1} \cdots a_1}$. 于是

$$n = \overline{a_2 a_1} + 100\overline{a_4 a_3} + 10000\overline{a_6 a_5} + \cdots$$
$$= \overline{a_2 a_1} + \overline{a_4 a_3} + \overline{a_6 a_5} + \cdots + 99(\overline{a_4 a_3} + 101\overline{a_6 a_5} + 10101\overline{a_8 a_7} + \cdots).$$

从而, n 与 $s = \overline{a_2a_1} + \overline{a_4a_3} + \overline{a_6a_5} + \cdots$ 关于 99 的整除性相同. 因为 n 可被 99 整除, 且各位数字都是偶数, 所以 n 可被 198 整除, 这样, s 也可被 198 整除. 因此, $s \geqslant 198$.

假如 n 至多为 5 位数, 则有 $198 \leqslant s \leqslant 8 + 88 + 88 = 184$, 矛盾. 所以, n 至少为 6 位数.

假如 n 为 6 位数, 且 $\overline{a_6a_5} < 22$, 则 $s < 22 + 88 + 88 = 198$, 这就表明, n 的前两位数字所成的数不小于 22. 故我们所求的数不小于 228888, 而该数确实满足题目要求.

(法二) 分别用 S_1 和 S_2 表示奇数位和偶数位上的数字之和, 由关于 8 和 11 的整除性, 知 $9 \mid S_1 + S_2$, $11 \mid |S_1 - S_2|$. 由于各位数字都是偶数, 因此 $18 \mid S_1 + S_2$, $22 \mid |S_1 - S_2|$. 但显然 $|S_1 - S_2|$ 不超过 $S_1 + S_2$.

若 $S_1 + S_2 = 18$, 则必有 $|S_1 - S_2| = 0$. 从而, $S_1 = S_2 = 9$, 但这与 S_1 和 S_2 都是偶数的事实相矛盾. 而若 $S_1 + S_2 = 54$, 则该数至少为 7 位数, 因为 $6 \times 8 = 48 < 54$.

现设 $S_1 + S_2 = 36$, 则应有 $|S_1 - S_2| = 0$ 或 $|S_1 - S_2| = 22$. 若 $|S_1 - S_2| = 22$, 则 S_1 与 S_2 之一为 29, 另一个为 7, 这是不可能的, 因为它们都应为偶数. 而若 $|S_1 - S_2| = 0$, 则 $S_1 = S_2 = 18$. 由于 18 至少是 3 个数字的和, 因此正整数 n 至少为 6 位数.

下面再来说明, 满足题中条件的最小的 6 位数是 228888. 事实上, 第一位数字不可能小于 2, 第二位数字亦然, 这是因为如果第二位数字为 0, 那么所有各位数字的和不大于 $2 + 4 \times 8 = 34 < 36$, 矛盾.

5. 90.

首先证明, 答案唯一. 假设不然, 存在两个不同的凸五边形 $ABCDE$ 和 $A'B'C'D'E'$, 有 $\angle A = \angle A' = 120°$, $\angle C = \angle C' = 135°$, $\angle D \neq \angle D'$. 不失一般性, 可设凸五边形的边长是 1. 由两边夹一角对应相等, 可知 $\triangle EAB \cong \triangle E'A'B'$, $\triangle BCD \cong \triangle B'C'D'$. 从而, $BE = B'E'$, $BD = B'D'$. 由三边对应相等, 知 $\triangle BDE \cong \triangle B'D'E'$, 故 $\angle BDE = \angle B'D'E'$. 再由 $\triangle BCD$ 与 $\triangle B'C'D'$ 都是等腰三角形, 知 $\angle CDB = \angle C'D'B' = 22.5°$. 这样一来, 就有

$$\angle CDE = \angle CDB + \angle BDE = \angle C'D'B' + \angle B'D'E' = \angle C'D'E',$$

此即表明答案唯一.

再证, 存在各边相等的凸五边形 $ABCDE$, 满足 $\angle A = 120°$, $\angle C = 135°$, $\angle D = 90°$. 如图 6 所示, 先作一个 $\triangle CDE$, 使得 $CD = DE = 1$, $\angle CDE = 90°$. 由勾股定理知 $EC = \sqrt{2}$. 然后选取点 B, 使得 $\angle ECB = 90°$, $BC = 1$, 由勾股定理知 $BE = \sqrt{3}$. 最后选取点 A, 使得 $AB = AE = 1$. 作 $\triangle ABE$ 的高 AH. 于是, $AB = 1$, $BH = \dfrac{\sqrt{3}}{2}$, 由勾股定理得 $AH = \dfrac{1}{2}$. 因此, $\angle BAH = 60°$, $\angle EAB = 120°$.

6. 首先指出, 只要我们能够得到三堆 $(x, 2x, y)$, 就可以变为 $(x, x, x+y)$, 此处 $x+y$ 是

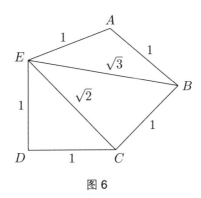

图 6

偶数 (因为另两堆的和 $2x$ 为偶数), 进而可得 $\left(x, \dfrac{3x}{2}+\dfrac{y}{2}, \dfrac{x+y}{2}\right)$, 其中中间一堆的数目是其余两堆的和. 所以, 下面只需说明可以得到 $(x, 2x, y)$ 的局面.

取出两堆 $(2m, n)$, 即其中至少有一堆为偶数颗. 如果 $m = n$, 则已经是 $(x, 2x, y)$ 的局面.

下设 $m \neq n$. 我们来实行操作, 使得每一步之后, 都至少有一堆为偶数颗; 并且两堆的数量之和或者不变, 或者下降; 在保持不变时, 差 $m - n$ 下降. 这就是说, 如果 m 或 n 为偶数, 则从 $2m$ 的堆中移 m 颗到第三堆, 此时, 这两堆中的数量之和下降. 如果 m 与 n 都是奇数, 并且不等, 则从 $2m$ 的堆中移 m 颗到另一堆, 变为 $(m, m+n)$, 此时 $m+n$ 是偶数, 并且 $\left|\dfrac{m+n}{2} - m\right| = \left|\dfrac{n-m}{2}\right| < |m-n|$. 由于数量之和与数量之差的绝对值只可能下降有限次, 因此终究会得到 $m = n$ 的局面.

7. 将三个正数记为 a, b, c. 已知 $a + b + c = abc$. 如果其中至多有一个正数大于 1, 那么其余两个正数就都不超过 1, 不妨设 $a \leqslant 1, b \leqslant 1$. 而这样一来, 就有 $a + b + c > c \geqslant abc$, 矛盾.

8. 在中线 CM 的延长线上取一点 D, 使得 $AM = MD$. 此时, $\triangle DMA$ 是等边三角形. 我们指出, $BM = AD$, $KM = CD$ 且 $\angle ADC = \angle BMK$, 故得 $\triangle ADC \cong \triangle BMK$. 因此, $BK = AC$.

注 亦可参阅第 3 题解答.

9. 将第五个整系数方程的两个系数记作 p_5 与 q_5. 因为无论瓦夏如何努力都不能得到一个具有两个实根的二次方程, 所以根据判别式可知 $p_5^2 \leqslant 4q_5$ 和 $q_5^2 \leqslant 4p_5$. 将前一个不等式两端平方, 再将第二个不等式代入其中, 得到 $p_5^4 \leqslant 64p_5$, 由此可知 p_5 与 q_5 都小于 5. 通过枚举法可知, 只有一对满足要求的整数: 1 和 2.

既然第五个方程的系数是第四个方程的两个根, 那么由韦达定理可知第四个方程是 $x^2 - 3x + 2 = 0$. 继续运用类似推导, 可相继推出第三个、第二个和第一个方程依次

为 $x^2+x-6=0$, $x^2+5x-6=0$, $x^2+x-30=0$. 这表明, 瓦夏在家里得到的方程是 $x^2+x-30=0$.

10. 如图 7 所示, 设线段 AB, BC, AP, CQ 的中点分别为 M, N, R, S. 易知有

$$\angle OMB = \angle ONB = 90°, \quad \angle OMN = 90° - \angle NMB = 90° - \angle BAC = \angle BPQ.$$

同理可知, $\angle ONM = \angle BQP$. 从而, $\triangle OMN \sim \triangle BPQ$, 故

$$\frac{OM}{BP} = \frac{ON}{BQ}.$$

又

$$MR = AR - AM = \frac{1}{2}AP - \frac{1}{2}AB = \frac{1}{2}BP.$$

同理可知, $NS = \frac{1}{2}BQ$. 如此一来, 就有

$$\frac{OM}{MR} = \frac{ON}{NS},$$

故 $\triangle OMR \sim \triangle ONS$. 由此可知 $\angle ORM = \angle OSN$. 这表明 $\angle ORB + \angle OSB = 180°$, 结论得证.

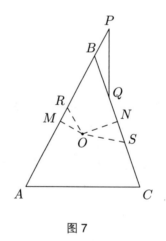

图 7

11. 存在.

(法一) 我们来估计 2016 位完全平方数的个数. 它们的个数不少于

$$10^{\frac{2016}{2}} - 10^{\frac{2015}{2}} - 1 > 10^{1000}.$$

而由 2016 个数字所构成的不同有序组不多于由每个数字在其中至多出现 2016 次的有序组的个数, 亦即 2017^{10}. 这表明, 可以找到一个由 2016 个数字构成的组, 通过排列它的成

员, 可以得到不少于
$$\frac{10^{1000}}{2017^{10}} > \frac{10^{1000}}{10^{100}} = 10^{900}$$
个不同的平方数, 这已经多于 2016 个了.

(法二) 我们将这样的 2016 位数用显式表达出来. 观察如下的 1008 位数:
$$x_{a,b} = 4 \cdot 10^{1007} + 10^a + 10^b,$$
其中, $1007 > a > b \geqslant 0$, $2a \neq 1007 + b$. 注意到
$$x_{a,b}^2 = 16 \cdot 10^{2014} + 8 \cdot 10^{1007+a} + 8 \cdot 10^{1007+b} + 10^{2a} + 2 \cdot 10^{a+b} + 10^{2b}. \quad ①$$
由条件 $1007 > a > b$, 可得
$$2014 > 1007 + a > 1007 + b > a + b > 2b,$$
$$2014 > 1007 + a > 2a + a + b > 2b.$$
由这两个不等式以及 $2a \neq 1007 + b$, 可以推知式 ① 右端的各项对应着 $x_{a,b}^2$ 的不同数位. 因此, 对于所有满足条件的 a 和 b, $x_{a,b}^2$ 由固定的数字组形成, 这个数字组由 3 个 1、1 个 2、1 个 6、2 个 8 和 2009 个 0 组成. 所有满足条件的数对 a 和 b 不少于
$$C_{1007}^2 - 1007 = \frac{1007 \cdot 1006}{2} - 1007 = 1007 \cdot 502.$$
这意味着, 任何形如 $x_{a,b}^2$ 的数都可以通过排列它的各位数字得到 $1007 \cdot 502 > 2016$ 个 2016 位完全平方数.

12. 用 B 表示这样的由 k 个人构成的集合, 其中每两个人都能直接对话. 考察任意一个不属于集合 B 的人 (称其为 X 先生). 在集合 B 中存在这样的人 (称其为 X' 先生), 他与 X 先生的语言集合的交是空集. 我们来估计集合 B 可与 X 先生直接对话的人数. 这些人既与 X 先生有共同语言, 又与 X' 先生有共同语言 (因为 X' 先生属于集合 B), 所以, 这些人的数目不多于 $3 \cdot 3 \cdot n$ (与 X 先生的共同语言可为他的 3 种语言中的一种, 与 X' 先生的共同语言可为他的 3 种语言中的一种, 此外他还懂一种语言). 于是, 对于每个不属于集合 B 的人, 我们都至少能找到 $k - 9n$ 个集合 B 中的人, 不能直接与之交谈. 这种对子的数目为
$$(m-k)(k-9n) \geqslant \left(m - \frac{m}{2}\right)(11n - 9n) = \frac{m}{2} \cdot 2n = mn.$$

注 该题与一个非常著名的问题以及现代图论中的一个领域有关. 一个图称为克涅泽 (knezerovskii) 图, 如果它的顶点是集合 $\mathcal{R}_n = \{1, 2, \cdots, n\}$ 的一切可能的势为 r 的子集[①],

---

[①] 译者注: 这里就是元素个数为 r 的子集, 一共有 C_n^r 个.

而边则是互不相交的子集对. 关于克涅泽图的基本知识可阅读参考文献 [1][2]. 本题中所涉及的图就是克涅泽图, 其中 $r = 3$: 它的顶点就是三种语言构成的子集, 或者说就是三种语言的掌握者. 两个顶点有边相连, 当且仅当相应的两人间的交流必须借助翻译 (意即没有共同的语言). 图的顶点集合被称为独立的, 如果其中的任何两个顶点之间都没有连线. 图 G 中最大的独立集合的势称为图 G 的独立数, 记作 $\alpha(G)$. 运用这些术语, 可将本题改述为: 设给定了 $r = 3$ 的克涅泽图 G 的一个有 m 个元素的子集, 已知 $\alpha(G) = k$, 且 $11n \leqslant k \leqslant \dfrac{m}{2}$. 证明: 图 G 中的边数不少于 mn.

题目的这种出法使得我们本质地利用了克涅泽图的结构. 众所周知, 图论中有一个经典的 **托兰 (Turan) 定理**: 如果一个具有 m 个顶点的图的独立数为 k, 则它至少有 $\dfrac{m^2}{2k}$ 条棱. 根据这个定理, 在我们题目的条件下, 只能估计出图中的棱的数目的阶为 m, 而不可能得到 mn, 这是有着显著差异的.

我们指出, 如果 $r \leqslant \dfrac{n}{2}$, 则整个克涅泽图的独立数为 C_{n-1}^{r-1}. 这就是著名的 **Erdös–Ko–Rado 定理**, 其证明可在参考文献 [3] 中找到. 本题诞生于这样一个时刻, 供题人及其学生刚刚证得一个有趣的结论, 即克涅泽图的随机子图的独立数几乎不变 (参阅文献 [4]). 由此产生了一门很大的学科, 它使得我们可以用新的观点看待初等组合论中的一系列经典结论 (参阅文献 [5]).

还应指出, 本题中的结论还远远不是最佳的, 如果证明了如下结论, 那么就还可以进一步加强本题的结论. 在第 12 题的条件下, 最大的独立集必定由这样的一些顶点构成: 它们都含有集合 $\mathcal{R}_n$ 中的某一个相同的元素. 请读者尝试证明这一结论. 在较广泛的场合下, 这个结论称为希尔顿–米聂耳定理 (参阅文献 [3]).

13. 同第 1 题.

14. 如图 8 所示, 由题中条件知 $B_2C_1 = B_2C = B_2B_1$, 所以, B_2 是 $\triangle B_1CC_1$ 的外心, 故有
$$\angle C_1B_1C = \dfrac{1}{2}\angle C_1B_2C = \angle A_2B_2C$$
(这个等式表明, $\angle C_1B_1C$ 与 $\angle A_2B_2C$ 都等于不包含点 B_1 的 $\widehat{C_1C}$ 的一半, 此结论在 $\widehat{C_1C}$ 是优弧的情况下亦成立), 而
$$\angle A_1B_1C_1 = \angle A_1B_1C + \angle A_2B_2C.$$

因为点 B_1 是 $\triangle B_2CC_2$ 的外心, 所以
$$\angle C_2B_2C = \dfrac{1}{2}\angle C_1B_1C = \angle A_1B_1C, \quad \angle A_2B_2C_2 = \angle A_1B_1C + \angle A_2B_2C.$$

故有
$$\angle A_1B_1C_1 = \angle A_2B_2C_2.$$

类似地, 可以证明关于 $\triangle A_1B_1C_1$ 和 $\triangle A_2B_2C_2$ 的其他角之间的相等关系.

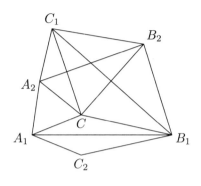

图 8

15. 6.

将方程的 4 个根分别记作 x_1, x_2, x_3, x_4 (其中有些可能是相同的). 根据韦达定理, 有

$$b = x_1x_2 + x_1x_3 + x_1x_4 + x_2x_3 + x_2x_4 + x_3x_4,$$
$$d = x_1x_2x_3x_4.$$

由于 4 个根都是正根, 因此 b 与 d 都是正数. 我们指出

$$\frac{b}{\sqrt{d}} = \left(\sqrt{\frac{x_1x_2}{x_3x_4}} + \sqrt{\frac{x_3x_4}{x_1x_2}}\right) + \left(\sqrt{\frac{x_1x_3}{x_2x_4}} + \sqrt{\frac{x_2x_4}{x_1x_3}}\right) + \left(\sqrt{\frac{x_1x_4}{x_2x_3}} + \sqrt{\frac{x_2x_3}{x_1x_4}}\right)$$
$$\geqslant 2 + 2 + 2 = 6.$$

这是因为对任何 $y > 0$, 都有 $y + \dfrac{1}{y} \geqslant 2$. 由于 d 是正整数, 故 $d \geqslant 1$. 从而, 由上式可知 $b \geqslant 1$. 当方程的 4 个根都等于 1 时, $b = 6$, 此时方程具有形式 $x^4 - 4x^3 + 6x^2 - 4x + 1 = 0$.

16. 可以.

(法一) 最简单的方法是按照图 9 所示的方法周期性地写数.

我们来观察黑格. 当黑格的水平方向的邻格中的数的绝对值都是 1 时, 它们的乘积是 -1, 而竖直方向的邻格中的数的乘积是 -2. 当黑格的竖直方向的邻格中的数的绝对值都是 1 时, 它们的乘积是 1, 而水平方向的邻格中的数的乘积是 2. 容易看出, 每一个黑格都属于这两种情况之一, 所以它们都满足题中条件.

(法二) 如图 10 所示, 任意取定两个相邻列, 把它们分别称为第 1 列和第 -1 列 (第 1 列在右边), 从第 1 列往右依次将各列编为第 $2, 3, \cdots$ 列; 从第 -1 列往左依次将各列编为

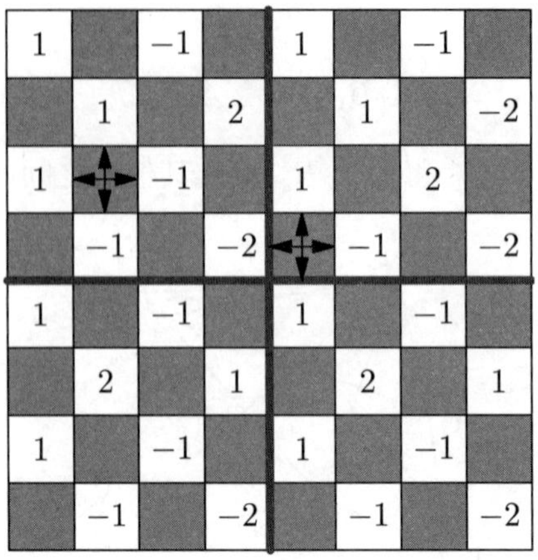

图 9

第 $-2, -3, \cdots$ 列. 在第 1 列和第 -1 列的每个白格中都填入 $x_1 = 1$, 在第 2 列和第 -2 列的每个白格中都填入 $x_2 = 2$, 在第 3 列和第 -3 列的每个白格中都填入 $x_3 = 5$, 如此下去, 在第 $n+1$ 列和第 $-(n+1)$ 列的每个白格中都填入 x_{n+1}, 其中 $x_{n+1} = \dfrac{x_n^2 + 1}{x_{n-1}}$. 不难看出, 对 $n \geqslant 2$, 第 n 列和第 $-n$ 列的每个黑格的两个水平邻格中的数的乘积与它的两个竖直邻格中的数的乘积的差为

$$x_{n+1} x_{n-1} - x_n^2 = \dfrac{x_n^2 + 1}{x_{n-1}} \cdot x_{n-1} - x_n^2 = 1.$$

而对于第 1 列和第 -1 列中的黑格, 可由图 10 看出它们也满足要求.

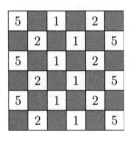

图 10

至于所填各数都是正整数, 可由所填之数与斐波那契数列的关系看出, 事实上, 我们有 $x_n = F_{2n-1}$, 其中 F_{2n-1} 是斐波那契数列中的第 $2n-1$ 项. 众所周知, 该数列的定义是 $F_0 = 0$, $F_1 = 1$, $F_{n+1} = F_{n-1} + F_n$ $(n \geqslant 1)$. 利用关于斐波那契数的卡塔兰恒等式, 容易证明, 对一切 n, 都有 $x_n = F_{2n-1}$.

(法三) 这个方法的长处在于每个正整数都将出现在表格中, 而且填写法则可用显式表达.

在方格平面上引入直角坐标系，坐标原点在某个白格中心，坐标轴平行于方格线，单位长度等于小方格的边长. 在中心处坐标为 (x,y) 的白格里填入

$$f(x,y) = \begin{cases} |y|+1, & \text{若} |x| \leqslant |y|; \\ \dfrac{x^2-y^2}{2} + |x| + 1, & \text{若} |x| > |y|. \end{cases}$$

特别地，以坐标原点为中心的 9×9 的方格表中的填数方式如图 11 所示. 在每条对角线上我们都看到了两个等差数列.

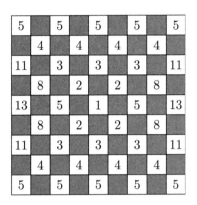

图 11

下面证明，这种填法满足题中要求. 首先易见 $f(x,y) > 0$. 又由于每个白格中心的坐标 (x,y) 都是两个奇偶性相同的整数，因此所有的 $f(x,y)$ 都是正整数.

我们来验证黑格满足要求. 设其中心的坐标为 (x,y). 它们是两个奇偶性互异的整数. 由于对称性，故不妨设 $x, y \geqslant 0$. 有下面两种可能情形.

情形 1 $x < y$. 此时，它的两个水平邻格中的数的乘积与它的两个竖直邻格中的数的乘积的差为

$$f(x-1,y)f(x+1,y) - f(x,y+1)f(x,y-1) = (y+1)(y+1) - (y+1+1)(y-1+1)$$
$$= (y+1)^2 - ((y+1)^2 - 1) = 1.$$

由于此时 $x \geqslant 0$ 且 $y > x$，故有 $y \geqslant 1$，因而不用写绝对值符号.

情形 2 $x \geqslant y$. 此时，多次运用公式 $(a+b)(a-b) = a^2 - b^2$，可得

$$f(x-1,y)f(x+1,y) - f(x,y+1)f(x,y-1)$$
$$= \left(\frac{(x-1)^2 - y^2}{2} + x - 1 + 1 \right) \left(\frac{(x+1)^2 - y^2}{2} + x + 1 + 1 \right)$$
$$- \left(\frac{x^2 - (y+1)^2}{2} + x + 1 \right) \left(\frac{x^2 - (y-1)^2}{2} + x + 1 \right)$$

$$= \left(\frac{x^2+1-y^2}{2}+x+1\right)^2 - \left(\frac{2x}{2}+1\right)^2 - \left(\frac{x^2-y^2-1}{2}+x+1\right)^2 + \left(\frac{2y}{2}\right)^2$$

$$= \left(\frac{x^2+1-y^2}{2}+x+1+\frac{x^2-y^2-1}{2}+x+1\right)\cdot 1 - \left(\frac{2x}{2}+1\right)^2 + \left(\frac{2y}{2}\right)^2$$

$$= 1.$$

故知每个黑格也都满足题中要求.

注 这个问题的构造方法非常之多, 它在现代数学中被积极地研究着. 因为它是在研究如何将方格图形分割为多米诺的过程中自然地产生出来的. 可以参阅参考文献 [6]. 关于这个问题的历史可以参阅参考文献 [7].

17. 可以.

将单位正方体 $ABCD\text{-}A'B'C'D'$ 分成 8 个棱长为 $\frac{1}{2}$ 的小正方体, 往每个小正方体中放入一个气球, 使它们分别内切于各个小正方体, 其中, 顶点 A, C, B', D' 所在的小正方体中放入的是黑色气球, 其余四个小正方体里面放的是白色气球. 显然, 每个黑色气球都与 3 个白色气球相切, 每个白色气球都与 3 个黑色气球相切, 而任何两个同色气球都没有公共点. 现在, 将各个黑色气球的直径换为 $\frac{1}{2}+\varepsilon$, 各个白色气球的直径换为 $\frac{1}{2}-\varepsilon$. 其中, $\varepsilon > 0, \varepsilon$ 小于黑色气球之间的最小距离的一半, 且使得每个气球仍然都与正方体的 3 个面相切. 现在任何两个黑色气球仍然都没有公共点. 我们来证明, 任何两个不同色的气球都没有公共点.

设贴近顶点 A 和 B 的两个气球的球心分别为 O_1 和 O_2, 而 r_1 和 r_2 是这两个气球的半径. 那么线段 O_1O_2 在棱 AB 上的投影长度为 $1-r_1-r_2=\frac{1}{2}$. 由于 $r_1 \neq r_2$, 因此 O_1O_2 与 AB 不平行. 这表明

$$O_1O_2 > AB = \frac{1}{2} = r_1+r_2,$$

即这两个气球没有公共点. 这样一来, 任何两个气球都没有公共点, 故可稍稍增大它们的直径.

18. n 的最大可能值是 1512.

我们来构造一个有向完全图, 图的顶点是各个参赛队, 箭头由取胜的队指向失败的队. 把通过加时赛方才结束比赛的有向边染为红色, 正常时间内结束比赛的有向边染为蓝色.

在各个顶点上标注相应的队所得的分数, 并观察与该得分分布相应的图. 从所有可能的这种图中取出红色有向线段最少的图 G.

引理 在图 G 的红色子图中没有下列子图:

(1) 非有向圈;

(2) 长度为 2 的有向路;

(3) 3 度及 3 度以上的顶点;

(4) 长度为 4 的非有向路.

引理的证明 只需说明, 如果存在上列各类子图, 如何可以减少图中的有向边的数目.

(1) 假如图 G 中存在红色非有向圈. 我们指定一个绕行该圈的方向, 使之重合于圈上某条边的方向. 然后, 把圈上凡与绕行方向一致的有向边都改染为蓝色, 而把与绕行方向不同的有向边都改变方向, 使之与绕行方向相同. 在经过这种操作之后, 圈上各个队的得分都未改变, 因为它们都在一个相邻顶点那里减少了 1 分, 而在另一个相邻顶点那里得到了 1 分 (如图 12 所示, 图中实线表示红色边, 虚线表示蓝色边, 下同), 而红色有向边的数目却减少了.

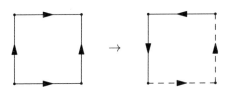

图 12

(2) 假如图 G 中存在长度为 2 的红色有向路. 那么连接路的起点和终点的是一条蓝色有向边. 如果其方向是由起点指向终点, 那么就将 3 条边都改染为与原来不同的颜色. 如果其方向是由路的终点指向起点, 那么就把 3 条边的方向和颜色都改变. 在经过这种操作之后, 各个队的得分都未改变, 红色有向边的数目减少 (如图 13 所示).

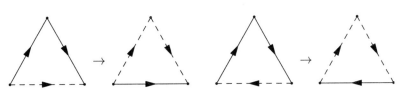

图 13

(3) 假如图 G 中存在某个顶点 A 的红色度数为 3 甚至更高, 我们来观察它的 3 个相邻顶点 B, C, D. 不妨设 3 条红色有向边的起点都是顶点 A (如果 3 条有向边的起点不全是顶点 A, 则与不存在长度为 2 的红色有向路的事实相矛盾; 而 3 条有向边的终点都是顶点 A 的情形可类似讨论), 而顶点 B, C, D 之间所连接的有向边都是蓝色的 (否则就有非有向圈, 导致矛盾).

不失一般性, 可设 B, C 之间的有向边为 $\overrightarrow{BC}$, C, D 之间的有向边为 $\overrightarrow{CD}$. 那么, B, D 之间可能为 $\overrightarrow{BD}$ 也可能为 $\overrightarrow{DB}$.

不论哪种情况,我们都擦去 A, B, C, D 之间所连的所有有向线段,重新作图: 在两种情况下, 都作蓝色有向边 $\overrightarrow{BA}, \overrightarrow{AC}, \overrightarrow{AD}$. 在第一种情况下, 再作红色有向边 $\overrightarrow{BD}, \overrightarrow{BC}$ 和蓝色有向边 $\overrightarrow{CD}$. 在第二种情况下, 再作红色有向边 $\overrightarrow{DB}, \overrightarrow{DC}$ 和蓝色有向边 $\overrightarrow{CB}$.

总而言之, 各队得分都未改变, 红色有向边却都减少了 (如图 14 所示).

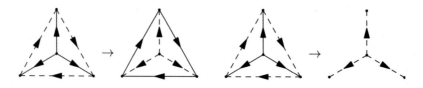

图 14

(4) 假如图 G 中存在长度为 4 的红色非有向路 A, B, C, D, E. 可以认为, 红色有向边为 $\overrightarrow{AB}, \overrightarrow{CB}, \overrightarrow{CD}, \overrightarrow{ED}$, 其他的都是蓝色有向边.

假如 A 击败了 D, 则将边 AB, BC, CD, AD 作如下改变: 作蓝色有向边 $\overrightarrow{AB}, \overrightarrow{CD}$, 作红色有向边 $\overrightarrow{AD}, \overrightarrow{BC}$. 于是可使红色有向边减少, 各队得分不变. 所以, 可以认为, D 战胜了 A, 而 B 战胜了 E.

如果 B 战胜了 D, 则将边 AB, AD, BC, BD, CD 作如下改变: 作蓝色有向边 $\overrightarrow{CD}$, $\overrightarrow{DB}, \overrightarrow{BA}$, 作红色有向边 $\overrightarrow{AD}, \overrightarrow{BC}$.

如果 D 战胜了 B, 则将边 BC, BD, BE, CD, DE 作如下改变: 作蓝色有向边 $\overrightarrow{CB}$, $\overrightarrow{BD}, \overrightarrow{DE}$, 作红色有向边 $\overrightarrow{EB}, \overrightarrow{DC}$.

各个顶点的得分未变, 红色有向边的数目减少 (如图 15 所示).

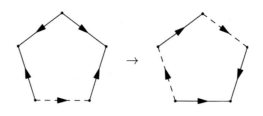

图 15

引理证毕.

如此一来, 由红色边形成的无向图就是一个森林, 其中的每一棵树都是至多由 4 个顶点形成的链. 于是, 红边的数目等于 $2016-t$, 其中 t 是由红色边形成的无向图中的树的数目. 由于每棵树上至多有 4 个顶点, 因此 $t \geqslant 504$, 即 $n \leqslant 1512$.

我们来看 4 个球队 A, B, C, D 之间的比赛图. 假定其中有向边 $\overrightarrow{AB}, \overrightarrow{AD}, \overrightarrow{CD}$ 为红色, 有向边 $\overrightarrow{AC}, \overrightarrow{BC}, \overrightarrow{BD}$ 为蓝色. 则 A, B 两队各得 7 分, C, D 两队各得 2 分.

我们发现, 在这样的分数分布之下, 应当至少有 3 场比赛是通过加时赛决出胜负的, 因为 A, B 之间的比赛和 C, D 之间的比赛都应当在延长的时间内结束 (A 或 B 不可能在规定的时间内输掉, 而 C 或 D 不可能在规定的时间内取胜). 如果所有其他比赛都在规定时间内决出胜负, 那么 A 和 B 的总分就应该是 3 的倍数, 矛盾.

将 2016 个球队分为 504 个四队组:

$$(A_1, B_1, C_1, D_1), \quad (A_2, B_2, C_2, D_2), \quad \cdots, \quad (A_{504}, B_{504}, C_{504}, D_{504}).$$

假定每个四队内部的情况都如上所述, 而不同的四队组之间, 对任何 $i < j$, 都是脚标为 i 的组中的球队在规定时间内战胜脚标为 j 的组中的球队. 在此种情况下, 每个四队组中的内部比赛得分都是 7, 7, 2, 2. 于是, 每个组中都至少有 3 场比赛通过加时赛决出胜负. 因此, 一共不少于 $3 \times 504 = 1512$ 场比赛延时结束.

19. 瓦夏比别佳低 1 分.

一共比赛了 $C_{12}^2 = 66$ 场, 所以大家一共得到 66 分. 由题意知, 瓦夏只败给一个对手, 所以他与其余 10 人的比赛都是取胜或战平. 这表明他至少得了 5 分. 而在此种情况下, 其余每个人都至少得到 5.5 分, 从而 12 人一共至少得到 $11 \cdot 5.5 + 5 = 65.5$ 分. 而这种结果只可能出现在这样一种情况下, 即获得第一名的别佳得 6 分, 瓦夏得 5 分, 而其余 10 人各得 5.5 分.

20. 不存在.

(法一) 令 $y = \arcsin x$, 则 $\arccos x = \dfrac{\pi}{2} - y$. 二次函数

$$f(y) = y^2 + \left(\dfrac{\pi}{2} - y\right)^2 = 2y^2 - \pi y + \dfrac{\pi^2}{4}$$

的最小值在 $y = \dfrac{\pi}{4}$ 处达到 $\left(\text{对应的 } x = \dfrac{\sqrt{2}}{2}\right)$, 而

$$f\left(\dfrac{\pi}{4}\right) = \dfrac{\pi^2}{8} > \dfrac{9}{8} > 1,$$

所以, 使得该等式成立的 x 值不存在.

(法二) 假设存在实数 x, 使得 $\arcsin^2 x + \arccos^2 x = 1$, 那么, 存在角 α, 使得 $\sin \alpha = \arcsin x$, $\cos \alpha = \arccos x$. 从而

$$\arcsin x + \arccos x = \sin \alpha + \cos \alpha = \sqrt{2} \sin\left(\alpha + \dfrac{\pi}{4}\right) \leqslant \sqrt{2}.$$

另一方面,

$$\arcsin x + \arccos x = \dfrac{\pi}{2} > \sqrt{2},$$

因为 $\pi > 3 > 2\sqrt{2}$. 矛盾.

21. 如图 16 所示, 延长线段 BM 使之与直线 AD 相交于点 K, 记 $\angle MAK = \alpha$, $\angle AKM = \beta$. 于是, $\angle AMB$ 是 $\triangle AMK$ 的顶点 M 处的外角, 所以, $\angle AMB = \alpha + \beta$. 进而, $\angle KBC = \angle AKB = \beta$. 又四边形 $AMND$ 内接于圆, 所以它的对角之和等于 $180°$, 故而 $\angle MND = 180° - \alpha$. 同理, 由四边形 $BMNC$ 内接于圆, 知 $\angle MNC = 180° - \beta$. 因此

$$\angle CND = 360° - \angle MNC - \angle MND = \alpha + \beta = \angle AMB.$$

此外, 由题中条件知, $AM = CN$, $BM = DN$, 所以, $\triangle AMB \cong \triangle CND$. 因此, $AB = CD$, 即四边形 $ABCD$ 是等腰梯形. 由此可知, 经过它的两底 AD 与 BC 中点的直线 l 与两底垂直. 而四边形 $AMND$ 的外接圆的圆心在边 AD 的垂直平分线, 即直线 l 上, 四边形 $BMNC$ 的外接圆的圆心也在直线 l 上. 线段 MN 是这两个圆的公共弦, 所以直线 l 作为这两个圆的连心线与 MN 垂直. 如此一来, 梯形的两底和直线 MN 都垂直于同一条直线 l, 所以它们相互平行.

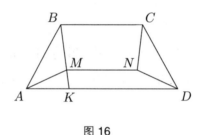

图 16

22. 必要性很容易证明. 事实上, 对英语角的任何一个成员而言, 所有人所取饮料的数量等于该人喝掉的数量的 3 倍加上他没有加入的三人组喝掉的数量. 所以, 为了保证每个成员都能在聚会过程中喝光自己所取的饮料, 各人所取饮料的量都不能超过所有人所取量的三分之一.

以下证明充分性.

(法一) 我们来对英语角所汇聚的成员人数 n 进行归纳. 当 $n = 3$ 时结论显然成立, 因为此时每个人都可以取得总量的三分之一, 并且各人可以一次喝光所取的饮料.

设 $n \geqslant 4$. 假设只有一个人取的份量最多. 此时, 如果围桌而坐的 3 个人中有一个是份量最多的, 另两个是份量较少的. 当他们喝的时候, 他们中每一个人的份量在总量中的比例下降, 而其余人份量的比例上升. 假定他们一直喝到其中的某一个人喝光自己的饮料为止 (此时根据归纳假设, 剩下的人可以喝光自己杯中的饮料), 或者英语角中的大部分成员都不与坐在桌旁的那一个拿最多份量饮料的人相比较. 所以, 只需再考虑至少有两个成员取的最多的情形.

假定有两个成员取的份量最多. 先让这两个人坐在桌旁, 再让一个取的较少的人坐下, 直到这个所取份量较少的人喝光自己的饮料 (此时, 根据归纳假设, 其余的人可以喝光所取的所有饮料), 或者英语角中不在该桌旁的大部分人都不与取最多饮料的人 (坐在桌旁的两位) 相比较. 于是, 只需考察至少有 3 个人取的饮料最多的情形.

假设有 $k \geqslant 3$ 个人取的饮料最多, 我们来陈述一种可使大家都喝光所取饮料的办法. 以 Δ 表示所取饮料第一多的量 a_1 与第二多的量 a_2 的差 (即 $\Delta = a_1 - a_2$). 让所有取最多量的人围成一圈, 将他们按顺时针方向依次编为 1 至 k 号, 再让他们依次三三上桌 (1, 2, 3 号先上, 然后 2, 3, 4 号上, 如此下去, 最后是 $k, 1, 2$ 号上), 每次上桌的三人都喝掉 $\dfrac{\Delta}{3}$ 的饮料, 此后, 他们手中的饮料都变为 a_2 (现在的最多), 即现在拿最多量的人比原来至少增加 1 人. 再继续刚才的做法 (围成一圈, 编号, 依次三三上桌, 等等) 即可.

(法二) 将一个圆周分为 n 段弧, 各段弧的长度与 n 个人所取的饮料份量相对应. 取一个三叉戟 (如图 17 所示), 它由三条两两夹成 $120°$ 的半径构成 (称为三叉戟的指针). 由于每一段弧都不超过周长的 $\dfrac{1}{3}$, 因此可以同时让三个指针分别指向三段弧的内点, 这三段弧对应着英语角里的三个不同成员.

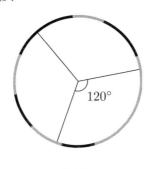

图 17

先把三叉戟置于任一起始位置, 使其三个指针的终点分别在三段弧的内部 (如图 17 所示). 让这三段弧所对应的三名成员上桌. 将三叉戟按顺时针方向旋转, 令桌旁的人同时喝掉杯中饮料的份量等于三叉戟指针末端所转过的弧长. 每当三叉戟的某一个指针的终端滑过一段弧的端点, 桌旁的成员都发生替换, 那个与滑出弧段相应的成员下桌, 而那个与滑入弧段相应的成员上桌.

不难看出, 持续让三叉戟转动下去, 就可以保证各人都喝掉所取的饮料.

23. (1) 可以.

选取正方体的 3 条有公共端点的棱. 首先, 作两个平面垂直于第一条棱, 它们将该棱三等分; 再经过第二条棱的中点作一个平面垂直于该棱; 最后经过第三条棱的中点作一个平面与其垂直. 这四个平面将正方体分隔成 12 个彼此全等的长方体 (如图 18 所示), 尺寸为

$\frac{1}{3} \times \frac{1}{2} \times \frac{1}{2}$. 我们来证明, 每个长方体中任何两点间的距离都小于 $\frac{4}{5}$. 事实上, 长方体中任何两点间的距离都不超过它的体对角线的长度. 我们的长方体的体对角线长为

$$\sqrt{\frac{1}{3^2} + \frac{1}{2^2} + \frac{1}{2^2}} = \sqrt{\frac{11}{18}}.$$

由于

$$11 \times 25 = 275 < 288 = 16 \times 18 \quad \Rightarrow \quad \frac{11}{18} < \frac{16}{25} \quad \Rightarrow \quad \sqrt{\frac{11}{18}} < \frac{4}{5},$$

因此在此种分隔之下每一部分中的任何两点间的距离都小于 $\frac{4}{5}$.

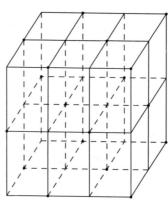

图 18

(2) 不能.

如果我们的正方体已经按照 (1) 的方法分隔为 12 个彼此全等的尺寸为 $\frac{1}{3} \times \frac{1}{2} \times \frac{1}{2}$ 的长方体, 我们来标出 18 个点 (如图 18 所示), 它们中不包括任何一个长方体的任何一条棱的两个端点. 从而, 它们中的任何两者间的距离都不小于尺寸为 $\frac{1}{3} \times \frac{1}{2} \times \frac{1}{2}$ 的长方体上的某一条面对角线的长度, 即不小于 $\sqrt{\frac{1}{3^2} + \frac{1}{2^2}} = \sqrt{\frac{13}{36}}$. 由 $13 \times 49 = 637 > 576 = 36 \times 16$, 知 $\frac{13}{36} > \frac{16}{49}$, 即 $\sqrt{\frac{13}{36}} > \frac{4}{7}$, 这就表明, 所标出的 18 个点中的任何两点间的距离都大于 $\frac{4}{7}$.

假设我们的正方体被某 4 个平面分成了若干个部分. 注意到 3 个平面最多只可能把正方体分为 8 个部分, 而第四个平面可以把其中每个部分都分为两个部分. 这就是说, 四个平面至多把正方形分为 16 个不同的部分 (事实上, 有可能只有 15 个部分, 感兴趣的读者可以自行证明). 这就意味着, 我们前面所标出的 18 个点中, 一定会有某两个点落在同一个部分中. 因为无论怎样用四个平面分隔单位正方体, 都会有某两个标出的点同属于其中的某一个部分, 所以不能使得每个部分中的任何两点之间的距离都小于 $\frac{4}{7}$.

24. (法一) 我们减弱命题, 假定这 N 个人不是渡河, 而仅仅是两个两个地去散步, 散

步后都回到人群中, 在散步中相互告知消息, 那么只要散步次数不多于 $N-1$, 为了达到题中的要求, 也必须有 $N \geqslant 2^k$.

作一个图, 图的顶点是这些人, 用线段联结每两个一起散步的人. 于是, 这个图中有 N 个顶点和 $N-1$ 条边 (如果某两个人不止一次一起散步, 那么相应的顶点之间有多重边). 如果对于给定的 k, 将 N 取得最小, 该图必为连通图. 事实上, 若不然, 我们观察它的一个连通分支, 其中的边数少于顶点数 (根据连通性, 边数只能比顶点数少 1), 并且我们只看这个分支. 众所周知, 具有 N 个顶点和 $N-1$ 条边的连通图是树 (此时图中没有多重边).

我们通过对 k 归纳, 证明 $N \geqslant 2^k$. 对 $k=1$, 显然有 $N \geqslant 2$. 为完成渡河, 我们从图中抹去那条对应于第一对出去散步的人之间的边, 图分裂为两个连通分支. 每个人都只有一条消息是从另一分支获得的, 所以每个人都从自己的分支获得 k 条消息 (包括他自己的消息). 根据归纳假设, 每个分支中不少于 2^{k-1} 个人, 从而一共不少于 2^k 个人.

(法二) 把各个人所知道的超过自己原来的消息的数目称为各人的指数, 把指数为正的人称为富人, 指数为零的人称为穷人. 将指数为 m 的人的财产数目记作 2^{-m} (这样定义的财产数将随着他所知道的消息数目的增加而降低).

我们用 L 表示左岸的富人的数目, 用 S 表示所有的富人 (不论他们在河的左岸还是右岸, 都算在内) 的财富的总和与 L 的差. 当独木舟到达右岸时, 我们计算 S. 当独木舟第一次抵达右岸时, 有 $S = 2^{-1} + 2^{-1} - 0 = 1$. 我们来证明, S 的值在渡河过程中不下降.

在后续的各次由左岸驶往右岸的独木舟上, 富人的数目只可能有 3 种不同的情况: 0 个, 1 个或 2 个.

当独木舟上的富人数目为 0 时, 独木舟上的两个人都是穷人, 到达右岸时他们都变为富人, 使得 S 增加了 $2^{-1} + 2^{-1} = 1$. 但是, 此时那个撑回左岸的富人留在了左岸, 他使得 L 增加 1, 从而在这种情况下, S 的值不变.

当独木舟上的富人数目为 1 时, 左岸的富人数目 L 不变. 假定独木舟上的富人原来知道 m 条消息 (不含自己的), 那么他原来的财富为 2^{-m}. 在船上两人都知道了 $m+1$ 条消息 (不含自己的), 他们的财富和为 $2^{-(m+1)} + 2^{-(m+1)} = 2^{-m}$. 这表明, S 的值不变.

最后, 如果独木舟上的富人数目为 2, 那么 L 减小 1. 此时这两个富人的财富和减少, 但是减少量不会超过 $2^{-1} + 2^{-1} = 1$, 所以, S 的值不下降.

这就告诉我们, 最终, 有 $S \geqslant 1$ 而 $L = 0$. 但由于每个人都至少获知了 k 条其他消息, 所以每个人的财富都不多于 2^{-k}, 即人数不少于 2^k.

25. 996.

如果某个完全平方数 n^2 以 2016 结尾, 则有 $n^2 = 10000k + 2016$, 其中 k 是某个正整

数. 于是
$$n^2 - 16 = (n+4)(n-4) = 10000k + 2000 = 2^4 \cdot 5^3 \cdot (5k+1).$$

由于 $n+4$ 与 $n-4$ 的差是 8, 不能被 5 整除, 因此, 它们不可能同时被 5 整除. 所以, 或者 $n+4$, 或者 $n-4$ 是 5 的倍数. 此外, 这两个数都应当是 4 的倍数, 否则它们的乘积不可能被 2^4 整除. 这就意味着, 它们之一可被 $5^3 \cdot 4 = 500$ 整除, 即 n 具有形式 $n = 500m \pm 4$. 从而, $n^2 = 250000m^2 \pm 4000m + 16$. 若 $m = 1$, 则 n^2 以 4016 或 6016 结尾; 若 $m = 2$ 并取减号, 则得 $n = 996$, 且 $n^2 = 992016$. 所以, 996 是满足要求的最小正整数.

26. 可以.

(法一) 一共有 77 枚砝码, 它们的质量分别为 $\ln 3, \ln 4, \cdots, \ln 79$ (单位: g). 一开始, 在天平的一端放上质量为 $\ln 3$ g 和 $\ln 4$ g 的两枚砝码, 另一端放上质量为 $\ln 5$ g 的一枚砝码, 两端的质量差为
$$\ln 3 + \ln 4 - \ln 5 = \ln \frac{12}{5} < \ln e = 1.$$

接下来, 把其余 74 枚砝码分为 37 对 (单位: g):
$$(\ln 6, \ln 7), \quad (\ln 8, \ln 9), \quad \cdots, \quad (\ln 78, \ln 79).$$

一组组逐步地往天平的两端放入砝码: 在天平较轻的一端 (将该端原有砝码的总质量记作 L) 放上组中较重的砝码, 较重的一端 (将该端原有砝码的总质量记作 H) 放上较轻的砝码; 如果天平两端质量相等 ($L = H$), 则随便放. 原来两端砝码的质量差为 $0 \leqslant H - L \leqslant 1$, 后来的质量差为
$$(H + \ln n) - (L + \ln(n+1)) = (H - L) + \ln \frac{n}{n+1}.$$

注意到
$$0 > \frac{n}{n+1} \geqslant \ln \frac{1}{2} = -\ln 2 > -\ln e = -1,$$

故知
$$0 \leqslant (H + \ln n) - (L + \ln(n+1)) \leqslant 1.$$

这就说明, 在任何一次添加砝码之后, 天平都保持平衡. 所以它最终仍然处于平衡状态.

(法二) 先把质量为 $\ln 3, \ln 5, \cdots, \ln 79$ (单位: g) 的砝码放到天平的左端, 把质量为 $\ln 4, \ln 6, \cdots, \ln 78$ (单位: g) 的砝码放到天平的右端, 此时两端的质量差为
$$\ln 3 \cdot \frac{5}{4} \cdot \frac{7}{6} \cdots \frac{79}{78} > \ln 3 > 1.$$

依次从天平上取下砝码对

$$(\ln 79, \ln 78), \quad (\ln 77, \ln 76), \quad \cdots, \quad (\ln 5, \ln 4)$$

(每对砝码都是一端一个)，并交换每一对中两个砝码的位置，那么两端砝码的质量差就变为

$$\ln 3 \cdot \frac{4}{5} \cdot \frac{6}{7} \cdot \cdots \cdot \frac{78}{79} < \ln \frac{3 \cdot 4}{5} \ln e < 1.$$

在交换砝码对 $(\ln(n+1), \ln n)$ 中两砝码的位置时，两端砝码的总质量之差改变

$$2(\ln(n+1) - \ln n) = 2\ln \frac{n+1}{n} < 2\ln 2 < 1.$$

这表明，只要在左端第一次变得轻于右端时就停止我们的操作，那么天平两端的质量差就小于 1 g，天平就处于平衡位置.

27. (1) 可以.

设 $A_1 A_2 \cdots A_{14}$ 为正十四边形，将其 6 个顶点 $A_1, A_2, A_4, A_8, A_9, A_{11}$ (如图 19 所示)染成红色. 正十四边形内接于圆，平行直线在圆周上截出相等的弧. 特别地，如果经过正十四边形的顶点的两条线段平行，那么在它们之间的两段弧上包含着多边形的同样多个顶点. 在以 6 个红色顶点作为端点的线段中，只有如下 6 对线段相互平行：A_1A_2 与 A_8A_9，A_2A_4 与 A_9A_{11}，A_1A_4 与 A_8A_{11}，A_4A_8 与 A_1A_{11}，A_4A_9 与 A_2A_{11}，A_1A_9 与 A_2A_8，这些线段刚好都是 3 个内接于圆的平行四边形的边，它们都是矩形.

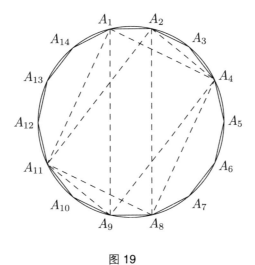

图 19

(2) 不能.

我们证明，无论标出正十四边形的哪 7 个顶点，其中都会有某 4 个顶点形成梯形.

经过正十四边形的顶点作出所有可能的 $C_{14}^2 = 91$ 条直线. 我们来证明, 可以从这 91 条直线中找到 14 条两两不平行的直线, 但在其中任意 15 条直线中, 都一定存在两条直线相互平行 (相互平行的直线具有相同的斜率). 事实上, 直线 $A_1A_2, A_3A_4, \cdots, A_8A_9$ 的斜率相等, 直线 $A_1A_{14}, A_2A_{13}, \cdots, A_7A_8$ 的斜率相等, 但与前一组直线的斜率不相等, 这是因为它们是由前一组直线绕着正十四边形的中心旋转 $\dfrac{2\pi}{7}$ 得到的. 将这组直线按此方向继续旋转, 可得其余 5 种不同斜率的直线组. 现在来看直线组 $A_3A_1, A_4A_{14}, \cdots, A_8A_{10}$, 组中各直线的斜率相等, 但不同于前述 7 组直线. 将这组直线绕着正十四边形的中心旋转 $\dfrac{2\pi}{7}$ 的整数倍, 可得另外 6 组平行直线, 它们都经过正十四边形的顶点, 各有自己的斜率.

将被染红的 7 个顶点两两相连, 可得 $C_7^2 = 21$ 条线段. 如果其中有某三条线段的斜率相等, 那么它们中的某两条就是一个梯形的上下底 (或平行四边形的一组对边). 事实上, 如果平行四边形内接于圆, 那么它就是一个矩形, 并且它的对边跨越同样多条正十四边形的边 (参照前面的解答). 因此, 如果三条平行线段中的某两条的四个顶点是这样的矩形的顶点, 那么三条线段中的任何两条都是梯形的上下底.

现在假设在所作的 21 条线段中, 具有前面所说的 14 种不同斜率中的每种斜率的线段都不多于两条. 那么, 其中一定有某 7 种斜率的线段各有两条. 我们来观察其中的一种这样的斜率, 并将具有这种斜率的两条线段分别记作 AB 与 CD, 它们是一个梯形的上下底 (或矩形的一组对边), 如果是矩形的一组对边, 则 AC 与 BD 相互平行, 并且与 AB 垂直. 如此一来, 凡是具有两条线段的斜率方向都分为相互垂直的对子, 从而, 两两斜率相同的以红点作为端点的线段条数不少于 8, 而且相应的相互垂直的线段对是不少于 4 个矩形的边, 它们的顶点都是红点. 但是矩形的顶点可以分成一对一对的对径点, 然而我们一共只有 7 个点被染红, 所以, 其中必有某个红点的对径点没有被染红. 这就意味着有某三个矩形的顶点分布在 6 个红点上, 矛盾.

所以, 无论我们怎样将正十四边形的 7 个甚至是更多个顶点染成红色, 都一定能在以它们作为顶点的四边形中找出一个梯形.

注 在 1981 年的莫斯科数学奥林匹克中, 曾经要求考生证明如下结论: 任意标出正 1981 边形的至少 64 个顶点, 都一定能从中找出 4 个标出点, 以它们作为顶点的四边形是梯形. 该题的证明建立在这样一个基础上: 64 个点共可连成 $C_{64}^2 = 2016$ 条不同线段, 其数目大于 1981. 于是人们考虑能否将这个问题一般化为: 任意标出正 n 边形的 k 个顶点, 其中 $C_k^2 > n$, 那么从中是否一定可以找出 4 个标出点, 以它们作为顶点的四边形是梯形? 然而人们却发现了反例: 在 $n = 14, k = 6$ 时, 虽然有 $C_6^2 = 15 > 14$, 但是无论标出正十四边形的哪 6 个顶点, 在以其中 4 个点作为顶点的四边形中, 只要其中有两边平行, 那么它的另外两边就也平行, 从而一定是矩形, 而不是梯形①.

28. 不能.

假设爸爸看见儿子的时间能够超过一半, 那么, 必然在儿子绕行学校的某一圈中, 爸爸看见儿子的时间超过一半.

我们来观察这个圈, 假设该圈起止于学校周界上的点 S. 如图 20 所示, 将学校的周界正方形的顶点标记为 A, B, C, D, 使得点 S 位于边 AB 上, 而男孩经过四个顶点的顺序是 B, C, D, A. 我们标出这样一些点所构成的集合 M, 当男孩处于这些点上时, 他爸爸能够看见他. 集合 M 由正方形 $ABCD$ 的周界上的一些孤立的点和一些线段上的点组成. 根据假设, 这些线段的总长大于该正方形周长的一半. 将正方形中心记作 O, 将集合 M 关于点 O 的对称图形记作 M', 则集合 M' 中的线段的总长也大于周界正方形周长的一半. 这意味着这两个点集具有无穷多个公共点. 假设 K 与 L 是它们的任意两个公共点, 并假定它们位于线段 SB, BC 或 CS' 上, 其中 S' 是 S 关于中心 O 的对称点.

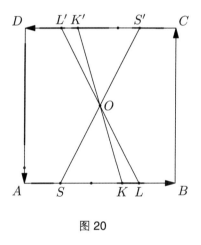

图 20

不失一般性, 可认为 K 与 L 都在线段 SB 上, 并且男孩先经过点 K. 根据这些点的选取标准可知, 爸爸不仅在点 K 与 L 处可以看见儿子, 而且在它们关于点 O 的对称点 K' 与 L' 处也能看见儿子. 这表明, 当儿子处于点 L 时, 爸爸在边 AB 上; 而当儿子在点 K' 时, 爸爸在边 CD 上. 三条线段 LB, BC, BK' 的长度和小于周长的一半. 这意味着, 男孩由点 L 骑行到点 K', 所走过的距离小于周长的一半, 而爸爸在这段时间内, 所走过的距离就应该小于周长的四分之一. 由此得出矛盾, 因为爸爸由边 AB 到达边 CD 需要走过的距离不小于周长的四分之一.

---

① 译者注: 这里把梯形理解为有且只有一组对边平行的四边形.

29. 是的, 多项式 $P(x)$ 自身具有实根, 并且都是正根.

记
$$P_1(x) = P(x), \quad P_k(x) = \underbrace{P(P(\cdots P(x)\cdots))}_{k\text{个}} \quad (k \geqslant 2).$$

由题意知, 多项式 $P_m(x)$ 具有实根, 并且都是正根. 我们来证明, 多项式 $P_1(x) = P(x)$ 具有实根, 并且都是正根.

假设 $P(x)$ 没有正根. 则只要 x 充分大, 就都有 $P(x) = x^n + a_{n-1}x^{n-1} + \cdots + a_1 x + a_0 > 0$. 由于它在 $x > 0$ 时不变号, 所以 P 把正数变为正数. 这表明, 对所有的 k, 多项式 P_k 都具有这一性质. 这与 $P_m(x)$ 具有正根的事实相矛盾. 这就说明, $P(x)$ 也有正根.

如果 $P(0) = 0$, 那么也就有 $P_m(0) = 0$, 此与事实不符, 所以 $P(0) \neq 0$, 亦即 0 不是 $P(x)$ 的根.

假设 $P(x)$ 既有正根, 也有负根. 我们用归纳法来证明: 对所有的 k, 多项式 P_k 也都既有正根, 又有负根.

当 $k = 1$ 时断言已经成立. 假设断言对 $k = j$ 成立. 我们分别用 x_1 与 x_2 表示多项式 $P(x)$ 的最小根和最大根; 用 x_3 与 x_4 表示多项式 $P_j(x)$ 的最小根和最大根. 则有 $x_1 < 0$, $x_2 > 0$, $x_3 < 0$, $x_4 > 0$.

如果 n 为奇数, 则 $P(x) = x^n + a_{n-1}x^{n-1} + \cdots + a_1 x + a_0$ 在 $(-\infty, x_1]$ 上取遍 $(-\infty, 0]$ 中的所有值, 因此, 存在 $-\infty < x_5 < x_1$, 使得 $P(x_5) = x_3$. 如果 n 为偶数, 则 $P(x) = x^n + a_{n-1}x^{n-1} + \cdots + a_1 x + a_0$ 在 $(-\infty, x_1]$ 上取遍 $[0, +\infty)$ 中的所有值, 因此, 存在 $-\infty < x_5 < x_1$, 使得 $P(x_5) = x_4$. 在两种情况下, $P(x)$ 都在 $[x_2, +\infty)$ 上取遍 $[0, +\infty)$ 中的所有值, 因此, 存在 $x_2 < x_6 < +\infty$, 使得 $P(x_6) = x_4$. 这样一来, 我们就都有

$$P_{j+1}(x_5) = P_j(P(x_5)) = 0, \quad P_{j+1}(x_6) = P_j(P(x_6)) = 0.$$

而 $x_5 < 0, x_6 > 0$. 断言证毕.

这就意味着, 只要 $P(x)$ 既有正根, 也有负根, 那么 $P_m(x)$ 就既有正根, 也有负根, 导致矛盾.

因此, 只有一种可能, 即 $P(x)$ 具有实根, 并且都是正根.

参考文献

[1] А. М. Райгородский. Гипотеза Кнезера и топологическии методы вкомбинаторике. Квант No. 1, 2011: 7-16.

[2] А. М. Райгородский. Гипотеза Кнезера и топологическии методы вкомбинаторике. Москва, MTSNMO, 2011.

[3] А. М. Райгородский. Верятност и алгебра в комбинаторике. Москва, МЦНМО, 2015.

[4] Л. И. Боголюбский, А. С. Гусев, М. М. Пядёркин, А. М. Райгородский. Числа независимости и храмотические числа случайных подграфов некотопых дистанционныхграфов. Математический сборник, 2015, 206(10): 3-36.

[5] B. Bollobas, B. P. Narayanan, A. M. Raigorodskii. On the stability of Erdös-Ko-Rado theorem. J. Comb. Th. Ser. A, 2016, 137: 64-78.

[6] К. П. Кохас. Разбиения на домино. Матемтическое просвещение, 3-я серия, вып, 2005, 9: 143-163; http://www.mccme.ru/free-books/matpros/ia143163.pdf.zip.

[7] H. S. M. Coxeter, J. F. Rigby. Frieze patterns, triangulated polygons and dichromatic symmetry, The lighter side of mathmatics, 1961: 15-27; http://www.link.cs.cmu.edu/15859-s11/notes/frieze-patterns-lighter-side.pdf.

苏 淳 翻译

第33届巴尔干地区数学奥林匹克 (2016)

2016 年 5 月 7 日　阿尔巴尼亚　地拉那

1. 试求所有的单射 $f: \mathbf{R} \to \mathbf{R}$, 使得对任意实数 x 和正整数 n, 都有
$$\left|\sum_{i=1}^{n} i(f(x+i+1) - f(f(x+i)))\right| < 2016.$$

2. 在圆内接四边形 $ABCD$ 中, $AB < CD$, 对角线 AC 与 BD 交于点 F, 直线 AD 与 BC 交于点 E. 点 K, L 分别是 F 在直线 AD, BC 上的射影, 点 M, S, T 分别是线段 EF, CF, DF 的中点. 证明: $\triangle MKT$ 的外接圆与 $\triangle MLS$ 的外接圆的另一个交点在线段 CD 上.

3. 试求所有的首项系数为 1 的整系数多项式 $f(x)$, 满足条件: 存在正整数 N, 使得 $f(p)$ 是正整数, 且 $p \mid 2(f(p))! + 1$ 对任意满足 $p > N$ 的素数成立.

4. 将平面用两组分别平行的直线划分成一系列单元格, 得到一个无穷大的棋盘. 将每个单元格用 1201 种颜色之一进行染色, 使得任意周长为 100 的矩形中都不存在两个同色的单元格. 证明: 棋盘中不存在 1×1201 或 1201×1 的矩形, 其中有同色的单元格.

注　本题中所说的矩形的边界都在棋盘的分格线上.

参考答案

1. 由条件可知
$$\left|\sum_{i=1}^{n-1} i(f(x+i+1) - f(f(x+i)))\right| < 2016,$$

则
$$|n(f(x+n+1)-f(f(x+n)))|$$
$$=\left|\sum_{i=1}^{n}i(f(x+i+1)-f(f(x+i)))-\sum_{i=1}^{n-1}i(f(x+i+1)-f(f(x+i)))\right|$$
$$<2\times 2016=4032.$$

从而, 对任意实数 x 和正整数 n, 都有
$$|f(x+n+1)-f(f(x+n))|<\frac{4032}{n}.$$

任取 $y\in\mathbf{R}$, 则存在 x, 使得 $y=x+n$. 从而, 对任意实数 y 和正整数 n, 都有
$$|f(y+1)-f(f(y))|<\frac{4032}{n}.$$

由于上式对任意正整数 n 都成立, 故 $f(y+1)=f(f(y))$ 对任意 $y\in\mathbf{R}$ 成立. 又 f 是单射, 所以 $f(y)=y+1$. 经检验可知, $f(y)=y+1$ 满足条件.

2. 如图 1 所示, 设 N 是线段 CD 的中点. 我们将证明, $\triangle MKT$ 的外接圆和 $\triangle MLS$ 的外接圆都经过点 N.

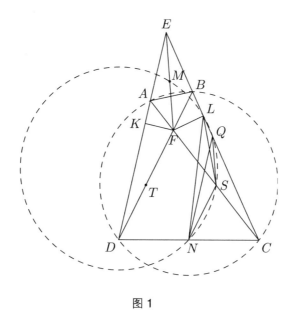

图 1

首先证明, $\triangle MLS$ 的外接圆经过点 N.

设 Q 是线段 EC 的中点. 注意到 $\triangle MLS$ 的外接圆是 $\triangle EFC$ 的九点圆, 易知 Q 也在该圆上.

我们将证明, $\angle SLQ = \angle QNS$ 或 $\angle SLQ + \angle QNS = 180°$.

事实上, $\triangle FLC$ 是直角三角形, LS 是其斜边上的中线, 故 $SL = SC$, $\angle SLC = \angle SCL = \angle ACB$.

由 N, S 分别是线段 DC, FC 的中点, 知 $SN // FD$. 类似地, Q, N 分别是线段 EC, CD 的中点, 有 $QN // ED$. 这表明, $\angle EDB$ 与 $\angle QNS$ 的边分别平行, 由 $AB < CD$ 可知, $\angle EDB$ 是锐角. 因此, $\angle EDB = \angle QNS$ 或 $\angle EDB + \angle QNS = 180°$. 由 A, B, C, D 四点共圆, 知 $\angle EDB = \angle ACB$. 故 $\angle SLQ = \angle QNS$ 或 $\angle SLQ + \angle QNS = 180°$. 从而, L, N, S, Q 四点共圆.

由前述结论可知, 四边形 $LNSQ$ 的外接圆经过点 Q. 从而, M, L, Q, S, N 五点共圆, 即 $\triangle MLS$ 的外接圆经过点 N.

类似地, $\triangle MKT$ 的外接圆经过点 N.

3. 若 f 是零次多项式, 则 $f(p) = 1$. 显然, 此时对素数 $p \geqslant 5$, f 不符合要求.

由整除关系 $p \mid 2(f(p))! + 1$ 可知, 对任意素数 $p > N$, 有

$$f(p) < p. \qquad ①$$

事实上, 若存在素数 p, 使得 $f(p) \geqslant p$, 则 $p \mid (f(p))!$, 从而 $p \mid 1$, 矛盾.

设 $\deg(f) = m > 1$, 则 $f(x) = x^m + Q(x)$, 其中 $Q(x)$ 满足 $\deg(Q) \leqslant m - 1$, 故 $f(p) = p^m + Q(p)$. 当 p 充分大时, 有 $f(p) > p$, 这与式 ① 矛盾. 因此, $\deg(f) = 1$, 且 $f(x) = x - a$ ($a \in \mathbf{N}^*$). 从而, 条件变为

$$p \mid 2(p - a)! + 1.$$

由威尔逊定理, 知

$$2(p-3)! \equiv -(p-3)!(p-2) \equiv -(p-2)! \equiv -1 \pmod{p},$$

即

$$p \mid 2(p-3)! + 1.$$

于是

$$(p-3)! \equiv (p-a)! \pmod{p}.$$

从而

$$(p-3)!(-1)^a(a-1)! \equiv (p-a)!(-1)^a(a-1)! \equiv 1 \pmod{p}.$$

由 $-2(p-3)! \equiv 1 \pmod{p}$, 可知

$$(-1)^a(a-1)! \equiv -2 \pmod{p}.$$

取 $p > (a-1)!$，可知 $a = 3$. 从而，$f(x) = x - 3$.

经检验可知，$f(x) = x - 3$ 符合条件.

4. 适当地选取坐标轴，建立平面直角坐标系，使得棋盘的各单元格的中心与坐标系中的整点重合，并以每个单元格中心的坐标代表该单元格.

设由所有满足 $|x| + |y| \leqslant 24$ 的单元格 (x, y) 组成的集合为 D，并称可由 D 经过整点坐标平移得到的图形为钻石.

容易看出，同一个钻石中的任意两个单元格都同属于某个周长为 100 的矩形，故钻石中任意两个单元格不同色. 由于一个钻石中恰有 $24^2 + 25^2 = 1201$ 个单元格，因此所有的颜色恰在一个钻石中各出现过一次.

选择某种颜色 (不妨设为绿色)，设 $a_1, a_2, \cdots$ 为所有的绿色单元格，并设以 a_i 为中心的钻石为 P_i. 我们将证明，任一单元格均属于某个钻石 P_i，但不同时属于两个不同的钻石 P_i, P_j.

事实上，如果某个单元格 b 同时属于钻石 P_i, P_j，那么它们的中心同属于某个周长为 100 的矩形，矛盾. 另一方面，任取一个单元格 b，则以 b 为中心的钻石恰包含某个绿色单元格 a_i，从而以 a_i 为中心的钻石 P_i 包含 b.

由此可知，$P_1, P_2, \cdots$ 两两不重叠，且恰好覆盖了整个平面. 不难看出，在适当的平移和反射之下，这样的覆盖是唯一的 (事实上，考虑两个相邻的钻石，如图 2 所示，如果它们不是紧密地拼接在一起，那么就会在角上产生不能被覆盖的单元格).

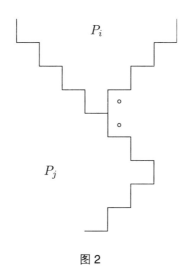

图 2

不失一般性，设这样的覆盖由中心 (x, y) 满足 $1201 \mid 24x + 25y$ 的钻石组成 (图 3 给出了一个类似的覆盖，其中钻石的尺寸稍小). 不难看出，任何一个 1×1201 的矩形都不能同时包含两个绿色单元格. 对其他颜色进行相同的讨论即可知结论成立.

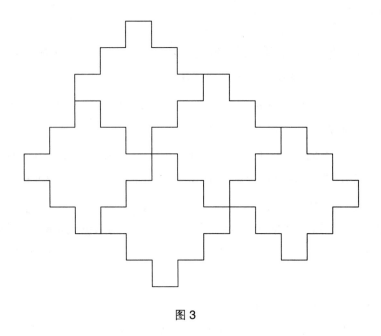

图 3

李 潜 翻译

第5届欧洲女子数学奥林匹克 (2016)

第一天

2016 年 4 月 12 日 罗马尼亚 布什泰尼

1. 设 n 为正奇数,$x_1, x_2, \cdots, x_n$ 是非负实数. 证明:
$$\min_{i=1,2,\cdots,n}\{x_i^2 + x_{i+1}^2\} \leqslant \max_{j=1,2,\cdots,n}\{2x_j x_{j+1}\},$$
这里,$x_{n+1} = x_1$.

2. 在圆内接四边形 $ABCD$ 中,对角线 AC 与 BD 相交于点 X. 点 C_1, D_1, M 分别是线段 CX, DX, CD 的中点,直线 AD_1 与 BC_1 相交于点 Y,直线 MY 分别与 AC, BD 相交于不同的点 E, F. 证明:直线 XY 与过 E, F, X 三点的圆相切.

3. 设 m 是正整数. 在 $4m \times 4m$ 的方格表中,如果两个单元格位于同一行或同一列,那么就称它们是相关的. 每个单元格与自身都不是相关的. 现将方格表中的一些单元格染成蓝色,使得每个单元格至少与两个蓝色的单元格是相关的. 试求被染成蓝色的单元格的个数的最小值.

第二天

2016 年 4 月 13 日 罗马尼亚 布什泰尼

4. 半径相等的两个圆 ω_1, ω_2 相交于 X_1, X_2 两点,圆 ω 与 ω_1 外切于点 T_1,且与 ω_2 内切于点 T_2. 证明:直线 X_1T_1 与 X_2T_2 的交点在圆 ω 上.

5. 设 k, n 是整数, 且 $k \geqslant 2, k \leqslant n \leqslant 2k-1$. 现将一些 $1 \times k$ 或 $k \times 1$ 的矩形纸片放置在 $n \times n$ 的棋盘上, 使得每张纸片恰好覆盖 k 个单元格, 并且任意两张纸片没有重叠, 直至不能再放入新的纸片. 对任意这样的 k 和 n, 试求所有满足要求的放置方法中所放置的纸片数目的最小可能值.

6. 设 S 是由使得 n^4 有在 $n^2+1, n^2+2, \cdots, n^2+2n$ 中的约数的所有正整数 n 组成的集合. 证明: S 中形如 $7m, 7m+1, 7m+2, 7m+5, 7m+6$ 的元素都有无穷多个, 且 S 中没有形如 $7m+3$ 或 $7m+4$ 的元素. 这里, m 是整数.

参考答案

1. 在下面的解答中, 所有的下标都按模 n 理解.

考虑 n 个差 $x_{k+1} - x_k \ (k = 1, 2, \cdots, n)$. 由 n 是奇数, 知存在下标 j, 使得

$$(x_{j+1} - x_j)(x_{j+2} - x_{j+1}) \geqslant 0.$$

不失一般性, 不妨设上式左边的两个因式都是非负的, 即 $x_j \leqslant x_{j+1} \leqslant x_{j+2}$. 从而

$$\min_{k=1,2,\cdots,n} \{x_k^2 + x_{k+1}^2\} \leqslant x_j^2 + x_{j+1}^2 \leqslant 2x_{j+1}^2 \leqslant 2x_{j+1}x_{j+2} \leqslant \max_{k=1,2,\cdots,n} \{2x_k x_{k+1}\}.$$

从而结论成立.

注 若 $n \geqslant 3$ 为奇数, 且 x_k 中存在负项, 则结论不再成立. 例如, 取 $x_1 = -b, x_{2k} = a, x_{2k+1} = b$, 这里, $k = 1, 2, \cdots, \dfrac{n-1}{2}, 0 \leqslant a < b$, 此时这组数为 $-b, b, a, b, a, \cdots, b, a$.

若 n 是偶数, 则结论也不再成立. 例如, 取这组数为 $a, b, a, b, \cdots, a, b$, 这里 $a \neq b$.

2. 如图 1 所示, 我们只需证明 $\angle EXY = \angle EFX$, 或等价地证明 $\angle AYX + \angle XAY = \angle BYF + \angle XBY$.

由四边形 $ABCD$ 内接于圆, 知 $\triangle XAD \sim \triangle XBC$. 由 AD_1, BC_1 分别是相似三角形 XAD, XBC 中对应的中线, 知 $\angle XAY = \angle XAD_1 = \angle XBC_1 = \angle XBY$.

以下只需证明, $\angle AYX = \angle BYF$. 事实上, 由 $\angle XAB = \angle XDC = \angle MC_1D_1, \angle XBA = \angle XCD = \angle MD_1C_1$, 易知点 X, M 分别是相似三角形 ABY, C_1D_1Y 中的对应点, 故 $\angle AYX = \angle C_1YM = \angle BYF$.

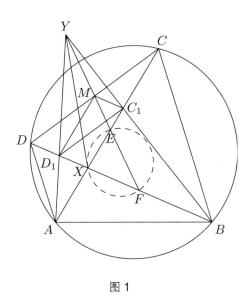

图 1

3. 所求最小值为 $6m$.

将方格表划分成 m^2 个 4×4 的块, 并将沿主对角线的 m 个块都按照如图 2 所示方式进行染色. 容易验证, 此时每个单元格都恰有两个相关的单元格. 因此, 所求的最小值不超过 $6m$.

图 2

下面证明, 对任何满足条件的染色方案, 方格表中的蓝色单元格不少于 $6m$ 个.

(法一) 对某种染色方案, 设 m_1^r 为所有恰有一个蓝色单元格的行中的蓝色单元格总数, m_2^r 为所有恰有两个蓝色单元格的行中的蓝色单元格总数, m_3^r 为所有至少有三个蓝色单元格的行中的蓝色单元格总数. 类似地, 设 m_1^c 为所有恰有一个蓝色单元格的列中的蓝色单元格总数, m_2^c 为所有恰有两个蓝色单元格的列中的蓝色单元格总数, m_3^c 为所有至少有三个蓝色单元格的列中的蓝色单元格总数.

首先, 我们有 $m_3^c \geqslant m_1^r$. 事实上, 如果某行中只有一个蓝色单元格, 那么这个蓝色单元格所在的列中至少还有另外两个蓝色单元格. 故 $m_3^c \geqslant m_1^r$. 同理, $m_3^r \geqslant m_1^c$.

下面假设方格表中蓝色单元格的总数小于 $6m$. 我们将证明, 在此假设下, 有 $m_1^r > m_3^r$, $m_1^c > m_3^c$, 从而由不等式 $m_1^r > m_3^r \geqslant m_1^c > m_3^c \geqslant m_1^r$ 可导出矛盾.

我们先证明 $m_1^r > m_3^r$ ($m_1^c > m_3^c$ 类似). 注意到方格表中所有行都有蓝色单元格 (否则, 每列必须至少有两个蓝色单元格, 从而蓝色单元格总数至少是 $8m > 6m$, 矛盾), 于是, 对行计数可得

$$m_1^r + \frac{m_2^r}{2} + \frac{m_3^r}{3} \geqslant 4m, \qquad ①$$

对蓝色单元格计数可得

$$m_1^r + m_2^r + m_3^r < 6m, \qquad ②$$

由 $\frac{3}{2} \times ① - ②$, 得
$$m_1^r - m_3^r > \frac{m_2^r}{2} \geqslant 0,$$
从而结论成立.

(法二) 考虑二部图 $R+C$, 其中, R 和 C 中各有 $4m$ 个点, 分别代表方格表的 $4m$ 行和 $4m$ 列. 若某行和某列相交于一个蓝色单元格, 则在它们对应的点之间连一条边. 于是, 蓝色单元格的数目就等于图中的边数. 此时, 条件等价于对任意 $r \in R, c \in C$, 有
$$\deg r + \deg c - \varepsilon(r,c) \geqslant 2,$$
这里, 若 r 与 c 之间有边相连, 则 $\varepsilon(r,c) = 2$, 否则 $\varepsilon(r,c) = 0$.

同法一可知方格表中所有的行和列都有蓝色单元格, 故图中没有孤立的点. 从而, 每个连通分支的边数不少于 1. 又由条件可知, 每条边至少与其他两条边有公共点, 故每个连通分支至少有 3 条边. 注意到二部图中不存在三角形, 可知每个连通分支至少有 4 个点. 从而, 图中至多有 $\frac{2 \times 4m}{4} = 2m$ 个连通分支. 在每个连通分支中, 边数至少为点数减 1, 对所有连通分支求和即知图中至少有 $8m - 2m = 6m$ 条边.

注 在法一中, 蓝色单元格的个数取到最小值 $6m$ 当且仅当 $m_1^r = m_3^r = m_1^c = m_3^c = 3m$, $m_2^r = m_2^c = 0$, 并且不存在有不少于 4 个蓝色单元格的行或列.

对 $n \times n$ ($n \geqslant 2$) 的方格表讨论同样的问题. 由法二的讨论可知蓝色单元格的个数不少于
$$\begin{cases} \dfrac{3n}{2}, & \text{若}\, 4 \mid n, \\[4pt] \dfrac{3n+1}{2}, & \text{若}\, n \text{为奇数}, \\[4pt] \dfrac{3n}{2}+1, & \text{若}\, n \equiv 2 \pmod 4. \end{cases}$$

为构造相应的满足要求的染色方式 C_n, 我们先构造 C_2, C_3, C_4, C_5, 分别如图 3 从左到右所示.

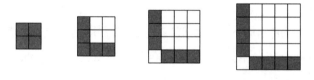

图 3

当 $n \equiv 0 \pmod 4$ 时, 沿 C_n 的主对角线连续布置 $\dfrac{n}{4}$ 块 C_4 即可. 当 $n \equiv r \pmod 4$ ($r = 2, 3$) 时, 沿 C_n 的主对角线连续布置 $\left[\dfrac{n}{4}\right]$ 块 C_4 和一块 C_r 即可. 当 $n \equiv 1 \pmod 4$

时, 沿 C_n 的主对角线连续布置 $\left[\dfrac{n}{4}\right]-1$ 块 C_4 和一块 C_5 即可.

这样的染色方案不是唯一的. 事实上, 将行和列进行置换得到的染色方式都是等价的. 例如, 当 $n=6$ 时, 如图 4 所示的两种染色方式是等价的.

图 4

4. (法一) 如图 5 所示, 设直线 $X_k T_k$ 与圆 ω 的另一个交点为 X_k', 过点 X_k 的圆 ω_k 的切线为 t_k, 过点 X_k' 的圆 ω 的切线为 t_k' ($k=1,2$). 注意到 $t_k /\!/ t_k'$, 又由圆 ω_1, ω_2 是等圆, 知 $t_1 /\!/ t_2$, 因此 $t_1' /\!/ t_2'$. 因为 X_1' 与 X_2' 位于直线 $T_1 T_2$ 的同侧, 它们不可能是对径点, 所以 X_1' 与 X_2' 重合. 结论得证.

(法二) 如图 5 所示, 设圆 ω 是在以 T_k 为位似中心的位似变换 h_k 下圆 ω_k 的像 ($k=1,2$). 从而, 圆 ω 在点 $X_k' = h_k(X_k)$ 处的切线 t_k' 与圆 ω_k 在点 X_k 处的切线 t_k 平行. 由圆 ω_1, ω_2 是等圆, 知 $t_1 /\!/ t_2$, 故 X_1' 与 X_2' 重合. 又由 X_k, T_k, X_k' 三点共线可知结论得证.

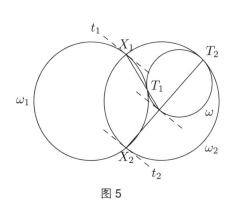 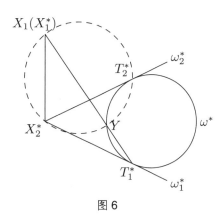

图 5　　　　　图 6

(法三) 如图 6 所示, 以 X_1 为反演中心作任意反演幂的反演变换, 在原几何对象的标记上加星号表示其在该变换下的像 (例如, ω^* 表示圆 ω 在该反演变换下的像, T_1^* 表示点 T_1 在该反演变换下的像). 在此变换下, ω_k^* 是由 X_2^* 向圆 ω^* 所作的两条切线, 切点分别为 T_1^*, T_2^*, 反演中心 X_1 在由 ω_1^* 与 ω_2^* 所成的不包含 ω^* 的角的平分线上. 设 $X_1 T_1^*$ 与 ω^* 的另一个交点为 Y, 导角易知 Y 在过 X_1, X_2^*, T_2^* 的圆上, 从而结论成立.

注 法二中两个位似变换的乘积 $h_1 h_2$ 是以线段 $X_1 X_2$ 的中点为中心的中心反射变换, 这个点在直线 $T_1 T_2$ 上.

本题方法较多, 利用相似、根轴等方法都可得到结论.

5. 本题的结论是: 当 $n = k$ 时, 所求最小值为 n. 当 $k < n < 2k$ 时, 所求最小值为 $\min\{n, 2n - 2k + 2\}$.

当 $n = k$ 时, 结论显然. 以下假设 $k < n < 2k$.

若 $k < n < 2k - 1$, 则 $\min\{n, 2n - 2k + 2\} = 2n - 2k + 2$. 此时, 可在方格表中按如下方式放置 $2n - 2k + 2$ 张纸片. 首先, 在正方形区域 $[0, k+1] \times [0, k+1]$ 中放置四张纸片, 分别覆盖区域 $[0, k] \times [0, 1]$, $[0, 1] \times [1, k+1]$, $[1, k+1] \times [k, k+1]$, $[k, k+1] \times [0, k]$. 然后, 在区域 $[1, k+1] \times [k+1, n]$ 中水平地放置 $n - k - 1$ 张纸片, 在区域 $[k+1, n] \times [1, k+1]$ 中竖直地放置 $n - k - 1$ 张纸片. 从而, 总共放置了 $2n - 2k + 2$ 张纸片, 易知此时不能再放入新的纸片.

若 $n = 2k - 1$, 则 $\min\{n, 2n - 2k + 2\} = n = 2k - 1$. 此时, 可在方格表中按如下方式放置 $n = 2k - 1$ 张纸片. 首先, 在矩形区域 $[0, k] \times [0, k-1]$ 中水平地放置 $k - 1$ 张纸片, 在矩形区域 $[0, k] \times [k, 2k-1]$ 中水平地放置 $k - 1$ 张纸片. 然后, 再放置一张纸片覆盖区域 $[k-1, 2k-1] \times [k-1, k]$. 从而, 总共放置了 $2k - 1$ 张纸片, 易知此时不能再放入新的纸片.

下面证明, 满足要求的放置方法中至少有 $\min\{n, 2n - 2k + 2\}$ 张纸片.

设在满足要求的放置方法中, 没有包含一张完整的纸片的行和列的数目分别为 r 和 c.

若 $r = 0$ 或 $c = 0$, 则至少放置了 n 张纸片.

若 r 和 c 均不等于 0, 我们证明, 此时至少放置了 $2n - 2k + 2$ 张纸片. 我们断言, 在满足要求的放置方法中, 所有的没有包含一张完整的纸片的行 (或列) 都是连续的. 这样的话, 所有这样的 r 行和 c 列构成一个 $r \times c$ 的矩形区域, 易知 $r < k, c < k$. 从而, 至少有 $n - r \geqslant n - k + 1$ 行, 每行至少包含一张水平的纸片, 也至少有 $n - c \geqslant n - k + 1$ 列, 每列至少包含一张竖直的纸片. 因此, 至少放置了 $2n - 2k + 2$ 张纸片.

下面证明前述断言, 即在满足要求的放置方法中, 所有的没有包含一张完整的纸片的行都是连续的 (对列类似可证). 考虑某个水平的纸片 T, 由 $n < 2k$, 知与 T 最近的方格表的水平边界线与 T 所在的行之间至多相距 $k - 1$ 行. 这些行与 T 穿过的 k 列相交, 形成一个矩形区域, 这些区域不能放入竖直的纸片, 从而, 其中每行都必须放置一张水平的纸片. 由此易知断言成立.

综上所述, 所求的最小值为 $\min\{n, 2n - 2k + 2\}$ $(k < n < 2k)$.

注 若 $n \geqslant 3, n = 2k$, 则所求最小值为 $n + 1 = 2k + 1$. 此时, 可在方格表中按如下方式放置 $2n - 2k + 2$ 张纸片. 首先, 在区域 $[0, 1] \times [1, k+1]$ 中放置一张竖直的纸片. 然后, 在

区域 $[1,k+1]\times[0,k-1]$ 中放置 $k-1$ 张水平的纸片, 在区域 $[1,k+1]\times[k+1,2k]$ 中放置 $k-1$ 张水平的纸片. 最后, 在区域 $[k,2k]\times[k-1,k+1]$ 中放置两张水平的纸片. 这个例子表明所求的最小值不超过 $n+1<2n-2k+2$, 类似题中的讨论.

6. 本题的结论是如下引理的推论, 该引理可给出 S 的递推描述. 我们将该引理的证明放在最后.

引理 对正整数 n, n^4 有在 $n^2+1, n^2+2, \cdots, n^2+2n$ 中的约数当且仅当 $2n^2+1$ 与 $12n^2+9$ 中至少有一个是完全平方数.

由引理可知, 正整数 n 属于 S 当且仅当存在正整数 m, 使得

$$m^2-2n^2=1 \quad \text{或} \quad m^2-12n^2=9.$$

上面的一个方程是佩尔方程, 它的所有正整数解是

$$(m_1,n_1)=(3,2),$$
$$(m_{k+1},n_{k+1})=(3m_k+4n_k, 2m_k+3n_k) \quad (k=1,2,\cdots).$$

在下面的过程中, 所有的同余关系都是在模 7 的意义下进行的. 由递推关系可知, $(m_{k+3},n_{k+3})\equiv(m_k,n_k)$. 由 $(m_1,n_1)\equiv(3,2), (m_2,n_2)\equiv(3,-2), (m_3,n_3)\equiv(1,0)$, 知 S 中模 7 的余数为 0 或 ± 2 的元素都有无穷多个.

上面的第二个方程很容易转化成佩尔方程. 注意到方程中的 m,n 都是 3 的倍数, 设 $m=3m', n=3n'$, 则方程转化为 $m'^2-12n'^2=1$. 从而原方程的所有正整数解是

$$(m_1,n_1)=(21,6),$$
$$(m_{k+1},n_{k+1})=(7m_k+24n_k, 2m_k+7n_k).$$

由递推关系可知 $(m_{k+4},n_{k+4})\equiv(m_k,n_k)$. 由 $(m_1,n_1)\equiv(0,-1), (m_2,n_2)\equiv(-3,0), (m_3,n_3)\equiv(0,1), (m_4,n_4)\equiv(3,0)$, 知 S 中模 7 的余数为 0 或 ± 1 的元素都有无穷多个.

由引理可知, 上述两个方程的解 n_k 遍历了 S 中的所有元素, 因此, S 中不存在模 7 同余 ± 3 的元素.

最后, 我们给出引理的证明.

引理的证明 设 $n\in S$, n^2+m $(1\leqslant m\leqslant 2n)$ 是 n^4 的约数, 则由 $n^2=d-m$, 知 $d\mid m^2$, 即 $\dfrac{m^2}{d}$ 是正整数. 特别地, $\dfrac{m^2}{d}\neq 1$, 故 $\dfrac{m^2}{d}\geqslant 2$. 另一方面, 由 $1\leqslant m\leqslant 2n$, 知 $\dfrac{m^2}{d}=\dfrac{m^2}{n^2+m}\leqslant\dfrac{4n^2}{n^2+1}<4$. 从而, $\dfrac{m^2}{d}=2$ 或 $\dfrac{m^2}{d}=3$, 即 $\dfrac{m^2}{n^2+m}=2$ 或 $\dfrac{m^2}{n^2+m}=3$. 在前一种情形中, 有 $2n^2+1=(m-1)^2$. 在后一种情形中, 有 $12n^2+9=(2m-3)^2$.

反之, 若存在正整数 m, 使得 $2n^2+1=m^2$, 则 $1<m^2<4n^2$, 即 $1<m<2n$, 从而

$$n^4=(n^2+m+1)(n^2-m+1),$$

其中前一个因式就是满足要求的约数.

类似地, 若存在正整数 m, 使得 $12n^2+9=m^2$, 则 m 是奇数, $n \geqslant 6$, 且

$$n^4=\left(n^2+\frac{m}{2}+\frac{3}{2}\right)\left(n^2-\frac{m}{2}+\frac{3}{2}\right),$$

其中前一个因式就是满足要求的约数.

李 潜 翻译

2016年加拿大数学奥林匹克

1. 黑板上写有数 $1, 2, \cdots, 2016$. 游戏者可从黑板上任选两个数, 并用它们的算术平均值替换它们. 例如, 可以用 1.5 替换 1 和 2, 或者可以用 2 替换 1 和 3. 经过 2015 次这样的替换后, 黑板上仅剩下一个数. 证明:

(1) 存在一种替换的序列, 使得最终剩下的数为 2;

(2) 存在一种替换的序列, 使得最终剩下的数为 100.

2. 试求关于 $v_1, v_2, \cdots, v_{10}$ 的十元方程组的所有解 $(v_1, v_2, \cdots, v_{10})$:
$$v_i = 1 + \frac{6v_i^2}{v_1^2 + v_2^2 + \cdots + v_{10}^2} \quad (i = 1, 2, \cdots, 10).$$

3. 试求所有的整系数多项式 $P(x)$, 满足: 存在无穷多个整数 n, 使得 $P(P(n)+n)$ 是素数.

4. 设 A, B, F 是正整数, 且 $A < B < 2A$. 开始时, 一只跳蚤位于数轴的原点, 它每步可向右跳动 A 或 B 个单位. 在跳蚤开始跳动前, 火山神会选择有限多个包含 A 个连续正整数的区间 $\{m+1, m+2, \cdots, m+A\}$, 并在区间中的每个数对应的点处放置岩浆. 这些区间满足:

(a) 任意两个不同的区间既不相交也不相邻;

(b) 任意两个不同的区间之间至少有 F 个正整数所对应的点没有放置岩浆;

(c) 小于 F 的正整数所对应的点处都没有放置岩浆.

证明: 使得无论火山神如何选择区间, 跳蚤都可以进行适当的跳动以避开所有放置岩浆的点的最小的正整数 F 等于 $(n-1)A + B$. 这里, n 是满足 $\frac{A}{n+1} \leqslant B - A < \frac{A}{n}$ 的正整数.

5. 在锐角 $\triangle ABC$ 中, 两条高 AD 与 BE 相交于点 H, M 是边 AB 的中点, $\triangle DEM$ 的外接圆与 $\triangle ABH$ 的外接圆相交于 P, Q 两点, 其中点 P 与 A 位于直线 CH 的同侧. 证明: 三条直线 ED, PH, MQ 都经过 $\triangle ABC$ 的外接圆上的同一个点.

参考答案

1. (1) 首先将 2014 和 2016 替换为 2015, 此时黑板上有两个 2015, 再用一个 2015 替换它们. 从而, 黑板上剩下数 $\{1,2,\cdots,2013,2015\}$. 然后将 2013 和 2015 替换为 2014, 得到 $\{1,2,\cdots,2012,2014\}$. 再将 2012 和 2014 替换为 2013. 如此一直进行下去, 直至得到 $\{1,3\}$. 此时将 1 和 3 替换为 2 即可.

(2) 类似 (1) 的构造, 知可将 $\{a,a+1,\cdots,b\}$ 变为 $\{a+1\}$. 类似地, 也可将 $\{a,a+1,\cdots,b\}$ 变为 $\{b-1\}$.

特别地, 可以适当地进行替换, 使得 $\{1,2,\cdots,999\}$ 变为 $\{998\}$, $\{1001,1002,\cdots,2016\}$ 变为 $\{1002\}$. 从而, 黑板上剩下数 $\{998,1000,1002\}$. 我们将 998 和 1002 替换为 1000, 此时黑板上有两个 1000, 再用一个 1000 替换它们即可.

2. 对某组解 $(v_1,v_2,\cdots,v_{10})$, 设 $s=v_1^2+v_2^2+\cdots+v_{10}^2$, 则

$$v_i = 1 + \frac{6v_i^2}{s} \quad \Rightarrow \quad 6v_i^2 - sv_i + s = 0.$$

设 a,b 是二次方程 $6x^2-sx+s=0$ 的两个根, 则对任意 $1 \leqslant i \leqslant 10$, 有 $v_i = a$ 或 $v_i = b$. 由韦达定理, 知 $ab = \dfrac{s}{6}$.

若所有的 v_i 相等, 则对任意 $1 \leqslant i \leqslant 10$, 有 $v_i = 1 + \dfrac{6}{10} = \dfrac{8}{5}$. 否则, 设 v_i 中有 $5+k$ 个等于 a, $5-k$ 个等于 b, 其中 $0 < k \leqslant 4$. 从而, 由均值不等式, 得

$$6ab = s = (5+k)a^2 + (5-k)b^2 \geqslant 2ab\sqrt{25-k^2}.$$

由原方程组可知, 对任意 $1 \leqslant i \leqslant 10$, 都有 $v_i \geqslant 1$, 故 a,b 都是正数. 于是

$$\sqrt{25-k^2} \leqslant 3 \quad \Rightarrow \quad 25-k^2 \leqslant 9 \quad \Rightarrow \quad k^2 \geqslant 16 \quad \Rightarrow \quad k=4.$$

因此

$$6ab = 9a^2 + b^2 \quad \Rightarrow \quad (b-3a)^2 = 0 \quad \Rightarrow \quad b = 3a.$$

将 10 个方程相加, 得 $v_1+v_2+\cdots+v_{10} = 16$. 而 $v_1+v_2+\cdots+v_{10} = 9a+b = 12a$, 故 $a = \dfrac{16}{12} = \dfrac{4}{3}$, $b=4$.

综上所述, 该方程组的所有解是 $\left(\dfrac{8}{5},\dfrac{8}{5},\cdots,\dfrac{8}{5}\right)$ 和 $\left(\dfrac{4}{3},\dfrac{4}{3},\cdots,\dfrac{4}{3},4\right)$ 及其轮换.

3. 满足要求的多项式为 $P(n) = p$ (p 是素数) 和 $P(n) = -2n + b$ (b 是奇数).

注意到若 $P(n) = 0$, 则 $P(P(n) + n) = P(n) = 0$ 不是素数. 设 $P(x) = a_k x^k + a_{k-1} x^{k-1} + \cdots + a_0$ 为 k 次多项式, 并由 $P(n) \neq 0$, 可知

$$P(P(n) + n) - P(n) = a_k((P(n) + n)^k - n^k) + a_{k-1}((P(n) + n)^{k-1} - n^{k-1}) + \cdots + a_1 P(n)$$

被 $(P(n) + n) - n = P(n)$ 整除. 从而, 若 $P(P(n) + n)$ 是素数, 则或者有 $P(n) = \pm 1$, 或者存在素数 p, 使得 $P(P(n) + n) = \pm P(n) = p$. 由 $P(x)$ 是多项式, 知 $P(n) = \pm 1$ 只能对有限多个整数成立. 因此, $P(n) = P(P(n) + n)$ 与 $P(n) = -P(P(n) + n)$ 对无穷多个整数 n 成立. 假设 $P(n) = P(P(n) + n)$ 对无穷多个整数 n 成立, 即多项式 $P(P(x) + x) - P(x)$ 有无穷多个根, 从而它恒等于 0, 即 $P(P(x) + x) = P(x)$ 恒成立. 注意到若 $k \geqslant 2$, 则 $P(P(x) + x)$ 的次数为 k^2, 而 $P(x)$ 的次数为 k, 这不可能. 故 $P(x)$ 只能为线性函数. 设 $P(x) = ax + b$, 其中 a, b 为整数. 注意到

$$P(P(x) + x) = a(a+1)x + ab + b,$$

故 $a = a(a+1)$, $b = ab + b$. 这表明, $a = 0$, 此时得到解 $P(n) = p$ (p 为素数). 对 $P(n) = -P(P(n) + n)$ 对无穷多个整数 n 成立的情形进行类似讨论, 知 $P(x) = -P(P(x) + x)$ 恒成立. 此时亦有 $P(x)$ 是线性函数, 设 $P(x) = ax + b$, 其中 a, b 是整数, 可得 $a = -a(a+1)$, $ab + b = -b$. 这表明, $a = 0$ 或 $a = -2$. 若 $a = -2$, 则存在整数 n, 使得 $P(n) = -2n + b$ 当且仅当 b 是奇数. 事实上, 当 b 是奇数时, 存在无穷多个整数 n, 使得 $P(P(n) + n) = 2n - b$ 是素数.

4. 设 $B = A + C$, 则 $\dfrac{A}{n+1} \leqslant C < \dfrac{A}{n}$. 称步长为 A 和 B 的跳动分别为小跳和大跳. 我们先给出解答本题的一个大致框架.

火山神的策略 仅考虑由 $nA + C - 1$ 个连续整数构成的安全区间 (即没有放置岩浆的区间). 对于这样的区间, 跳蚤从其左端的 $[1, C]$ 中的某个点出发, 经过若干步跳动到达右端的 $[nA, nA + C - 1]$ 中的某个点. 如果只有 $n - 1$ 步跳动, 那么跳蚤最远只能到达 $C + (n-1)(A + C) = (n-1)A + nC < nA$, 这样, 一步大跳不足以让它避开放置岩浆的点. 因此, 在安全区间内跳蚤至少要跳动 n 步, 并且, 这 n 步跳动必须都是小跳, 其出发点不能是 C. 这样的跳动方式会使其在下一个安全区间内的出发点相应地增加 1, 经过若干次这样的过程, 跳蚤就会遭遇岩浆.

跳蚤的策略 跳蚤一步跳跃只能跨越一个放置岩浆的区间. 设跳蚤处于某个安全区间中, 该区间中有不少于 $nA + C$ 个整数, 并设跳蚤与下一放置岩浆的区间的距离为 d. 当跳蚤刚进入该区间时, $d > nA$. 此时, 跳蚤只需持续进行大跳, 直至 d 模 A 的余数在 1 到 C

之间; 随后, 进行若干步小跳, 使得 $d \in [1, C]$; 最后, 进行一步大跳即可. 这样, 只要第一步完成, 就可以实现目标. 事实上, 在该区间中, 跳蚤可进行 n 步大跳, 这是因为 $\left[\dfrac{d-1}{A}\right]$ 的值不会因为一步大跳减小 2. 而对于这 n 步大跳前后所在的位置, d 模 A 的余数恰好分别位于区间 $[1, C], [C+1, 2C], \cdots, [nC+1, (n+1)C]$ 中 (不一定按此顺序), 从而, 可以实现目标.

下面给出本题的详细解答.

设 $C = B - A$. 将放置岩浆的区间记为 $(L_i, R_i] = \{L_i + 1, L_i + 2, \cdots, R_i\}$, 这里, 对所有 $i \geqslant 1$, 有 $R_i = L_i + A$, $R_{i-1} < L_i$. 设 $R_0 = 0$. 同时, 我们将跳蚤的跳动路径用数列 $x_0, x_1, x_2, \cdots$ 表示, 这里, $x_0 = 0$, 且对所有 $j \geqslant 0$, 有 $x_j - x_{j-1} \in \{A, B\}$.

首先, 假设 $F < (n-1)A + B = nA + C$, 我们将证明此时火山神有必胜策略. 设 $L_i = R_{i-1} + nA + C - 1 \ (i \geqslant 1)$, 这里, $nA + C - 1 \geqslant F$.

假设存在一条无限长的跳动路径, 使得跳蚤可以避开所有放置岩浆的点, 则对任意 $i, j \geqslant 1$, 有 $x_j \notin (L_i, R_i]$. 对所有 $i \geqslant 1$, 设

$$M_i = \max\{x_j | x_j \leqslant L_i\}, \quad m_i = \min\{x_j | x_j > R_i\},$$

以及

$$J(i) = \max\{j | x_j \leqslant L_i\},$$

并设 $m_0 = 0$. 于是, 对所有 $i \geqslant 1$, 有

$$M_i = x_{J(i)}, \quad m_i = x_{J(i)+1}.$$

同时, 我们有:

(i) $m_i = M_i + B$ (这是因为 $M_i + A \leqslant L_i + A = R_i$);

(ii) $L_i \geqslant M_i > L_i - C$ (这是因为 $M_i = m_i - B > R_i - B = L_i + A - B$);

(iii) $R_i < m_i \leqslant R_i + C$ (这是因为 $m_i = M_i + B \leqslant L_i + B = R_i + C$).

断言 1 对所有 $i \geqslant 1$, 有 $J(i+1) = J(i) + n + 1$. 也就是说, 当跳蚤跳过一段放置岩浆的区间后及跳过下一段放置岩浆的区间前, 它恰好进行了 n 步跳动.

断言 1 的证明 一方面, 我们有

$$\begin{aligned} x_{J(i)+n+1} &\leqslant x_{J(i)+1} + Bn = m_i + Bn \\ &< R_i + C + \left(A + \dfrac{A}{n}\right)n \\ &= L_{i+1} + A + 1 = R_{i+1} + 1, \end{aligned}$$

即 $x_{J(i)+n+1} \leqslant R_{i+1}$. 从而, $x_{J(i)+n+1} \leqslant L_{i+1}$. 故 $J(i)+n+1 \leqslant J(i+1)$.

另一方面, 我们有

$$\begin{aligned} x_{J(i)+n+1} &\geqslant x_{J(i)+1} + An = m_i + An \\ &> R_i + An = L_{i+1} - C + 1 \\ &> L_{i+1} - A + 1, \end{aligned}$$

这里用到了 $C < A$. 从而, $x_{J(i)+n+2} \geqslant x_{J(i)+n+1} + A > L_{i+1}$. 故 $J(i+1) < J(i)+n+2$.

综上可知, 断言 1 得证.

断言 2 对所有 $i \geqslant 1$ 及 $j = J(i)+1, \cdots, J(i+1)-1$, 有 $x_{j+1} - x_j = A$. 也就是说, 断言 1 中所述的 n 步跳动都是小跳.

断言 2 的证明 假设断言 2 不成立, 则有

$$\begin{aligned} M_{i+1} &= x_{J(i+1)} = x_{J(i)+n+1} \geqslant x_{J(i)+1} + (n-1)A + B \\ &> R_i + nA + C = L_{i+1} + 1 > M_{i+1}, \end{aligned}$$

矛盾. 断言 2 得证.

由此可知, 对所有 $i \geqslant 1$, 有

$$x_{J(i+1)+1} = x_{J(i)+n+2} = x_{J(i)+1} + nA + B,$$

即

$$m_{i+1} = m_i + nA + B.$$

于是

$$\begin{aligned} m_{i+1} - R_{i+1} &= m_i + nA + B - (R_i + nA + C - 1 + A) \\ &= m_i - R_i + 1. \end{aligned}$$

因此

$$C \geqslant m_{C+1} - R_{C+1} = m_1 - R_1 + C > C,$$

矛盾. 也就是说, 不存在这样的跳动路径, 使得跳蚤避开所有放置岩浆的点. 特别地, 火山神只需在前 $C+1$ 个区间放置岩浆即可.

以下假设 $F \geqslant (n-1)A + B$. 我们证明, 跳蚤可以避开所有放置岩浆的点. 我们将用到下面的断言 3, 其证明将放在最后.

断言 3 设 $d \geqslant nA$, 则存在非负整数 s 和 t, 使得 $sA + tB \in (d-C, d]$.

首先, 注意到 $L_1 \geqslant nA$. 由断言 3, 知跳蚤可以选择这样的跳动路径, 其起点为 0, 终点属于区间 $(L_1-C, L_1]$. 对该区间中的任一点, 一步大跳即可跨越区间 $(L_1, R_1]$, 并到达区间 $(R_1, R_1+C]$ 中的某一点, 该点对应于跳动路径中的点 $x_{J(1)+1}$ (即 m_1).

下面用数学归纳法证明, 对所有 $i \geqslant 1$, 存在一条跳动路径, 使得对所有 $j \leqslant J(i)+1$, x_j 都可以避开放置岩浆的区间. $i=1$ 的情形已证明. 假设对某个给定的 i, 结论成立, 则 $x_{J(i)+1} = m_i \in (R_i, R_i+C]$. 从而

$$L_{i+1} - m_i \geqslant R_i + F - (R_i + C) = F - C \geqslant nA.$$

在断言 3 中取 $d = L_{i+1} - m_i$, 则跳蚤可以从 m_i 跳至 $(L_{i+1}-C, L_{i+1}]$ 中的某一点. 这样, 再经一步大跳即可跨越区间 $(L_{i+1}, R_{i+1}]$, 到达 $(R_{i+1}, R_{i+1}+C]$ 中的某一点, 该点即为跳动路径中的 $x_{J(i+1)+1}$. 由数学归纳法原理, 知结论得证.

最后给出断言 3 的证明.

断言 3 的证明 设 u 是不大于 $\dfrac{d}{A}$ 的最大整数, 则 $u \geqslant n$, $uA \leqslant d < (u+1)A$. 对 $v = 0, 1, \cdots, n$, 设

$$z_v = (u-v)A + vB = uA + vC.$$

于是

$$z_0 = uA \leqslant d,$$

$$z_n = uA + nC = uA + (n+1)C - C \geqslant (u+1)A - C > d - C,$$

且对 $v = 0, 1, \cdots, n-1$, 有 $z_{v+1} - z_v = C$.

因此, 存在 $v \in \{0, 1, \cdots, n\}$, 使得 $z_v \in (d-C, d]$.

5. 如图 1 所示, 设直线 ED 与 PH 相交于点 R. 由 E, C, D, H 和 A, P, H, B 分别四点共圆, 得 $\angle RDA = 180° - \angle EDA = 180° - \angle EDH = 180° - \angle ECH = 90° + \angle A$, $\angle RPA = \angle HPA = 180° - \angle HBA = 90° + \angle A$. 从而, A, P, D, R 四点共圆. 于是 $\angle PBE = \angle PBH = \angle PAH = \angle PAD = \angle PRD = \angle PRE$, 故 P, B, R, E 四点共圆.

设由 C 所引边 AB 上的高线的垂足为 F, 则 D, E, F, M 都在 $\triangle ABC$ 的九点圆上. 由前述共圆关系及 B, C, E, F 和 A, C, D, F 分别四点共圆, 得 $\angle ARB = \angle PRB - \angle PRA = \angle PEB - \angle PDA = \angle PEF + \angle FEB - \angle PDF + \angle ADF = \angle FEB + \angle ADF = \angle FCB + \angle ACF = \angle C$. 因此, R 在 $\triangle ABC$ 的外接圆上.

设直线 MQ 与 $\triangle ABC$ 的外接圆交于 Q', R' 两点, 且使得 Q', M, Q, R' 以此顺序排列在直线上. 我们将证明 R' 与 R 重合, 从而结论成立.

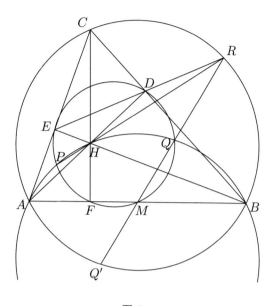

图 1

注意到 $\triangle ABC$ 的外接圆半径为 $\dfrac{AB}{2\sin C}$，$\triangle AHB$ 的外接圆半径为
$$\dfrac{AB}{2\sin\angle AHB}=\dfrac{AB}{2\sin(180°-C)}=\dfrac{AB}{2\sin C},$$
故这两个圆是等圆，它们关于点 M 对称. 因此，$MQ=MQ'$.

由 $\angle AEB=\angle ADB=90°$，知 M 是 $\triangle AEB$ 和 $\triangle ADB$ 的外心，故 $MA=ME=MD=MB$. 由圆幂定理，知 $MQ\cdot MR'=MQ'\cdot MR'=MA\cdot MB=MD^2$. 这表明，直线 MD 与 $\triangle DR'Q$ 的外接圆相切于点 D，故 $\angle MR'D=\angle MDQ$. 类似地，$MQ\cdot MR'=ME^2$，故 $\angle MR'E=\angle MEQ=\angle MDQ=\angle MR'D$. 因此，$R'$ 在直线 ED 上.

类似地，MP 与 $\triangle ABC$ 的外接圆的一个交点 R'' 也在直线 ED 上. 因此，R, R', R'' 都是直线 ED 与 $\triangle ABC$ 的外接圆的交点，从而其中必有两点重合. 由直线 MP 与 PH 相交于点 P，知 R'' 与 R 不重合. 由直线 MP 与 MQ 相交于点 M，知 R'' 与 R' 不重合. 从而，只可能有 R' 与 R 重合. 结论得证.

李 潜 翻译

2015年波罗的海数学竞赛

1. 设整数 $n \geqslant 2$. 将正三角形划分为 n^2 个全等的小正三角形, 并将所有的 $\frac{(n+1)(n+2)}{2}$ 个小正三角形的顶点处标上一个实数. 试找出所有的标记方法, 使得如果其中某三个顶点构成的三角形的边平行于大正三角形的边, 那么这三个顶点处所标之数的和等于 0.

2. 设 n 为正整数, $a_1, a_2, \cdots, a_n$ 是实数, 且满足 $0 \leqslant a_i \leqslant 1$ $(i=1,2,\cdots,n)$. 证明:
$$(1-a_1^n)(1-a_2^n)\cdots(1-a_n^n) \leqslant (1-a_1 a_2 \cdots a_n)^n.$$

3. 设整数 $n > 1$. 试求所有的非常数实系数多项式 $P(x)$, 满足对任意实数 x, 都有
$$P(x)P(x^2)P(x^3)\cdots P(x^n) = P\left(x^{\frac{n(n+1)}{2}}\right).$$

4. 某个家庭有红、蓝、绿三种颜色的衣物, 每种颜色的衣物各自有一个洗衣袋收纳. 在第一周开始时, 所有的洗衣袋都是空的. 每周这个家庭都会产生总计 10 kg 的待洗衣物 (各种颜色的衣物所占比例会有变化). 这些衣物按照颜色分类并被放置在相应的洗衣袋中. 随后, 最重的洗衣袋将被清空, 其中的衣物将被清洗 (如果最重的洗衣袋不止一个, 则任取其中一个). 问: 为保证每个洗衣袋中的衣物不溢出, 那么这些洗衣袋的容量最小可能是多少?

5. 试求所有的函数 $f: \mathbf{R} \to \mathbf{R}$, 满足对任意 $x, y \in \mathbf{R}$, 都有
$$|x|f(y) + yf(x) = f(xy) + f(x^2) + f(f(y)).$$

6. 现有两堆筹码, 个数分别为 10000 和 20000. 两个人轮流进行下面的游戏: 每一步可以从某一堆中任意移走正整数个筹码, 或者从一堆中移走 x $(x>0)$ 个筹码, 并从另一堆中移走 y $(y>0)$ 个筹码, 这里, $x+y$ 被 2015 整除. 若某人无法进行游戏, 则此人告负. 问: 谁有必胜策略?

7. 女士俱乐部有 100 名会员, 每名会员恰在私下与其他 56 名会员喝过茶. 该俱乐部有一个由其中 50 名杰出会员组成的委员会, 其中任意两人都在私下喝过茶. 证明: 可以将整个俱乐部的会员分成两个小组, 使得在每个小组中, 每位会员都与其他会员喝过茶.

8. 受纽约直线型道路网的启发, 定义平面上的两个点 (a,b) 与 (c,d) 之间的曼哈顿距离为 $|a-c|+|b-d|$. 对于某个点集, 如果其中任何两点之间的曼哈顿距离只有两种不同的取值, 那么这样的点集中至多有多少个点?

9. 设整数 $n > 2$, 一摞纸牌共有 $\frac{n(n-1)}{2}$ 张, 依次编号为 $1, 2, 3, \cdots, \frac{n(n-1)}{2}$. 若两张纸牌的编号是相邻的整数, 则称它们构成一个幻对. 特别地, 编号为 1 和 $\frac{n(n-1)}{2}$ 的两张纸牌也构成幻对.

试求所有的正整数 n, 使得可以将这些纸牌分成 n 组, 其中任意两组的所有纸牌中恰有一个幻对.

10. 集合 $\{1, 2, \cdots, n\}$ 的一个子集 S 被称为平衡集, 如果对任意 $a \in S$, 存在 $b \in S$, $b \neq a$, 使得 $\frac{a+b}{2} \in S$.

(1) 设整数 $k > 1, n = 2^k$. 证明: 若 $\{1, 2, \cdots, n\}$ 的某个子集 S 满足 $|S| > \frac{3n}{4}$, 则 S 是平衡集.

(2) 是否存在 $n = 2^k$ ($k > 1$ 为整数), 使得任意满足 $|S| > \frac{2n}{3}$ 的 $\{1, 2, \cdots, n\}$ 的子集 S 都是平衡集?

11. 设平行四边形 $ABCD$ 的两条对角线交于点 E, $\angle DAE$ 的平分线与 $\angle EBC$ 的平分线交于点 F. 已知四边形 $ECFD$ 是平行四边形, 试求 $\frac{AB}{AD}$.

12. 过 $\triangle ABC$ 的顶点 B 的圆与边 AB, BC 分别交于点 K, L, 且与边 AC 相切于它的中点 M, 点 N 在 $\overset{\frown}{BL}$ (不含点 K) 上, 且满足 $\angle LKN = \angle ACB$. 已知 $\triangle CKN$ 是等边三角形, 试求 $\angle BAC$.

13. 在 $\triangle ABC$ 中, D 是过顶点 B 的高线的垂足. 已知 $AB = 1$, 且 $\triangle BCD$ 的内心与 $\triangle ABC$ 的重心重合, 试求边 AC 和 BC 的长.

14. 在非等腰 $\triangle ABC$ 中, D 是 A 在边 BC 上的射影, M 是 BC 的中点, N 是 M 关于 D 的对称点, $\triangle AMN$ 的外接圆与边 AB, AC 分别交于点 P, Q ($P, Q \neq A$). 证明: AN, BQ, CP 三线共点.

15. 在 $\triangle ABC$ 中, $\angle BAC$ 的内角平分线和外角平分线分别与直线 BC 交于 D 和 E,

F 是 AD 与 $\triangle ABC$ 的外接圆的另一交点, O 是 $\triangle ABC$ 的外心, D' 是 D 关于 O 的对称点. 证明: $\angle D'FE = 90°$.

16. 设 n 的最大素因子为 $P(n)$. 试求所有的整数 $n \geqslant 2$, 满足
$$P(n) + [\sqrt{n}] = P(n+1) + [\sqrt{n+1}].$$
这里, $[x]$ 表示不超过 x 的最大整数.

17. 试求所有的正整数 n, 使得 $n^{n-1} - 1$ 能被 2^{2015} 整除, 但不能被 2^{2016} 整除.

18. 已知次数为 n $(n \geqslant 1)$ 的多项式 $f(x) = x^n + a_{n-1}x^{n-1} + \cdots + a_0$ 有 n 个整数根 (不必不同). 若存在不同的素数 $p_0, p_1, \cdots, p_{n-1}$, 使得对 $i = 0, 1, \cdots, n$, 都有 $a_i > 1$ 是 p_i 的正整数次幂, 求 n 的所有可能值.

19. 三个互不相等的正整数 a, b, c 满足 $\gcd(a, b, c) = 1$, 且
$$a \mid (b-c)^2, \quad b \mid (c-a)^2, \quad c \mid (a-b)^2.$$
证明: 不存在一个非退化的三角形, 其边长分别为 a, b, c.

20. 对整数 $n \geqslant 2$, 定义 A_n 为满足下列条件的正整数 m 的个数: n 与最近的 m 的非负整数倍数之间的距离等于 n^3 与最近的 m 的非负整数倍数之间的距离. 试求所有的整数 $n \geqslant 2$, 使得 A_n 是奇数.

注 定义 $|a-b|$ 为整数 a 与 b 之间的距离.

参考答案

1. 按照如图 1 所示的方式将每个小正三角形顶点 (及其所标之数) 依次设为 $a_1, a_2, \cdots, a_n$.

当 $n = 2$ 时, 我们有
$$a_2 + a_4 + a_5 = 0 = a_2 + a_3 + a_5,$$
这表明 $a_3 = a_4$. 类似地, $a_1 = a_5$, $a_2 = a_6$. 从而, 对于满足要求的标记方法, 只需满足 $a_1 + a_2 + a_3 = 0$. 换言之, 满足条件的标记方法如图 2 所示, 其中 x, y, z 满足 $x + y + z = 0$.

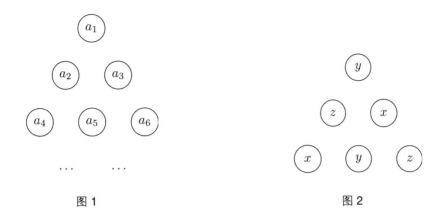

图1　　　　　　　　　　　　　　图2

当 $n=3$ 时，我们有 $a_1=a_7=a_9$（这是因为它们都等于 a_5）. 而由 $a_1+a_7+a_{10}=0$，知它们都等于 0. 考虑最上面的小正三角形，得 $x=a_2=-a_3$，由此可以确定其他所有顶点处标记的数. 容易验证，对任意的实数 x，如图 3 所示的标记方式满足条件.

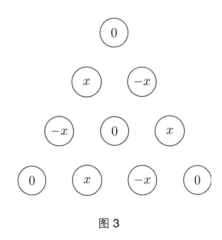

图3

当 $n\geqslant 4$ 时，考察类似 $n=3$ 时的 10 点组. 注意到不在大正三角形的边上的顶点都是某个 10 点组的中心，所以，这些点所标之数都为 0. 而大正三角形的边上的任一个顶点 a 都是类似于由 a_4,a_2,a_5,a_8 构成的菱形的顶点，在这个菱形中，与它相对的顶点所标之数与 a 相等，故 $a=0$. 因此，此时满足条件的标记方式只有一种，即所有顶点所标之数均为 0.

2. 若 $a_1,a_2,\cdots,a_n$ 中有某些数等于 1，则易知原不等式成立. 否则，对 $i=1,2,\cdots,n$，均有 $1-a_i^n$ 为正. 由均值不等式，得

$$(1-a_1^n)(1-a_2^n)\cdots(1-a_n^n)\leqslant\left(\frac{(1-a_1^n)+(1-a_2^n)+\cdots+(1-a_n^n)}{n}\right)^n$$
$$=\left(1-\frac{a_1^n+a_2^n+\cdots+a_n^n}{n}\right)^n.$$

又由均值不等式可知

$$a_1 a_2 \cdots a_n \leqslant \frac{a_1^n + a_2^n + \cdots + a_n^n}{n} \quad \Rightarrow \quad \left(1 - \frac{a_1^n + a_2^n + \cdots + a_n^n}{n}\right)^n \leqslant (1 - a_1 a_2 \cdots a_n)^n.$$

从而, 原不等式成立.

注 对函数 $f(x) = \ln(1 - e^x)$ 应用琴生不等式也可得出结论.

3. 本题的结论是: 当 n 是偶数时, $P(x) = x^m$; 当 n 是奇数时, $P(x) = \pm x^m$.

首先考虑单项式的情形, 即 $P(x) = ax^m$ ($a \neq 0$), 则

$$ax^{\frac{mn(n+1)}{2}} = P\left(x^{\frac{n(n+1)}{2}}\right) = P(x)P(x^2)P(x^3)\cdots P(x^n)$$
$$= ax^m \cdot ax^{2m} \cdots ax^{nm} = a^n x^{\frac{mn(n+1)}{2}},$$

于是, $a^n = a$. 当 n 为偶数时, $a = 1$; 当 n 为奇数时, $a = \pm 1$. 显然, 这样的 $P(x)$ 满足条件.

假设 $P(x)$ 不是单项式. 记 $P(x) = ax^m + Q(x)$, 其中 $Q(x)$ 是非零多项式, 且 $\deg Q = k < m$, 则

$$ax^{\frac{mn(n+1)}{2}} + Q\left(x^{\frac{n(n+1)}{2}}\right) = P\left(x^{\frac{n(n+1)}{2}}\right)$$
$$= P(x)P(x^2)P(x^3)\cdots P(x^n)$$
$$= (ax^m + Q(x))(ax^{2m} + Q(x^2))\cdots(ax^{nm} + Q(x^n)).$$

上式左右两边的最高次项是 $x^{\frac{mn(n+1)}{2}}$. 考虑第二高次项的次数, 右边为

$$2m + 3m + \cdots + nm + k = \frac{m(n+2)(n-1)}{2} + k,$$

而左边为 $\frac{kn(n+1)}{2}$, 故

$$\frac{m(n+2)(n-1)}{2} + k = \frac{kn(n+1)}{2},$$

即

$$(m-k)(n+2)(n-1) = 0.$$

这表明, $m = k$, 矛盾. 因此, 不存在形如 $ax^m + Q(x)$ 的多项式满足条件.

4. 25 kg.

每周收纳的衣物总量为 $K = 10$ kg, 随后, 其中至少有三分之一的衣物被清洗, 这是因为, 由平均值原理, 衣物最多的洗衣袋中有不少于总量三分之一的衣物. 于是, 在第 n 周清洗后, 洗衣袋中的衣物总数不超过 a_n. 这里, 数列 $\{a_n\}$ 满足 $a_0 = 0$, $a_{n+1} = \frac{2}{3}(a_n + K)$

($n \in \mathbf{N}$). 易知, $2K$ 是数列 $\{a_n\}$ 的一个上界. 从而, 在每次清洗后, 衣物总量少于 $2K$, 而在每次清洗前, 衣物总量少于 $3K$.

设某次清洗前的状态 (称为洗前态) 为 (a,b,c), 由此得到的清洗后的状态 (称为洗后态) 为 $(a,b,0)$, 再由此得到的洗前态为 (a',b',c'). 于是, 由 $a \leqslant c$, $a' \leqslant a+K$, 得

$$3K > a+b+c \geqslant 2a \geqslant 2(a'-K) \quad \Rightarrow \quad a' < \frac{5}{2}K.$$

同理, $b' < \frac{5}{2}K$. 又 $c' \leqslant K$, 因此, 在任何时刻每个洗衣袋中的衣物都不超过 $\frac{5}{2}K$.

考虑下面的过程. 在前面的若干周内, 保持每周洗前态中每个洗衣袋中的衣物总量相等. 第一周从 $(0,0,0)$ 开始, 依次得到洗前态 $\left(\frac{1}{3}K, \frac{1}{3}K, \frac{1}{3}K\right)$, 洗后态 $\left(\frac{1}{3}K, \frac{1}{3}K, 0\right)$. 接着, 第二周依次得到洗前态 $\left(\frac{5}{9}K, \frac{5}{9}K, \frac{5}{9}K\right)$, 洗后态 $\left(\frac{5}{9}K, \frac{5}{9}K, 0\right)$. 一直这样进行下去, 得到的洗后态可无限接近于 $(K,K,0)$. 随后, 将新增的衣物二等分, 放入两个非空的洗衣袋中, 得到洗前态 $\left(\frac{3}{2}K, \frac{3}{2}K, 0\right)$ 及洗后态 $\left(\frac{3}{2}K, 0, 0\right)$. 最后, 将下一周的所有衣物全部放入唯一的非空洗衣袋中, 得到洗前态 $\left(\frac{5}{2}K, 0, 0\right)$. 因此, 为保证洗衣袋中的衣物不溢出, 洗衣袋的容量应不小于 $\frac{5}{2}K$.

5. 所求的函数为 $f(x) = c(|x|-x)$, 其中 $c \geqslant 0$.

令 $x = y = 0$, 则 $f(f(0)) = -2f(0)$. 设 $a = f(0)$, 则 $f(a) = -2a$. 在原方程中令 $y = 0$, 则

$$a|x| = a + f(x^2) + f(a) = a + f(x^2) - 2a \quad \Rightarrow \quad f(x^2) = a(|x|+1).$$

特别地, $f(1) = 2a$. 在原方程中令 $(x,y) = (z^2, 1)$, 则

$$z^2 f(1) + f(z^2) = f(z^2) + f(z^4) + f(f(1))$$
$$\Rightarrow \quad 2az^2 = z^2 f(1) = f(z^4) + f(f(1)) = a(z^2+1) + f(2a)$$
$$\Rightarrow \quad az^2 = a + f(2a).$$

上式右端是一个常数, 而左端是关于 z 的二次函数, 这仅在 $a = 0$ 时可以成立.

这样, 我们有 $f(x^2) = 0$, 即对所有的非负实数 x, 都有 $f(x) = 0$. 特别地, $f(0) = 0$. 在原方程中令 $x = 0$, 可得 $f(f(y)) = 0$ ($y \in \mathbf{R}$). 代入原方程化简, 并交换 x 与 y 可得

$$|x|f(y) + yf(x) = f(xy) = |y|f(x) + xf(y).$$

在上式中令 $y = -1$, 并设 $c = \dfrac{f(-1)}{2}$, 得

$$|x|f(-1) - f(x) = f(x) + xf(-1) \quad \Rightarrow \quad f(x) = \frac{f(-1)}{2}(|x|-x) = c(|x|-x).$$

容易验证, 对任意 $c \geqslant 0$, $f(x) = c(|x| - x)$ 均满足条件.

6. 先行者有必胜策略.

先行者总可以将如下局面之一留给对手:

$$(0,0), \quad (1,1), \quad (2,2), \quad \cdots, \quad (2014, 2014).$$

在这些局面下, 总的筹码数模 2015 两两不同余. 从而, 无论开始时两堆分别有多少个筹码, 总可以通过第一步操作使得两堆筹码的数目变为上述局面中的某一种. 对于题中的情形, 由于

$$10000 + 20000 \equiv 1790 \pmod{2015},$$

因此先行者可以将局面 $(895, 895)$ 留给对手.

此时, 第二种操作已无法进行. 而如果后行者从某一堆中移走 n 个筹码, 则先行者只需相应地从另一堆中移走 n 个筹码即可.

7. 注意到以下事实: 委员会中的每名成员都恰与其他 49 名委员会成员喝过茶, 也恰与 7 名非委员会成员喝过茶; 每个非委员会成员至多与其他 49 名非委员会成员喝过茶, 而至少与 7 名委员会成员喝过茶. 从而, 每个非委员会成员恰与 49 名非委员会成员喝过茶, 也恰与 7 名委员会成员喝过茶. 因此, 直接将该俱乐部的会员分成委员会成员和非委员会成员即可满足要求.

8. 这样的点集中至多有 9 个点.

设 $\{(x_1, y_1), (x_2, y_2), \cdots, (x_m, y_m)\}$ 是满足条件的点集, 其中 $x_1 \leqslant x_2 \leqslant \cdots \leqslant x_m$. 假设 $m \geqslant 10$.

首先证明如下引理 (Erdös-Szekeres 定理).

引理 任何一个长度为 $n^2 + 1$ 的实数列都有一个长度为 $n+1$ 的单调子列.

引理的证明 对于实数列 $a_1, a_2, \cdots, a_{n^2+1}$, 设以 a_i 为最后一项的最长的单调不减的子列的长度为 p_i, 以 a_i 为最后一项的最长的单调不减的子列的长度为 q_i. 若 $i < j$ 且 $a_i \leqslant a_j$, 则 $p_i < p_j$. 若 $a_i \geqslant a_j$, 则 $q_i < q_j$. 从而, 所有的 $n^2 + 1$ 个数对 (p_i, q_i) 两两不同. 若 $1 \leqslant p_i, q_i \leqslant n$, 则与抽屉原理矛盾. 故引理得证.

回到原题. 对数列 $y_1, y_2, \cdots, y_m$ 应用引理可知, 存在子列

$$y_i \leqslant y_j \leqslant y_k \leqslant y_l \quad \text{或} \quad y_i \geqslant y_j \geqslant y_k \geqslant y_l.$$

从而, 存在一条从 (x_i, y_i) 到 (x_l, y_l) 的最短路径先后经过 (x_j, y_j), (x_k, y_k), 这样就有三种不同的曼哈顿距离, 矛盾.

另一方面, 考虑下面的 9 个点:

$$(0,0), \quad (1,\pm 1), \quad (-1,\pm 1), \quad (\pm 2,0), \quad (0,\pm 2),$$

它们之间恰有 2 和 4 两种曼哈顿距离.

9. 所求的正整数 n 为所有的正奇数.

首先, 假设某组中有构成幻对的两张纸牌, 设这两张纸牌的编号分别为 i 和 $i+1$. 对这一组和包含编号为 $i+2$ 的纸牌的一组 (可能是同一组), 这两组纸牌中有两个幻对, 矛盾. 因此, 任意一组纸牌均不包含幻对.

注意到每张纸牌恰可与其他两张纸牌构成幻对. 于是, 当 n 为偶数时, 每一组均至少有 $\left\lceil \dfrac{n-1}{2} \right\rceil = \dfrac{n}{2}$ 张纸牌, 从而至少需要 $n \cdot \dfrac{n}{2} > \dfrac{n(n-1)}{2}$ 张纸牌, 矛盾.

下面用两种方法说明, 当 n 为奇数时, 可以将这些纸牌分成满足要求的 n 组.

(法一) 设 n 组纸牌分别为 $a_1, a_2, \cdots, a_n$, 并记 $n = 2m+1$. 将编号为 1 的纸牌放入组 a_1. 对 $i = 1, 2, \cdots, m$, 若编号为 $km+i$ 的纸牌放入组 a_j, 则将编号为 $km+i+1$ 的纸牌放入组 a_{j+i}. 这里, 所有的指标均按 $\bmod\, n$ 理解.

注意到纸牌的总数为 $\dfrac{n(n-1)}{2} = m(2m+1)$, 考察编号形如 $km+1$ 的纸牌, 这样的纸牌恰有 $n = 2m+1$ 张. 我们断言, 这样的纸牌在每一组中恰有一张. 事实上, 编号为 1 的纸牌在组 a_1 中, 而编号为 $km+1$ 的纸牌在组 $a_{1+k(1+2+3+\cdots+m)}$ 中. 由 $1+2+3+\cdots+m = \dfrac{m(m+1)}{2}$ 及 $\gcd\left(2m+1, \dfrac{m(m+1)}{2}\right) = 1$, 知所有的下标 $1+k(1+2+3+\cdots+m)(k=0,1,\cdots,2m)$ 在 $\bmod\, (2m+1)$ 的意义下互不相同. 类似地, 我们可以证明, 每一组恰包含编号形如 $km+i$ $(i=2,3,\cdots,m)$ 的 $2m+1$ 张纸牌中的一张.

对两个不同的组 a_v 和 a_u, 不失一般性, 不妨设存在 $i = 1, 2, \cdots, m$, 使得 $u = v+i$ (这里, 所有的指标按 $\bmod\, n$ 理解). 由于组 a_v 中存在编号形如 $km+i$ 的纸牌, 故编号为 $km+i+1$ 的纸牌在组 $a_{v+i} = a_u$ 中. 从而, 在组 a_v 和 a_u 的所有纸牌中, 至少有一个幻对. 又此时不同组的配对数与幻对数相等 $\left(\text{均为 }\dfrac{n(n-1)}{2}\right)$, 故任意两组的所有纸牌中恰有一个幻对.

(法二) 当 n 为奇数时, 考虑以 $1, 2, \cdots, n$ 为顶点的完全图, 该图共有 $\dfrac{n(n-1)}{2}$ 条边, 并且每个点的度数均为 $n-1$ (偶数). 因此, 存在一个欧拉圈 $e_1 e_2 \cdots e_{\frac{n(n-1)}{2}} e_1$. 将编号为 i 的纸牌放入组 e_i 中, 则幻对对应于该欧拉圈的边.

10. (1) 设 $m = n - |S|$, 则 $m < \dfrac{n}{4}$, 即 $m \leqslant \dfrac{n}{4} - 1$ (这是因为 n 是 4 的倍数). 设 $a \in S$, 则在 $\{1, 2, \cdots, n\}$ 中有 $\dfrac{n}{2} - 1$ 个元素不等于 a 且与 a 有相同的奇偶性. 这些元素中至多有 m 个不属于 S, 即它们中至少有 $\dfrac{n}{2} - 1 - m \geqslant \dfrac{n}{4}$ 个属于 S. 对每个这样的元素 b, 数 $\dfrac{a+b}{2}$

都是整数, 并且这些数 $\left(\text{至少有 } \dfrac{n}{4} \text{ 个}\right)$ 两两不同, 而它们中至多有 $m < \dfrac{n}{4}$ 个不属于 S, 故 S 是平衡集.

(2) (法一) 为方便起见, 我们对集合 $\{0, 1, \cdots, n-1\}$ 进行讨论, 事实上, 这并不改变原来的问题. 我们证明, 总可以找到某个非平衡子集, 其中包含超过 $\dfrac{2n}{3}$ 个元素.

用 $v_2(i)$ 表示 i 的素因数分解式中 2 的幂次. 设

$$T_j = \{i \in \{1, 2, \cdots, n-1\} | v_2(i) = j\}.$$

我们选取

$$S = \{0, 1, 2, \cdots, n-1\} \setminus (T_1 \cup T_3 \cup \cdots \cup T_l),$$

其中

$$l = \begin{cases} k-1, & \text{若 } k \text{ 为偶数}; \\ k-2, & \text{若 } k \text{ 为奇数}. \end{cases}$$

注意到 $|T_j| = \dfrac{n}{2^{j+1}}$, 故

$$|S| = n - \left(\dfrac{n}{4} + \dfrac{n}{16} + \cdots + \dfrac{n}{2^{l+1}}\right) = n - n \cdot \dfrac{\dfrac{1}{4} - \dfrac{1}{2^{l+3}}}{1 - \dfrac{1}{4}} > n - \dfrac{n}{3} = \dfrac{2n}{3}.$$

我们证明 S 是非平衡集. 取 $a = 0 \in S$, 并考虑 $b \in S$ $(b \neq 0)$. 若 b 是奇数, 则 $\dfrac{0+b}{2}$ 不是整数. 若 b 是偶数, 则 $b \in T_2 \cup T_4 \cup \cdots$, 于是, $\dfrac{b}{2} \in T_1 \cup T_3 \cup \cdots$, 故 $\dfrac{b}{2} \notin S$. 因此, S 是非平衡集.

(法二) 设

$$A_j = \{2^{j-1}+1, 2^{j-1}+2, \cdots, 2^j\},$$

并设

$$S = A_k \cup A_{k-2} \cup \cdots \cup A_l \cup \{1\},$$

其中

$$l = \begin{cases} 2, & \text{若 } k \text{ 为偶数}; \\ 1, & \text{若 } k \text{ 为奇数}. \end{cases}$$

注意到, 对任意 $j \leqslant k$, 有 $A_j \subseteq \{1, 2, \cdots, n\}$ 且 $|A_j| = 2^{j-1}$, 故

$$|S| = 2^{k-1} + 2^{k-3} + \cdots + 2^{l-1} + 1 = \dfrac{2^{l-1} - 2^{k+1}}{1-4} + 1 = -\dfrac{2^{l-1}}{3} + \dfrac{2n}{3} + 1 > \dfrac{2n}{3}.$$

我们证明 S 是非平衡集. 取 $a = 1 \in S$, 并考虑 $b \in S$ ($b \neq 1$), 则存在 j 使得 $b \in A_j$. 若 b 是偶数, 则 $\frac{1+b}{2}$ 不是整数. 若 b 是奇数, 则 $1 + b \in A_j$, 从而 $\frac{1+b}{2} \in A_{j-1}$, 即 $\frac{1+b}{2} \notin S$. 故 S 是非平衡集.

(法三) 对 $a \in S$, 若不存在 $b \in S$ ($b \neq a$), 使得 $\frac{a+b}{2} \in S$, 则称 a 为孤立元.

我们对所有的 k 分别构造一个满足 $|S| > \frac{2n}{3}$ 的非平衡集 S. 对 $n = 4$, 取 $S = \{1, 2, 4\}$ (所有元素均为孤立元). 对 $n = 8$, 取 $S = \{1, 2, 3, 5, 6, 7\}$ (2 和 6 是孤立元).

下面, 我们在给定非平衡集 $T \subseteq \{1, 2, \cdots, n\}$ 的假设下, 构造非平衡集 $S \subseteq \{1, 2, \cdots, 4n\}$. 令
$$S = \{i \in \{1, 2, \cdots, 4n\} \mid i \equiv 1 \pmod{2}\} \cup \{4t - 2 \mid t \in T\},$$
则
$$|S| = 2n + |T| > 2n + \frac{2n}{3} = \frac{8n}{3} = \frac{2 \cdot 4n}{3}.$$

假设 $a \in T$ 是孤立元, 下面证明 $4a - 2 \in S$ 也是孤立元. 事实上, 假设存在 $b \in S$ ($b \neq 4a - 2$), 使得 $\frac{4a - 2 + b}{2} = 2a - 1 + \frac{b}{2} \in S$. 显然, b 为偶数, 则 $b = 4t - 2$ ($t \in T, t \neq a$), 于是 $\frac{4a - 2 + 4t - 2}{2} = 4 \cdot \frac{a+t}{2} - 2$ 仍是偶数. 而由 a 是孤立元, 知 $\frac{a+t}{2} \notin T$, 从而 $4 \cdot \frac{a+t}{2} - 2 \notin S$. 由此可知, $4a - 2$ 是 S 中的孤立元.

因此, S 是非平衡集. 由数学归纳法原理可知, 对任意 $k > 1$, 我们都能找到一个元素个数大于 $\frac{2n}{3}$ 的非平衡集.

11. 如图 4 所示, 由四边形 $ECFD$ 是平行四边形, 知 $EB \parallel CF$, $\angle CFB = \angle EBF = \angle FBC$ (这里用到 BF 平分 $\angle DBC$), 故 $\triangle CFB$ 是等腰三角形, 且 $BC = CF = ED$. 类似地, $EC = AD$. 又由四边形 $ABCD$ 是平行四边形, 知 $AD = BC$, 故 $EC = ED$. 从而, 平行四边形 $ABCD$ 的对角线相等, 这表明它是矩形. 这样一来, $\triangle EDA$ 和 $\triangle EBC$ 都是等边三角形, 而 AB 等于 $\triangle EDA$ 的高的两倍, 即 $AB = \sqrt{3} AD$.

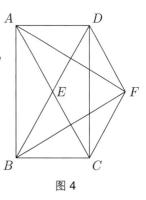

图 4

12. $\angle BAC = 75°$.

将题中所述的圆记为 ω. 如图 5 所示, 由 $\angle ACB = \angle LKN = \angle LBN$, 知 $AC \parallel BN$, 故四边形 $ACNB$ 是梯形, 而由 ω 与 AC 相切于 AC 的中点, 知四边形 $ACNB$ 为等腰梯形, 而其对称轴即为 BN 的垂直平分线.

设 K' 是 ω 与 CN 的另一个交点, 则 KK' 与梯形的底边平行. 于是, M 是 ω 上 $\widehat{KK'}$ 的中点, 而 NM 是等边 $\triangle KNC$ 的一条角平分线, 故 $MC = MK$. 从而, $KM = \frac{1}{2} AC$, 由

此可知 $\angle AKC = 90°$. 因此

$$2\angle BAC = \angle KAC + \angle ACN = \angle KAC + \angle ACK + \angle KCN = 90° + 60° = 150°,$$

即 $\angle BAC = 75°$.

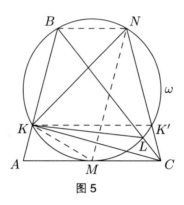

图 5

13. $AC = BC = \dfrac{\sqrt{10}}{2}$.

注意到 $\triangle ABC$ 的重心在其中线 CC' 上, 由题设可知, 它也在 $\angle ACB$ 的平分线上, 即 $\triangle ABC$ 经过顶点 C 的中线与角平分线重合, 故 $\triangle ABC$ 是等腰三角形, 且 $AC = BC$ (设为 a). 又由题设可知, $\triangle ABC$ 的重心是中线 BB' 与 $\angle DBC$ 的平分线的交点, 故由角平分线定理, 知

$$\frac{B'D}{BD} = \frac{B'C}{BC} = \frac{\dfrac{a}{2}}{a} = \frac{1}{2}.$$

易知 $\triangle ABD \sim \triangle ACC'$, 故

$$\frac{1}{a} = \frac{AB}{AC} = \frac{AD}{AC'} = \frac{\dfrac{a}{2} - B'D}{\dfrac{1}{2}} = a - BD.$$

注意到 CC' 也是 $\triangle ABC$ 的高, 故 $CC' = \sqrt{a^2 - \dfrac{1}{4}}$. 于是

$$a^2 - 1 = a \cdot BD = 2S_{\triangle ABC} = \sqrt{a^2 - \frac{1}{4}}.$$

显然 $a > 1$, 故由上式可解得 $a = \dfrac{\sqrt{10}}{2}$.

14. 不失一般性, 设 B, M, D, N, C 按此顺序依次排列在直线 BC 上, 则 P 在线段 AB 上, Q 在线段 AC 上.

(法一) 如图 6 所示, 由 D 是 MN 的中点, $AD \perp MN$, 知 AD 是 MN 的垂直平分线. 于是, $\triangle AMN$ 的外接圆圆心在 AD 上. 又此时有 $AM = AN$, 故 $\angle APM = \angle AQN$. 从而

$$\angle CQN = 180° - \angle AQN = 180° - \angle APM = \angle BPM.$$

而由 N, M, P, Q 四点共圆, 知

$$\angle NQP = 180° - \angle NMP = \angle BMP,$$

故

$$\angle AQP = 180° - \angle CQN - \angle NQP = 180° - \angle BPM - \angle BMP = \angle PBM = \angle ABC.$$

同理, $\angle APQ = \angle BCA$. 所以, $\triangle APQ \sim \triangle ACB$. 因此

$$\frac{AP}{AQ} = \frac{AC}{AB}. \qquad ①$$

由 $\angle MAB = \angle MAP = \angle MNP = \angle BNP$, 知 $\triangle BMA \sim \triangle BPN$, 故

$$\frac{BN}{BP} = \frac{BA}{BM}. \qquad ②$$

又由 $\angle CAM = \angle QAM = 180° - \angle QNM = \angle QNC$, 知 $\triangle CMA \sim \triangle CQN$, 故

$$\frac{CQ}{CN} = \frac{CM}{CA}. \qquad ③$$

式 ①, ②, ③ 相乘, 得

$$\frac{BN}{BP} \cdot \frac{CQ}{CN} \cdot \frac{AP}{AQ} = \frac{BA}{BM} \cdot \frac{CM}{CA} \cdot \frac{AC}{AB}.$$

由 $BM = CN$, 知上式右端等于 1, 故

$$\frac{BN}{NC} \cdot \frac{CQ}{QA} \cdot \frac{AP}{PB} = 1.$$

由塞瓦定理, 知 AN, BQ, CP 三线共点.

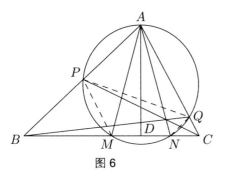

图 6

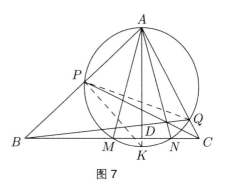

图 7

(法二) 如图 7 所示, 设 K 是 AD 与 $\triangle AMN$ 的外接圆的另一个交点. 由 D 是 MN 的中点, $AD \perp MN$, 知 AD 是 MN 的垂直平分线. 于是, $\triangle AMN$ 的外接圆圆心在 AD

上, 故 AK 是 $\triangle AMN$ 的外接圆的直径. 从而, $\angle BPK = \angle BDK = 90°$, 故 B, P, D, K 四点共圆. 结合 A, M, N, K, P, Q 六点共圆, 知

$$180° - \angle CQP = \angle AQP = \angle AKP = \angle DKP = \angle DBP = \angle CBP.$$

这表明, B, P, Q, C 四点共圆. 由圆幂定理, 得

$$AP \cdot AB = AQ \cdot AC,$$
$$BN \cdot BM = BP \cdot BA,$$
$$CN \cdot CM = CQ \cdot CA.$$

以上三式相乘, 得

$$AP \cdot AB \cdot BN \cdot BM \cdot CQ \cdot CA = AQ \cdot AC \cdot BP \cdot BA \cdot CN \cdot CM.$$

注意到 $BM = CM$, 上式可化简为

$$AP \cdot BN \cdot CQ = QA \cdot PB \cdot NC,$$

即

$$\frac{BN}{NC} \cdot \frac{CQ}{QA} \cdot \frac{AP}{PB} = 1.$$

由塞瓦定理, 知 AN, BQ, CP 三线共点.

15. (法一) 显然, $AB \neq AC$, 否则 $\angle BAC$ 的外角平分线与 BC 平行, 不合题意. 如图 8 所示, 不妨设 $AB < AC$. 设边 BC 的中点为 M, F 关于 O 的对称点为 F', 则 F' 是 AE 与 $\triangle ABC$ 的外接圆的另一交点, 且 $\angle D'FO = \angle OF'D$,

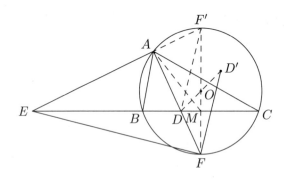

图 8

由 $\angle DMF' = \angle DAF' = 90°$, 知 A, D, M, F' 四点共圆, 故 $\angle OF'D = \angle MF'D = \angle MAD$. 由 $\angle FME = \angle FAE = 90°$, 知 F, M, A, E 四点共圆, 故 $\angle MAD = \angle MAF =$

$\angle MEF$. 综上可知, $\angle D'FO = \angle MEF$. 从而

$$\angle D'FE = \angle D'FO + \angle OFE = \angle MEF + \angle MFE$$
$$= 180° - \angle EMF = 90°.$$

(法二) 如图 9 所示, 同法一, 不妨设 $AB < AC$, 并以同样方式定义点 F'. 设直线 DF' 与 EF 交于点 G. 易知 $FA \perp EF'$, $BC \perp FF'$, 则直线 FD, ED 都是 $\triangle EFF'$ 的高线, 故 D 是这个三角形的垂心. 于是, DF' 也是 $\triangle EFF'$ 的高线, 即 $F'G \perp EF$. 注意到 FF' 是 $\triangle ABC$ 的外接圆直径, 故点 G 也在 $\triangle ABC$ 的外接圆上. 从而

$$\angle EFA = \angle GFA = \angle GF'A = \angle DF'A.$$

又 $\angle DF'F = \angle D'FF'$, 故

$$\angle D'FE = \angle D'FF' + \angle F'FA + \angle AFE = \angle DF'F + \angle F'FA + \angle AF'D$$
$$= \angle F'FA + \angle AF'F = 180° - \angle FAF' = 90°.$$

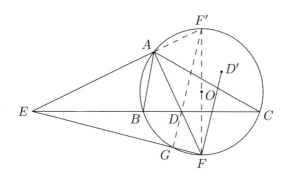

图 9

(法三) 不妨设 $AB < AC$. 首先考虑 $\angle BAC = 90°$ 的情形. 同法一定义点 F', 则 O, D' 在 BC 上, 故 $\triangle D'FO$ 与 $\triangle DFO$ 关于直线 FF' 对称, 而 $\triangle OFE$ 与 $\triangle OF'E$ 关于直线 BC 对称. 从而

$$\angle D'FE = \angle D'FO + \angle OFE = \angle DFO + \angle OF'E = \angle AFF' + \angle FF'A$$
$$= 180° - \angle FAF' = 90°.$$

以下假设 $\angle BAC \neq 90°$.

当 $\angle BAC < 90°$ 时, 设 M, N, L 分别是 BC, DE, DF 的中点, 如图 10 所示. 注意到 N 是 $\triangle ADE$ 的外心, 故

$$\angle NAF = \angle NAD = \angle NDA = \angle DAC + \angle ACD = \frac{1}{2}\angle BAC + \angle ACD$$

$$= \angle BAF + \angle ACD = \angle BCF + \angle ACD = \angle ACF.$$

于是, NA 与 $\triangle ABC$ 的外接圆相切, 故 $NA \perp OA$. 又易知 $NM \perp OM$, 故四边形 $AOMN$ 内接于以 ON 为直径的圆. 而由 L 是 $\triangle DMF$ 的外心, 知

$$\angle LMN = \angle LMD = \angle LDM = \angle ADN = \angle DAN = \angle LAN,$$

故 A, N, L, M 四点共圆. 于是, A, O, M, L, N 五点共圆, 且该圆的直径为 ON. 因此, $\angle OLN = 90°$. 考虑以 D 为中心、位似比为 1:2 的位似变换, 即得 $\angle D'FE = \angle OLN = 90°$.

当 $\angle BAC > 90°$ 时, 证法类似 (此时, 相应的圆内接四边形为 $AMON$).

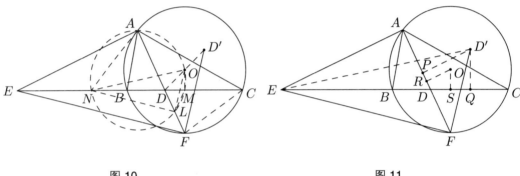

图 10   图 11

(法四) 不妨设 C, D, B, E 按此顺序依次排列在直线 BC 上 (其他情形证法类似). 如图 11 所示, 设 D', O 在 AD 上的射影分别为 P, R, 在 CD 上的射影分别为 Q, S. 由于 D' 是 D 关于 O 的对称点, 故 $PR = RD$. 由 $OA = OF$, 知 $RA = RF$, 故 $AD = PF$. 类似地, $CD = BQ$. 由勾股定理, 得

$$D'F^2 = D'P^2 + PF^2 = 4OR^2 + AD^2 = 4OA^2 - 4AR^2 + AD^2$$
$$= 4OA^2 - AF^2 + AD^2,$$
$$D'E^2 = D'Q^2 + EQ^2 = 4OS^2 + EQ^2 = 4OB^2 - 4BS^2 + EQ^2$$
$$= 4OB^2 - BC^2 + (EB + CD)^2.$$

由 $\angle EAF = 90°$, 得

$$EF^2 = AE^2 + AF^2.$$

于是, 由 $OA = OB$, 我们有

$$D'F^2 + EF^2 - D'E^2 = (4OA^2 - AF^2 + AD^2) + (AE^2 + AF^2) - (4OB^2 - BC^2 + (EB + CD)^2)$$
$$= AE^2 + AD^2 + BC^2 - (EB + CD)^2.$$

而在 Rt$\triangle ADE$ 中, 有 $AE^2 + AD^2 = ED^2$, 故
$$D'F^2 + EF^2 - D'E^2 = ED^2 + BC^2 - (EB+CD)^2.$$

另一方面, 我们有
$$\begin{aligned}ED^2 + BC^2 &= (EB+BD)^2 + (BD+CD)^2\\&= EB^2 + BD^2 + 2EB \cdot BD + BD^2 + CD^2 + 2BD \cdot CD\\&= EB^2 + CD^2 + 2BD \cdot (EB + BD + CD)\\&= EB^2 + CD^2 + 2BD \cdot EC.\end{aligned}$$

由三角形的内角、外角平分线定理, 知
$$\frac{BD}{CD} = \frac{AB}{AC} = \frac{BE}{CE}.$$
故
$$ED^2 + BC^2 = EB^2 + CD^2 + 2CD \cdot BE = (EB+CD)^2.$$
因此
$$D'F^2 + EF^2 - D'E^2 = 0,$$
即 $\angle D'FE = 90°$.

16. 满足条件的整数仅有 $n=3$.

显然, $P(n) \neq P(n+1)$. 于是, 由条件可知, $[\sqrt{n}] \neq [\sqrt{n+1}]$. 事实上, 这仅当 $n+1$ 是完全平方数时成立, 此时有 $[\sqrt{n}] + 1 = [\sqrt{n+1}]$, 从而 $P(n) = P(n+1) + 1$. 由于 $P(n)$ 和 $P(n+1)$ 都是素数, 故只能是 $P(n) = 3, P(n+1) = 2$.

这表明, $n = 3^a, n+1 = 2^b$. 从而只需解不定方程 $3^a = 2^b - 1$. 两边模 3 可知 b 是偶数, 令 $b = 2c$, 则
$$3^a = (2^c - 1)(2^c + 1).$$
右边的两个因式相差 2, 不能同时被 3 整除, 故一定有 $2^c - 1 = 1$. 因此, $c = 1 \Rightarrow n = 3$.

17. 由 n 必为奇数, 设 $n = 2^d \cdot u + 1$, 其中 u, d 为正整数, 且 u 是奇数, 则
$$n^{n-1} - 1 = \left(n^{2^d} - 1\right)\left(n^{2^d \cdot (u-1)} + \cdots + n^{2^d \cdot 1} + 1\right).$$

上式右端第二个因式是奇数, 因此, $2^{2015} \| n^{n-1} - 1$ 当且仅当 $2^{2015} \| n^{2^d} - 1$.

进一步因式分解可得

$$n^{2^d} - 1 = (n-1)(n+1)(n^2+1)\cdots\left(n^{2^{d-1}}+1\right)$$
$$= 2^d \cdot u \cdot 2(2^{d-1}u+1)(n^2+1)\cdots\left(n^{2^{d-1}}+1\right).$$

若 $k \geqslant 1$, 则 $2 \| n^{2^k}+1$. 于是

$$2^{2d} \| 2^d \cdot u \cdot 2(n^2+1)\cdots\left(n^{2^{d-1}}+1\right).$$

从而

$$2^{2015-2d} \| 2^{d-1} \cdot u + 1.$$

这仅在 $d=1$ 且 $u=2^{2013} \cdot v - 1$ (v 是奇数) 时成立.

因此, 满足条件的正整数 n 形如

$$n = 2(2^{2013} \cdot v - 1) + 1 = 2^{2014} \cdot v - 1,$$

其中 v 是正奇数.

18. 由多项式的所有系数均为正知其根全为负. 若方程有不少于两个根不等于 -1, 则它们都被 p_0 整除, 进而可由韦达定理知 $p_0 \mid a_1$, 矛盾. 因此, 我们可将多项式 f 表示为

$$f(x) = (x+a_0)(x+1)^{n-1},$$

展开比较系数可知

$$a_2 = C_{n-1}^1 + a_0 C_{n-1}^2,$$
$$a_{n-2} = a_0 C_{n-1}^{n-2} + C_{n-1}^{n-3}.$$

若 $n \geqslant 5$, $2 \neq n-2$, 则由 a_2 和 a_{n-2} 是不同的素数的整数次幂知它们是互素的. 然而, 由上式可知, a_2 和 a_{n-2} 同时被 $n-1$ 或 $\dfrac{n-1}{2}$ 整除 (取决于 n 的奇偶性), 矛盾.

对 $n = 1, 2, 3, 4$, 下面的多项式符合条件:

$$f_1(x) = x+2,$$
$$f_2(x) = (x+2)(x+1) = x^2 + 3x + 2,$$
$$f_3(x) = (x+3)(x+1)^2 = x^3 + 5x^2 + 7x + 3,$$
$$f_4(x) = (x+2)(x+1)^3 = x^4 + 5x^3 + 9x^2 + 7x + 2.$$

19. 首先, 注意到这三个数是两两互素的. 事实上, 若存在素数 p 同时整除 a 和 b, 则由 $p \mid b$, 知 $p \mid (a-c)^2 \Rightarrow p \mid a - c \Rightarrow p \mid c$, 从而 p 同时是 a, b, c 三个数的素因子, 矛盾.

考虑数 $M = 2ab + 2bc + 2ac - a^2 - b^2 - c^2$. 由条件可知, M 同时被 a, b, c 整除, 故 $abc \mid M$.

假设存在三边长分别为 a, b, c 的三角形, 则 $a < b + c \Rightarrow a^2 < ab + ac$. 类似地, 有 $b^2 < bc + ba, c^2 < ca + cb$. 将这三个式子相加, 可知 $M > 0$. 故 $M \geqslant abc$.

另一方面, 由 $a^2 + b^2 + c^2 > ab + bc + ca$, 知 $M < ab + bc + ca$. 不妨设 $a > b > c$, 则 $M < 3ab$. 结合 $M \geqslant abc$, 知只可能有 $c = 1$ 或 $c = 2$ 满足条件.

当 $c = 1$ 时, 我们有 $b < a < b + 1$, 矛盾.

当 $c = 2$ 时, 我们有 $b < a < b + 2$, 即 $a = b + 1$. 但此时, $1 = (a-b)^2$ 不能被 $c = 2$ 整除. 结论得证.

20. 若 n 与最近的 m 的整数倍之间的距离为 d, 则 $m \mid n \pm d$, 即 $n \equiv \pm d \pmod{m}$. 于是, 若对正整数 m, 有 n 与最近的 m 的非负整数倍数之间的距离等于 n^3 与最近的 m 的非负整数倍数之间的距离, 则 $n \equiv \pm n^3 \pmod{m}$.

另一方面, 若 $n \equiv \pm n^3 \pmod{m}$, 则存在整数 $d \left(0 \leqslant d \leqslant \dfrac{m}{2}\right)$, 满足 $n \equiv \pm d \pmod{n}$, $n^3 \equiv \pm d \pmod{n}$, 即 n 与最近的 m 的非负整数倍数之间的距离等于 n^3 与最近的 m 的非负整数倍数之间的距离.

下面计算满足 $n \equiv \pm n^3 \pmod{m}$, 即 $m \mid n^3 - n$ 或 $m \mid n^3 + n$ 的正整数 m 的个数, 有

$$A_n = |\{m \in \mathbf{N}^* \mid m \mid n^3 - n \text{ 或 } m \mid n^3 + n\}|$$
$$= |\{m \in \mathbf{N}^* \mid m \mid n^3 - n\}| + |\{m \in \mathbf{N}^* \mid m \mid n^3 + n\}| - |\{m \in \mathbf{N}^* \mid m \mid n^3 - n \text{ 且 } m \mid n^3 + n\}|$$
$$= \tau(n^3 - n) + \tau(n^3 + n) - \tau(\gcd(n^3 - n, n^3 + n)),$$

这里, $\tau(k)$ 表示正整数 k 的正约数的个数.

注意到 $\tau(k)$ 是奇数当且仅当 k 是完全平方数. 此外, 我们有 $\gcd(n, n^2 \pm 1) = 1$. 于是, 若 $n^3 \pm n$ 是完全平方数, 则 n 和 $n^2 \pm 1$ 都是完全平方数. 但对 $n \geqslant 2$, $n^2 \pm 1$ 不是完全平方数. 从而, $n^3 - n$ 和 $n^3 + n$ 都不是完全平方数, 即 $\tau(n^3 - n)$ 和 $\tau(n^3 + n)$ 都是偶数. 因此, A_n 是奇数当且仅当 $\gcd(n^3 - n, n^3 + n)$ 是完全平方数.

易知

$$\gcd(n^2 - 1, n^2 + 1) = \gcd(n^2 - 1, 2) = \begin{cases} 1, & \text{若 } n \text{ 是偶数}; \\ 2, & \text{若 } n \text{ 是奇数}. \end{cases}$$

从而
$$\gcd(n^3-n, n^3+n) = \begin{cases} n, & \text{若 } n \text{ 是偶数}; \\ 2n, & \text{若 } n \text{ 是奇数}. \end{cases}$$

注意到对奇数 n, $2n$ 不是完全平方数. 故 A_n 是奇数当且仅当 n 是偶完全平方数.

李　潜　翻译

第四篇　模拟训练

《学数学》高中数学竞赛训练题

《学数学》高中数学竞赛训练题

一　试

一、填空题 (本题满分 64 分, 每小题 8 分)

1. 设 $M = \{a^b | 1 \leqslant a, b \leqslant 9, a, b \in \mathbf{N}^*\}$, 则 M 中的元素个数是 _____.

2. 设平面 α 过正方体 $ABCD\text{-}A_1B_1C_1D_1$ 的顶点 A 和 C, 平面 β 过顶点 B 和 C_1, 并分别使得 α 和 β 在正方体上的截面面积最大. 则平面 α 与 β 所夹锐角大小是 _____.

3. 在满足
$$\begin{cases} x^2 + y^2 < 36, \\ x^2 + y^2 - 2xy - 12x - 12y - 36 < 0, \\ xy \neq 0 \end{cases}$$
的平面区域中, 横坐标和纵坐标是互素的整数的点的个数是 _____.

4. 计算 $\sin\dfrac{\pi}{7} \sin\dfrac{2\pi}{7} \sin\dfrac{3\pi}{7} = $ _____.

5. 函数 $f(x) = \dfrac{(x-1)x(x+1)}{x^4 + 4x^2 + 1}$ $(x \in \mathbf{R})$ 的值域是 _____.

6. 若动点 X 向抛物线 $y^2 = 4x$ 所作的两条切线互相垂直, 则动点 X 的轨迹方程是 _____.

7. 在 $\triangle ABC$ 中, D, E 是边 BC 上两点, 满足 $BD = DE = EC$. 若 $\angle BAD = 15°$, $\angle DAE = 30°$, 则 $\sin \angle EAC = $ _____.

8. 在圆周上随机取三个点, 则这三个点是一个锐角三角形的三个顶点的概率是 _____.

二、解答题 (本题满分 56 分)

9. (16 分) 已知不等式 $\left(1+\dfrac{1}{x}\right)^{x+t} > \mathrm{e}$ 对任意 $x > 0$ 成立,试求正实数 t 的取值范围.

10. (20 分) 已知数列 $\{a_n\}, \{b_n\}$ 满足:$a_1 = a_2 = 1$,$b_1 = 1$,$b_2 = 3$,且
$$a_{n+2} = 4a_{n+1} - 5a_n, \quad b_{n+2} = 4b_{n+1} - 5b_n \quad (n \in \mathbf{N}^*).$$

证明: 对任意正整数 n, 都有 $|a_1 b_1| + |a_2 b_2| + \cdots + |a_n b_n| < 5^n$.

11. (20 分) 过抛物线 $y^2 = 2px$ $(p > 0)$ 外一点作抛物线的两条切线 PA, PB, 切点分别为 A, B. 设 $\triangle PAB$ 的外心为 Q, 且 Q 与抛物线的焦点 F 不重合. 试求 $\angle PFQ$.

加 试

一 (本题满分 40 分)

如图 1 所示,设 $\triangle ABC$ $(AB > AC)$ 的外心为 O, 内切圆 $\odot I$ 分别与边 CA, AB 切于点 E, F, 点 N 在 $\triangle ABC$ 内部, 使得 $\angle ABE = \angle CBN$, $\angle ACF = \angle BCN$. 证明: O, I, N 三点共线.

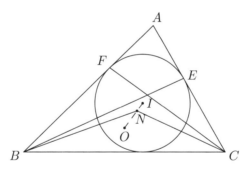

图 1

二 (本题满分 40 分)

在 $1, 2, \cdots, n$ 的排列 $a_1, a_2, \cdots, a_n$ 之间适当添上加、减、乘、除和括号进行运算, 使得运算有意义. 证明: 所得运算结果一定小于 $(n+1)!$.

三 (本题满分 50 分)

求所有的正整数 n, 使得存在无穷数列 $a_1, a_2, \cdots,$ 满足:

(a) $a_1 = n$;

(b) $a_k = \varphi(a_{k+1}), k \in \mathbf{N}^*$.

这里, $\varphi(m)$ 表示 $1, 2, \cdots, m$ 中与 m 互素的数的个数.

四 (本题满分 50 分)

试求实数 k 的最小值, 使得不等式

$$\sqrt{x^2+y^2}+\sqrt{y^2+z^2}+\sqrt{z^2+x^2} \leqslant \sqrt{k(x^2+y^2+z^2)+(6-k)(xy+yz+zx)}$$

对任意非负实数 x, y, z 都成立.

参考答案

一　试

一、填空题

1. 62.

满足 $1 \leqslant a, b \leqslant 9, a, b \in \mathbf{N}^*$ 的不同的数对 (a,b) 共有 $9 \times 9 = 81$ 个, 再排除以下重复:

$$1^1 = 1^2 = \cdots = 1^9, \quad 2^2 = 4^1, \quad 2^3 = 8^1, \quad 2^4 = 4^2, \quad 2^6 = 4^3 = 8^2,$$

$$2^8 = 4^4, \quad 2^9 = 8^3, \quad 3^2 = 9^1, \quad 3^6 = 9^3, \quad 3^8 = 9^4,$$

知 M 中共有 $81 - 19 = 62$ 个元素.

2. $60°$.

设正方体 $ABCD\text{-}A_1B_1C_1D_1$ 的棱长为 1, 建立如图 2 所示的空间直角坐标系. 不妨设平面 α 分别与棱 A_1D_1, C_1D_1 交于 M, N (若 α 与棱 A_1B_1, C_1B_1 相交, 可类似讨论), 并设 MN, AC 的中点分别为 P, Q, 则 $P\left(0, \dfrac{t}{2}, 1-\dfrac{t}{2}\right), Q\left(1, \dfrac{1}{2}, \dfrac{1}{2}\right)$, 这里 $D_1M = D_1N = t$ ($t \in [0,1]$). 易知四边形 $ACNM$ 为梯形, 其面积

$$\begin{aligned}
S &= \frac{1}{2}(MN + AC) \cdot PQ \\
&= \frac{\sqrt{2}}{4}(t+1)\sqrt{2t^2 - 4t + 6} \\
&\leqslant \frac{\sqrt{2}}{4} \cdot \frac{1}{2}((t+1)^2 + (2t^2 - 4t + 6)) \\
&= \frac{\sqrt{2}}{8}(3t^2 - 2t + 7) \\
&= \frac{\sqrt{2}}{8}\left(3\left(t - \frac{1}{3}\right)^2 + \frac{20}{3}\right)
\end{aligned}$$

$$\leqslant \frac{\sqrt{2}}{8} \times 8 = \sqrt{2}.$$

上式等号当且仅当 $t = 1$ 时成立, 此时, 平面 α 恰为平面 ACC_1A. 同理, 平面 β 即为平面 BC_1D_1A.

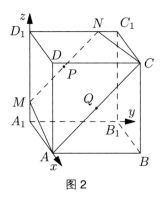

图 2

注意到 B_1D_1, B_1C 分别是平面 ACC_1A, BC_1D_1A 的一个法向量, 而 $\triangle B_1D_1C$ 是等边三角形, 故 α 与 β 所夹的锐角为 $60°$.

3. 34.

显然, 不等式 $x^2 + y^2 < 36$ 表示的区域是以坐标原点为圆心、半径为 6 的圆的内部 (不含边界). 而

$$x^2 + y^2 - 2xy - 12x - 12y - 36 < 0 \quad \Leftrightarrow \quad \sqrt{x^2 + y^2} < \frac{|x+y+6|}{\sqrt{2}},$$

表示以坐标原点为焦点、$x + y + 6 = 0$ 为准线的抛物线的凹口内部 (不含边界). 从而, 原不等式组所表示的平面区域如图 3 所示 (不含坐标轴). 经统计可知, 第一象限内满足要求的

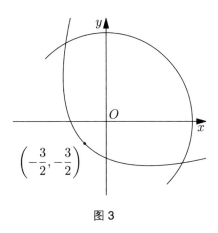

图 3

点有 17 个, 第二象限和第四象限各有满足要求的点 8 个, 第三象限只有一个满足要求的点, 共计 34 个.

4. $\dfrac{\sqrt{7}}{8}$.

设
$$z_k = \cos\dfrac{2k\pi}{7} + \mathrm{i}\sin\dfrac{2k\pi}{7} \quad (k=1,2,3,4,5,6),$$

则
$$|z_k - 1| = \sqrt{\left(\cos\dfrac{2k\pi}{7} - 1\right)^2 + \sin^2\dfrac{2k\pi}{7}} = \sqrt{2 - 2\cos\dfrac{2k\pi}{7}} = 2\sin\dfrac{k\pi}{7}.$$

从而
$$\sin\dfrac{\pi}{7}\sin\dfrac{2\pi}{7}\sin\dfrac{3\pi}{7} = \sqrt{\prod_{k=1}^{6}\sin\dfrac{k\pi}{7}} = \dfrac{1}{8}\sqrt{\prod_{k=1}^{6}|z_k-1|}$$
$$= \dfrac{1}{8}\sqrt{\left|\prod_{k=1}^{6}(1-z_k)\right|} = \dfrac{\sqrt{7}}{8}.$$

最后一步由在
$$1 + x + \cdots + x^6 = \prod_{k=1}^{6}(x - z_k)$$

中取 $x = 1$ 得到.

5. $\left[-\dfrac{\sqrt{2}}{4}, \dfrac{\sqrt{2}}{4}\right]$.

若 $x = 0$, 则 $f(x) = 0$.

若 $x \neq 0$, 则
$$f(x) = \dfrac{x - \dfrac{1}{x}}{x^2 + 4 + \dfrac{1}{x^2}} = \dfrac{x - \dfrac{1}{x}}{\left(x - \dfrac{1}{x}\right)^2 + 2}. \qquad ①$$

令 $t = x - \dfrac{1}{x}$, 则 $t \in \mathbf{R}$. 若 $t = 0$, 则 $f(x) = 0$. 若 $t \neq 0$, 则 $t + \dfrac{2}{t} \in \left(-\infty, -\dfrac{\sqrt{2}}{4}\right] \cup \left[\dfrac{\sqrt{2}}{4}, +\infty\right)$, 代入式 ①, 知此时 $f(x)$ 的取值范围是 $\left[-\dfrac{\sqrt{2}}{4}, 0\right) \cup \left(0, \dfrac{\sqrt{2}}{4}\right]$.

综上可知, $f(x)$ 的值域是 $\left[-\dfrac{\sqrt{2}}{4}, \dfrac{\sqrt{2}}{4}\right]$.

6. $x + 1 = 0$.

设 X 的坐标为 (x_0, y_0), 并设任一条切线为 $y = k(x - x_0) + y_0$, 与抛物线方程 $y^2 = 4x$ 联立, 消去 y, 整理得

$$k^2 x^2 + (2k(y_0 - kx_0) - 4)x + (kx_0 - y_0)^2 = 0. \quad ①$$

方程 ① 的判别式应等于 0, 即

$$(2k(y_0 - kx_0) - 4)^2 - 4k^2(kx_0 - y_0)^2 = 0$$
$$\Rightarrow \quad k^2 x_0 - k y_0 + 1 = 0. \quad ②$$

将式 ② 视为关于 k 的方程, 由于两条切线垂直, 故方程 ② 的两根乘积为 -1. 由韦达定理, 知 $\dfrac{1}{x_0} = -1$, 即 $x_0 + 1 = 0$.

因此, X 的轨迹方程为 $x + 1 = 0$.

7. $\dfrac{\sqrt{143 + 78\sqrt{3}}}{26}$.

设 $\angle ABC = \theta$, 则

$$\frac{\sin \theta}{\sin(\theta + 45°)} = \frac{\sin \angle ABE}{\sin \angle AEB} = \frac{\sin \angle BAD}{\sin \angle EAD} = \frac{\sin 15°}{\sin 30°}$$
$$= \frac{\sin 15°}{2\sin 15° \cos 15°} = \frac{\sin 30°}{\sin 75°}.$$

注意到 $f(\theta) = \dfrac{\sin \theta}{\sin(\theta + 45°)}$ 在 $(0°, 180°)$ 上是单射, 故 $\theta = 30°$. 从而, $\angle ADC = 45°$, $\angle AEC = 75°$.

设 $\angle EAC = \alpha$, 则

$$\frac{\sin \angle DAE}{\sin \angle ADE} = \frac{\sin \angle CAE}{\sin \angle ACE} = \frac{\sin \alpha}{\sin(\alpha + 75°)} = \frac{1}{\cos 75° + \cot \alpha \sin 75°}.$$

于是

$$\cot \alpha = \left(\frac{\sin 45°}{\sin 30°} - \cos 75° \right) \csc 75° = 3\sqrt{3} - 4,$$

故

$$\sin \alpha = \frac{1}{\sqrt{1 + \cot^2 \alpha}} = \frac{\sqrt{143 + 78\sqrt{3}}}{26}.$$

8. $\dfrac{1}{4}$.

设所取三点为 A, B, C. 固定 A, 并设圆周长为 1, 从 A 到 B, C 沿圆周顺时针方向的弧长分别为 x, y, 则 $x, y \in [0, 1]$. 于是, $\triangle ABC$ 为锐角三角形等价于

$$\begin{cases} \left(\dfrac{1}{2} - x \right)\left(\dfrac{1}{2} - y \right) < 0, \\ |x - y| < \dfrac{1}{2}. \end{cases}$$

如图 4 所示,通过计算面积可知所求概率为 $\dfrac{1}{4}$.

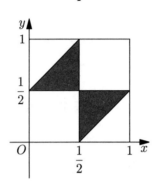

图 4

二、解答题

9. 设 $f(x) = \left(1+\dfrac{1}{x}\right)^{x+t}$,求导得

$$f'(x) = \left(\mathrm{e}^{(x+t)\ln\left(1+\frac{1}{x}\right)}\right)' = f(x)\left((x+t)\ln\left(1+\dfrac{1}{x}\right)\right)'$$
$$= f(x)\left(\ln\left(1+\dfrac{1}{x}\right) - \dfrac{x+t}{x^2+x}\right).$$

设 $g(x) = \ln\left(1+\dfrac{1}{x}\right) - \dfrac{x+t}{x^2+x}$,求导得

$$g'(x) = \dfrac{x(2t-1)+t}{(x^2+x)^2}.$$

若 $t \geqslant \dfrac{1}{2}$,则 $g'(x) > 0$,$g(x)$ 单调递增. 于是

$$g(x) < \lim_{x\to+\infty} g(x) = 0 \quad\Rightarrow\quad f'(x) = f(x)g(x) < 0,$$

故 $f(x)$ 单调递减. 从而,$f(x) > \lim\limits_{x\to+\infty} f(x) = \mathrm{e}$.

若 $t < \dfrac{1}{2}$,则 $2t-1 < 0$. 设 $x_0 = \dfrac{t}{1-2t}$,则当 $x > x_0$ 时,$g'(x) < 0$,$g(x)$ 单调递减. 此时

$$g(x) > \lim_{x\to+\infty} g(x) = 0 \quad\Rightarrow\quad f'(x) = f(x)g(x) > 0,$$

故 $f(x)$ 单调递增. 因此,当 $x > x_0$ 时,有 $f(x) < \lim\limits_{x\to+\infty} f(x) = \mathrm{e}$.

综上可知,t 的取值范围是 $\left[\dfrac{1}{2},+\infty\right)$.

10. 容易用数学归纳法证明, 对任意正整数 n, 有
$$\begin{cases} a_{n+1} = 2a_n - b_n, \\ b_{n+1} = a_n + 2b_n. \end{cases}$$
于是
$$a_{n+1}^2 + b_{n+1}^2 = (2a_n - b_n)^2 + (a_n + 2b_n)^2 = 5(a_n^2 + b_n^2).$$
从而
$$a_n^2 + b_n^2 = 5^{n-1}(a_1^2 + b_1^2) = 2 \times 5^{n-1}.$$
因此
$$\sum_{i=1}^n |a_i b_i| \leqslant \frac{1}{2}\sum_{i=1}^n (a_i^2 + b_i^2) = \sum_{i=1}^n 5^{i-1} = \frac{5^n - 1}{4} < 5^n.$$
结论得证.

11. 设 A 的坐标为 $(2pt_1^2, 2pt_1)$, B 的坐标为 $(2pt_2^2, 2pt_2)$, 易知直线 PA: $2t_1 y = x + 2pt_1^2$, PB: $2t_2 y = x + 2pt_2^2$. 联立解得 P 的坐标为 $(2pt_1 t_2, p(t_1 + t_2))$, 进一步可写出线段 PA, PB 的垂直平分线 l_1, l_2 的方程分别为
$$y + 2t_1 x = 2pt_1^2(t_1 + t_2) + \frac{p(3t_1 + t_2)}{2},$$
$$y + 2t_2 x = 2pt_2^2(t_1 + t_2) + \frac{p(3t_2 + t_1)}{2}.$$

联立 l_1, l_2 的方程解得点 Q 的坐标为
$$\left(p(t_1 + t_2)^2 + \frac{p}{2}, -2pt_1 t_2(t_1 + t_2) + \frac{p(t_1 + t_2)}{2}\right).$$

结合 $F\left(\frac{p}{2}, 0\right)$, 得
$$\overrightarrow{FP} = \left(p\left(2t_1 t_2 - \frac{1}{2}\right), p(t_1 + t_2)\right),$$
$$\overrightarrow{FQ} = \left(p(t_1 + t_2)^2, -2pt_1 t_2(t_1 + t_2) + \frac{p(t_1 + t_2)}{2}\right).$$

进而易得 $\overrightarrow{FP} \cdot \overrightarrow{FQ} = 0$, 故 $\angle PFQ = 90°$.

加 试

一 如图 5 所示,设 CN 与 OI 交于 N_1,点 C 在边 AB 上的射影为 H. 易知 $\angle OCI = \angle ICH$, 则

$$\frac{ON_1}{N_1I} = \frac{S_{\triangle CON_1}}{S_{\triangle CN_1I}} = \frac{CO\sin\angle OCN_1}{CI\sin\angle N_1CI} = \frac{CO\sin\angle FCH}{CI\sin\angle ICF}$$
$$= \frac{CO\sin\angle IFC}{IF\sin\angle IFC} = \frac{R}{r}.$$

这里, R 和 r 分别是 $\triangle ABC$ 的外接圆半径和内切圆半径.

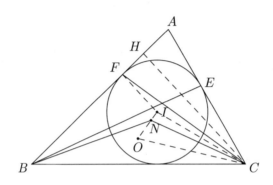

图 5

同理, 设 BN 与 CI 交于 N_2, 则 $\dfrac{ON_2}{N_2I} = \dfrac{R}{r}$.

这表明, N, N_1, N_2 重合, 即 O, N, I 三点共线.

二 我们对 k 用数学归纳法证明, 对数 $x_1, x_2, \cdots, x_k$ 添加加、减、乘、除和括号得到的运算结果一定形如 $\dfrac{f(x_1, x_2, \cdots, x_k)}{g(x_1, x_2, \cdots, x_k)}$, 其中, f, g 为关于 $x_1, x_2, \cdots, x_k$ 的多项式, 每个 x_i 在每一项中的次数至多为 1, f, g 中没有使 $x_1, x_2, \cdots, x_k$ 都同次的项, 并且每项前的系数均属于 $\{-1, 1\}$.

当 $k = 1$ 时, 结论显然成立.

假设结论对小于 k 的整数成立, 则对 $x_1, x_2, \cdots, x_k$, 最外一层运算是

$$\frac{f_1(x_1, x_2, \cdots, x_m)}{g_1(x_1, x_2, \cdots, x_m)} \circ \frac{f_2(x_{m+1}, \cdots, x_k)}{g_2(x_{m+1}, \cdots, x_k)},$$

其中, "$\circ$" 可能是 $+, -, \times, \div$. 由归纳假设知 f_1, g_1, f_2, g_2 满足上面所述的性质, 只需分别验证

$$\frac{f(x_1, x_2, \cdots, x_k)}{g(x_1, x_2, \cdots, x_k)} = \frac{f_1g_2 \pm f_2g_1}{g_1g_2}$$

和

$$\frac{f(x_1, x_2, \cdots, x_k)}{g(x_1, x_2, \cdots, x_k)} = \frac{f_1f_2}{g_1g_2} \text{ 或 } \frac{f_1g_2}{f_2g_1}$$

满足上述性质即可. 具体过程请读者自行完成.

因此, 最终得到的运算结果为

$$\frac{f(a_1,a_2,\cdots,a_n)}{g(a_1,a_2,\cdots,a_n)} \leqslant |f(a_1,a_2,\cdots,a_n)|-1$$

$$\leqslant \sum_{k=1}^{n} \sum_{1\leqslant i_1<i_2<\cdots<i_k\leqslant n} a_{i_1}a_{i_2}\cdots a_{i_k}-1$$

$$=(1+a_1)(1+a_2)\cdots(1+a_n)-1=(n+1)!-1$$

$$<(n+1)!.$$

三 满足条件的 n 为形如 2^r $(r\in \mathbf{N})$ 和 $2^r\cdot 3^s$ $(r,s\in \mathbf{N}^*)$ 的正整数.

当 $n=2^r$ 时, 取 $a_k=2^{k+r-1}$ $(k=1,2,\cdots)$; 当 $n=2^r\cdot 3^s$ 时, 取 $a_k=2^r\cdot 3^{s+k-1}$ $(k=1,2,\cdots)$. 容易验证, 这样的数列 $a_1,a_2,\cdots$ 满足要求.

假设 n 不满足上述要求, 而满足条件的数列 $a_1,a_2,\cdots$ 存在. 显然, 数列 $a_1,a_2,\cdots$ 单调不减, 而当 $m\geqslant 2$ 时, $\varphi(m)$ 是偶数. 故 $a_1,a_2,\cdots,a_k,\cdots$ 都是偶数.

以下证明, 对任意正整数 k, 都有 $v_2(a_{k+1})\leqslant v_2(a_k)$. 这里, $v_2(m)$ 表示正整数 m 的标准分解中 2 的幂次.

设 a_{k+1} 的标准分解为 $2^l\cdot p_1^{\alpha_1}\cdots p_t^{\alpha_t}$, 这里, $t\in \mathbf{N}, l,\alpha_1,\cdots,\alpha_t\in \mathbf{N}^*, p_1,\cdots,p_t$ 是互不相同的奇素数. 易知 $t\geqslant 1$, 否则, a_{k+1} 是 2 的正整数次幂, 从而, 易推出 a_1 也是 2 的正整数次幂, 矛盾. 因此

$$v_2(a_k)=v_2(2^{l-1}p_1^{\alpha_1}(p_1-1)\cdots p_t^{\alpha_t}(p_t-1))\geqslant l-1+t\geqslant l=v_2(a_{k+1}). \qquad ①$$

式 ① 表明, $v_2(a_k)$ $(k\in \mathbf{N}^*)$ 构成不增的正整数数列. 从而, 存在正整数 N, 使得当 $k\geqslant N$ 时, $v_a(a_k)$ 是常数. 设该常数为 c. 式 ① 成立要求 $t=1$, 所以, $a_{N+1},a_{N+2},\cdots$ 都恰有一个奇素因子.

对任意 $k\geqslant N+1$, 设 $a_{k+1}=2^c\cdot p_{k+1}^s$ (p_{k+1} 为奇素数). 若 $s>1$, 则

$$\varphi(a_{k+1})=2^{c-1}p_{k+1}^{s-1}(p_{k+1}-1)=a_k,$$

于是, 只能有 $p_{k+1}-1=2$, 即 $p_{k+1}=3$. 此时, 可推出 n 具有 2^r $(r\in \mathbf{N})$ 或 $2^r\cdot 3^s$ $(r,s\in \mathbf{N}^*)$ 的形式, 矛盾. 故 $s=1$. 从而, 对任意 $k\geqslant N+1$, 有

$$a_k=\varphi(2^c\cdot p_{k+1})=2^c\cdot\frac{p_{k+1}-1}{2} \quad \Rightarrow \quad p_{k+1}+1=2(p_k+1).$$

于是

$$p_{k+p_k-1}=2^{p_k-1}(p_k+1)\equiv p_k+1\equiv 1 \pmod{p_k},$$

这表明, $p_k \mid p_{k+p_k-1}$. 而显然 $p_{k+p_k-1} > p_k$, 这与 p_{k+p_k-1} 是素数矛盾.

综上所述, 满足条件的 n 为形如 2^r $(r \in \mathbf{N})$ 和 $2^r \cdot 3^s$ $(r, s \in \mathbf{N}^*)$ 的正整数.

四 所求 k 的最小值为 $4\sqrt{2}$.

在原不等式中, 令 $x = y = 1, z = 0$, 得

$$2 + \sqrt{2} \leqslant \sqrt{2k + (6-k)} \quad \Rightarrow \quad k \geqslant 4\sqrt{2}.$$

以下证明, 当 $k = 4\sqrt{2}$ 时, 原不等式成立. 这等价于

$$\left(2\sqrt{2} - 1\right) \sum x^2 + \left(3 - 2\sqrt{2}\right) \sum xy \geqslant \sum \sqrt{(x^2+y^2)(x^2+z^2)}$$

$$\Leftrightarrow \quad \left(2\sqrt{2} - 2\right)\left(\sum x^2 - \sum xy\right) \geqslant \sum \left(\sqrt{(x^2+y^2)(x^2+z^2)} - x^2 - yz\right)$$

$$\Leftrightarrow \quad \left(\sqrt{2} - 1\right) \sum (x-y)^2 \geqslant \sum \frac{x^2(y-z)^2}{\sqrt{(x^2+y^2)(x^2+z^2)} + x^2 + yz}$$

$$\Leftrightarrow \quad \sum \left(\sqrt{2} - 1 - \frac{x^2}{\sqrt{(x^2+y^2)(x^2+z^2)} + x^2 + yz}\right)(y-z)^2 \geqslant 0. \qquad ①$$

这里, $\sum$ 表示循环和.

记式 ① 中 $(y-z)^2, (z-x)^2, (x-y)^2$ 前的系数分别为 S_x, S_y, S_z. 不妨设 $x \geqslant y \geqslant z$, 则

$$S_y \geqslant \sqrt{2} - 1 - \frac{y^2}{\sqrt{2}y^2 + y^2} = 0,$$

$$S_z \geqslant \sqrt{2} - 1 - \frac{z^2}{\sqrt{2}z^2 + z^2} = 0,$$

于是

$$S_x(y-z)^2 + S_y(z-x)^2 + S_z(x-y)^2 \geqslant S_x(y-z)^2 + S_y(y-z)^2 = (S_x + S_y)(y-z)^2.$$

从而, 只需证明 $S_x + S_y \geqslant 0$.

事实上, 我们有

$$S_x + S_y \geqslant 2\sqrt{2} - 2 - \frac{x^2}{x\sqrt{x^2+y^2} + x^2} - \frac{y^2}{y\sqrt{x^2+y^2} + y^2}$$

$$= 2\sqrt{2} - 2 - \frac{\dfrac{x+y}{\sqrt{x^2+y^2}} + \dfrac{2xy}{x^2+y^2}}{\dfrac{x+y}{\sqrt{x^2+y^2}} + 1 + \dfrac{xy}{x^2+y^2}}.$$

令 $t = \dfrac{x+y}{\sqrt{x^2+y^2}}$, 则 $t \leqslant \sqrt{2}$, 于是, 上式右端即为

$$2\sqrt{2} - 2 - \frac{t + t^2 - 1}{t + 1 + \dfrac{1}{2}(t^2-1)} = 2\sqrt{2} - \frac{9}{2} + 2\left(\frac{1}{t+1} + \frac{1}{2}\right)^2$$

$$\geqslant 2\sqrt{2} - \frac{9}{2} + 2\left(\frac{1}{\sqrt{2}+1} + \frac{1}{2}\right)^2 > 0.$$

故 $S_x + S_y \geqslant 0$. 从而, 式 ① 成立, 结论得证.

综上所述, 所求 k 的最小值为 $4\sqrt{2}$.

雷 勇 编拟

第五篇　探究问题与解答

《学数学》数学贴吧探究问题2016年第二季

《学数学》数学贴吧探究问题 2016 年第二季

1. 从数集 $\{1, 2, \cdots, n\}$ 中任取 k 个数 $(2k \leqslant n, n \geqslant 12)$. 若数 i 与 $i+1$ 同时被取出, 则称 i 不孤独. 以 X 表示所取出的数中的孤独的数的个数, 试求 X 的分布律.

(中国科学技术大学　苏　淳　供题)

2. 设 a, b, c, d 是方程 $t^4 - t^3 - 4t^2 + t + 1 = 0$ 的四个根, 试求解四元一次方程组

$$\begin{cases} \dfrac{x}{a} + \dfrac{y}{a-1} + \dfrac{z}{a+1} + \dfrac{u}{a-2} = a^2, \\ \dfrac{x}{b} + \dfrac{y}{b-1} + \dfrac{z}{b+1} + \dfrac{u}{b-2} = b^2, \\ \dfrac{x}{c} + \dfrac{y}{c-1} + \dfrac{z}{c+1} + \dfrac{u}{c-2} = c^2, \\ \dfrac{x}{d} + \dfrac{y}{d-1} + \dfrac{z}{d+1} + \dfrac{u}{d-2} = d^2. \end{cases}$$

(华南师范大学数学科学学院　吴　康　供题)

3. 如图 1 所示, 设圆 Γ_1 与 Γ_2 相交于 P, Q 两点, AB, CD 分别为圆 Γ_1, Γ_2 的直径 (点 A 在圆 Γ_2 内, 点 C 在圆 Γ_1 内), 点 E, F 分别在圆 Γ_1, Γ_2 上, 且 $QE \perp AB, QF \perp CD$. 证明: $PE = PF$ 的充分必要条件是 $AC // BD$.

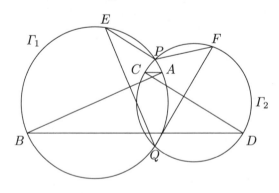

图 1

(湖北省黄冈中学　李世未　供题)

4. 已知 a,b,c 是正实数. 证明:
$$(a+b+c)^{\frac{3}{2}}\left(\sqrt{a}+\sqrt{b}+\sqrt{c}\right)\geqslant 3\sqrt{3}(ab+bc+ca).$$

(浙江省海宁高级中学　张小明　供题)

5. 如图 2 所示, 设 E,F 分别是 $\triangle ABC$ 的边 AB,AC 上的点, BF 与 CE 交于 D, O 是 $\triangle AEF$ 的外心, Γ 是 $\triangle AEF$ 的外接圆, 圆 Γ 与 $\triangle ABC$ 的外接圆交于 A,P 两点, PD 与圆 Γ 的另一交点为 Q, AQ 与 EF 交于 K. 证明: $OK \perp BC$.

(南京易湃文化艺术培训有限公司　顾冬华　供题)

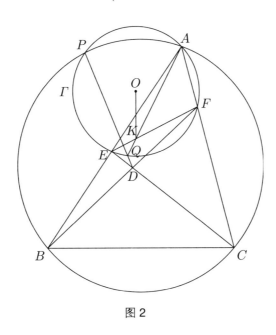

图 2

6. 有 $2n$ 个人参加 $2n$ 个科目的测试, 测试中每个科目都只有通过与未通过两种结果. 已知每个人对所有科目通过的总次数不少于未通过的总次数. 证明: 存在 n 个人与 n 个科目, 这 n 个人在这 n 个科目上通过的总次数不少于 $\frac{1}{2}n(n+1)$.

(广东省深圳高级中学　冯跃峰　供题)

参考答案

1. 以下解答由供题者提供:

至少有一个数孤独, 最多每个取出的数都孤独. 所以, X 的取值集合为 $\{1,2,\cdots,k\}$.

对 $j \in \{1,2,\cdots,k\}$，当 $X = j$ 时，所取出的数被分隔为 j 个相连段，担任分隔任务的是未被取出的 $n-k$ 个数. 这 j 个相连段被它们所隔开，所以，这 j 个相连段的相对位置有 C_{n-k+1}^{j} 种不同的选择方式. 每个位置上至少有一个被取出的数，其余 $k-j$ 个被取出的数分布在这 j 个位置上，有 $C_{(k-j)+(j-1)}^{j-1} = C_{k-1}^{k-j}$ 种不同的分布方式. 所以

$$P(X = j) = \frac{C_{k-1}^{k-j} C_{n-k+1}^{j}}{C_n^k} \quad (j = 1, 2, \cdots, k).$$

此即 X 的分布律.

注 显然，我们有

$$\sum_{j=1}^{k} C_{k-1}^{k-j} C_{n-k+1}^{j} = C_n^k.$$

2. 以下解答由供题者提供.

易知 a, b, c, d 均不等于 $0, \pm 1, 2$. 由方程组中第一个方程通分，得

$$f(a) = g(a), \qquad \text{①}$$

其中

$$f(t) = x(t-1)(t+1)(t-2) + yt(t+1)(t-2) + zt(t-1)(t-2) + ut(t-1)(t+1),$$
$$g(t) = t^3(t-1)(t+1)(t-2).$$

设 $h(t) = t^4 - t^3 - 4t^2 + t + 1$，则

$$h(t) = (t^2 - 2t - 1)(t^2 + t - 1).$$

故 a, b, c, d 互不相等. 作多项式除法，易得

$$g(t) = h(t)(t^2 - t + 2) + r(t), \qquad \text{②}$$

其中余式

$$r(t) = -t^3 + 8t^2 - t - 2.$$

由式 ② 和题设，得

$$g(a) = r(a). \qquad \text{③}$$

由式 ①, ③，得 $f(a) = r(a)$，即 a 是方程

$$f(t) = r(t) \qquad \text{④}$$

的根. 同理, b, c, d 也是方程 ④ 的根. 若方程 ④ 不是恒等式, 则其次数不大于 3. 由代数基本定理, 知方程 ④ 不可能有 4 个不同的根, 矛盾. 故方程 ④ 为恒等式. 在其中分别令 $t = 0, \pm 1, 2$, 得

$$
\begin{aligned}
f(0) = r(0) &\Rightarrow 2x = -2 \Rightarrow x = -1, \\
f(1) = r(1) &\Rightarrow -2y = 4 \Rightarrow y = -2, \\
f(-1) = r(-1) &\Rightarrow -6x = 8 \Rightarrow x = -\frac{4}{3}, \\
f(2) = r(2) &\Rightarrow 6u = 20 \Rightarrow u = \frac{10}{3}.
\end{aligned}
$$

因此, 原方程组的解为 $(x, y, z, u) = \left(-1, -2, -\dfrac{4}{3}, \dfrac{10}{3}\right)$.

以下解答由湖北武汉迟锦贵提供:

首先说明, a, b, c, d 互不相等.

设 $f(t) = t^4 - t^3 - 4t^2 + t + 1$, 则 $f(-2) = 7, f(-1) = -2, f(0) = 1, f(1) = -2, f(2) = -5, f(3) = 22$. 从而, $f(t)$ 的四个根分别在 $(-2, -1), (-1, 0), (0, 1), (2, 3)$ 内. 因此, a, b, c, d 互不相等.

接下来说明原方程组有且仅有一个解. 设

$$g(t) = \begin{vmatrix} \dfrac{1}{a} & \dfrac{1}{a-1} & \dfrac{1}{a+1} & \dfrac{1}{a-2} \\ \dfrac{1}{b} & \dfrac{1}{b-1} & \dfrac{1}{b+1} & \dfrac{1}{b-2} \\ \dfrac{1}{c} & \dfrac{1}{c-1} & \dfrac{1}{c+1} & \dfrac{1}{c-2} \\ \dfrac{1}{t} & \dfrac{1}{t-1} & \dfrac{1}{t+1} & \dfrac{1}{t-2} \end{vmatrix}.$$

易知 $g(t) = 0$ 可以化为关于 t 的至多三次方程, 所以, $g(t) = 0$ 至多有三个根. 又 $g(a) = g(b) = g(c) = 0$, 故 $g(d) \neq 0$.

因此, 原方程组有且仅有一组解. 下面来求出这组解.

由 $t^4 - t^3 - 4t^2 + t + 1 = 0$, 可得

$$t^2 = \frac{4t^2 - t - 1}{t(t-1)} = 4 + \frac{1}{t} + \frac{2}{t-1}. \qquad ①$$

由 $t^4 - t^3 - 4t^2 + t + 1 = 0$, 还可得

$$t^2 = \frac{2t^2 - t - 1}{(t+1)(t-2)} = 2 - \frac{2}{3} \cdot \frac{1}{t+1} + \frac{5}{3} \cdot \frac{1}{t-2}. \qquad ②$$

由式 ①, ② 可得

$$-\frac{1}{t} - \frac{2}{t-1} - \frac{4}{3} \cdot \frac{1}{t+1} + \frac{10}{3} \cdot \frac{1}{t-2} = t^2.$$

由此可知, $(x,y,z,u) = \left(-1, -2, -\dfrac{4}{3}, \dfrac{10}{3}\right)$ 是原方程组的一组解, 这也是原方程组唯一的一组解.

注 供题者吴康先生对本题给出如下推广:

设 n, k 为整数, $n \geqslant 2$, $k \geqslant 0$, $a_1, a_2, \cdots, a_n$, $b_1, b_2, \cdots, b_n$ 为互不相同的复数, 且 $a_1, a_2, \cdots, a_n$ 为 n 次多项式 $h(t)$ 的根, 均不为 k 次多项式 $p(t)$ 的根, 求解 n 元一次方程组

$$\dfrac{x_1}{a_i - b_1} + \dfrac{x_2}{a_i - b_2} + \cdots + \dfrac{x_n}{a_i - b_n} = p(a_i) \quad (i = 1, 2, \cdots, n). \qquad ①$$

解析 对给定的 i $(1 \leqslant i \leqslant n)$, 方程 ① 等价于

$$f(a_i) = g(a_i), \qquad ②$$

其中

$$f(t) = \sum_{j=1}^{n} x_j (t - b_1)(t - b_2) \cdots (t - b_{j-1})(t - b_{j+1}) \cdots (t - b_n),$$

$$g(t) = (t - b_1)(t - b_2) \cdots (t - b_n) p(t).$$

作多项式除法 $f(t) \div g(t)$, 设余式为 $r(t)$. 由题设易知 $r(t)$ 不为 0, 且有 $g(a_i) = r(a_i)$. 从而, 由式 ②, 得 $f(a_i) = r(a_i)$. 因此, a_i 是方程

$$f(t) = r(t) \qquad ③$$

的根. 同理, $a_1, a_2, \cdots, a_n$ 都是方程 ③ 的根. 由代数基本定理, 易知式 ③ 为恒等式. 在式 ③ 中分别令 $t = b_1, b_2, \cdots, b_n$, 可得

$$f(b_j) = x_j (b_j - b_1)(b_j - b_2) \cdots (b_j - b_{j-1})(b_j - b_{j+1}) \cdots (b_j - b_n) = r(b_j),$$

由此可算得 x_j $(j = 1, 2, \cdots, n)$.

3. 以下解答由湖北省武汉外国语学校张睿桐提供:

如图 3 所示, 设圆 Γ_1, Γ_2 的半径分别为 R_1, R_2, 直线 PQ 与 AB, CD 所夹的锐角分别为 α, β, 则 $PE = 2R_1 \cos\alpha$, $PF = 2R_2 \cos\beta$. 于是

$$PE = PE \quad \Leftrightarrow \quad \dfrac{R_1}{R_2} = \dfrac{\cos\beta}{\cos\alpha}.$$

设圆 Γ_1, Γ_2 的圆心分别为 O_1, O_2, 则 O_1, O_2 分别是 AB, CD 的中点. 由 $PQ \perp O_1 O_2$, 知 $\angle AO_1 O_2 = 90° - \alpha$, $\angle CO_2 O_1 = 90° - \beta$. 从而

$$AC /\!/ BD \quad \Leftrightarrow \quad AC /\!/ O_1 O_2 \quad \Leftrightarrow \quad \dfrac{AO_1}{CO_1} = \dfrac{\cos\beta}{\cos\alpha} \quad \Leftrightarrow \quad PE = PF.$$

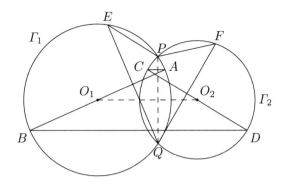

图 3

4. 以下解答由西工大附中吴庆彤提供:

由齐次性, 不妨设 $a+b+c=1$, 则原不等式即为

$$\frac{\sqrt{a}+\sqrt{b}+\sqrt{c}}{3\sqrt{3}} \geqslant ab+bc+ca. \quad \text{①}$$

而

$$ab+bc+ca = \frac{1}{2}((a+b+c)^2-(a^2+b^2+c^2)) = \frac{1}{2}((a-a^2)+(b-b^2)+(c-c^2)),$$

故式 ① 等价于

$$\frac{2\left(\sqrt{a}+\sqrt{b}+\sqrt{c}\right)}{3\sqrt{3}}+a^2+b^2+c^2 \geqslant a+b+c. \quad \text{②}$$

事实上, 由均值不等式, 有

$$\frac{\sqrt{a}}{3\sqrt{3}}+\frac{\sqrt{a}}{3\sqrt{3}}+a^2 \geqslant 3\sqrt[3]{\frac{a^3}{\left(3\sqrt{3}\right)^2}} = a,$$

类似地, 有

$$\frac{\sqrt{b}}{3\sqrt{3}}+\frac{\sqrt{b}}{3\sqrt{3}}+b^2 \geqslant b,$$

$$\frac{\sqrt{c}}{3\sqrt{3}}+\frac{\sqrt{c}}{3\sqrt{3}}+c^2 \geqslant c.$$

以上三式相加即得式 ②, 故原不等式得证.

以下解答由安徽省铜陵市第一中学周欣怡提供:

由齐次性, 不妨设 $a+b+c=3$, 则原不等式即为

$$\sqrt{a}+\sqrt{b}+\sqrt{c} \geqslant ab+bc+ca.$$

设函数 $f(x)=x^2-3x+2\sqrt{x}\ (x>0)$, 则对一切 $x>0$, 都有

$$f(x) = \left(\sqrt{x}\right)^4-3\left(\sqrt{x}\right)^2+2\sqrt{x} = \sqrt{x}\left(\sqrt{x}-1\right)^2\left(\sqrt{x}+2\right) \geqslant 0.$$

故
$$2\sqrt{x} \geqslant 3x - x^2 = x(3-x).$$

从而
$$2\left(\sqrt{a}+\sqrt{b}+\sqrt{c}\right) \geqslant a(3-a)+b(3-b)+c(3-c)$$
$$= a(b+c)+b(c+a)+c(a+b)$$
$$= 2(ab+bc+ca).$$

故原不等式得证.

5. 以下解答由湖南理工学院萧振纲提供:

如图 4 所示, 设直线 EQ 与 AC 交于 U, 直线 FQ 与 AB 交于 V, 直线 PQ 与 $\triangle ABC$ 的外接圆的另一交点为 R, 则 $\angle PRB = \angle PAB = \angle PQE = \angle RQU$, 所以, $BR /\!/ QU$. 同理, $CR /\!/ QV$. 再设 BU 与 CV 交于 S, 则由 Pappus 定理, 知 Q, R, S 三点共线, 所以, $\dfrac{SU}{SB} = \dfrac{SQ}{SR} = \dfrac{SV}{SC}$, 因此, $UV /\!/ BC$. 而由 Borcard 定理, 知 $OK \perp UV$, 故 $OK \perp BC$.

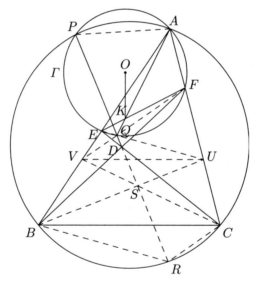

图 4

以下解答由湖北省武汉外国语学校张睿桐提供:

回到原题.

如图 5 所示, 设 EF 的中点为 M, EF 与 BC 交于点 N. 易知 $\angle PBE = \angle PCF$, $\angle PEB = \angle PFC$, 故 $\triangle PEB \sim \triangle PFC$. 因此
$$\frac{PB}{PC} = \frac{BE}{CF}. \qquad ①$$

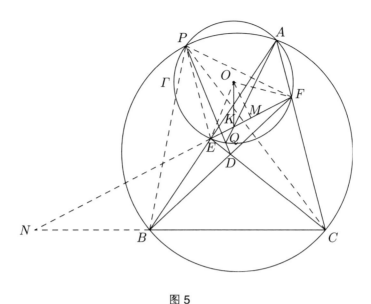

图 5

对 $\triangle ABF$ 与截线 EDC 应用梅涅劳斯定理,得

$$\frac{BE}{EA}\cdot\frac{AC}{CF}\cdot\frac{FD}{DB}=1. \qquad ②$$

对 $\triangle CDF$ 与截线 AEB 应用梅涅劳斯定理,得

$$\frac{DB}{BF}\cdot\frac{FA}{AC}\cdot\frac{CE}{ED}=1. \qquad ③$$

从而,由分角线定理,并结合式 ①, ②, ③, 得

$$\begin{aligned}
\frac{EK}{FK} &= \frac{AE\sin\angle EAK}{AF\sin\angle FAK}=\frac{AE\sin\angle DPE}{AF\sin\angle DPF} \\
&= \frac{\sin\angle BPE}{\sin\angle CPF}\cdot\frac{AE}{AF}\cdot\frac{\sin\angle DPE}{\sin\angle BPE}\cdot\frac{\sin\angle CPF}{\sin\angle DPF} \\
&= \frac{\sin\angle BPE}{\sin\angle CPF}\cdot\frac{AE}{AF}\cdot\frac{DE}{BE}\cdot\frac{BP}{CP}\cdot\frac{CF}{DF} \\
&= \frac{\sin\angle BPE}{\sin\angle CPF}\cdot\frac{AC}{BD}\cdot\frac{DE}{AF}\cdot\frac{BF}{CE} \\
&= \frac{\sin\angle BPE}{\sin\angle CPF}.
\end{aligned}$$

又

$$\frac{EK}{FK}=\frac{OE\sin\angle EOK}{OF\sin\angle FOK}=\frac{\sin\angle EOK}{\sin\angle FOK},$$

故

$$\frac{\sin\angle BPE}{\sin\angle CPF}=\frac{\sin\angle EOK}{\sin\angle FOK}.$$

而
$$\angle BPE + \angle CPF = \angle BPC + \angle CPE + \angle CPF = 2\angle BAC = \angle EOF = \angle EOK + \angle FOK,$$
故①
$$\angle EOK = \angle BPE, \quad \angle FOK = \angle CPE.$$
从而
$$\angle KOM = \frac{1}{2}(\angle EOK + \angle FOK) - \angle FOK = \frac{1}{2}(\angle BPE - \angle CPF)$$
$$= \angle CPE = \angle ABC - \angle AFE = \angle ENC.$$

结合 $OM \perp EF$,知 $OK \perp BC$.

注 本题是供题者顾冬华先生在解决叶中豪先生提出的如下问题时使用的引理.

问题 如图 6 所示,设 E, F 分别是 $\triangle ABC$ 的边 AB, AC 上的点, BF 与 CE 交于 D,圆 Γ, Γ_1 分别是 $\triangle ABC, \triangle AEF$ 的外接圆,圆 Γ 与 Γ_1 交于 A, P 两点,圆 Γ_1 在点 A 处的切线与圆 Γ 再一次交于 Q,点 M, N 分别是 AQ, BC 的中点. 证明: $\angle QMN = \angle APD$.

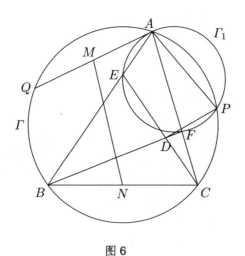

图 6

该问题的详细解答请参考《全国高中数学联赛模拟试题精选 (第二辑)》(中国科学技术大学出版社, 2019 年 6 月) 第 376 页.

---

① 编者注: 这里用到了如下结论: 若正数 $\alpha, \beta, \gamma, \delta$ 满足 $\alpha + \beta = \gamma + \delta < \pi$,且 $\dfrac{\sin \alpha}{\sin \beta} = \dfrac{\sin \gamma}{\sin \delta}$,则 $(\alpha, \beta) = (\gamma, \delta)$. 其证明可参阅《平面几何的知识与问题》(单墫著,中国科学技术大学出版社, 2019 年 4 月) 第 2 部分习题 3 第 71 题,亦可直接用三角函数证明.

6. 以下解答由供题者提供:

构造一个 $2n \times 2n$ 的方格表 M, 设其中第 i 行第 j 列的方格中所填的数为 x_{ij}. 令

$$x_{ij} = \begin{cases} 1, & \text{如果第 } i \text{ 个人通过了第 } j \text{ 个科目的测试;} \\ 0, & \text{如果第 } i \text{ 个人没有通过第 } j \text{ 个科目的测试.} \end{cases}$$

用 $S(X)$ 表示棋盘 X 中所有填数的和, 则由条件可知

$$S(M) \geqslant \frac{1}{2} \cdot (2n)^2 = 2n^2.$$

由抽屉原理, 必定有一行 a, 使得

$$S(a) \geqslant \frac{1}{2n} \cdot 2n^2 = n,$$

不妨设第一行至少有 n 个 1, 且它的前 n 个数为 1. 设 P 为前 n 列组成的子数表, 它的和最大的 n 个行分别记为 $a_1, a_2, \cdots, a_n$, 最小的 n 个行分别为 $a_1', a_2', \cdots, a_n'$. 记 $A = \{a_1, a_2, \cdots, a_n\}$, $A' = \{a_1', a_2', \cdots, a_n'\}$. 设 Q 为后 n 列组成的子数表, 它的和最大的 n 个行分别记为 $b_1, b_2, \cdots, b_n$, 最小的 n 个行分别记为 $b_1', b_2', \cdots, b_n'$. 记 $B = \{b_1, b_2, \cdots, b_n\}$, $B' = \{b_1', b_2', \cdots, b_n'\}$.

如果 $S(A) \geqslant n(n+1)$, 则结论成立. 以下假设 $S(A) < n(n+1)$.

此时, A 中除第一行外的 $n-1$ 行的和小于 $n(n+1) - n = n(n-1)$, 由平均数抽屉原理, 知必定有一行 a_i, 使得 $S(a_i) < \dfrac{n}{2}$.

由 A' 中行和的最小性可知, A' 中每个行和 $S(a_j') \leqslant S(a_i) < \dfrac{n}{2}$.

(1) 若 n 是奇数, 则 $S(a_j') \leqslant \dfrac{n-1}{2}$. 此时, $S(A') \leqslant \dfrac{n-1}{2} \cdot n = n(n-1)$. 于是

$$S(P) = S(A) + S(A') < \frac{1}{2}n(n+1) + \frac{1}{2}n(n-1) = n^2,$$

但 $S(M) \geqslant 2n^2$, 故 $S(Q) = S(M) - S(P) > n^2$.

如果 B 的每一个行和 $S(b_i) \geqslant \dfrac{n+1}{2}$, 则 $S(B) \geqslant n(n+1)$, 结论成立.

以下假设存在一个 $S(b_i) < \dfrac{n+1}{2}$, 由 B' 中行和的最小性, 知 B' 中每一个行和 $S(b_i') \leqslant S(b_i) < \dfrac{n+1}{2}$. 又 n 为奇数, 所以

$$S(b_i') \leqslant \frac{n+1}{2} - 1 = \frac{n-1}{2} \quad \Rightarrow \quad S(B') \leqslant \frac{n-1}{2} \cdot n = \frac{1}{2}n(n-1).$$

从而

$$S(B) = S(Q) - S(B') > n^2 - \frac{1}{n}(n-1) = \frac{1}{2}n(n+1),$$

结论成立.

(2) 若 n 为偶数, 则由 $S(a'_j) < \dfrac{n}{2}$, 得 $S(a'_j) \leqslant \dfrac{n-2}{2}$. 此时, $S(A') \leqslant \dfrac{n-2}{2} \cdot n = \dfrac{1}{2}n(n-2)$. 于是
$$S(P) = S(A) + S(A') < \dfrac{1}{2}n(n+1) + \dfrac{1}{2}n(n-2) = \dfrac{1}{2}n(2n-1),$$
但 $S(M) \geqslant 2n^2$, 故
$$S(Q) = S(M) - S(P) > 2n^2 - \dfrac{1}{2}n(2n-1) = \dfrac{1}{2}n(2n+1).$$

如果 B 的每一个行和 $S(b_i) \geqslant \dfrac{n+1}{2}$, 则 $S(B) \geqslant n(n+1)$, 结论成立.

以下假设存在一个 $S(b_i) < \dfrac{n+1}{2}$, 由 B' 中行和的最小性, 知 B' 中每一个行和 $S(b'_i) \leqslant S(b_i) < \dfrac{n+1}{2}$. 又 n 为奇数, 所以
$$S(b'_i) \leqslant \dfrac{n}{2} \quad \Rightarrow \quad S(B') \leqslant \dfrac{n}{2} \cdot n = \dfrac{1}{2}n^2.$$

从而
$$S(B) = S(Q) - S(B') > \dfrac{1}{2}n(2n+1) - \dfrac{1}{2}n^2,$$
结论成立.

综上所述, 总存在 n 行及 n 列, 这些行与列交叉处的数的和不小于 $\dfrac{1}{2}n(n+1)$.

回忆常庚哲老师

千年修得遇常公,复数几何一窍通.
哲法罗庚知厚薄,梯从奥数上苍穹.
不拘旧格英才聚,煞费苦心硕果丰.
直上天堂传泰乐,女娲盘古启童蒙.

转瞬仙凡路不通

2018 年 11 月 18 日,星期天. 下午 5 点半,我从外地讲学后乘飞机回北京,从机场刚回家,习惯性打开手机看微信,第一条进入眼帘的竟然是:常庚哲老师今天在北京去世. 这个噩耗太意外,一下子就把我弄懵了.

常庚哲是我在中国科学技术大学读书时的老师,我们都叫他常公. 他退休后常住美国,半个多月前还给我打电话聊了一个多小时,起因是看了我在朋友圈发的关于秋天的诗和观赏红叶的照片,打电话来聊点感想. 他在电话中也询问了我参加中科大校庆活动的见闻和趣事. 电话中感觉到他讲话的中气还足,健康正常,他也没说自己有什么病,没提到要回国的计划.

这一两年不断传来中科大一些老师、校友去世的消息,使一些老校友产生了抢救活的校史的紧迫感,抓紧时间向健在的校友了解和记录科大的重要史实、经验和教训. 也有不少校友向我了解和核实数学系的事情. 其中有很多事情我没有经历过,或者虽然经历了那段时间却没有经历事情的过程,不了解事情的真相,难以给出满意的答案,自己都觉得有些尴尬和惭愧. 不过,我很快就想出两个妙招来免除这种尴尬. 一招是查阅中科大校庆五十周年时数学系编写的《中国科学技术大学数学五十年》. 这本书继承了数学人搞研究坚持严谨、追求系统性的风格,做到了史料翔实,丰富生动,也比较完整. 但总还有些事情不够详细，我又想到了第二招：向常公询问和求证.

2016年5月28日，我与常公建立了微信上的联系，还与他一家三口、曾肯成女儿女婿等科大老友建立了一个只有10人的微信群. 从此，我们随时可以聊天. 常公的微信名叫"常庚哲二老倌". 我想讲什么话，问什么问题，立刻向"常庚哲二老倌"发条微信询问，不论何时，不论何地，不需预约，不管白天夜晚，都能及时得到回答，交流起来比当初同在一个校园上班时更方便、更频繁. 常公从1958年中科大一建校就来校任教，很多事情他都亲身经历，甚至是核心人物. 凡是有关于中科大数学系历史的疑问，我都请教他，而他都有问必答. 比如，中科大建校初期华罗庚怎样调教数学系的师资队伍？20世纪60年代初数学家们怎样组织中学生数学竞赛、怎样作科普报告、怎样写一系列数学小册子？"文革"结束后最早的研究生肖刚、李克正、单墫是怎样招进来的？我都向常公发微信咨询. 常公不但有问必答，很快回复，而且还打越洋电话详细解释，在电话里一聊就是一小时. 我说："常老师，你别讲这么久，花电话费太多." 他说："不要紧，电话费便宜，包干了的，打不打电话都付这么多钱." 我又怕他打电话时间太长、太累，万一引发什么病我可吃罪不起. 他说不要紧，他没什么病，以前做脑瘤手术已经痊愈，现在已经没什么影响了. 我还是不敢让他讲得太久，但也不忍强行打断他的话让他扫兴，就采取尽量自然的方式结束谈话. 两者平衡的结果，每次通话的时间还是超过了一小时. 我想，这一方面是他在国外住久了确实有种孤独感，希望找人聊天，尤其是找亲朋旧友聊天. 我曾在美国访问过一年半，体验过这种感觉. 但另一方面，这也是由于常公从来就喜助人为乐，为他人着想，总是尽心尽力把事情做到极致，成为一种习惯. 我在与他打交道的每件事上都强烈感受到他的这种美德. 每当我感谢他对我的恩惠时，他总是说不要感谢他，应该感谢别的人. 他做了很多事情让千千万万人受益. 可是，如果让他列举出自己助人为乐的好事写成一篇文章，他肯定写不出来，也列举不出来. 因为他做这些好事都是出于习惯，一辈子都自然而然这样做，理所当然这样做. 从来没有刻意留下记忆. 老子说："上德不德." 最上等的道德就是"不讲道德". 很多人很难理解：不讲道德怎么会有道德呢？我读到这一句却立即懂了，因为我马上想到了常公. 常公助人为乐，当然是道德. 但助人的目的只是为了助人，帮别人排忧解难，没有别的目的. 不是为了体现道德，更不是为了受到表扬和感谢. 常公的道德是只做不说也不想，纯粹出于自然，出自本性，就像人要呼吸一样. 谁能记得自己呼吸过多少次，每次吸进多少升新鲜空气呢？

正因为向常老师请教起来太容易，我就养成了一种依赖心理，觉得可以不断地请教下去. 有很多知情人去世了，另外一些知情人不像常公这样容易找. 常公虽然远在地球的另一边，却好像近在身边. 我想不起上一次是在何时何地与常老师见过面，只知道他最近几次回国我都没有见到他. 并不是没有办法见到，而是没有尽最大努力安排去见他的事情. 因为我太安于现状,以为常公就在我身边,要想见面随时可见,随便哪次他回国时稍微安排一下就可见到,机会还多的是. 没想到,就在一瞬间,一条微信,一个与其他日子一样普通的日子: 2018 年 11 月 18 日,就把一切机会摧毁了.

网上经常有帖子指责国民只崇拜影视明星而不崇拜科学家. 我的观点是: 老百姓要崇拜谁是他们自己的权利. 人家不崇拜,你指责也不能让他们崇拜. 帖子的作者也未必崇拜科学家,发这样的帖只是为了炒作. 如果科学家也像明星那样走到哪里都有一大批粉丝缠着,那就没法搞科研了. 常庚哲是数学家,但他的粉丝却也不少. 我所在的网络上的各个群的成员大部分是中学和大学的数学老师和学生,他们都在群里对常庚哲的去世表示深切哀悼,对常庚哲非常崇拜. 中学师生崇拜常庚哲是因为他们或他们的老师读过常庚哲写的数学科普小册子,大学师生则是因为读过他与史济怀合写的《数学分析教程》. 科普读物与数学分析教材都不是高大上的"阳春白雪",而是普度大众的"下里巴人",受益面甚广,他在群里受尊敬的程度远远超过毁誉参半的影视明星. 而且,这种尊敬都是真诚而理性的,并非像影视明星的粉丝那样盲目和反复无常. 所以,科学家们完全不需要羡慕影视明星所受到的那种追捧,能够像常庚哲这样受尊敬就心满意足了.

我没有机会在常公生前与他再见上一面,仅仅是参加了 11 月 22 日在北京地坛医院举行的简单的遗体告别仪式,瞻仰了他的遗容. 我始终无法接受躺在这里像雕塑一样的是常公本人,反而更相信常公是到天堂去讲他的数学分析,犹如唐太宗的重臣魏徵到天上去执行法律公务斩泾河老龙. 常公一定是去讲泰勒展开,这是他写的数学分析教材所说的"一元微积分的顶峰". 这就是本文开始那首诗所写的"直上天堂传泰乐". 听课的学员很可能包括盘古和女娲,他们也需要接受数学启蒙,提高管理水平. 我知道,天堂里已经有很多数学家,包括泰勒本人,不需要中国老师去教泰勒本人. 但天堂也要分区,犹如我们住的小区有 A 区、B 区之分,中国区的盘古女娲们听不懂外语,需要常庚哲这样的好老师来启蒙.

有一位老年朋友也是常庚哲的铁杆粉丝,在群里读了我这首诗,立即步韵奉和写了一首诗来纪念常老师. 诗的第二句"转瞬仙凡路不通"重重地敲击了我的心. 确实是"转瞬": 没有任何前兆,完全出乎意料地离去了.

写"仙凡路不通"是与我同样的心情,不是到阴间受苦受难受惩罚去了,而是到天堂出差,讲课去了. 常公成了仙,我们留凡间,当然是路不通. 虽然路不通,但他会不会有一天再向我发个微信,再打一小时电话叙述盘古和女娲学习泰勒公式的趣事呢?

复数几何一窍通

我第一次知道常庚哲的名字,是上高中时读了常庚哲写的小册子《复数与几何》. 当时我对于教材上强行规定一个符号 i 代表 -1 的一个平方根很不满意. 心想: 教材从初中就不断强调负数不能开平方, 却突然有一天蛮横不讲道理地规定一个符号 i 代表 -1 的平方根, 也不解释这个平方根为什么存在, 可以代表什么意义. 如果 -1 的平方根根本不存在, 怎么能用一个符号来表示它呢? 读了常庚哲的书才茅塞顿开: 如果让 i 代表旋 $90°$, 它的平方就代表旋转两个 $90°$, 就是 $180°$, 就是乘 -1. 进一步还知道: 旋转任意角 α 通过乘复数 $\cos\alpha + i\sin\alpha$ 实现, 这个复数的 n 次幂就代表旋转 $n\alpha$, 就等于 $\cos n\alpha + i\sin n\alpha$. 这就是著名的棣莫弗公式. 这让我对常庚哲佩服得五体投地, 同时又很纳闷为什么如此生动自然的解释不写进中学教材教给中学生.

40 年后, 我与张景中院士一起主编湘教版高中数学教材, 张景中担任主编, 我担任执行主编. 我就自告奋勇写复数这一章, 把 40 年前读高中时从常庚哲书中学来的这个简单易懂而又精彩的观点写进教材, 分享给现在的学生. 课标规定不准写, 我就写成 "多知道一点". 现在的新课标放宽了, 允许写成打星号的选学内容. 有的中学老师说打星号内容他们一般都不教. 我说: 不稀罕你们教, 好学生自然会去看. 不愿意看的别想上中科大这样的名牌大学. 中科大去年自主招生就出了一道题: 已知复数 a, b 满足 $|a| = 2, |b| = 3, |a+b| = 4$, 求 $\dfrac{a}{b}$. 不用这个观点就寸步难行, 用了就轻松愉快. 湘教社编辑猜想这个题是我出的. 我说我已经离开中科大十几年了, 怎么还会让我出题? 后来我考证了, 才知道是我的一位学生出的题. 这个传统在中科大没丢.

直到最近几个月之前, 常庚哲从美国打电话与我聊天时, 我还感谢他写的《复数与几何》这本书让我受益非浅. 他却说: "别感谢我, 应该感谢你的导师曾肯成. 是他手把手把我教会的." 曾肯成在数学系作了一个报告讲复数乘法的几何意义, 常庚哲去听了. 曾肯成就叫他写出来出版, 还坚决不署名.

经常奉行华罗庚哲学

高中读到常庚哲小册子的时候,不知道常庚哲是中科大的老师,其实也不知道有中科大这所大学. 当时还读了很多别的小册子,如华罗庚的《从祖冲之的圆周率谈起》《从杨辉三角谈起》,吴文俊的《力学在几何中的一些应用》,龚昇的《从刘徽割圆谈起》,史济怀的《平均》等,都让我大开眼界. 我 1965 年考入中科大数学系读书后,才知道这些老师都是中科大的老师. 以前在书的封面上看到的这些作者的名字一个个成为活生生的人出现在我面前,听他们潇洒自如、举重若轻地阐述数学的奥妙,真是无比幸福.

然而,好景不长,进大学不到一年就遇上了"文化大革命". 华罗庚也挨过批判. 我注意到有一篇大字报借常庚哲的名字批判为"经常奉行华罗庚哲学". 这篇大字报进一步抬高了常庚哲在我心中的地位,相当于把常庚哲表彰为华罗庚的得意门徒. 还促使我思考了一个问题:华罗庚的哲学是什么? 我想起华罗庚讲的读书的两个阶段:先是由薄而厚,然后是由厚而薄. 由薄而厚,不断学习更多的知识,读书破万卷,只要努力就可以做到. 由厚而薄,对知识融会贯通,运用自如,深入浅出,这就很难做到了. 进中科大后听过华罗庚一次报告讲优选法,让我领教了什么叫由厚而薄. 进校后常庚哲并没有担任我们的授课老师. 但在复课闹革命时我们班请他来介绍过复变函数,一个多小时将整个一门课程要点介绍得清清楚楚,颇有华罗庚之风,说他"经常奉行华罗庚哲学"确实名副其实. 不过,不应该是批判,而应是表扬.

不过,这种"表扬"也让我产生了一个误解,以为常庚哲早就是华罗庚亲自培养的学生. 最近仔细阅读了《中国科学技术大学数学五十年》,才知道常庚哲是 1958 年从南开大学本科毕业后就到中科大任教的. 在此以前也不是华罗庚的学生. 我就想到一个新问题:从 1958 年到我入校的 1965 年只有短短 7 年,到他写《复数与几何》的时间更短,大约只有 4 年. 华罗庚怎样能在这么短的时间内让他对"华罗庚哲学"领会得这么好,奉行得这么到位? 今年迎接中科大校庆之前,常庚哲从美国与我打过多次电话聊天,我专门问过他这个问题. 他说一是派他为关肇直的课程当助教,二是参与组织数学竞赛的活动,还有听各种报告,例如曾肯成的报告. 由此看来,这个"华罗庚哲学"不仅是华罗庚的,也是关肇直、吴文俊的,是"数学系三条龙"共有的,是数学系共有的. 其实现在各高校都有条件奉行这样的"庚哲"而且坚持下去成为常态. 为什么做不到? 是缺乏华罗庚这样的带头人,还是缺乏常庚哲这样的继承者? 这恐怕值得每一个年轻教员扪心自问.

天 堂 遗 信

常公登仙之后，我重温了微信群中与他的聊天记录. 读到有一则讲他与曾肯成合作发表文章的故事，竟然有一句："如果我不指出来，我走了以后，再也没有人知道."不禁大吃一惊. 原来看微信时也看到这句话，却匆匆扫过，没有留下印象. 想必是因为潜意识认为"我走了之后"是常公对遥远的将来作的一般性假设，没有现实意义. 没想到转瞬之间就变成现实. 如果我不重新读一遍，让这件事永远淹没，辜负了常公的信任，罪过不轻. 这段微信内容如下：

60年代，北京市数学竞赛是华先生主持，有北大、科大、数学所、北师大等单位参加. 科大有龚、曾、史、常等参加. 曾公出的题目别具一格，标新立异，最大的特点是并不要很多知识就能证出不可思议的结果. 他的好几个题目都被争相传播. 曾公与我写过一篇文章，也是我们合著的唯一文章. 如果我不指出来，我走了以后，再也没有人知道. 60年代，《数学通报》有一篇文章，标题是《漫谈全俄××年数学竞赛》，作者是"武式久". 最难的部分是曾公写的，容易部分是我写的. 曾公部分旁征博引，涉及数的几何. 说实话，我希望我们登名字，第一次排成铅字(让人)好兴奋. 但曾公要用假名，我没有办法. 曾公也想好了假名，叫武式久，几乎随口拈来的. 原来我们的同事伍润生生了一个千金(伍耘)，4斤9两重，那我们假名就是"武式久"吧. 我是记得清楚的，但是很可惜钟立敏、伍润生夫妇记不得了. 拿了稿费后，我们请教研室同事吃饭.

曾公与我合写文章是曾公的美意，他是数学界里有名的才子，而我是无名助教. 曾公对他的名利完全不予理会，当时我还有遗憾. 后来年纪大了，名不名的也无所谓了.

常公还有一段微信讲他怎样成为曾肯成的粉丝：

1957年，反右派那一年，我上大学四年级. 严志达教授教我们代数专门化，参考书是《半单纯李氏代数的结构》，原文是俄文，中译文是曾肯成翻译的，由科学出版社出版. 很难作为教材，学生感到听不懂. 我们不知道曾肯成为何许人也，严老师在课堂中讲到好几次，这人如何了得，聪明好学. 暑假中，他闲得无聊不知道看哪本书，于是在几本数学书中抓阄定夺. 在数学(界)成为佳话.

还有一段是我向常公求证曾肯成编教材的事情.

我问：

中科大的高等数学教材是不是曾肯成写的？你的回忆录说："中国科大建校初期，曾先生为非数学系数学教材建设作出了不可磨灭的贡献."能否具体一点,怎样的贡献?

常答:

曾公主要的贡献是外系的高等数学,特别是物理系的数学.三条龙由三位院士主理,曾公不参与.

我问:

外系的高等数学教材是曾公一人编写,还是多人合作?后来的高等数学导论都不说是曾公写的.

常答:

曾公写教材主要是在北京玉泉路,直到1966年.那时停课下迁,还写什么教材?那时候,书页上没有作者的名字,理由是农民种的大米哪有写名字?但是,我清楚记得,有一本数学(书),确是曾公写的,包括线性代数、复变函数、Laplace变换,当时是困难时期,纸质很差.那时我在关龙当助教,史济怀在外系教书,他最清楚.

常公还回忆了曾肯成创作的一首诗和两个谜语:

曾公的诗,我记得有一首,是讲粉碎"四人帮"(的).在那以前,江青设计了一个女装,有点像旗袍,要求女同胞穿,有一点像武则天的服饰.诗中写道:

满城仕女尽唐装,未及当今武媚娘.

十月艳阳高照日,正宜粉墨一登场.

你记不记得?

尚志,这两个谜语确实是曾公告诉我的,但是没有求证过华老.我喜欢这谜语,很雅,很切贴,很像华老的风格.

谜面:山在虚无缥缈中(《长恨歌》),谜底:打一汉字.答案:四.

另外一个谜语,谜面:澄塘雁影最分明(不出自《长恨歌》),谜底:打《长恨歌》一句话.答案:中有一人字太真.

常公的这些回忆,刻画了一个活灵活现、才华横溢的曾肯成,也刻画了一个谦虚好学、迅速成长的常庚哲.不过,当时曾肯成已经当了右派分子,而常庚哲却是刚参加工作不久的良民百姓,曾肯成居然能够有机会展示他的才华,能够为数学系的建设承担重要责任,作出重要贡献,为常庚哲这样的青年教师的快速成长起到重要作用.校系领导也没有告诫常庚哲要与这个右派分子划清界限,站稳阶级立场.这实在有悖当时的常理.仔细消化这些史料,我想到:在那"高天滚滚寒流急"的大环境下,中科大为什么还能存在这样的有利于人才成长和学校发展的小环境而不被摧残?重要因素是当时科大的校系领导顶住了寒流,营造了一种温暖如春的小气候,保障了曾肯成这样的奇才发挥作用,保障了常庚哲这样的青年教师迅速成为奇才,也就保障了中科大这样初出茅庐的新学校能够迅速崛起,一飞冲天,一鸣惊人.

千年修得遇常公

重读常公的微信,读出了中科大的幸运,曾公的幸运,常公的幸运,也读出了我自己的幸运.联想到古语:百年修得同船渡,千年修得共枕眠.我不由得觉得自己的幸运也是千年修来的:千年修得遇科大,千年修得遇曾公,千年修得遇常公.我也就更加理解了常公为什么给我如此多的恩惠:他自己受到曾公的提携,他就如法炮制提携我.不是特意提携我一个人,而是普度众生,提携了许许多多的后生晚辈.

例如,他给我打电话详细叙述了他怎么参与招收肖刚、李克正、单墫为"文革"结束后首批研究生.我是1978年中科大按正规程序报考录取的第一批研究生,肖刚、李克正、单墫比我早半年,是毛遂自荐破格录取的研究生.单墫为纪念常公写了一首诗叙述当年常公专程到南京对他们当面考试的故事.诗中写到:

　　克正拔头筹,常公笑逐颜.
　　我亦附骥尾,都过标准线.
　　常公极得意,勉励多良言.

常公给我打电话叙述这段往事时,我虽然看不到他的脸,但从他的语调中强烈感受到"笑逐颜""极得意".他特别提到:李克正在工厂里当工人,没有大学学历,也没有高中学历,写的自荐信介绍自己自学了什么课程的时候,根本不提数学分析、线性代数这些本科生基础课,直接就提李代数、泛函分析这些高端课程.他也提到当时面试的毛遂自荐者不止三人,而是四人.另有一位来自工厂的自学青年虽然志气可嘉,但大学基础尚不够,就劝他先考本科,不能直接录取他为研究生.数学家对年轻人的成长既充满热情,又坚持标准.常公叙述起来理所当然,我听了却是肃然起敬.

常庚哲崇拜曾肯成从读曾肯成翻译的《半单纯李氏代数的结构》开始,我崇拜常庚哲从读他写的《复数与几何》开始.虽然我读的是科普书,与常庚哲读曾公的那本高精尖的教材不能相比,但有一个共同点:崇拜的都是科学与科学家.我进中科大读书就见到了以前只在书的封面上见过名字的一批偶像,包括常庚哲,他们像神话中的画中人那样从书的封面上走出来侃侃而谈,循循善诱,传道授业解惑.但我在大学只读了一年书就开始了"文革",大学的学习过程就此结束.第一年的数学分析、线性代数两门课的授课老师都不是常庚哲, 他并没有为我们班讲过课, 我估计他也不认识我. 一个偶然的机会让我进入了他的视野.

"文革"期间有各种各样的口号. 其中一个口号"复课闹革命"让我们空欢喜了几天, 却没有得到实行, 昙花一现就被阶级斗争的口号颠覆了. 不过, 借这个口号之机, 我班同学请常庚哲给我们作了几个讲座, 介绍我们没有学过的课程内容. 其中一个讲座介绍复变函数. 课间休息的时候, 常老师教我们玩一个数学游戏: 三堆围棋子, 个数任意. 两人玩游戏, 每人轮流从任意一堆拿走任意多颗 (颗数 >0). 最后拿完的获胜. 我们与他玩, 每盘都输给他, 但也觉察出其中一定有个必胜策略. 常老师离开之后, 我与班上的四川老乡黄书绅一起研究了两个钟头, 找到了必胜策略. 晚上常老师又来讲课, 我们再向他挑战, 第一盘就赢了他. 常老师知道我们已经找到答案了, 感到很惊讶. 这个必胜策略其实是在有的书里写了. 但我们下午输给他, 说明我们并没预先看过书, 也不可能在下午到晚上的短暂时间找到这本书来看. 寻找必胜策略是一道数学题, 解出一道数学题也不值得惊讶. 但常老师知道这个算法要用到二进制. 学生自己想到用二进制算法就有些稀奇了. 我解释道: 我开始并没想到二进制, 只是用笨办法穷举, 从小到大依次推理得出一个一个必胜状态, 列成一张长长的表来查, 就像愚公移山. 后来才发现表中数据的共同规律, 把这张表总结为二进制算法, 这就是神仙下凡了. 常老师大为赞赏.

十多年之后, 1978 年我考上研究生. 正好数学系让常庚哲管研究生, 他还记得当年我破译游戏这件事, 立即任命我为数学系研究生班长. 班长也不是什么官, 就是在研究生与系里之间起个上传下达的作用. 过了没几天, 数学系大部分研究生都到北京听课去了. 后来我自己也被导师曾肯成安排到北大去与段学复的研究生一起听课和讨论, 我这个"班长"的职务就自动消亡了. 不过, 我从此与常庚哲和他的夫人汪惠迪结下了深厚的友谊.

普度众生

20 世纪 60 年代, 常庚哲刚进中科大不久就被华罗庚安排参与中学生数学竞赛的组织, 命题, 评卷, 讲座, 写科普小册子等活动, 不但让全国无数中学生和中学老师体验到什么是真正的数学, 而且指引了很多人 (包括我), 以此为桥梁进入了数学之门. 不仅如此, 作为中科大副校长和数学系主任, 华罗庚还通过组织数学竞赛锻炼出了一支善于深入浅出地讲课的教师队伍, 包括常庚哲, 史济怀这样新参加工作的教师也迅速成长为全国知名的王牌教师, 撑起了中科大的高水平教学, 并支撑几十年一直到现在.

"文革"结束后，经历了九死一生考验的中科大百废俱兴，数学系也重走当年老路，积极承担起组织全国数学竞赛的重任．带头人由华罗庚等老一辈数学家过渡到常庚哲等第二代数学家，还培养出单墫、苏淳、余红兵等第三代、第四代骨干．数学系从1986年开始每年暑期都会在黄山办中学教师培训班．虽然是以数学竞赛为主题，但却从根底上提高了数学水平，培养了一批中学教师成为数学教学和数学竞赛的骨干．原计划只办五年就停止，可是五年到了，各中学强烈要求继续，最后，十年，十五年也没停下来．以至于受训者们在很多场合相遇时还炫耀一下自己是"黄山第几期"，就好像是"黄埔第几期"那样光荣．培训班为提高全国中学师资水平做了重要贡献，也建立了中科大数学系与全国名牌中学的联系，对招生工作很有益处．

黄山培训班也成了中科大数学系老师提高讲课水平的练兵场．数学系课讲得好的老师几乎都到暑期黄山班讲过课，包括历任系主任和数学系中当过中科大副校长的老师，如龚昇、史济怀、冯克勤、程艺等．我从1987年开始每年暑期都到黄山班讲课，一直到2004年离开中科大到北航，讲了将近20年．黄山旅游区在夏天虽然凉快，但讲课是在黄山市，即屯溪城里，夏天很热，最初几年也没有空调，只有一个台式电风扇对着老师吹，每堂课上完全身都被汗水湿透，每个老师一讲就是十个半天，中间只休息一个半天，非常辛苦．不论是副校长、系主任还是普通教员都一样辛苦，谁也不例外．

也许你会质疑，大学教师讲中学数学，这是降低水平，怎么能够提高讲大学课程的水平呢？其实，数学家们组织数学竞赛的初心，不是为了让学生更熟练地掌握中学数学，而是让他们通过做中学数学题体会大学数学思想，潜移默化地领会大学数学．不是照搬大学教材中的公式和定理，而是借题发挥，借中学竞赛题介绍大学数学思想方法，其实是披着奥数"羊皮"的大学数学启蒙课．听课者水平参差不齐，也没有现成教材可供照本宣科，最多提供一些竞赛题让教师去借题发挥．教师要靠自己的辛勤劳动和聪明才智胜任这样的讲课，让学员有收获，不告状，这是很高的要求，也是最有效的培训．能够胜任黄山讲课的老师，再去给大学生讲课就能深入浅出，驾轻就熟，深受学生欢迎．当初常庚哲们就是这样被培养出来的，他们又用同样的方式培养了中科大数学系新一代的教学骨干．我也是其中一员．

常老师去世之后，我大学同班同学"中国科大651"群中，同学们纷纷发文表示哀悼．四川老乡黄书绅提到这样一件事：

常老师向尚志推荐过一套加拿大的奥数竞赛试题，尚志解答了部分题后，因为工作忙，时间紧，就让我想想其他题目，并谈了他对其中有些题的思考．后来，这套题目的解答，以尚志和我的名义，发表在《国内外中学数学》杂志上．尚志还特别提到了，这套试题是常庚哲教授提供的．

我早已经忘了这件事，书绅同学提了之后我才想起来．此事还有书绅不知道的更多的细节．常庚哲让我参与了竞赛的很多工作，包括培训讲课、评卷、命题、写培训教材等．我就希望常老师也拉书绅同学一把．我说：书绅同学读大学时在我班名列前茅，就是当年与我一起破译常公出的三堆围棋子的游戏的另一位同学，毕业分配到贵州威宁彝族回族苗族自治县教中学．如果常老师能够让他参与数学竞赛做点事，对他也是一点帮助．常公很支持．于是有一天就把加拿大数学竞赛这套题给我，让我与书绅一起写文章去发表．并非是我因工作忙而无法独立完成，实在是常公普度众生提携后辈的一番美意．常公自己享受过华罗庚、曾肯成们普度众生的恩泽，他再将这种恩泽施予后生晚辈．这是中科大一脉相承的传统．

书绅没有辜负常公的美意．对于其中一道题，他想出了一个简单的绝招，利用一元二次方程的韦达定理巧妙地化简三次根式．这可是我以前没有想到的．从此以后就成为我向中学生讲三次根式的必讲内容，并且演化成推出三次方程求根公式的一个自然解法．书绅在微信中说，在申报中学高级教师职称和中学特级教师时，他都将这篇文章按要求作为论文之一用上了，并顺利通过．书绅在威宁教中学一直到退休．当选过一届贵州省人大代表和三届威宁县政协副主席直到退休．虽然"处江湖之远"，却始终"不以物喜，不以己悲"，积极乐观，保持着中科大人的风骨．

2000 年 11 月 12 日是华老的 90 周年诞辰，华老的许多弟子和朋友都到了他的故乡江苏省金坛市，参加了隆重的纪念活动．虽然我的导师曾肯成是华老的弟子，但我只能算是徒孙，不够弟子的资格．常庚哲够资格，并且他对我关爱有加，把我带去参加，与正宗弟子们平起平坐．我现在想：他是不是也有意报答当年曾肯成的提携之恩呢？

宝钢教育奖是全国最具知名度的教育奖项之一，1990 年开始设立．其中优秀教师特等奖每年在全国高校教师中只评出 10 名，难度极大．常庚哲 1995 年获得宝钢优秀教师特等奖，是中国科学技术大学第一个获此奖项的教师，我是第二个，1999 年获奖．常庚哲在中科大开创的计算机辅助几何设计 (CAGD) 研究方向培养的后起之秀陈发来，他是国家杰出青年基金获得者，2003 年获得宝钢优秀教师特等奖，是中科大数学系第三个获奖者，也是中科大第五位获奖者．

陈发来没有披中学奥数这张"羊皮"，却与我一起披了另外一张"羊皮"：大学生数学建模竞赛，借助利用数学知识解决实际问题的竞赛培养大学生的数学应用能力．常公十分支持，应邀为我主编的《数学建模竞赛教程》撰写了关于数据处理的样条模型的文章．他还十分赞赏我在这本书一开始写的一首诗：

咏数学模型

数学精微何处寻，纷纭世界有模型．

> 描摹万象得神韵，识破玄机算古今.
>
> 岂是空文无实效，能生妙策济苍生.
>
> 经天纬地展身手，七十二行任纵横.

第二年的大年三十，我正在家中吃年饭，常公突然从长沙打电话来，说他正在向亲戚讲我这首诗，中间有一句记不得了，请我再讲一下. 我当时既惊讶又感动. 我与常公在微信聊天时提到这件事. 他说：

是的. 我也记得非常清楚. 那天是我妹妹宴请众位兄妹，是宣扬数学的好机会. 所以打长途电话给你，核实文字.

1999年10月，我与常庚哲、史济怀一起从合肥乘飞机到昆明参加在云南大学举行的教育部面向21世纪教学内容和课程改革项目组的研讨会. 当时我是科大数学系主任，就让系里派了车送我们到合肥机场. 常公说："我们今天沾系主任的光，有车坐."我说："是我沾你们二位的光，我出差从来没要系里派车，都是自己打的，回来在自己的基金经费里报销. 今天是因为有你们两个老同志，才向系里要的车."

尽管我当了系主任，仍然是常庚哲们的学生，没有变成居于他们之上的"领导". 有一年，江苏省数学会给我发来一封信，邀请我参加他们学会在启东中学的一次活动. 信中又提到邀请安徽省数学会理事长. 按照信中的口气，我估计他们以为我既然是系主任，就理所当然是安徽省数学会理事长. 的确，按惯例，很多省的数学会理事长都是数学会挂靠学校的数学系主任或者副校长. 然而我们不符合这个惯例. 我是系主任，理事长是常庚哲. 来信是寄给我的，内容抬头也指名道姓邀请李尚志. 我就回信说愉快地接受邀请，将与理事长常庚哲一起参加他们的会议. 结果是皆大欢喜.

桃李不言，下自成蹊

常公走得太突然，我们都不知道他到底是因为什么病. 我只记得他曾经得脑膜瘤动了手术. 那是冬天，我从合肥到北京出差，在北京展览馆开会，抽空到玉泉路的一个医院去看他. 天上还下着大雪. 见到他的时候，他由于手术影响了说话功能，还说不出话来. 他想了个办法，在纸上写字与我对话. 首先就感谢我冒雪来看他. 看到他精神尚好，思维仍然敏捷，稍微让人放心. 但又担心他以后能不能恢复说话功能，也让我的心情悲凉. 所幸几个月之后再见到他的时候，他的语言能力已基本恢复正常. 多年后，他打电话与我聊天一小时，我担心他动过手术，讲话太久影响健康. 他说手术过去很多年，没有影响了. 还一再感谢我当时代表数学系冒雪去看他. 我愣了几秒钟才反应过来为什么他要说我"代表系里"去看他: 我当时是系主任, 去看他当然是"代表系里". 虽然我确实以系主任身份受系领导班子委托看望过很多老师, 但冒雪看望常老师的时候却没想到是系主任看望员工, 而是学生看老师.

参加常公的追悼会, 见到常公的夫人汪惠迪老师, 当面问她: 常老师到底是什么病? 她说: 医生也说不清楚. 现在也不用说清楚了.

在追悼会上, 汪老师说: 常公本来吩咐她不搞任何告别仪式. 但是, 要求参加告别仪式的老同事、老朋友、学生们实在太多, 难以回绝. 因此才搞了一个简单的仪式.

我很理解常老师的想法, 他真心觉得自己所做的一切都不需要任何回报和赞扬. 我也很理解汪老师的心情, 受过常公恩惠的人实在太多太多, 他们都想回报和赞扬常公的功德. 地坛医院小小的仪式场所, 我见到了很多熟悉和不熟悉的面孔. 不论面孔是否熟悉, 他们讲的故事都是熟悉的, 亲切的. 有的是听过常庚哲的课也听过我的课的中科大各届学生, 有的是汪惠迪老师在科大少年班创办初期当班主任时培养出来的学生. 我很愿意见到他们, 但很不愿意在这种场合下与他们见面. 这是现场追悼, 还有"线上的"追悼, 群里的帖子那就只能用"铺天盖地"来形容了. 尤其是因为我的 1800 多个微信好友绝大多数是大学和中学的师生, 几乎全都是常庚哲的粉丝, 所以我看见的就更加铺天盖地.

我很自然想起一个最恰当的词语来形容常公: 桃李不言, 下自成蹊.

桃树李树不说"厉害了, 我的桃""厉害了, 我的李", 但人们希望享受桃李的美味, 络绎不绝来到桃李树下, 踩出了一条路.

我第一次懂得这个词是曾肯成用来向段学复院士祝寿. 曾公当面向我解释了这个含义. 2004 年, 我的导师曾肯成去世. 我向曾肯成女儿建议, 把这八个字作为横幅悬挂.

常庚哲去世, 我又想起了这八个字. 这是不是重复? 这八个字对他们三个人同样贴切, 虽然讲出来的故事各不相同. 如果说是重复, 那就还重复得太少, 像段学复、曾肯成、常庚哲那样做到这八个字的人太少太少.

"常庚哲二老倌"还在继续给我发微信, 是汪惠迪老师发的. 她说: "我和老常 (在我心里) 回到美国后, 一切和原来一样: 每天傍晚我会去他的房间开长明灯, 收拾一下衣服杂物间等."

我也希望"一切和原来一样": 常公再打电话来与我聊一小时, 聊中科大, 聊数学, 聊诗文.

李尚志

北京航空航天大学

后 记

这是一本足足迟到 4 年的书, 所幸, 迟到总比没有好 (better late than never).

《学数学》发轫于 2012 年夏天, 由费振鹏先生发起, 最初以非正式出版的杂志的形式发行. 单壿教授在创刊寄语中, 对《学数学》寄予厚望: 我们这份杂志要在深入浅出上多下功夫. 希望我们的文章有很强的可读性, 有众多的读者群. 《学数学》没有专职工作人员, 全凭主创人员利用业余时间完成组稿、编辑、排版、校对等工作. 受限于当时简单的发行方式 (仅通过网店发行),《学数学》的直接受众并不多. 为了摆脱这一窘境, 自 2015 年起,《学数学》以丛书的形式在中国科学技术大学出版社出版, 按照约定每季度出版一卷. 2015~2017 年间, 第 1 卷至第 5 卷先后出版 (尽管没有完全守时), 成为许多中学教师和优秀中学生的必备读物. 此外, 我们还将多年来 "学数学" 系列培训活动的资料汇编成册, 出版了两辑《全国高中数学联赛模拟试题精选》, 得到广大数学竞赛教练和选手的高度评价.

《学数学 (第 6 卷)》本应在 2016 年第二季度出版. 虽早有雏形, 然而近几年来, 因为个人学业、工作和生活等方面的原因, 迟迟未能静下心来完成第 6 卷的编辑. 面对作者和读者关于诸如 "《学数学》是否继续办" 的询问, 我虽会给予肯定回答, 但打开书稿时却每每产生力不从心之感. 我扪心自问: 是不是随着年龄的增长, 原来的热情日渐消退了呢?

2020 年的冬春之交, 新型冠状病毒不期而至, 这是自新中国成立以来在我国发生的传播速度最快、感染范围最广、防控难度最大的一次重大突发公共卫生事件. 在本应万家团圆的日子里, 数万医护人员逆行而上, 为挽救生命拼尽全力; 数不清的基层工作者和志愿者坚守一线, 为抗疫提供生活和物资保障; 建设者用最快的速度建起火神山和雷神山医院; 亿万中国人自觉宅在家中, 足不出户, 过了一个几乎没有年味的春节…… 每每看到这些, 都让人热泪盈眶. 正如《真心英雄》所唱: "平凡的人们给我最多感动". 在这场足以载入史册的抗疫中, 每个中国人都是亲历者和参与者.

这段宅在家中的日子, 也给了我重拾书稿的难得机会. 重读这些优质的稿件, 我没有理由再让这些内容沉睡. 万事开头难, 当真正进入状态后, 我又看到了当年那个充满热情和活力的自己. 依然是在工作之余, 我逐步将这些稿件梳理成型, 完成了 LaTeX 排版和 asymptote 插图绘制. 转眼已至立夏, 在此全国新冠肺炎疫情防控阻击战取得重大战略成果, 生产生活秩序日渐恢复正常之际,《学数学 (第 6 卷)》正式交稿, 即将进入出版流程, 希望不负广大读者的期待.

在完成第 6 卷后, 我将趁热打铁, 将尚未来得及收录的稿件汇编整理至第 7 卷. 由于个人精力有限, 近几年对相关资料的收集整理也相对较少, 因此第 7 卷将成为本系列丛书的收官之作. 事实上, 随着近年来自媒体的发展, 一些公众号在报道赛题资讯、分享解题心得等方面崭露头角. 自媒体具有形式灵活、时效性高、信息量大的特点, 将在传递数学知识、传播数学文化方面发挥更重要的作用. 但这并不意味着《学数学丛书》将淡出读者的视野. 我将继续利用业余时间, 将《学数学》早期以杂志形式出版的内容进行精选、加工, 汇编成《高中数学问题与探索: 试题精编》《高中数学问题与探索: 专题讲座与探究心得》, 并策划编辑小册子、专题教程、试题集锦等在内的实用性更强的书籍.

时光荏苒, 回首自《学数学》诞生以来广大作者和读者的关心和支持, 以及丛书顾问和编委团队的关怀和鼓励, 我们深表感激. 8 年来编辑《学数学》的经历使我受益匪浅, 编辑的过程本身就是极好的学习和提升机会, 也因此得以近距离聆听名家的教诲, 结识了一群乐于交流的朋友.《学数学丛书》将会一直陪伴在优秀中学生学习数学的道路上, 正如苏淳教授在丛书序言中所说,《学数学丛书》愿为中国建设科技强国的目标尽心尽力.

李 潜

2020 年 5 月